纪念学人劉瑞明

周奉真　马世年
主编

甘肃文化出版社
甘肃·兰州

图书在版编目（CIP）数据

纪念学人刘瑞明 / 周奉真，马世年主编. -- 兰州 : 甘肃文化出版社，2023.12
ISBN 978-7-5490-2684-5

Ⅰ. ①纪… Ⅱ. ①周… ②马… Ⅲ. ①刘瑞明(1934–2017）—纪念文集 Ⅳ.①K825.5-53

中国国家版本馆CIP数据核字(2023)第251883号

纪 念 学 人 刘 瑞 明
JINIAN XUEREN LIURUIMING
周奉真　马世年 | 主编

责任编辑 | 甄惠娟　杜艳梅
封面设计 | 史春燕
封面题字 | 徐　俊

出版发行 | 甘肃文化出版社
网　　址 | http://www.gswenhua.cn
投稿邮箱 | gswenhuapress@163.com
地　　址 | 兰州市城关区曹家巷1号 | 730030(邮编)

营销中心 | 贾　莉　　王　俊
电　　话 | 0931-2131306

印　　刷 | 甘肃发展印刷公司
开　　本 | 787毫米×1092毫米　1/16
字　　数 | 370千
印　　张 | 20.25
版　　次 | 2023年12月第1版
印　　次 | 2023年12月第1次
书　　号 | ISBN 978-7-5490-2684-5
定　　价 | 68.00元

《纪念学人刘瑞明》编委会

主　编

周奉真　马世年

副主编

王延模　武汉强

编　委

马世年　马步升　王延模　方　铭　卢晓河　伏俊琏　刘敬林　连登岗
李泽琴　李致博　李利军　陈晓强　杜志强　张文举　张大琴　张玉冰
周奉真　杨海波　武汉强　武国荣　赵逵夫　赵继成　莫　超　徐治堂
徐克瑜　袁津琥　郭治峰　敏春芳　彭金山　颜廷亮

序　言

伏俊琏

周奉真先生编好《纪念学人刘瑞明》一书，让我在前面写几句话。本应由周先生写才名正言顺，但周先生非常诚恳而坚决地让我写，我只好从命了。我和刘瑞明先生亦师亦友近30年，他对我的种种教诲，我已经在收入本书的《忆刘瑞明教授》一文中做了简单的回顾。而刘先生的学术成就，本书收录的文章谈得比较多，尤其周奉真先生的《论刘瑞明对语文学研究的贡献》一文讲得更为全面系统。那么，我能写点什么呢？

我想到前几天看过的一段微信视频，讲刘瑞明先生的大著《山海经新注新论》，其中讲到刘先生这部书对《山海经》的解读，与前人的说法完全不同，是一整套成系统的新解。刘先生是一位大学者，是一位暂时还不为学界所完全认可的大学者。听了这段视频，我深有感慨。刘先生在陇东学院工作，可以说“地居下国，路绝上京”。学术历来是讲圈子的，现在更加厉害。刘先生是圈外人，我们也是圈外人，我深知圈外人的学术很难得到圈内人的认可。久而久之，也就湮灭不闻了。刘先生解读《山海经》，是运用他多年反复研究而熟练掌握的中国古代谐声构词法这把钥匙，他的结论也许难以让一般学者所接受，但他对中国古代文化孜孜矻矻的探索，所运用的不同于常人的方法和得出的结论，给我们的启发是深远的。刘先生坚持认为，从谐声入手，是探求古代文化真相的一个有效方法，其执着的精神也令人钦敬。

近年来，我在思考一个问题，学术研究究竟是为什么？过去我曾坚信，学术研究就是为了求真。渐渐地，我对此有了疑心，甚至怀疑“真的”学术是否存在。是的，世事茫茫，时空转移，“真的”事物转瞬即逝，留给后人的，是记忆本、文字本。这种记忆本、文字本都是碎片化的，与“真本”之间到底有多少吻合之处，实际上是难以知晓的。我们考证三皇五帝，我们考证秦皇汉武，我们探究屈原的行踪，我们追寻杜甫的行迹。我们尽力挖掘材料，辨别真伪，似乎持之有故，言之成理，但离历史之真到底有多远，其实我们是不知道的。不要说往事越千年了，就是几十年前的事，留给我们年轻一代的记忆本、文字本，与“真本”的差异真是不可以道里计呀。但是，作为学者，我们仍然在不断地求真，所有的学者都在求真，起码在主观上是求真。那些明知自己不是求真而仍自诩为“求真”的人，不是我们所说的学者。所以我想，学者的求真是求自己之真。在这一点上，学者和艺术家是相通的。明代戏剧家汤显祖心中的杜丽娘是真实存在的，所以当写到杜丽娘相思成疾而亡故时，竟摔笔跑到园子里痛哭：“丽娘死了！”一连几日，郁郁寡欢。据说，北京大学的陈贻焮先生研究杜甫，写《杜甫评传》的那段时间如痴似迷，他有时觉得杜甫的行踪完全就在他的脑海中，他似乎能感觉到老杜的心跳和喜怒哀乐。著名词学家唐圭璋先生不仅是词宗，也是情圣。他三十多岁时妻子就因病去世，之后再也未续娶，而对妻子思念终生。有史料明确记载宋代女词人李清照改嫁之事，但唐先生是坚决不相信的，他心目中的李清照就是一个守节坚贞的女子，所以他不接受学术界李清照改嫁的考证。郭沫若先生坚持认为骚体《胡笳十八拍》是蔡文姬所作，就是因为蔡文姬被掳匈奴十二年，与他流亡日本十年的经历非常相似。所以他认为，只有他才能体会蔡文姬创造《胡笳十八拍》的诗情，没有蔡文姬那样的经历是写不出来的。我的老师赵逵夫先生，是屈原的知心人，由于他对屈原的作品、屈原的史料非常熟悉，与当时的历史文化情境融为一体，所以屈原一生的经历，尤其是两次放逐，放逐的行踪，情感的动荡，他似乎都能感知到。从弱冠时激昂慷慨诵读《橘颂》，表达自己的“受命不迁，生南国兮，深固难徙，更壹志兮”的志向，到“将运舟而下浮兮，上洞庭而下江”的流亡，好像他跟着屈原行走一样。赵先生对屈原作品的研究和感知，都是建立在这种全方位融汇的基础之上。

刘瑞明先生用谐声方法探究古代典籍，因为他坚信这是一种普世而求真的方法。人和动物的最大区别，就在于人类有成系统地表达意义的声音。语言的核心是表意的声音，所谓语音。清代朴学的最大成绩，就是从声音上研究先秦两汉典籍，解决了以前诸多学者无法理解的问题。曾运乾先生之所以斩钉截铁地说《尚书》根本不是诘屈聱牙，而是文从字顺，就是他对上古声韵的娴熟掌握。刘先生从语音入手，从谐声字探究古代典籍。在他看来，这是最接近真实的研究，用他自己的话说，是寻找古代典籍的“原汁原味”。

因此，一个古代文史学者的研究，是不是能够探寻到古代文化的“原汁原味”，其实是不重要的。只要他虔诚而孜孜不倦地探索，只要他几十年如一日不断地追寻，就像一个“一生好入名山游”的旅人，跋山涉水，用自己的身体穿越戈壁沙漠、高山森林，亲手记录所见所闻，那么，他的研究就是有价值的，就是真实的。虽然他所记录的只是自然之真的一部分，或者记录并不准确，也不失为一种求真。前几年读何兆武先生的《上学记》，何先生肯定冯友兰的《中国哲学史》“理论逻辑非常清楚，要言不烦”，

《中国哲学史新编》"很敏锐""提出了一些新见解"。但他认为《中国哲学史》"先有结论再倒着去研究,这是他的一大缺点""对哲学有自己的理解,所以总是按照自己的想法去发挥""冯先生写的是按照历史顺序排列的哲学,并没有表现出史的作用来"。何先生批评冯友兰先生研究的"缺点",恐怕是许多学者的共性。何先生在西南联大最佩服陈寅恪先生,其实也是这样。陈先生的《隋唐制度渊源略论稿》《唐代政治史述论稿》《元白诗笺证稿》等著作,特别重视地域,重视种族,重视血缘,从中探求制度渊源,分析政治问题,其实也是一种"先见"在其中。陈先生明确指出:"盖自汉代学校制度废弛,博士传授之风气止息以后,学术中心移于家族,而家族复限于地域,故魏、晋、南北朝之学术、宗教皆与家族、地域两点不可分离。"这是贯穿于他的主要著作的基本思想。词学大家任半塘先生对学术的执着令人肃然起敬,他对敦煌歌词的整理研究几十年孜孜不倦,不管受何种屈辱和挫折也不屈不挠。任先生整理敦煌歌词的一大特点是追求"我心目中的敦煌歌辞",所以从《敦煌曲校录》到《敦煌歌辞总编》,就出现了分割一诗为诸首词或者删改补充以就某词调的现象。有意思的是,任先生对自己的有些看法还是不坚定,或心存狐疑,《敦煌歌辞总编》前有一篇署名"王悠然"写的《序》,就反映了这种情况。《序》的最后说:"上面的话,越说越远。所说倘有不合任先生原意之处,由我负责修改。"有人曾问任先生,这位王悠然何许人也,怎么学界不知?任先生笑而不答。后来我们看到他《〈唐戏弄〉稿变更作者题名》的手稿中有"最后一行末二字'悠然'改为'二北'",我们才恍然大悟,这位王悠然就是任先生自己。任先生对不同的意见,反应非常激烈。他对王重民《敦煌曲子词集》的批评,对饶宗颐《敦煌曲》的批评,有时甚至剑拔弩张,怒目竖发,但我们仍然感到他对学术的真诚和执着。雍容优雅的饶宗颐先生是心知肚明的,他曾专程到扬州师院拜访任先生。任先生去世后,饶先生写词悼念,其序云:"君秉信倔强,坎坷一生,勇于排外,与余争论,竟成敦煌学一段公案。君力学不懈,老而弥笃,讥诃当代,虽被视为学风偏颇,然于曲学揄扬之功,终不可没。"评价极为中肯。

可见,一个努力求真的文史研究者,首先要具备"执着"的精神。执着的精神和学风往往与独特的个性有关。这里,我又联想到了甘肃古代的学者。陇上学者,从汉代的王符、赵壹,晋代的皇甫谧、傅玄父子,到唐代的权德舆,明代李梦阳、胡瓒宗,清代的邢澍、张澍,到清末的安维峻、刘尔炘等,有一个共同的特点,就是性格"奇崛独特"。王符,是甘肃古代第一位大学者,他"耿介不同于俗",隐居终身,所著《潜夫论》36篇,针对东汉后期政治、社会的黑暗,进行了广泛而尖锐的批判。其锋芒所向,几乎涉及当时的经济、政治、伦理道德、社会风俗、边防军事等一切方面,内容丰富而深刻。略晚于王符的赵壹，恃才倨傲，耿介不群。郡州多次推举，官府屡次征诏，他都拒不接受，表现了对污浊社会、腐朽政治的厌恶和不与之同流合污的精神。他的《穷鸟赋》描述了穷鸟所处的险恶环境和恐惧心理，形象典型地反映了汉末寒门士人在社会现实中的不幸境遇和苦闷心情。《刺世嫉邪赋》则以激烈、犀利、尖锐的语言，对黑暗的现实和腐朽的政治进行了严厉深刻的揭露、鞭挞、嘲讽和诅咒，在中国辞赋发展史上是石破天惊的作品。他的学术论文《非草书》强烈批判当时很为盛行的草书艺术，他一方面否定草书的功用，另一方面抨击时人痴迷学草书的风气，虽然有逆历史潮流而动的嫌疑，但对书法脱离实用、追求怪异的不良风气，确实有警醒的作用。

晋代皇甫谧是著名的历史学家、针灸学家。他的史学名著《帝王世纪》，对三皇到汉魏以来的帝王进行了记述，这是学习司马迁《史记》“本纪”的办法；然后又配有《年历》，就是历代帝王的年谱；接着对历史人物分类记叙，如“高士”“逸士”“列女”。这种“纪”“历”“传”的形式，是皇甫谧的一个创造，是中国史学在司马迁《史记》创立了“五体”后的另一个里程碑。皇甫氏之前的史书，像《史记》《汉书》《三国志》《汉纪》等，所记述的人物以政治人物为主，而在皇甫谧看来，政治人物都是为帝王服务的，他们是帝王的附属品，既然已经为帝王作了世纪，就没必要再为他们立传。而那些不为帝王所动、特行独立的“高士”“逸士”“列女”等，“富贵不能淫，贫贱不能移，威武不能屈”，才是值得大书特书的。在《史记》之后另创一种全新的体例，所以说是中国历史学发展的一个里程碑。而十六国时期敦煌学者刘昞，著《敦煌实录》二十卷，可以说是我国最早的西北史著作。唐代大史学家刘知几对这部书评价很高：“夫十室九邑，必有忠信。欲求不朽，弘之在人。何者，交阯远居南裔，越裳之俗也；敦煌僻处西域，昆戎之乡也。求诸人物，自古阙载。盖由地居下国，路绝下京，史官注记，所不能及也。既而士燮著录，刘昞载书，则磊落英才，粲然盈瞩矣。向使两贤不出，二郡无记，彼边隅之君子，何以取闻以后世乎？是知著述之功，其力大矣。”

明代李梦阳，不仅以自己的创作理论和创作实践成为一代文学领袖，掀起波澜壮阔、影响久远的文学改革运动，而且为人刚直不屈，铁骨铮铮，一生披逆鳞，捋虎须，反对势要，五次陷于囹圄，几遭不测。面对弥漫文坛阿谀粉饰的“台阁体”文风，他高擎文学复古的大旗，强调“诗者，天地自然之音也”，要书写真情实感。在他的推动下，当时的文坛有了蓬勃生机。清代学者张澍，也是“性方而不圆，大府有叵，则愠于色，见于辞”，或被称为“青天”。他在碑学、西夏学、姓氏学、方志学等领域都有开创性贡献。梁启超《近代学者之地理分布》中说：“甘肃与中原嶲隔，文化自昔朴塞，然乾嘉间亦有第一二流之学者，曰武威张介侯（澍）。善考证，勤辑佚，尤娴熟河西掌故。”

张澍曾写了一篇《抵疑》，用“述客主以首引”形式，假设“东吴通守”“南昌进士”与“张子”的对话。“东吴通守”与“南昌进士”孤陋寡闻，认为甘肃自古人才匮乏，于是“张子”一口气胪列甘肃（以凉州为主）历史上诸多著名人才，以为“吾凉虽届天末，而伟人杰士，功烈彪炳，垂光汗简者，骈肩接迹”，说完之后，“东吴通守”与“南昌进士”瞠目结舌，点头称是。西北地区的人才确实少一些，原因是多方面，一方面，地僻西陲，交通阻塞，文人学者散居荒山老屋之中，师友寥落，孤芳自赏，不易为学界主流知晓；另一方面，他们自己也性朴情憨，常常固守一隅，不互相标榜，不彼此彰显。

刘瑞明先生的“求真”和“倔强”，正带有这种陇右遗风。陈寅老所说的“地域、种族”与文化的关系，似乎得到了印证。

改革开放以来，甘肃学术界出现了两位有影响的敦煌语言文学研究学者。一位是天水师范学院（原天水师专）张鸿勋（1935—2015）先生，一位是陇东学院（原庆阳师专）的刘瑞明先生（1934—2017）。张鸿勋先生在中国古代讲唱文学领域做出了杰出的贡献，尤其是对敦煌讲唱文学的研究，不仅对20世纪最后20年中国敦煌文学的研究具有开创之功，而且也用自己的研究实践“建立了一整套敦煌讲唱文学的理论体系”。21世纪以来，张先生的学术视野更为宽阔，他尝试从跨文化的视野，运用民间文学和比较文学的方法，突破时间和空间上的限制，从世界文学范围考察敦煌文学作品，这种新的研究方法不仅拓宽了敦煌文学研究的范畴，也赋予了敦煌文学作品新的意义。刘瑞明先生用汉语谐声理论研究敦煌的文学和民俗，研究古代民歌、方言、文献，也取得了多方面的成绩，可以说初步创立了谐声研究的理论与方法，并用此理论和方法对中国古代文化进行了系统地研究。张鸿勋先生去世后，天水师院在校园里建立了张鸿勋先生雕像，并举行隆重的雕像揭幕仪式，表彰他在教书育人和学术研究方面的杰出贡献。刘瑞明先生在学术研究上也取得了杰出的成就，极大地提升了陇东学院的知名度。二位先生的成就，应当增强地方院校学术研究者的自信心。作为西部地方大学，更重要的是要增加自信。第一，西部学者要有自信；第二，西部的领导要对自己培养的人才自信。现在博士生找工作，西部的很多院校，条件之一是拒绝非重点大学毕业的博士生。甚至重点大学毕业的博士生，如果本科阶段是一般大学毕业的，也在排斥之列。甘肃有的大学前几年明确规定，不接受甘肃本地培养的博士生。所以，郑强教授感慨地说，现在不是富人看不起穷人，而是穷人看不起穷人；不是东部人看不起西部人，而是西部人看不起西部人。由刘瑞明先生的学术成就和为人，我拉拉杂杂写了以上这些话，就算作这本书的引玉之言吧！

2021年12月3日

目录
contents

◆学术论文

◆纪念文章

◆附　录

学术论文

陇上学人刘瑞明文史研究述要

赵逵夫

刘瑞明教授是我校老校友，是我的学长。他毕业后几十年来默默耕耘，不仅教出了大量的学生，在学术上也做出了令人瞩目的贡献。他所在的学校庆阳师专（今陇东学院）距甘肃省会兰州较远，又不通火车，距西安较近，但又隔省，所以无论查找资料、学术交流，都不太方便。但这些都并未影响到他成为一位有影响力的学者。他的文章在《中国社会科学》《文学遗产》《文献》《辞书研究》等刊物上刊出，也被同行专家所引用。在兰外高校从事敦煌学研究的学者，天水的张鸿勋、庆阳的刘瑞明，该领域无人不知。刘瑞明先生在古汉语和古代文学及民俗学方面也有所建树。一方面是校友，另一方面20世纪80年代我也搞过一阵敦煌文学作品的校释，他到兰州开会或查阅资料或看望老师时，我们也常一起讨论些问题。我觉得，刘瑞明先生学术上涉猎广泛，读书扎实，也常想到一些别人想不到的问题，而且，这些也并未随着他年龄的增大而改变。所以，他退休之后仍时有论文刊布。

今年刘瑞明教授把数十年发表与未发表的近300多万字、300多篇文章分为《谐音造词法论集》《词义论集》《泛义动词论集》《词缀论集》《汉语人名文化》《敦煌学论集》《文学论集》《说神道鬼话民俗》八卷，总名《刘瑞明文史述林》结集出版。

2004年刘先生以14篇论文的《汉语谐音造词法研究》申请甘肃省高校2002—2004年度优秀社会科学成果奖，获得一等奖。我是推荐人之一，我的推荐书说："刘瑞明教授近年来从事汉语词汇学研究，在造词法方面取得了突出的成就。其《汉语谐音造词法研究》是其在长期积累资料，认真分析研究基础上于近两年中集中发表的一组系列论文。分而言之，每一篇都有创见，都作了古今贯通，南北联系，从实际生活中考察语言的演变和一些词汇的产生。合而观之，深入探索了汉语方言、口语的造词法，揭示出隐实示虚、趣难等规律，在理论上是一个发现，方法上也有创新性。作者知识面极宽，引述材料丰富，采用'小题目，大文章'的写法，通过对典型例证的集中分析、论证，揭示真理，将很多材料通过对某一或几个例证的分析集中起来，便避免了一般语言学论文的单调与枯燥，也颇值得注意。总之，我以为这是近年来我省语言学研究方面的重要成果，故特予推荐。"

现在《谐音造词法论集》中居然有覆盖面极其宽广的91篇论文。从历时来说，上自《诗经》，下至今天仍存在于口头或书面的词语。如《豳风·七月》"六月莎鸡振羽"的"莎鸡"，后来许多方言的趣名是纺织娘。刘先生认为是"妨、吱、嚷"的谐音：吱吱的鸣声嚷得妨碍人。"莎鸡"是"绩纱"的谐音而倒序：纺纱。这说明《诗经》已经有谐音趣难词。

古今语言学家都只着眼于书面语言，由于对群众口语不屑一顾，因而往往麻木无知。刘瑞明教授则独垂青睐而从中深掘出语言学学问。例如对耳熟能详的"单眼龙"一词，他说不是用"龙"来比喻，而是谐音"隆"：窟窿。窟窿是空的，可以透光，从而指有视力。单眼窿：一只眼睛是通明的。对比出有一只眼睛是不通明，即是瞎的。俗语把眼、耳、鼻不灵敏或无感觉，都说成"实着呢"，即堵塞着。龙—隆—空—通明，四曲折。可对比的是其他方言"姊妹篇"的说法，如湖南吉首叫"一只虎"，柳州话叫"单铎"，武汉话叫"半边街"，海口话叫"单排目"，方言词典都避难没有理据解释。刘先生解释，"虎"是"糊"音；"铎"是"剟"的谐音，柳州话"剟：戳，杵"，单剟，犹如说只戳了一个窟窿，此指有视力的那只好眼睛，"街"是"盖"的同音异调谐音；"排"是"败"同音异调的谐音，犹如说坏。而且又举出最早的例句，《五代唐史平话》卷上："李克用出马答道：'咱是沙陀□□射的儿子独眼龙。'"

《对蜥蜴100个称名的语言学研究》首次论证：蜥蜴有断尾逃生的奇异本能，当由"析尾"的理据称名。"析"的意思是分离。"尾"字古音当读"易"。《孟子·离娄下》："蚤起，施从良人之所至。"此"施"字音yì，其实就应是"尾"字口语音的别写。杨伯峻《孟子译注》正把此句翻译成"尾随在她丈夫后面行走"，完全正确。《左传·文公十七年》："古人有言曰：'畏首畏尾，身其余几？'"汉代缩合成"首尾"，见字明义，又作"首施yì"，就是"尾"音"施yì"的直接证明（至今陇南方言中仍说"尾巴"作"yì巴"，西和方言四声中为第三声）。《后汉书·邓训传》《乌桓鲜卑传赞》也有"首施"词。又有"首鼠"的同义词。《后汉书·西羌传》两见"首施两端"。注："谓'首鼠'也。"宋代陆佃《埤雅》："鼠性疑，出穴多不果，故持两端者谓之首鼠。"

王念孙《读书杂志余编上·后汉书·首施两端》："今案施读如'施于中谷'之

施。'首施'犹'首尾'也。首尾两端即今人所云进退无据也。《春秋》鲁公子尾字施父,是施与尾同意。服虔注《汉书》曰:'首鼠,一前一却也。'则'首鼠'亦即'首尾'之义。"朱起凤《辞通》对"首尾""首施""首鼠"并言:"施读如《周南》'施 yì 于中谷'之施。音与尾近,其义亦互通。"但"施"与"尾"仅是同音,而不同义。刘大白《辞通序》批评《坤雅》与《读书杂志》的解释都是望文生义。而另解释成"双声謰语":"由鼠转施,也是双声相转。"古代语言学家对特殊的词义理据不知时,往往用含混不准的"声转"来解释,往往也是错误的。具体而正确的解释应是:"首尾"按口语音别写成"首施"。"首鼠"则是"首搐"的谐音:头缩回去。

"蛇医"之名,《方言》已有。"医"字风马牛不相及而相及,无巧不成书,总得有个附会成趣的原因,正是"尾"的口语音的谐音。"蛇医"的理据即"折尾"或"舍尾"。而成都叫蛇太医:"太"是"泰"的谐音,指平安。"蛇太医"的理据:折(舍)尾而泰。《本草纲目》有蛇医母、蛇舅母的趣名。蛇医母,由"折尾谋"谐音:折尾是脱险的计谋。蛇舅母,由"折救谋"趣成:折尾是自救的计谋。广东汕头叫舅母蛇,即自救之谋是舍尾。山西万荣叫蛇儿子。当地"儿、二、耳、扔"等字同音,略如普通话"日"字音。名字的理据便是"折、扔、孳":折掉的尾巴仍然孳生。趣说成此虫是蛇的儿子。西安叫蛇夫子、蛇腹子,都是"折复孳"的谐音。蛇夫子,字面意思是:蛇老先生或者以蛇为丈夫。"蛇老先生"与"蛇儿子"成为老少配。蛇腹子,趣味在于说蜥蜴是蛇胎生的,而对比真正的蛇是卵生的,都是很有文心的趣名。

《螳螂古今趣难系列名称辨证通释》也多有精彩内容。螳螂的许多名字,居然都是以它勇而无谋来警世的。名称虽然各不相同,而理据却是殊途同归的。说明群众对谐音趣难制名的熟能生巧,得心应手,实在是既有哲理也很有文心的。也说明《庄子》寓言广泛而深远的影响。

这一研究也结合着古文献的校勘。《广雅·释虫》:"芈芈、齕疣,螳螂也。"刘先生说,"芈芈"必然就是《方言》"蛘蛘"的别写,而"蛘"却应该是"蝆"的形近误字。"蛘"音 mǐ,与螳螂各种名称的音或义都无瓜葛。《经籍纂诂》《康熙字典》"蛘"词条,《词源》"蛘蛘"词条,都解释为螳螂,注音是 mǐ。《汉语大词典》有"蛘蛘:螳螂"的词条,而注音是:yǎng。引据都是《方言》。正就是不知道《方言》的"蛘"是"蝆"的误字,因而注音却误以为是以"羊"为声旁。

"食肬:螳螂。"这是《汉语方言大词典》据《艺文类聚》引文对"食疣"的错字而误立的词条。引据是《礼记·月令》"小暑至,螳螂生"句孔疏引郑注:"燕赵之际谓之食庬。"其实《十三经注疏》的《校勘记》已经指出:"卢文弨校云:食庬疣疑食。"

《广雅疏证》也说："或作'庬'者，'疣'之讹也。"

《艺文类聚》卷九十七引《礼记》郑注答王瓒问云："螳蜋，齐济以东谓之马敫。"马敫：这是《艺文类聚》引文的误字，《太平御览》卷九四六引作"马敷"，应确。"敷"应该是"斧"的记音别写字。"马"的意思是大。马斧，就是大斧，即螳臂当车的臂，即螳螂那镰刀状的前足，螳螂的很多名称都是用"刀"或"斧"的比喻来说的。《汉语方言大词典》据《艺文类聚》立条"马敫：螳螂"是错误的。

马穀，《月令》正义引《方言》：齐杞以东谓之马穀。《尔雅》疏作：马谷。清厉荃《事物异名录》也有此名。按，也应当是"马敷"的误写。朱骏声《说文通训定声》"耄"字条对螳螂异名说："马敫、马穀、马谷，即髦、蛑之合音也。"把误名当作确名，则解释没有丝毫道理，含糊其词而已。

当代口语"滚蛋"，刘先生说，"蛋"是"圆"的，而谐音"远"，让其人滚得远远的。而"混蛋"，"蛋"就是"卵"，而谐音"乱"，是说其人糊涂混乱。于是群众刻意趣难而又妙手天成的巧智，便彰显出来，而在此前我们都是"久入芝兰之室而不闻其臭"的。

从地域来说，武汉、长沙、贵阳、西安、银川、固原、西宁、忻州、太原、南京、娄底、海口、温州、山丹、南宁、香港（粤语）、南昌、苏州、洛阳、梅县、厦门、徐州、宁波，四面八方都有大量的例证。

一般的语言学研究只停留在语言学层次，刘先生的研究往往是深入到文学的准确理解。综观《词义论集》90篇文章，刘先生阐发的词义理论要点是：对不能见字明义的词语，要从探求理据来研究准确的词义。词的多义是有机的系统，其间若有杂乱而游离的所谓义项，必定是错误的。在遇到不容易理解的例句时，首先要坚持从词的常义理解，而许多研究者却恰恰相反，轻易地立新义。多见的"随文释义"只能帮助理解文意，但不是词的高度概括性的义项。许多辞书与论著都把许多"随文释义"错误地当作词的义项，需要细致认真地清理否定。王力先生在1983年为向熹先生《诗经词典》作的序中说："解释古书要注意语言的社会性。如果某字只在《诗经》这一句有这个意义，在《诗经》别的地方没有这个意义，在春秋时代（乃至战国时代）各书中也没有这个意义，那么这个意义就是不可靠的。个人不能创造语言，创造了说出来人家听不懂，所以要注意语言的社会性。同一时代，同一个词有五个以上义项是可疑的（通假意义不在此例），有十个以上的义项几乎是不可能的。"我以为王力先生讲得十分正确。现在不少大中型辞书，一个词往往有七八个甚至十几个平列的义项。不但将引申义另列，将随文释义产生的说法也单独立为义项，甚至将由字误及误释形成的说法也列为义项，叫人不能知其所以然，而且感到不可捉摸。我国目前几种大型的词典、字典，应该以更科学的方法加以修订。

“周章”一词，以屈原《九歌·云中君》“龙驾兮帝服，聊翱翔兮周章”句中为初见。王逸注为“周流”，言云神行迹遍及各处。这是正确的，因“周”为周遍；《说文》言“乐一竟为一章”，“章”也可为全义。“周章”为联合式复词，与“周匝”“周遭”等构词及词义同，这本是极明白的，但后来将此简明的“遍及”或“四向行走”义，歧说出迅疾、恐惧、惊视、舒缓、不决、周遍张设、强梁、驰逐、困惑、倜傥、周游浏览、回旋、仓皇、周折等。本书《从“周章”“章皇”的训释论及词义研究方法》对此详作梳理辨析。

王引之《经传释词》卷十《不、丕、否》用六十三条例证来说明“不”“丕”是无词汇意义的“助词”。《〈经传释词〉“不”“丕”助词说辨误》论证这些例句实际分属四种不同情况，都是有词汇意义的。第一类，“丕”的意思是：大。“不”是“丕”的通假。第二类例句实际是反问句，“不”字是否定副词的常义。反问句的实际意思是强调肯定，语气是上扬的，现代以问号传示。“不好？=好。”古代没有标点符号，反问句容易误解成否定句，所以古注特有“不好，好也”之类的表述。这是疏通句意，排除误解，而不是训诂词义。王氏按照“不好=好”，于是误说“不”与通假的“丕”都是发声，把反问句当成肯定性叙述句。第三类，句子是单纯否定，“不”字也是表示否定。第四类，五个杂例。

辛弃疾《清平乐》：“大儿锄豆溪东，中儿正织鸡笼。最喜小儿无赖，溪头卧剥莲蓬。”俞平伯《唐宋词选释》注言：“‘无赖’……本不是什么好话，这里却只作小孩顽皮讲，所以说‘最喜’，反语传神，更觉有力。这类词汇语意的转化，后来小说戏曲中常有，如‘冤家’‘可憎’等等。”但是“无赖”的撒泼放刁指恶行为的一义，古今从不用于说小孩的顽皮，这并不是语言习惯，实是词义的基础不事生产与小孩不相关。而且此句根本用不着曲解为反语，它应一读到底如：“最喜小儿无赖——溪头卧剥莲蓬。”最喜的是剥莲蓬。“无赖”即“无聊”，是小儿剥莲蓬的原因，而非人们喜小儿的原因。江苏古籍出版社《唐宋词鉴赏词典》中顾复生撰文释句说：“调皮的、不老实的小儿，什么活也不干，偷偷转到溪头，躺在那里尝新莲子去了。”对“剥莲蓬”作了误解，原因正在于对“无赖”只知指恶行而要曲说以坐实，却越说越离谱。王锁以此为例子，作可爱义，一则泯失了“无聊”的转机一层，成为小儿也是真正在作农活，诗意大为平淡了；二则“最喜小儿可爱”的措句也笨拙了。隋炀帝《嘲罗罗》:“个侬无赖是横波。”可爱的是横波,此固可通句意,但太平淡。此句实言那横波是无限净莹的。杜甫《奉陪郑驸马韦曲》:“韦曲花无赖,家家恼杀人。”王镁、郭在贻都说“无赖”是美丽义,但“无赖”绝不可能有美丽义。《“无赖”词义辨误及梳理》新说这些都是“无限”义。比如一个处所空间很大,相对来说也就是四面无可间断、界隔。这就是由“无靠”而引申为“无限”义的道理。此义尤其大量见于叙人的某种情怀或某种自然景观的风韵,并以从隋朝到清代数十例来证明。

如有一个人把“随文释义”错误地当作词的义项,就有许多人仿说,积累而多得惊人。《“所”字词义误增的否定清理》否定的有20项之多。“自”字的误增新义,从清代点滴性开始,竟然陆续增加出共27个义项,因而有《“自”字连续误增新义的清理否定》一文。学术上这种调整清理性研究是很必要的,却是很少有人做,因为这需要战略全局性眼光。

刘瑞明先生以深厚的语言学功力也从事敦煌学研究,同样发人之所未发。在经过风起云涌的敦煌文学作品校勘归于冷寂时,他的《〈王昭君变文〉再校议》等多篇文章,有许多胜义,对前人旧说,有重要纠误。《王昭君变文》“直为作处,伽陀人多出来掘强”是敦煌变文中最难校勘的一处。刘先生议言:此段叙突厥各种习俗的文句应是从《史记·匈奴列传》而化用的,与议句有关的太史公话是:“逐水草迁徙,毋城郭常处耕田之业。”“利则进,不利则退,不羞遁走。苟利所在,不知礼仪。”“急则人习战攻以侵伐,其天性也。”据此,议句似可恢复为:“□□(唯利)是竟(竞),□直□□(不羞遁走),□□□□(逐水草徙),为作处伽(在处为家),□人多(人习侵伐),出来掘强。”这样,从文意上与下文相承。这至少为解决这个疑难提出了一个新的思路。

《孔子项托相问书》:“妇坐使姑,初来花下也。”刘瑞明议“花下”当校勘为“他下”,意思是他家。“花”字下部的“化”是“他”字成误,又误加草字头。并列举敦煌变文多例“××下”就是“××家”的意思为例证。

《韩擒虎话本》:“有北番大下单于遂差突厥首领为使,直到长安,遂索隋文皇帝交战。”项楚《敦煌变文选注》把“大下”校为“大夏”,特为设注:“原文‘下’当做‘夏’。大夏是东晋时赫连勃勃建立的政权(407—431),与韩擒虎时代不相值。又北宋党项族李元昊所建政权也称大夏。”这等于说,此变文的作者、讲说者发生了历史年代的极大错误。《敦煌变文校注》也作“大下(夏)”之校。注[一五三]言:“大下,应即大夏。疑指北宋时党项族李元昊所建政权,于1032年称号大夏,史书称为西夏。当时西夏对宋频频寇略，故话本塑造出韩擒虎这一英雄形象来作为抗敌宣传。但敦煌写本的时间下限今所知不到1032年，故仍有待于校证。”刘先生校议：敦煌写卷时代下限不及西夏立国的1032年，便是“大夏”之校的大碍。“北蕃大下单于”宜校乙为“北蕃下大单于”，“北蕃下”即“北蕃家”之意。此变文中有“蕃家弓箭为上”“便到蕃家界首”句。“蕃家”自可繁说成“北蕃下（家）”。如此，既不存在误为东晋时赫连勃勃政权之名，也不存在话本创作在西夏政权之后的大疑。还有几处也被视为变文作者常识性错误，刘瑞明都予以排除而论证为校勘问题。

伯二六一〇《攘女子婚人述秘法》等卷有用头发、柳枝、黄土等求女性之爱的众多奇术，研究者或赞叹奇异性，或哗众取宠地说头发等有什么巫术魔力作用。刘先生《敦煌求爱奇术源流研究》则对此做了具体针对性的文化源流研究。

用头发是因为头发代表人的心。古代有以头发为载体的人伦即人性文化，尚未被揭明，刘先生有简叙。《荀子·非相》：“人之所以为人者，非特以二足而无毛也，以其有辨也。”人与动物的区别在于有智辩，不在于四肢及全身无毛。但人仅头长毛发，这也与禽兽全身长毛不同。《列子·黄帝》：“有七尺之骸，手足之异，戴发含齿，倚而趣者，谓之人；而人未必无兽心。……而禽兽未必无人心。”这是从人与兽形态的不同（手足分工，直立，仅头有发），说人与兽也应有不同之心，即“含齿”所谐音的“含耻”。但有的人无羞耻之心即仅披了一张人皮，也就是借头发趣言恶人心如兽，义兽却心如人。由仅头有发言与兽形之别，进而言与兽心之别，所以头发代表人心。丈夫服了妻子头发灰等于收服了她的心，获得她的爱。还可以有另一种分析法，殊道同归。女性头发的文雅说法叫“青丝”。而在古代爱情文化，“丝”谐音“私”“思”，例证甚多。则“青丝”谐音“情私”“情思”，指爱心。

用柳枝是渊承《易经·大过》“枯杨生稊，老夫得其女妻。……枯杨生华，老好得其士夫”。而用指甲、黄土等则是上承长沙马王堆出土的西汉竹书《杂禁方》。“夫妻相恶，垛（涂）户□方五尺。欲微贵人，垛（涂）门左右方五尺。多恶薨（梦），垛（涂）床下方七尺。姑妇善（斗），垛（涂）户方五尺。婴儿善泣，垛（涂）上方五尺。……夫妻相去，取雄隹左蚤（爪）四，小女子左蚤（爪）四，以鍪熬，并冶，傅，人得矣。取其左麋（眉）直（置）酒中，饮之，必得之。”

类似的方法也见于《金瓶梅》《聊斋·孙生》中，而且竟然与鲁迅《祝福》中捐门槛一说相似。近代民间流传一本伪托李淳风著袁天纲补著的《增补万法归宗》，是符咒、巫术的汇辑，卷五《底杂集人事秘旨》中有许多求爱术正就是敦煌求爱奇术的再传。

《变文艺术影响后世一例》与《敦煌文学艺术性先驱作用例说》也是细致研究文学艺术性的。

《说神道鬼话民俗》分鬼神、预测、婚丧、一般民俗四编，是全方位地深入研究民俗机制的专著。鬼神编对纷繁的鬼神民俗揭示“神由人造”“编造鬼神实际是特殊的文学创作”“张公吃酒李公醉”的规律。比如灵魂观念是世界各民族共有的，中华文化中的“三魂七魄”，则是渊于“九宫图”，即把系列性的事物与“一”至“九”的自然数搭配。肝=木=魂=三；肺=金=魄=七。将二者的后半部分截取，各是：三=魂；七=魄。把二者联合起来，又去掉等号，便成为：三魂七魄。其实它的内部关系用现在的标点符号表达，本应标点为“三（魂）七（魄）”，即“三”代表魂，“七”代表魄。但古代没有这样严密、细致的标点符号，道教理论家便钻空子有意歧解成：三种魂、七种魄。

《史记·龟策列传》：“或以为昆虫之所长，圣人不能与争。其处吉凶，别然否，多中于人。”有的昆虫有人所不能比的特长，它们判断环境的有利或不利的变化，往往比人正确。这种认识就是一种特殊、独到的思考。刘先生说：这就是设计用龟占卜最初的“合理性”。民间盛传《推背图》是预知改朝换代的名著，刘先生具体分析，说它实际是“事后诸葛亮”的编造。今日已婚妇女仍然常常说的从孕妇起步左右判断婴儿性别，这是对古代所谓“男三十而娶”的理论的牵强附会。《淮南子·氾论训》：“礼三十而娶。”高诱有一段详注文字：“三十而娶者，阴阳未分时，俱生于子。男从子数，左行三十年，立于巳。女从子数，右行二十年，亦立于巳，合夫妇。故圣人因是制礼，使男子三十而娶，女子二十而嫁。其男子自巳数，左行十，得寅，故人十月而生于寅。故男子数从寅起。女从巳数，右行得申，亦十月而生于申。故女子数从申起。”把与婚龄相关的“男从子数左行”“女从子数右行”“男从巳数左行”“女从巳数右行”等四句话，再改变成“男从左行”“女从右行”，从而说孕妇先抬左足必孕男。

我国许多地方民间流传着这样的所谓“年忌”俗谚：“七十三，八十四，阎王叫你商量事。”这一俗谚往往成为跨入这两个年龄的老人或亲人心理上的暗影。我一直认为，这是因为孔子卒于七十三岁、孟子卒于八十四岁，人们拿圣人不能跨过的两个坎作为高龄人的两个“坎坎”。本书从许多相关的情况中对比得出结论：这实际本是好事者的文字游戏。“十”谐音“失”相当于“减”。七个减去三个，八个减去四个，余数都是四。而“四”又谐音“死”。如此，“到七十三岁了”便是

“到死的时候了”，因而成为所谓年忌。这就为这一民俗年忌提供了一个新的解说。

总的说来，刘瑞明先生的论文中多有新说、创说，不同于一些人的陈陈相因、综合他人之说以成文。当然，学术研究是无止境的，有很多问题要不断从各个方面探索，以期得到最佳答案。古代社会既已成为过去，留下了一些著述的古人既已死去不能复活，我们无从执书而问之，我们对一些疑惑的解决，也就只有联系其他文献、联系社会文化知识来破解。仁者见仁，智者见智，看问题的角度不同，所依据的知识与社会经验不同，答案也会有不同，学者们也只能在相互比较中，以材料充分、论证严密、各方面无所抵触挂碍为是。收入集子中的刘先生的论文，反映了他几十年中努力不懈的探索、思考，新见迭出，无论怎样，总是对一些问题的解决提出新的材料或新的思路，提供新的答案，这是可贵的。同时，其中不少论文的结论引据可靠的材料，逻辑推理严密，显然胜于前说，使人茅塞顿开。无论怎样，这套书的结集出版，是甘肃社会科学界的一件喜事，也为全国学术界提供了新的材料与讨论的话题，以便进一步推动有关领域的研究和发展。以上所谈不妥之处请读者朋友批评指正。

（赵逵夫，西北师范大学文学院教授，博士生导师。本文是作者为《刘瑞明文史述林》所作序言，标题为编者所加。）

刘瑞明:敦煌文学研究转型期史册应载的重要人物

颜廷亮

一、引言

6月24日,兰州大学程金城教授从电脑上发来文化厅周奉真副厅长托其给我的出席这次研讨会的邀请函。瑞明教授是我在从事敦煌文学研究的过程中结识的老朋友,拜读邀请函之后,不仅深为陇东学院、西北师范大学文学院在其逝世三年的时候举办这样一次学术性的纪念活动而感到高兴,而且觉得应当出席,也很想出席。但因已年过八十,既难写出像样的文章,又难远赴庆阳,实在无法奉邀到会,故只好想在座谈会开幕前一两天写个贺信,以表对瑞明教授的悼念和对座谈会隆重举行的祝贺。不料,9月6日忽又接到武汉强同志电话,告知届时可乘飞机到庆阳,问我可否出席。考虑到乘飞机从兰州到庆阳只需不到一个小时,我这才决定出席座谈会,也才想到应当准备个发言稿。

那么,发言稿写什么呢?思考再三,决定还是就瑞明教授对敦煌文学研究的贡献再说些也许还有点用处的想法,以为对他的纪念。不过,我说的是"还是想"就瑞明教授对敦煌文学研究的贡献"再说些话"。为什么"还"要"再"说呢?原来,七年前,即2013年,因收录了瑞明教授数十年间所撰写多达几百万字的学术论文的文集《刘瑞明文史述林》出版,陇东学院于5月8日在兰州举办了首发式暨瑞明教授学术成就座谈会,敝人有幸应邀出席并在座谈中做了题为《刘瑞明教授和敦煌文学研究》的发言,主要讲了在我看来瑞明教授在敦煌文学研究方面所做出的三个主要贡献,即:

其一,瑞明教授在敦煌文学作品校释方面很有贡献。瑞明教授在语言学方面是很有成就的,因而在敦煌文学研究方面发挥所长,对敦煌文学的许多作品进行过校释。

其二,瑞明教授为敦煌文学研究进入一个从总体上把握研究对象的新阶段做出了贡献。这主要是就瑞明教授参与编写了敦煌文学研究史上第一部全面系统深入论述敦煌文学的专著《敦煌文学概论》而言的。

其三，瑞明教授从理论层次上对敦煌文学进行了有意义的研究。

关于这三条，那个发言中有较为具体、详细的论述，此处不赘。这里想说的是：我自己以为，虽然这三条可以算是对瑞明教授在敦煌文学研究方面所做贡献的大致完整的总结，有此三方面的贡献，就应当在敦煌文学研究史上为瑞明教授郑重其事地记上一笔；去年上半年，在敝帚犹珍地自编已于去年出版的我那本编得并不怎么理想的敦煌文化研究论文选集《成欤斋敦煌文化丛稿》时，我又毫不犹豫地将其编入其中专收敦煌文学研究学术史论文的下编《敦煌学史研究》编之下卷，实际上也是按照自己的想法在百多年敦煌文学研究史上郑重其事地为瑞明教授记下了一笔。但既然如此，关于瑞明教授和敦煌文学研究史，又还有什么再说的必要呢？原来，在决定出席这次座谈会之后，我又翻看了七年前那个发言，觉得那个发言不仅是意犹未尽，而且是有重要的缺陷，这个重要缺陷就是：不仅整个敦煌文学史研究界似乎还没有明确地给予瑞明教授在敦煌文学研究史上一个应有的地位，而且我自己七年前的那个发言也是如此。因而，我也就为今天这个发言取了大家看到的题目：《刘瑞明：敦煌文学研究转型期中史册应载的重要人物》。

显而易见，这个题目本身就是我在反复思考之后对瑞明教授在敦煌文学研究史上所处地位问题的回答，因为在我看来瑞明教授确实是敦煌文学研究转型期中十到二十几位具有突出贡献的重要代表人物中的一位。

问题是：这样定位的理由是什么呢？这就需要从敦煌文学研究发展百多年的历史进程说起。

二、百多年敦煌文学研究的历史进程

敦煌藏经洞是1900年被发现的，而敦煌文学研究严格地说是从1909年开始的。因为，正是在那一年，我国学者看到了因伯希和再次到北京时向我国学者出示的一部分被其劫夺而去的敦煌遗书原卷或照片，这才开始了对敦煌遗书的研究工作，而他们所见的敦煌遗书中就有文学作品。从那一年到去年，已有110年了。这110年的敦煌文学研究，按照研究对象和研究成果的特点等的不同，我自己一直认为，可以大致分为四个阶段，即：从1900年到1924年为第一阶段，从1925年到1949年为第二阶段，从1950年到1966年为第三阶段，从1976年到去年为止为第四阶段。对这四个阶段的划分，部分同行专家学者持有异议。就学术研究的发展而言，这不仅很正常，而且确系好事。但我自己可能有点顽固吧，迄今仍然以为这个四阶段的划分恐怕还不是怎么过于离谱的，在同行专家学者中对之似乎也不乏认可者。

那么，这四个阶段在研究对象和研究成果等方面各有什么特点呢？这里简略述之。

第一阶段：草创阶段。在敦煌文学文献资料和整个敦煌遗书一起大量被斯坦因、伯希和等劫掠而去的情况下，我国学术界既疾呼朝野识宝重宝，又筚路蓝缕，就当时国内所能见到的敦煌文学文献资料进行校录刊布和初步研究，其代表人物是罗振玉、王国维、蒋斧等，主要成果有罗振玉的《敦煌零拾》、蒋斧的《沙州文录》和王国维的《敦煌发见唐朝之通俗诗及通俗小说》，其中王国维的文章是敦煌文学研究史上第一篇严格意义上的学术论文。当时，研究者甚少，"敦煌文学"这个概念还未出现。

第二阶段：初步发展阶段。其主要特点是以到国外搜求敦煌文学文献资料为基础，以所获俗文学作品为基本对象，进一步进行敦煌文学文献资料的校录刊布和研究。研究队伍有所扩大，出现了胡适、陈寅恪、向达、王重民、刘复、郑振铎、朱祖谋、容肇祖、孙楷第、傅芸子、唐圭璋、魏建功、关德栋等一批卓有贡献的敦煌文学研究专家学者和《敦煌掇琐》《敦煌文钞》《云谣集》校录本，以及有关敦煌俗文学的一批论文。当时，出现了"敦煌俗文学"这样一个概念，"敦煌文学"这个概念仍未出现。

第三个阶段：继续繁荣阶段。在此前近半个世纪的基础上、在中华人民共和国成立后新的历史条件下敦煌文学研究继续发展，其主要标志是：研究队伍进一步壮大，除中华人民共和国成立前就在进行敦煌文学研究的许多专家学者依然健在并继续从事著述外，又涌现出诸如周绍良、蒋礼鸿、任二北、王利器、王庆菽、程毅中等一批在当时已做出了重要成绩的敦煌文学研究专家学者，以及当时还是青年而在后来的发展阶段上成为深受敬重的学术领袖式人物的专家学者；出现了一大批敦煌文学研究著作，特别是出现了诸如《敦煌曲子词集》《敦煌变文汇录》《敦煌曲初探》和《敦煌曲校录》《敦煌变文集》《敦煌变文字义通释》等多种水平甚高、在国内外很有影响、迄今仍是敦煌文学研究工作者案头必备之作的敦煌文学作品整理研究专著。特别应当指出的是："敦煌俗文学"这个概念虽然仍在继续流行使用且无形中变成了敦煌文学研究之对象的总名，但与此同时，可能是由于俗文学也是文学，也可能是由于有的研究者已经隐约地感到敦煌遗书中的文学作品并非都是俗文学作品、而是还有雅文学之作吧。据我考察，“敦煌文学”这个概念在这个阶段已经正式出现于书面，先是见诸王利器先生的论文《敦煌文学中的〈韩朋赋〉》（《文学遗产增刊》第一辑，1955年出版），后者见周绍良先生的论文《谈唐代民间文学》（《新建设》1963年1月号）。

第四阶段：获得新生并蓬勃发展的全新阶段。正当敦煌文学研究就要走向新的繁荣时期的时候，“文化大革命”开始了，敦煌文学研究陷入停顿状态。新时期开始之后，敦煌文学研究迅速复苏并形成繁花似锦、生机盎然的大好局面。队伍空前壮大、专门研究机构和群众性学术团体出现、学术活动空前活跃等姑且不说，单就敦煌文学研究的业务本身来说，不仅论文、专著、论文集、作品校勘整理等类成果的数量较之前几个阶段的总和来至少有两位倍数的增长，其学术水准也大大提高，呈现出了一个繁荣昌盛的全新面貌。百年敦煌文学研究史上的“转型”正发生在这个阶段。

那么，为什么要说百多年敦煌文学研究史上的“转型”正发生在这个阶段，这个阶段的前后40多年是百多年敦煌文学研究史上的“转型期”呢？这就又有必要从什么是“转型”和“转型期”谈起，并对第四阶段敦煌文学研究转型的具体表现进一步加以论述了。

三、一百多年敦煌文学研究总体格局上的两大问题

大家可能还记得，前些年，敦煌学界曾经时髦过“转型期”这个词汇，我也在为所主持编写的一次学术会议的论文集确定书名时，遵从几位参编者的建议，使用过这个词汇。但究竟什么样的时期可以称为“转型期”呢？当时好像并没有见到有人做过说明，我也曾在并不怎么明白其内涵的状态下稀里糊涂地使用过这个词汇。现在，当又一次使用这个词汇时，似乎仍然没有见到有谁站出来做个说明，我仍然未明其就里。但既然本报告题目中有“转型期”三个字，如果仍然不弄清其内涵，仍是稀里糊涂，那就不仅对不住大家，而且对我来说也是一块心病。于是，想了又想，其结果是形成了一个初步认识。既然是初步认识，当然不一定正确，但还是大着胆子拿出来，供敦煌文学研究界参考。这个初步认识就是：所谓“转型”乃是指研究工作的总体格局发生带有全局性和根本性的重大变化，所谓“转型期”乃是指这种重大变化发生于其中的时期。这一认识如果可以成立，那么就敦煌文学研究而言，其“转型”就应是总体格局发生带有全局性和根本性

的重大变化，“转型期”就应是总体格局发生带有全局性和根本性重大变化的时期。实际上，我在本发言的题目中所说敦煌文学研究“转型”和“敦煌文学研究转型期”，其含义也正是如此。

那么，百多年敦煌文学研究的四个阶段中，哪个阶段与此相符呢？综观敦煌文学研究史上的四个阶段，可以看到，虽然在全部四个阶段上，除第一阶段外的后三个阶段，每个阶段对其前的一个阶段来说，显然都有发展，但只是在第四个阶段上，敦煌文学研究才显示出其启动并基本上完成了自身规模宏大、意义深远的全新转型，才有了前所未有的一次总体格局上带有全局性和根本性的大发展。因而，第四阶段的40多年也就是敦煌文学研究自身历史上的一次前所未有的转型期。

对此，我在前面讲这个第四阶段时，实际上已略有论说。不过，既是略有论说，自然未能讲深讲透，故想在此较为细致地再事论述。

各位可能已多少察觉到，我前面对百多年敦煌文学研究的四个阶段、特别是第四阶段的简略介绍，其实是从好几个角度进行的。在我看来，无论是从微观研究还是宏观研究、实证研究还是理论研究、局部研究还是全局性研究、共时性研究还是历时性研究、只重视从敦煌地区之外特别是从中原腹地传入之文学作品的研究还是也要重视敦煌地区本土文学作品的研究、只关注敦煌遗书中的汉族文学还是也要关注敦煌遗书中的少数民族文学等角度看，截至第三阶段之末乃至第四阶段之初的敦煌文学研究，还存在着相当多的不足，而这种状况在第四个阶段上都发生了带有根本性的、朝着前进方向的发展变化。比如，从微观研究还是宏观研究角度看，敦煌文学研究既要有对微观问题的研究，又不能只有对微观问题的研究。如同文艺创作中有所谓宏大叙事一样，敦煌文学研究中也应有宏大格局。然而，先前的敦煌文学研究，相对而言，宏观审视、宏观分析、宏观论述正好缺乏或至少是薄弱的。到了第四阶段，先前长期存在的微观研究为主甚至唱独角戏的状况有了根本变化，宏观研究与微观研究并存共荣的局面显然已经形成。又比如，从实证研究还是理论研究角度看，敦煌文学研究当然要有被黄文昆教授比作“看图识字”的实证研究，但又不能只有“看图识字”，还必须有理论层面上的研究。过去在学术界曾经长期存在的过分重视实证研究、以为做实证研究才是做学问、对理论研究不怎么认可，且在敦煌文学研究已经可以并需要上升到理论层次的时候，理论研究依然薄弱的状况必须改变。令人深感高兴的是，这方面的情况也发生了变化，先前那种理论研究相当薄弱的状况已为实证研究仍在发展、理论研究已被提上日程并已有重要成果的状况所取代。总之，情况是朝着总体格局的完整化发展并有显著的实绩的。其中，从局部研究还是全局性、共时性研究还是历时性两个角度进行的研究，其所存在的问题尤其大、发展变化也尤其大，因而尤其应该多说。因为百多年敦煌文学研究的总体格局在其第三阶段之末乃至第四阶段开始时，正是在这两个角度上存在的大问题造成敦煌文学研究在总体格局的完整性上的重大缺失，而这两大问题正是在第四阶段确实得到解决，从而使敦煌文学研究总体格局的完整化得以实现。

那么，两大问题是什么呢？

先说第一个大问题。

在学术研究中，对所定研究对象进行全面完整的审视是绝对必须做到的。由于研究对象的总名实际上也就是与其相应的概念，所以对研究对象审视的全面完整也就是对与其相应的概念的内涵在界定上的全面完整。就敦煌文学研究而言，其研究对象乃是敦煌遗书中的所有文学作品，故这种研究也就必须顾及对作为敦煌遗书中的所有文学作品、对概称敦煌遗书中的所有文学作品之总名的“敦煌文学”这个概念的内涵在界定上必须全面完整。

然而，第四阶段之前和初期存在的最重要、最根本的第一个大问题，却正表现在对“敦煌文学”这个概念内涵的认识上，即“敦煌文学”概念的内涵中是否只有俗文学而没有雅文学？从前面对四个阶段的简要介绍可以看出，敦煌文学研究史上实际上有过一个俗文学研究独领风骚的时期，其时间相当于前后四个阶段中的第二和第三两个阶段。当然，第二和第三两个阶段是有不同的，但有一个共同点，就是基本上研究的都是俗文学，是俗文学研究一统敦煌文学研究天下的时期。本来，敦煌文学研究在开创时期，由于所见敦煌文学作品基本上都是通俗作品，所以王国维1920年发表于《东方杂志》的那篇标志敦煌文学研究历史正式开端的论文《敦煌发见唐朝之通俗诗与通俗小说》，便实际上不论格调高下地把包括虽典雅却通俗的《秦妇吟》在内的所有敦煌文学作品统定为“通俗文学”。到了俗文学研究独领风骚乃至一统天下的时期，先是胡适在1928年上海新月书店出版的仅有上卷、未出中下卷的《白话文学史》中，把讲唱类、曲辞类和王梵志诗等敦煌文学作品统称为和“白话文学”相提并论的“俗文学”。表面上看，他的这个“俗文学”概念，和王国维的“通俗文学”概念似有不同，实际上是相近的。细审他的《白话文学史》全书，即可看到，他所倡导的“白话文学”指的是通俗易懂的文学，实际上和王国维的“通俗文学”内涵大致相通；再细审他在书中和王国维一样，把敦煌文学作品中的讲唱类、曲辞类和王梵志诗歌等均收纳于其论述的范围之内，而并未顾及格调高下问题，亦可知其所说的"俗文学"和王国维的"通俗文学"确实没有本质上的区别。说到这里，可能会有人说，胡适在《白话文学史》中并未像王那样在谈及敦煌"俗文学"时讲到王国维在《敦煌发见唐朝的通俗诗与通俗小论》中用相当多的文字讲到《秦妇吟》，可见他所说的"俗文学"和王国维所说的"通俗文学"内涵并不一致。其实这是误解。因为，胡适的《白话文学史》只编写和出版了写至晚唐的上卷。中下卷呢？胡适自己在其书自序中说"大概是可以在一二年内继续编成的"，但他只放了个空炮。而《秦妇吟》的作者韦庄，其文学乃至政治活动跨晚唐和五代，故胡适很有可能是要在中卷继续讲晚唐五代白话文学时讲韦庄及其《秦妇吟》。这当然只是个推测，未必正确。但即使胡适不讲，那也不能因此就说他的"俗文学"内涵与王国维的"通俗文学"内涵不同。因为，胡适自己在书中不仅说他"把'白话文学'的范围放得很大"，而且也确实把诸如高适、岑参、李白、杜甫等许多诗人所写的大量虽典雅却通俗的诗作收纳于论述范围之中，由此可以推测他大约会就《秦妇吟》多写些文字，何况他在讲元稹和白居易的第十六章时已经提及《秦妇吟》："白居易……，元稹……，与后来韦庄的《秦妇吟》，都很接近民间的故事诗。"总之，王国维和胡适的"通俗文学"或"俗文学"，实属从读者对象文字阅读水平之差别而带来的阅读难易度，或者说是从所用文字是"文言"还是"白话"角度着眼，指的是与用文言文写成的晦涩艰深乃至诘屈聱牙、一般人读之难懂之作相对应的文学作品，其内涵基本上是相近或相通的。但后来呢？后来的诸多使用"俗文学"这个概念的专家学者赋予这个概念的内涵，并不都和胡适一样。比如，郑振铎1929年在《小说月报》发表的《敦煌的俗文学》中也使用了"俗文学"这个概念，并把敦煌遗书中的讲唱类、曲辞类和王梵志诗等敦煌文学作品称为"敦煌的俗文学"。然而，他笔下的"俗文学"概念，其内涵已由与"典雅"相对应的"通俗"一变而成与"雅正"对应的"低俗""鄙陋"或"鄙俗"，既是从作品阅读难易或曰"文白"角度加以界定，又是从作品格调高下角度进行审视。只要一看他在商务印书馆1938年出版的《中国俗文学史》中给"俗文学"概念所做的界定中有"凡不登大雅之堂，凡为学士大夫所鄙夷，所不屑注意的文体都是'俗文学'"一语，再看他在同书中论述敦煌俗文学时又把王国维在其《敦煌发见唐朝之通俗诗及通俗小说》中着重加以论列的《秦妇吟》排除在俗文学作品之外，就可知之了。总之，"通俗文学"和"俗文学"这两个概念，其实类而不同，前者是从作品阅读的难易角度说的，后者是从作品格调的高下角度说的，相互有交叉重叠，内涵界限均较模糊。但不论情况怎样，在这个时期中，“敦煌俗文学”这个概念广泛流行，“敦煌俗文学研究”不仅很有成绩，而且基本上成了当时敦煌文学研究的全部。然而，久而久之，“敦煌俗文学”这个概念无形中变成了敦煌遗书中全部文学作品的总名，敦煌遗书所保存的文学作品完全被归入俗文学。在这个时期的后半期，出现了“敦煌文学”这个概念。既然如此，那就应当全面完整地理解这个概念。然而，这个概念的出现，在当时既未引起注意，其内涵当然也未被全面完整地理解，“敦煌文学研究”实际上仍然是“敦煌俗文学研究”。显而易见，这种情况正反映出其时的研究虽然很有成绩，但存在着宏观研究审视面上的重大缺陷。

不仅如此，这一重大缺陷还导致了同一时期的敦煌文学研究中另外一个颇大的缺陷的产生。这另外一个缺陷就是：在作品体类收纳中，敦煌遗书中保存下来的数量甚巨、相当于今天所说的散文作品的文学作品，一直被排除于“敦煌文学”概念内涵之外，或者说是被排除于敦煌文学研究对象之外，尽管当时的研究者中明知敦煌遗书所保存的文学作品中确有此类作品[①]。这一缺陷的存在，在当时实际上也是难以避免的，因为此类体裁本来基本上传自中原，属于正统的雅文学，而那个时期是俗文学研究独领风骚的时期，无形中形成的“敦煌俗文学研究”就是整个敦煌遗书中的文学作品研究的观念自觉或不自觉地充斥于研究者的头脑[②]。当然，在那40来年的整个敦煌学界，这些文类作品还是很受重视的，但其重视者基本上都是敦煌历史、经济、社会等方面的研究者，或只是希望以其作为解决并不真正属于敦煌学方面的问题之资料的研究者，其研究成果虽然与敦煌文学研究不无关系，但严格地讲并不属于敦煌文学研究，因而也就改变不了当年敦煌文学研究总体格局在作品体类收纳方面存在严重缺陷的事实。

总之，第二和第三两个阶段的40多年中，敦煌文学研究虽然在其后半期已经出现了“敦煌文学”这个概念，但从研究对象中是否全部收纳敦煌遗书中所有体类的文学作品方面看，其格局也是有重大缺陷的。

再说第二个大问题。

作为古代历史上的一个相对独立的文学现象，敦煌文学持续存在了一千多年。既然如此，那就当然会有一个从酝酿到产生到发展到繁荣昌盛再到消亡的历史进程。对之进行历时性研究，弄清其发展过程，探讨其产生、发展和消亡的规律和经验教训，既可以帮助我们系统深入地认识敦煌文学，又有益于当代文学艺术事业的发展。然而，直到敦煌文学研究第三阶段之末，总体上说，研究者们进行的基本上都是共时性研究，没有几个人清醒地意识到在进行共时性研究的同时，还应当进行历时性研究。首先是对敦煌文学的起和迄各在什么时候、整个历史时限究竟有多长，认识上就成问题，研究者大都认为就是唐五代的大约4个世纪；即使有前伸后延的，也没有前伸后延多少，千多年敦煌文学历史的头几百年和后几百年、特别是头几百年，被有意无意地弃于敦煌文学的历史过程之外。其次是对敦煌文学究竟走过了一个怎样从酝酿到发展再到消亡的历史过程、有些什么规律、经验和教训的问题，研究者大都似乎缺乏学术自觉，而无论是对前者还是对后者，基本上不仅没有受到重视，而且未曾进入研究视角之内。当然，也有研究者对敦煌文学中的某个作家、某个作品、某一体类或某个文学现象进行过历时性考察，但这种考察不仅甚少，而且对整个敦煌文学来说仅是就某个或某几个局部或独立个体进行的，一般也都并非出于对敦煌文学历时性研究的自觉。总之，敦煌文学的历时性研究严重缺位，从而构成敦煌文学研究总体格局上的又一个重大缺失。

不仅如此，而且这种情况一直继续到“敦煌文学”这个概念已经在敦煌文学研究界得到认可的第四阶段开头几年。

四、百多年敦煌文学研究史上的转型期

弄清了在改革开放初期展开的第四个阶段开始的几年间，敦煌文学研究在总体格局上存在的两大问题，弄清了敦煌文学研究在总体格局上严重缺乏完整性，那也就知道，摆在敦煌文学研究者面前的重要任务，就是除了加强宏观研究、理论研究等外，要针对总体格局上存在的两个重大问题，进行全面完善工作，促进和实现敦煌文学研究的大发展。

值得庆幸的是，敦煌文学研究界当中的诸多老、中、青专家学者，面对这一历史性任务，群策群力，不负众望，在这方面做出了可以用“辉煌”二字称之的成绩，实现了敦煌文学研究总体格局的转型。而上述总体格局上的严重缺失之得到明显的填补、敦煌文学研究对象完整化全新格局之形成，正是在第四阶段。

这主要表现为和上述两大问题相对应的两大进展：

第一个大进展是关于应当如何界定“敦煌文学”概念问题上的进展，或者说是应当如何使敦煌文学研究对象完整化问题上的进展。

仔细观察就会发现，在解放思想、改革开放的社会背景下，一方面，敦煌文学诸如诗歌、讲唱、歌辞、散文等体类，都分别有了诸如《敦煌变文讲经文因缘辑校》

《敦煌歌辞总编》《敦煌诗歌导论》《敦煌诗集残卷辑考》《全敦煌诗》《敦煌赋校注》《敦煌赋汇》《敦煌文研究与校注》《敦煌文选》《敦煌小说合集》《敦煌小说及其叙事艺术》等宏观和理论层次上的可喜的,包括作品校勘整理在内的研究成果,另一方面,真正全面深入地认识整个敦煌文学,包括从某个特定角度认识整个敦煌文学的趋势已陆续出现。特别是在周绍良先生悉心指导下、经由十多位敦煌文学研究专家学者经过长达八年的共同奋斗、在1993年得以出版的敦煌文学研究史上首部概论性专著《敦煌文学概论》,冲破先前无形中形成的框框,以敦煌遗书中所有文学作品和文学现象为对象进行理论层面审视,使敦煌文学研究在总体格局上别开生面,达到了一个新高度,踏上了一个新台阶,被视为敦煌文学研究史上一个具有里程碑意义的重大成果,当时就荣获甘肃省社会科学优秀成果一等奖,前几年还被评为"改革开放40年我最喜爱的优秀甘版图书"之一。与之大致同时或之后,还有同样把敦煌遗书中的非俗文学和俗文学作品一起进行审视的、诸如《敦煌文学源流》《敦煌文学总论》等专著出版,它们与《敦煌文学概论》相呼应,彻底改变了改革开放前数十年间对敦煌文学内容和范围理解偏狭的状况,使敦煌文学以其完整的本来面目呈现于世人面前,敦煌文学研究形成了全新的格局。

第二个大进展是要不要对敦煌文学进行历时性研究问题上的进展。

在回答如何界定"敦煌文学"这个概念问题之后,敦煌文学研究中原来已经被意识到的要不要进行敦煌文学历时性研究的问题便凸显出来。如果前一个大进展是横向研究上的进展的话,那么后一个大进展便是纵向研究上的进展,或者可以说前一个大进展是共时性研究上的进展,后一个大进展是历时性研究上的进展。

事实上,这个历时性研究上的进展,是在第一个大进展进行的时候就已开始酝酿,在第一个大进展基本完成之后才正式展开,并在第四阶段得以完成的。首先是敝人那部出版于2013年的国家社会科学基金西部项目"敦煌文学的历时性研究"的最终成果《敦煌文学千年史》,虽因自知系首部对敦煌文学进行历时性研究之作而肯定完成得并不十分理想,但不仅将敦煌文学的起讫时限从先前所认识的4个多世纪,上伸下延为从4世纪到14世纪的10多个世纪[3],使敦煌文学的历史进程得以完整,而且对这个过程进行了系统论述,从而使敦煌文学研究只有共时性研究而无历时性研究的历史得以结束;紧跟着的钟书林教授撰写的《五至十四世纪敦煌文学研究》,以及出自几位青年学者之手的关于吐蕃侵占时期或归义军时期的文学的历时性考察研究成果的出现，又为敦煌文学研究既有共时性、又有历时性研究格局的形成锦上添花；而伏俊琏教授编著的《敦煌文学总论》更是兼具共时性和历时性的研究之作。当然，包括《敦煌文学千年史》在内的所有这些成果均还因系历时性研究开端期之作而必然会存在许多需要继续深入讨论的问题，但无论如何，还是在敦煌文学研究总体格局转型中起到了重要作用，从一个方面显示出敦煌文学研究确实实现了自身历史上值得大书一笔的转型。

总之，这两大进展所展示出的总体格局上的变化，既是前所未有的，又是带有全局性的。正由于此，我个人以为，改革开放以后的40来年，敦煌文学研究在实现总体格局完整性的道路上跨上了一个新台阶，确实应该被视为敦煌文学研究史上的一个转型期。

五、敦煌文学研究转型期的一位重要代表人物

讲到这里，各位可能觉得有点跑题，但其实不然。我上面所讲，不过是为了给瑞明教授在敦煌文学研究史上一个应有的地位而必须讲的，是要说明瑞明教授敦煌文学研究史上的地位乃是和敦煌文学研究的转型联系在一起的。这样说不仅是由于瑞明教授的敦煌文学研究完全是在这个转型期进行的，而且是由于他的研究工作在这次转型中确实起到了重要作用、做出了重要贡献。

瑞明教授学术研究的学科领域并不限于敦煌文学研究，他步入这个领域是在20世纪80年代中期，大约持续到21世纪初，前后20多年。在这20多年的时间中，他在从事另外一些学科研究并做出重要贡献的同时，撰写了大量属于敦煌文学研究领域的很有学术水准和价值的论文，仅他那部数百万字的《文史述林》所收，就有总字数在28万字以上的此类论文25篇（其中有一篇篇幅就长达5万多字），加上《文史述林》未收的几篇（如下文要讲到的《敦煌文学之名已约定俗成》及为《敦煌文学》一书所写的《词文》、为《敦煌文学概论》一书所写的《余论·关于敦煌文学作品的整理和普及》等），完全可以单独编为一部颇有分量的敦煌文学研究专著。这一情况本身就是对第四阶段敦煌文学研究的一个重要贡献。

不过，在我看来，这方面的贡献还不是最重要的，更重要的是他在第四阶段这个百多年敦煌文学研究总体格局的转型中所起的重要作用。

这就又要回到对发生和进展于第四阶段的敦煌文学研究总体格局转型方面一些情况的回顾了。

前面已经讲过，百多年敦煌文学研究的转型特别表现在总体格局转型上的

两个方面：1. 敦煌文学研究总体格局发生并大体上完成了对“敦煌文学”内涵或敦煌文学研究对象认识上的完整化，即在通俗高雅是否兼备、典雅低俗是否兼纳两个角度上展现出由片面到全面、由不完整到完整的带有根本性的重大发展变化；2. 敦煌文学研究总体格局发生了由先前基本上只有同时性研究到既有同时性研究、又有历时性研究的带有根本性的重大发展变化。然而，这种总体格局上的重大发展变化过程并不是很顺利的，其中伴随着不同学术见解的论争。刘瑞明教授在这种论争中，是站在主张和推进敦煌文学研究总体格局发展变化者一方，做了有益的工作，起了重要作用的。在我看来，他所做的有重要意义的工作有以下两件。

第一件是关于“敦煌文学”这个概念能否成立的问题。如前所述，“敦煌文学”这个概念正式出现是在敦煌文学研究史上敦煌俗文学研究独领风骚的后期，也就是敦煌文学研究史的第三阶段。到了第四阶段初期，虽然对这个概念应当如何界定的问题还未解决，但这个概念普遍流行起来并正式见诸学界，先是张锡厚先生首先以这个概念撰写的首部通俗地介绍敦煌文学的小册子《敦煌文学》的书名，接着是我们省社会科学院以这个概念举办的学术会议即“敦煌文学研究座谈会”的会名，之后是1985年我们省社科院文学研究所决定编写论述可以认为标志着敦煌文学研究总体格局转型的《敦煌文学概论》一书，并在次年正式启动了编写工作。但是，当时的敦煌文学研究界乃至整个敦煌学界对“敦煌文学”这个概念提出了怀疑，认为这个概念有诸多名不副实之处。因而，这种看法对我们编写《敦煌文学概论》来说，显然不能不认真思考：既然连“敦煌文学”这个概念都不能成立，那么还编写什么《敦煌文学概论》呢？不仅如此，由于“敦煌文学”这个概念都不能成立、敦煌文学都不存在，那还谈什么敦煌文学研究、还谈什么敦煌文学研究总体格局的转型呢？总之，这个问题不解决，刚刚开始进行的《敦煌文学概论》的编写虽然还不至于中止，但其工作至少会受到某种影响，整个敦煌文学研究的发展也会如此。令人特别高兴的是，正是在这个节骨眼上，瑞明教授站出来，写了一篇题为《敦煌文学之名已约定俗成》的论文并将其寄给我们省社科院文学所和中国敦煌吐鲁番学会语言文学分会合编的《敦煌语言文学研究通讯》。此处想说的是，他的《敦煌文学之名已约定俗成》一文，并非奉谁之命、应谁之约而作，而是他自己出于学人应有的坚持真理的学术品格主动为之的，这一点有我还保存着的他在1986年11月28日寄稿时所附给我的信为证，该信云：

廷亮同志：

寄来与□□□讨论敦煌文学之名的一稿，供咱们《通讯》选用。我同时也给《阳关》杂志寄去一分(份)，一则□文在酒泉多为人知，二则《通讯》为内部交流，似乎两不妨碍。此文如《通讯》不拟用，希能赐退于(予)我。

……

恭祝

大安

刘瑞明拜致

11.28

可见，瑞明教授不仅专心致志于自己的研究工作，而且既关心敦煌文学研究之动态，又主动参加到了敦煌文学研究总体格局转型的实践中。考虑到当年针对某先生的论文进行驳论的专文，仅有瑞明教授这一篇，更可以想见瑞明教授在敦煌文学研究总体格局的转型中所起作用之重要了。事实上，从他这篇文章发表起到现在，几十年了，再也未见有人对"敦煌文学"这个概念能否成立发表意见了。

第二件是关于"敦煌文学"这个概念的内涵或者说是关于敦煌文学研究的对象究竟是什么的问题。这是敦煌文学研究转型所解决的一个最大最根本的问题。第四阶段上对这个问题的解决，乃是敦煌文学研究总体格局是否实现完整化的一个最重要的标志，而真正实现这个完整化、标志着敦煌文学研究总体格局的转型的，主要的乃是敝人不自量力地约请当时敦煌文学研究界十多位中、青年专家组成编写组，在老一辈敦煌文学研究专家周绍良先生悉心指导并躬自实践的情况下进行的《敦煌文学概论》一书的编写和出版。当然，《敦煌文学概论》一书是集体编写的，敝人还忝为主编，这里给该书这样一个评价，是否有点老王卖瓜、自卖自夸的嫌疑？其实，我这里纯粹是从客观实际出发讲的。确有某种贡献确实当讲却干脆不讲，不仅会使当年指导编写的周绍良先生和参与编写的诸多专家在学术史上的业绩得不到彰显，而且未免虚伪；讲过头了，乃是没有自知之明，会落人骂。我只觉得，这本书乃是改革开放时期敦煌文学研究转型初期的一部标志着转型初有成效的著作，它虽不是十全十美之作，却是许多研究者从1986年到1993年多年奋战的产物。

在我的记忆中，瑞明教授不仅应邀参加了编写班子，而且先是为作为《敦煌文学概论》课题之阶段性成果、对敦煌遗书中的文学作品从体类上进行大梳理的

《敦煌文学》一书撰写了题为《词文》的文章，后又遵从编写组根据他在敦煌文学研究中长于校勘整理的特点为《敦煌文学概论》撰写《余论·关于敦煌文学作品的整理和普及》的安排，认真完成了撰稿任务，不仅支持了《敦煌文学概论》的编写，而且在敦煌文学研究转型中做出了贡献。特别令人心热的是，瑞明教授之承担和完成编写组给予的撰稿任务，并非被动为之，而是主动热情进行的。上引他1986年11月28日写给我的信中删去的一句话就是明证，这句话是：

又，关于《敦煌文学概论》的大纲稿是否拟好，顺便赐告一句。

原来，这年的9月22—25日，中国敦煌吐鲁番学会语言文学分会和我们省社会科学院文学所合办的敦煌语言文学学术讨论会在酒泉举行。会议结束后我们文学所紧接着又利用编写组成员大都在酒泉之机召开了《敦煌文学概论》的首次编写会议，主要讨论我们起草的《敦煌文学概论》编写大纲初稿，与会的周绍良先生和各位专家觉得这个初稿还有很大的不足，建议根据大家的意见重新起草一个编写大纲。瑞明教授所问是否拟好的编写大纲，指的就是大家建议重新起草的编写大纲。瑞明教授的信写于11月底，当时建议重新起草的编写大纲已于17日寄发给编写小组全体成员，但他可能还未收到，故在这时写信来问，虽只一句话，而想尽快看到新拟的提纲以便开始工作的急切心情却显示得清清楚楚，从中当然也可体察到他对编写工作的积极主动精神。想当年，真正完全专门从事敦煌文学研究或将敦煌文学作为主要研究对象之一的专家学者，其实并不很多，我大致算了一下，仅30人左右；其中注意力放在“转型”二字所示问题之研究上且成绩突出者，大约只有其中的一半或再稍多些，而瑞明教授不仅正是这并不怎么多的专家学者中的一位，而且是满怀热情积极参与的一位。由此也完全可以认定：瑞明教授确实是百多年敦煌文学研究转型期中一位史册应载的重要代表人物。中国敦煌吐鲁番学会语言文学分会于1988年举办的年会、甘肃敦煌学学会于1991年举行的成立大会上均推举他为理事，实际上也是对他在敦煌文学研究领域所做重要贡献和所居地位的肯定。

前面讲敦煌文学研究历史进程上的四个阶段时，说的是从1909年开始到习近平总书记视察敦煌莫高窟和敦煌研究院的去年8月的110年，并未把从去年8月至今的这一年计入其中。这是因为我有一个想法，即以为去年8月19日习近平总书记在敦煌研究院考察时召开的座谈会上就敦煌文化和敦煌文化研究发表的重要讲话，实际上是给包括敦煌文学研究在内的敦煌文化研究进入新阶段吹响了深入发展的响亮号角。

应当看到，整个敦煌学研究在改革开放以来有了很大的发展，特别是在总体格局上实现了对研究对象的全域覆盖，显示出敦煌学研究基本实现了总体格局上的转型（尽管有些先生似乎还没有真正意识到或不愿意承认这一点）。

敦煌文化作为敦煌学研究的基本对象，对其进行的研究在改革开放以来也有了令人非常惊喜的发展，取得了堪称辉煌的实绩，基本上完成了自身发展历程中的转型。既然如此，那么也就应当继续向前跨进，进入一个新的阶段。毫无疑问，习近平总书记关于研究和弘扬敦煌文化的指示，不仅是在对整个敦煌文化研究现状的准确把握的基础上做出的，而且是为敦煌文化研究的进一步发展指明了方向、提出了新任务、开启了发展新阶段。

事实上，百多年敦煌文学研究总体格局上的转型虽然在其历史上的第四阶段已经基本完成，但这并不能被看作敦煌文学研究总体格局的转型已完全实现，以为敦煌文学研究在总体格局的完整化转型方面不再需要做进一步的工作了。因为，发生在第四阶段的敦煌文学研究的“转型”，只是从对其研究对象是否实现了全域覆盖、全域审视角度，或者说是对“敦煌文学”概念内涵的理解是否完整角度说的，敦煌文学研究的完全彻底的转型还未完成，面前的任务还很多、很艰巨，其中最为重要的就是在继续进行第四阶段各方面的工作的同时，把各种体类的敦煌文学作品看成一个有机的整体，对其进行理论层次的研究，抽象其中或明或隐地存在着的具有特点的思想内容、基本精神和基本艺术特点，总结其千年历史发展所具有的独特规律和经验教训。这一工作当然先前并非没有人做过，但应当承认，这方面的工作还未被提到重要地位和主要议事日程上，做得还远远不够，完全可以认为还处于初始状态。因而确实应当再上一个新台阶，进入一个新阶段。

总之，我认为，从习近平总书记在敦煌研究院发表讲话的时候起，我们的敦煌文学研究就已经进入了一个新阶段。我们面前的任务是进一步实现敦煌文学总体格局的完美转型，使敦煌文学研究事业更加辉煌。我也相信，在习近平总书记讲话精神的指引下，我们的敦煌文学研究定会写出新的成绩、呈现出更新更大更繁荣的大好局面。

让我们以在未来敦煌文学研究上的更加辉煌作为对瑞明教授的永恒的纪念吧！

[注释]

①比如，卢前先生那本1948年正中书局出版的《敦煌文钞》所收录的总共17篇敦煌文学作品中，就收有5篇此类作品。

②令人惊奇的是，这种状况不仅在敦煌文学研究进入第四个阶段之初、"敦煌文学"这个概念已逐渐被普遍接受的时候依然存在于几多研究者头脑中，而且直到几年前仍然有那么一位颇有影响的敦煌学专家还在说什么属于"俗文学"的诸如变文、曲子词等作品才是真正的敦煌文学，其言下之意显然是要把基本上属于雅文学的作品从"敦煌文学"概念的内涵中排除出去。

③这里还未将从西汉末东汉初开始到4世纪初止的酝酿时间计入其内。

2020年9月9日草，2020年10月9日改定。

（颜廷亮，甘肃省社会科学院研究员。本文是在纪念刘瑞明先生逝世三周年学术研讨会上的发言基础上整理完善而成。）

厚积薄发 触类旁通

——读《刘瑞明文史述林》兼评刘瑞明的学术研究

方　铭

刘瑞明教授，甘肃省平凉市人，1934年出生，1958年毕业于西北师范学院中文系，曾担任中学语文教师十余年，后调入甘肃省庆阳师范专科学校（今陇东学院）任教。刘瑞明教授是一位博学勤奋的文史学者，一生著述甚丰，涉及的领域涵盖古汉语词汇学、敦煌学、民俗学等，其中尤以汉语词汇学为重心。甘肃人民出版社于2012年出版的《刘瑞明文史述林》（以下简称《述林》）一书，收集了刘瑞明教授的文章413篇，计370余万字。网罗细致，篇幅宏富，比较完整地展现了刘教授一生主要的学术成果，是我们学习和了解刘瑞明教授学术成就和学术路径的最直接和最重要的文献载体。

一、刘瑞明教授的敦煌学研究

1900年，敦煌莫高窟17号洞窟中发现了一批东汉至元代（2世纪至14世纪）六万余件珍贵文献。这些文献除了佛教典籍以外，还包括经、史、子、集各类文献，官私档案，医药、天文、诗词俗讲等内容，是研究中国中世纪和中亚地区历史、地理、宗教、经济、政治、民族、语言、文学、艺术、科技的重要文献。敦煌文献发现之后，就出现了“敦煌学”这样一门具有国际影响的新学术。一百多年以来，中外学者们在敦煌学的文献整理方面投入了重要精力，敦煌藏经洞出土的重要文献，特别是涉及世俗社会的各种文献，都得到了关注。有些学者的目光甚至已经延伸到了敦煌出土汉简的研究上。学术研究没有尽头，敦煌学研究在中国浩瀚的学术领域中，仍然属于一门新兴的学科，敦煌藏经洞文献的整理和研究，也还不可能达到尽善尽美的境地。

刘瑞明教授是20世纪80年代以后较早关注敦煌文献整理的学者。《述林》这部论文集中，最能引起学术界关注的，无疑是“敦煌学论集”，这既是因为刘瑞明教授在敦煌文献研究方面用力最多，同时也是因为敦煌文献是20世纪以来学术研究的显学。刘瑞明教授的《敦煌学论集》共收录了25篇敦煌学研究论文，这些文章大部分发表在敦煌学研究的专业刊物上，如《敦煌学辑刊》《敦煌研究》《西域研究》《敦煌学》等。刘瑞明教授的敦煌学研究，主要重心在敦煌文献的整理方面，其中更多是对前人校注成果的补充和完善。这说明刘瑞明教授一直居于敦煌学文献研究的前沿领域，也充满了对学术真相的探索精神。如四川大学项楚教授是著名敦煌文献专家，所著《王梵志诗校注》一书，是项楚教授在敦煌学研究方面的代表性成果，收入《敦煌吐鲁番文献研究论集》第四辑，1987年由北京大学出版社出版，2010年6月上海古籍出版社又出版了增订本。刘瑞明教授在项楚著作出版后，即撰成《项楚〈王梵志诗校注〉商兑与补遗》一文，分别刊于《敦煌学辑刊》1991年第1期和1992年第1期、第2期。该文涉及对《王梵志诗校注》的补正九十余条，如《王梵志诗集序》条说“知先薄之福源，悉后微之因果”一句，项楚说：“二句言知悉由于宿世所修福缘甚薄，故今生所获善报亦甚微也。”而刘瑞明认为将“果”解为善报“似不确”。又如《撩乱失精神》条说“撩乱失精神，无由见家里”句，项楚引佛教净土宗的观点解释，而刘瑞明认为这句话“全然不涉佛教之说”。这些看法，大体都言之成理、持之有故。

刘瑞明教授从事敦煌学研究，并不是为了追逐学术热点效应，而是抱着求实的态度，踏踏实实地推进敦煌学研究的进步。因此，他的研究主要是针对过去研究的不足，纠正谬误，拾遗补缺。西北师范大学教授赵逵夫先生在《述林》的《序》中，认为“刘瑞明先生以深厚的语言学功力也从事敦煌学研究，同样发人之所未发”。并举刘瑞明所著《〈王昭君变文〉再校议》《〈孔子项托相问书〉再校义》等论文及对《韩擒虎话本》等的校释成果为例，高度赞扬了刘瑞明教授在敦煌学文献校勘诠释方面的成就。

二、刘瑞明教授的谐音造词法研究

《述林》中最有特色的部分，应该是第一部分“谐音造词法论集”。这一部分收有论文九十余篇，其中《谐音隐实示虚趣难词与谐音文化概论》一文可以看作是刘瑞明教授关于谐音造词法的纲领。“对这类词语，笔者积十多年大量研究而发现，他们是汉语独有的一种规律性造词方法：谐音趣难造词法，用谐音的方法专门制造有趣难特点的词语。即把词语真实理据的一个或几个字，故意不用，而用同音或近音的字来代替。故意形成理解的困难，甚或误解，也就是隐实示虚，设难成趣。可以称为：谐音趣难造词法。”刘瑞明教授的这段话虽然略显拗口，但意思很明确：谐音趣难造词法就是故意借用别字构成新词，使人理解起来困难，理解以后却觉得趣味盎然。如“秋老虎”“羊水”“独眼龙”“混蛋”“捣蛋”等词，与老虎、羊、龙、蛋并没有关系：“老虎”是“老糊”的别字；“羊水”是“养水”的别字；“独眼龙”是“独眼窿”的别字；“蛋”是“卵”的别字，“卵”又是“乱”的别字。上述例子，我们过去一般都会认为是一种比喻的用词方法，但经过刘瑞明教授这样的梳理，则给我们又提供了一个理解这些词汇意义及生成的新途径。

刘瑞明教授认为，谐音趣难词的历史可以追溯到《诗经》的《豳风·七月》“六月莎鸡振羽”和《陈风·株林》“朝食于株”等诗句。谐音趣难词是与通俗文化密切相关的，所以，神话、笑话、志怪、民俗、性文化中，这类词汇非常丰富。“谐音造词法论集”考察的重点也在这类词语之中，如“罗汉豆”“二百五”“半吊子”“拍马屁”等一类词语都是谐音趣难词。刘瑞明教授甚至考察了大江南北数十个地方方言中的谐音趣难词，用工之勤，花费心血之巨，的确令人钦佩。

刘瑞明教授考察谐音造词法词汇的时候，网罗细致，如《对蜥蜴100个称名的语言学研究》，竟然找到了100多种蜥蜴的名称，如“析尾”“四脚蛇”“蛇太医”“蛇医”“蛇舅母”等，在论述这些词时都是用谐音造词法的方式建构的。又如《螳螂古今趣难系列名称辨证通释》一文，对古今螳螂的谐音名称也有深入挖掘。刘瑞明教授的论文集《汉语谐音造词法研究》，曾于2004年获得甘肃省优秀社会科学成果一等奖，得到了学术界的高度肯定。

三、刘瑞明教授的词汇学研究

《述林》的第二部分是“词义论集”，这一部分收有论文近九十篇，涉及的内容包括楚辞的“周章”“章皇”，《诗经》的“云”字，《经传释词》的“不”“丕”等助词，以及《桃花源记》、元曲、《金瓶梅》《汉语大字典》中的一些词汇，还有回应学者争鸣的论文。这些内容都是来自于刘瑞明教授日常教学中使用的教材和工具书中的问题，刘瑞明教授只要发现其中存在有可探索的问题，就紧紧抓住不放，想方设法搞清楚本来面目。

《述林》第三部分是“泛义动词论集”，所收论文十余篇，讨论了“作”“打、作、为”“为”“见”“混蛋”“神奇”“取”“行”“却”等泛义动词的使用特点，对泛义动词的理论和系列性研究细致入微、拾遗补缺，使这一范畴之前近乎杂乱的语言现象纲举目张，可以启发我们深入理解这些泛义动词的内涵和外延，对此类泛义动词可谓豁然开朗，受益颇多。

《述林》第四部分是“词缀论集”，收有十五篇左右的论文，讨论的是“自”“复”“持”“迟”“家”“落”“日”“拔”“生”等我们最常见的一些词，刘瑞明教授认为这些词都具有词缀功能。刘瑞明教授这种见解，很具有独特性，也能自成体系，自圆其说，这对于我们认识这些词在词尾的功能，无疑是有帮助的。

刘瑞明教授把他的主要研究精力放在词汇学方面，他研究谐音词，研究词义、泛义词、词缀，都是他的词汇学研究方向的有机组成部分。在古籍校勘方面，他把大量的心力倾注在敦煌文献、元曲与元剧、冯梦龙三种民歌集等诸多方面。他的敦煌学研究，也主要以探究敦煌文献的词汇释义为目标，且勇于探索，常言人之所避难和纠正粗心的失误，同时，刘瑞明教授以研究词汇学为主，又不仅限于词汇学的研究，还更关注词汇后面的民俗意义和文化意义。

《述林》第五部分是“汉语人名文化”，既是民俗研究，又是文化研究，更是词汇研究。中国人的人名是包含有意义的词汇，同时也是体现民俗习惯和文化情怀的人文符号。刘瑞明教授探讨人名的主题与题材分类，概括为爱国爱民、景仰前贤、自信自负等二十四种，同时又总结出制名方法十二种，如名含典故、连姓成义、语音相谐等，既充满了趣味性，又有实用性。

四、刘瑞明教授的文学及民俗学研究

刘瑞明教授并不以文学研究见长，但他对文学文本的关注却是一贯的。《述林》第七部分是“文学论集”，共收论文二十余篇，涉及的研究对象包括诗词解诂、小说评论、楚辞等的篇章分析、词意辨析。事实上，在这本书的其他部分，特别是研究词汇和敦煌学的几个部分，都有大量涉及文学作品研究的内容。而在这一部分中，除了个别篇章的研究综合运用了考古、义理、辞章的探究以外，大部分的论文仍延续了刘瑞明教授一向立足词汇的研究路径，即把文学作品作为词汇学、民俗学研究的重要素材，也有很多新见。2005年，刘瑞明教授在中华书局出版了《冯梦龙民歌集三种注解》一书，资料丰富，见解独特，也是刘瑞明教授文学研究的重要组成部分。

《述林》第八部分“说神道鬼话民俗”中所包含的鬼神篇、预测篇、婚丧篇、一般民俗篇，则充满了地域民俗文化特色。甘肃陇东是先周故地，关中地区的核心区域。在唐代，庆阳和平凉属于关内道辖地，关内道原辖京畿地区，后来唐设立京畿道，关内道治所仍在首都长安。陇东地方的民俗，蕴含着丰富的文化内涵，节日、祭祀、神道教、占卜、解梦、婚丧礼俗，都渊源有自，传承有序，但很少有人挖掘。刘瑞明教授的工作,无疑具有填补空白的意义。

刘瑞明教授在他的论文中,还关注到了丝路文化的伦理道德习俗。陇山在平凉境内,从关内穿越陇山,即到陇右,唐代的陇右道从今天的甘肃天水往西,直达新疆和西亚,是陆上丝绸之路的主干道,而刘瑞明教授作为平凉籍人,敏锐地注意到了丝路文化的意义,这充分体现了刘瑞明教授的学术敏感性。

五、刘瑞明教授的学术研究境界

《述林》除了附录以外,正文共分为八个部分。这八个部分的研究内容,不但具有研究方法上的高度一致性,即刘瑞明教授注重从日常教学工作和生活中寻找问题,并努力解决这些问题,具有很强的问题意识和创新意识,同时,各个部分的内容又是互相联系的。表面上看起来,这八部分的分类可能并不一定具有很清晰的逻辑理路,但这正说明刘瑞明教授研究的问题和研究问题的方法具有超越现代学科界限的跨学科的综合性研究特点。刘瑞明教授研究的问题,不是单一的研究视角所可以解决的,因此,他的这种跨学科的综合性研究问题的方法,正是适应了他的研究对象。刘瑞明教授学植深厚,见闻广博,入乎其中,能出其外,不受学科界限的束缚,同时又始终沿着学术研究的路径展开他的研究,因此,这些论文也是充满了严肃的学术性,同时,又都有重要的学术价值。

刘瑞明教授生活的地方,学术研究环境和资料都比较匮乏,正如赵逵夫教授在《序》中所说:"但这些都并未影响到他成为一位有影响的学者。他的文章在《中国社会科学》《文学遗产》《文献》《辞书研究》等刊物上刊出,也被同行专家所引用。"刘瑞明教授能做出如此有影响力的研究成果,是与他以学术为生活、以学术为生命的执着精神息息相关的。他的学术成就也告诉我们,即使是在文献资料缺乏的环境中,我们仍然可以把生活中所见所闻当作活体文献,认真挖掘仔细研究,同样可以做出一番成绩。周奉真先生在《述林》的《跋》中说:"先生以语言学研究为基础,四面出击,在词义学、古籍校勘、敦煌学、民俗学、性文学诸方面,均能考订精审,阐发深微,触类旁通,独挺异姿,度越前修。纵观先生,其涉世之深,学养之富,厚积薄发,迥异于同代诸学者矣。"虽然学术环境艰苦,研究资料也相对匮乏,但刘瑞明教授对学术研究的热情和数十年坚持不懈的精神更值得人学习。正如周奉真先生所说"先生学术成就自然是辛勤耕耘的结晶。繁忙教学之时,可颐养天年之期,在由发表文章得稿费转变成不交费而'不售'的情况下,数十年不辍撰述。但若方法不科学,也会劳而无功。先生的方法是非常值得借鉴的。但却也不是什么奇特偏方，仍然是常理之法，可谓‘执经烛机’。经，即经线、经典之经，即最基本的准则。机，即关键或规律。从基本准则中发现关键或规律，这是众人皆知的。刘先生贵在于坚持。”正因为刘瑞明教授对研究的一腔热爱，使得他能够沉下心来做学问。而刘瑞明教授的坚持也有其自己的准则，“先生所坚持基本准则之一：遇到有疑难的词义，首先应坚信而坚持常义，而不宜轻说新义。坚持常义，相对来说是局部问题，而立新义则涉及全局……先生所坚持基本准则之二：例不十，法不立。辞书与有些文章用孤例或少例立词的新义，先生否定所谓新义或自己立新义，都是用极多的例句来证明。赵元任当年评审王力毕业论文的名言：‘言有易，言无难’。毛泽东说‘对敌伤其十指，不如断其一指。断其一指，还要断其十指’。先生把此用到语言研究，说‘清理就要彻底，要打歼灭战’。”体现了先生对学术研究的严谨态度和其不断求知的钻研精神，他的学术成果，正是他厚积薄发所得，深刻地体现出他中心突出、触类旁通的学术研究境界。

当然，每一个学者都有自己认识的盲点，刘瑞明教授也不例外。刘瑞明教授用力刻苦，涉及领域广泛，却难免有智者千虑之一失。他投入大量精力阐释的谐音词问题的研究，也存在部分可商榷之处。如他在解释《陈风·株林》“朝食于株”的时候，把“朝食”这样一个在春秋时期指向非常清晰，并且在今天的日常用语中还是一个常语的词语解释为谐音趣难词，其说服力无疑是不充分的。此外，由于刘瑞明教授的研究内容太过丰富，而且比较关注日常方言俗语，这也导致刘瑞明教授的学术语言偶尔有随意性现象。白璧微瑕，然瑕不掩瑜，从先生的文学研究中，能深刻感知其对古文义的热爱，对学术研究的求精求知精神。先生著书立作，半生奋笔不辍，其丰富的个人学术成果为后人研究探索打下了坚实的基础，值得探索研究。

[参考文献]

[1]刘瑞明.刘瑞明文史述林[M].兰州：甘肃人民出版社，2012.

（方铭，中国语言文化大学教授，博士生导师。本文初发于《图书与情报》2019年第5期。）

忆刘瑞明先生兼谈其民俗研究

彭金山

一

最早知道刘老师，是在1975年。当时，我在平凉地区的万宝川农场工作，由于陆续发表了几首诗歌，引起了相关部门的关注。这年5月，甘肃省出版局在泾川举办全省儿歌创作学习班，我受邀参加。大概是因为我在学习班创作成绩还算突出吧，又有单位发工资，学习班结束，我被留下来参与兰州大学《写作常识》书稿的撰写，之后又参加了当时为甘肃省中华人民共和国成立后第一部长篇小说《大路向阳》的修改工作。作者是甘肃日报的资深记者，身患癌症，长年住在柳湖大队，一边体验生活，一边修改他的小说。我们也就住在平凉地区招待所，差不多有一年时间。主笔修改的是省出版局的林草、张正义，还有平凉地区文化馆的高戈。钱大群当时在平凉二中教书，他和张正义好像是复旦大学的同学，来找老张，说他和本校一个老师合写了一部古汉语常识的书，想在甘肃人民出版社出版。就是从他们的谈话中，我第一次听说刘老师，知道他学养深厚，尤其在古汉语研究方面十分了得。大学毕业后我被分配到庆阳师专教书，刘老师也已调到庆阳师专教古汉语，这样我们就成了同事。虽说不在一个教研室，但全系也就三四十个老师，之间关系都很熟。写这篇文章时，刘老师的音容笑貌又浮现在我的眼前，说几件印象深刻的小事吧。

看过刘老师著述的人大概都会有这样的印象，他的知识面很广，这与他能够抓紧一切时间去读书有着直接的关系。那些年，每个周四下午是各单位政治学习时间，学习形式基本上就是念报纸，庆阳师专中文系亦不例外。这个时间，刘老师总是带个黑色的手提包，一坐下来就掏出一本书旁若无人地看起来。说起来也奇怪，念报纸时他虽然在看其他书，但在讨论发言时刚才念了些啥，他都记着呢。多年后郭郁烈和我谈起刘老师这种特立独行的习惯，还对刘老师超强的记忆力赞赏不已。

有一次，庆阳师专图书馆处理图书，大家都去挑自己需要的书。我买的多是一些过期的杂志。在门口碰到刘老师，也抱着一摞子书，是《太平广记》和多卷本《史记》，权威出版社的版本，直到现在记忆犹新。我那时也想买那套《史记》，但一看定价，原价处理还要花十来块钱，就犹豫了，不像刘老师能够抓大放小，该出手时就出手。

刘老师对我的成长很关心。我在大学时代就对当代文学有着浓厚的兴趣，到庆阳师专被分配到写作教研室，但是对当代文学的兴趣未减，也算是陇东文学圈子里的人，不时给当地作者写点评论，见诸报端和当地的文学刊物。刘老师注意到了，语重心长地指导我："你不必要在那些方面花那么多功夫，浪费你的时间和才情。"可那时我却有自己的想法，觉得自己是地区文联常委、文学工作者协会副主席，扶持当地作者是自己的责任，更重要的是自己有基层作者的经历，和他们惺惺相惜，认为大家名家写的人多了，与其锦上添花，毋宁雪中送炭。太率性而为了！多年后想起来我这些想法真是幼稚，关注大家名家和关注无名作者是不一样的，因为前者的创作往往蕴含了一种新的审美规范，或代表了某种方向，其研究的价值和意义是不一样的。从事当代文学研究和批评，一定要关注学科前沿动态，包括作家的前沿创作，当然，地方文学也需要关注，关键是要能正确处理两者的关系，合理分配时间。我如果早按刘老师的指导去做，有所为有所不为，应该会比现在有出息一些。但是也不后悔，总之也算在某个方面尽心了，正所谓"不问收获问耕耘"吧。刘老师写文章不人云亦云，在治学上具有强烈的创新精神，对于后学的些许创新也总是给予热情的鼓励和支持。我在20世纪80年代中期写过一篇论文《散文诗的审美规范——双元异步透融结构初识》，是在武汉大学写作助教班进修时交给孙绍振老师的《写作美学》课程作业。在我的阅读范围里，学界关于散文诗的概念一直是比较模糊的，该论文运用符号学理论和方法对散文诗的形式规范做了比较深入的分析，提出"双元异步透融结构说"，对散文诗给予了准确的定位和界定。大概是方法有些"超前"了吧，有的人觉得不合常规论文的模式，也不深究讲得有没有道理，就以年轻人喜欢"趋时求新"否定之，但这篇文章投给刘老师主持的《庆阳师专学报》，很快就发表了。该文后被香港《世界散文诗作家》选载，著名散文诗研究专家、《散文诗》月刊主编邹岳汉先生在《中国大陆近20年散文诗发展概观》中的"散文诗理论专著相继出版与理论框架的建立"一节里列举了22种理论著述，《散文诗的审美规范——双元异步透融结构初识》作为附文的我的《20世纪中国散文诗精品赏析》忝列其中，位列11。

1994年4月，在庆阳师专主持了西北民俗研讨会之后，我就到西北师大工作了。记不清是1993年还是1994年，系上组织大家集体去崆峒山旅游，我和刘老师在半山留了张合影。拍照时刘老师和我调了下位置。照片洗出来，才发现我的右手边是红色的“上天梯”三个大字，非常醒目。显然，刘老师是有寓意的。学生不才，让先生失望了。

二

下面，简略谈谈刘老师的民俗研究。民俗学是刘瑞明先生文史研究的重要视角之一，我这里仅就先生专门的民俗研究著述谈点粗浅的看法。

在《刘瑞明文史述林》中，有“说神道鬼话民俗”一辑，共收入86篇文章，分鬼神篇、预测篇、婚丧篇、一般民俗篇4个部分，前面三个部分都是系列论文。在书的自序中，先生讲到他论文写作的“秘诀”：“我积久而反复的经验，语文的学习与研究，要获得真知，解决疑难，要把握三个制高点。首先是严密的合事理，其次是合文理，最后是合词义”“这种研究不需要什么不易知道的知识或资料，只要读书细心，‘求甚解’，就能够奏效”。刘老师的民俗研究正是这种“求甚解”的研究，在我看来有这么几个特征非常明显。

(一)事象类民俗研究

文章题目多以民俗事象语词或民俗类专名为主，如《简说“魂魄”和“三魂七魄”》《“七七祭”的由来》《推背图评说》等。刘老师对民俗类语词有着特殊的敏感，他的文章尤其擅于通过对多种典籍记述的训诂、特别是关键语词考释，联系实际生活中活态的民俗存在，运用文献学、民俗学，以及考古学得来的“多重证据”，进行“三个合理”的考辨。

(二)考源性质的研究

“说神道鬼话民俗”中的不少文章，是对许多长期处在笼而统之状态的民俗话题的重新探问，或与人商榷、纠误和补正。在这类问题上，先生勇于质疑，不唯权威马首是瞻，以他一贯的较真劲儿，“打破砂锅问到底”，不厌其烦地考究其起源，梳理、辨析其在流变过程中发生了哪些重要变化，变迁的原因何在，为什么会造成误解，等等，以尽可能充分的证据，力求做出清晰而又准确的阐释。如《灶鸡、蟑螂是怎样成为灶神的》，就是由著名神话学家袁珂先生的《漫话灶神和祭灶》“接着说”的。袁先生提出了“灶神蟑螂说”，刘老师赞成此说，但同时指出“袁先生的论证新颖、奇绝，就结论说是正确的，但论证尚有粗疏。蟑螂这种虫怎么会成为灶神呢？还有不易让人明白之处，论证中也有失误”。接下来指出蟑螂不是唯一称“灶马”的昆虫，从灶间还有一种昆虫叫“灶鸡”的也称“灶马”，从这种昆虫不是蟑螂而是蟋蟀说起，一步一步把灶神的起源和演变轨迹考证了个一清二楚。

（三）坚持科学立场

对相关书籍和民间俗信中种种迷信的说法，总能通过科学的分析和层层论证，拨云见日，给以正确的解释，贯注在文字中的是自觉的启蒙意识和严肃的求是精神。如《婚姻的“六合”是怎么推算的》《清官珍藏生男育女预计表辨假》《袁天纲相面名例辨假》等就是这类文章。

（四）对民俗的讨论

“说神道鬼话民俗”所讨论的，都是民众感兴趣的、想知道其究竟的话题。如果说做学问也有接不接地气之说的话，那么，刘老师的民俗研究就是“接地气”的研究。

（五）具有明确的问题意识

“求甚解”乃学术研究之正途，刘瑞明先生循此治学，在偏远的陇东一隅取得了骄人的成就，读他的著述，不仅能够扩大眼界、增长知识，而且还可以从中获得方法论的启示。在学术风气浮躁的当下，我们以学术研讨会的方式缅怀先生，是有特别意义的。

2020年9月

（彭金山，西北师范大学文学院教授。）

论《太平经》的一元三分式三字词语

——兼论一元三分式三字词语的构成

连登岗

《太平经》[①]中存在着大量的"一元三分式三字词语"，此种现象，未见有人论及，笔者姑为探索，今以一孔之见，以就教读者。

一、对于一元三分式三字词语的界定

一元三分式三字词语，是笔者提出的一个术语，所谓一元三分式的三字词语，是由三个连用并列的字[②]构成的、表现一元三分式的对立统一关系的词语。所谓一元三分，就是一个统一物中，包含着相互对立、相互区别而又相互依存的三个组成部分，换言之，即三种要素既相互对立、相互区别而又相互依存，共同构成了一个统一的有机整体。就"一"与"三"的关系而言，"三"是对一个统一体所作的穷尽式的划分得出的三个部分；反过来看，"一"是由三个部分构成的一个完整的整体。所谓一元三分式的三字词语，就是表示着这种一元三分式内在关系的三个并列连用的字所构成的词语。

这种语言结构，可以从语言形式、语言意义及其形式和意义的关系三个层面去把握。

从语言形式层面看，一元三分式词语具有既是部分又是整体这样的双重性：其构成要素，是三个并列的字，但它们又组合在一起构成了一个整体。在这个词语的内部，其整体是其构成要素的上级单位，而其构成要素是其整体的下级单位；各个要素对于其整体具有充足性和整合性，也就是说，这三个要素构成了一个完整的整体。其整体对于要素具有穷尽性与统一性，即其整体必须且仅能包括这三个要素。各个构成要素之间是对立的统一，它们相互平行、相互对立、相互区别又相互依存，各自保持着自己的独立，又一起组合成一个整体。

从语义层面看，一元三分式词语也具有双重性，它的构成要素既保留着各自

原有的意义，又组合在一起构成了一个新的整体的意义。在这个词语的意义内部，其整体义是语素义的上位义，而语素义则是其整体义的下位义。其整体义必须涵盖且仅能涵盖其语素的意义；其语素的意义必须能够且仅能穷尽性地切割其整体义。在一元三分式的词语中，其构成要素的意义是显性的，而其整体意义则是隐性的。

从一元三分式三字词语的形式和意义关系的层面来看，存在着既一致又有差异这样一种对立统一的关系。一般而言，其要素的形式与意义的关系是统一的，而其整体的形式与意义的关系则存在着一定的差异。例如：

1. 天地人

(1)卷四八《三合相通诀》："十月实核之，故天地人三统俱终，实核于亥。故十月而实核，下付归之。所以然者，此八月九月十月三月也，天地人正俱毕竟，当复返始。"（《太平经合校》第154页，以下只注页码）

(2)卷五〇《生物方诀》："此三子者皆为天地人行神药以治病，天使其各受先祖之命，着自然之术，其中不得去也。"（174页）

(3)卷五四《使能无争讼法》："天之命，略可睹可知矣，天地人所疾恶同耳。"（207页）

(4)卷六六《三五优劣法》："夫天地人何不共三皇五帝三王五霸乎？"（237页）

(5)卷六七《六罪十治诀》："凡事通而往来，此三事应天地人谶。"（254页）

在《太平经》看来，天地人本是一气所生，《三五优劣法》："夫天地人本同一气，分为三体，各有自祖始。"（236页）《阙题》："元气恍惚自然，共凝成一，名为天也；分而生阴而成地，名为二也；因为上天下地，阴阳相合施生人，名为三也。"（304页）卷一五四至一七〇《利尊上延命法》："人本生时乃名神也，乃与天地分权分体分形分神分精分气分事分业分居。故为三处。一气为天，一气为地，一气为人，余气散备万物。是故尊天重地贵人也。"（726页）《三合相通诀》："夫天地人分部为三家，各异处。"卷六六《三五优劣法》："夫天地人分部为三家，各异处。"（237页）由这些论述看来，《太平经》认为，天地人构成了一元三分式结构，在这个结构中，天、地、人是对宇宙间所有事物在最基本层面上的穷尽性的划分、最基本的分类，而宇宙分为天、地、人，天、地、人又构成了整个宇宙。以上各句中的"天地人"，就是一元三分式的三字词语，从语言结构来看，它们既是三个独立的字，同时又是由三个字合成的一个短语。从语义来看，天、地、人既分别表示各自的意义，又联合起来，共同表示着“宇宙间所有事物”这样的整体意义。

2. 君臣民

(1)卷四八《三合相通诀》:“君臣民相通，并力同心，以成一国。”(149页)

(2)卷四八《三合相通诀》:“中古以来，多失治之纲纪，遂相承负，后生者遂得其流灾尤剧，实由君臣民失计，不知深思念，善相爱相通，并力同心，反更相愁苦。”(151页)

(3)卷六六《三五优劣法》:“帝有三皇若高下平，人有三皇，若君臣民也……地有三王若高下平，人有三王，若君臣民。”(234页)

(4)卷一五四至一七〇《还神邪自消法》:“神者主生，精者主养，形者主成。此三者乃成一神器，三者法君臣民，故不可相无也。”(727页)

在一元三分式的结构中，就社会政治伦理身份而言，君、臣、民是社会上具有且仅有的三种人，由他们共同构成了“一国”。卷一五四至一七〇《救四海知优劣法》:“天生人凡有三等：第一天生，第二地生，第三人种类。受命天者为人君，受命地者为人臣，受命人者为民。”(730页)《太平经·三合相通诀》:“君臣民相通，并力同心，以成一国。”“故君而无民臣，无以名为君；有臣民而无君，亦不成臣民；臣民无君，亦乱，不能自治理，亦不能成善臣民也；此三相须而立，相得乃成，故君臣民当应天法，三合相通，并力同心，共为一家也。”上例中“君臣民”这个词语，从语言结构单位来看，它们既是三个独立的字，同时又是由这三个字共同构成的一个短语。从语义来看，君、臣、民既分别表示着地位不同的三种人，又联合起来，共同表示着“一国”之中包含且仅包含着君臣民三种人这样的隐含义。因为“君、臣、民”是对“人”这个种类所做的穷尽性的划分，如果三者都到场，就隐含了“所有的人”这样的意义。

3. 君父师

(1)卷四七《上善臣子弟子为君父师得仙方诀》:“真人今日所说，但财应平之行，各欲保全其身耳，上何益于君父师，而反言为上善之人乎？……不负天，不负君父师也。汝行适财自保全其身耳，……亦当上有益于君父师不邪？”(135页)

(2)卷四七《上善臣子弟子为君父师得仙方诀》:“夫为人臣子及弟子为人子，而不从君父师教令，皆应大逆罪，不可复名也。”(136—137页)

(3)卷四七《上善臣子弟子为君父师得仙方诀》："夫人乃生于父母，得成道德于师，得尊荣于君，每独居一处，念将老，无有可以复之者。"（136页）

(4)卷一一二《不忘诫长得福诀》补《太平经钞·庚》："先生为师，尊之为君，称之为父。故师君父不可不明，臣不可不忠，弟子不可不顺。"（583页）

君父师是君主、父母与老师的简化合称。有时为了突出"师"的重要性，也作"君师父"，如：卷五六至六四《阙题》《太平经钞·丁部》："亲父子分身血气而生，肢体相属如此，况聚天下异性之士为君师父乎？"（217页）在《太平经》看来，君、父、师是一个人生命中最重要的三种人。卷七三至八五《阙题》："故父母者，生之根也；君者，授荣尊之门也；师者，智之所出，不穷之业也。此三者，道德之门户也。父母，乃传天地阴阳祖统也；师者，乃晓知天地之意，解凡事之结；君者，当承天地，顺阴阳，常务得其意，以理道为事。故此三者，性命之门户也。"（311页）他们在人伦关系中，处于高位，因而被称为"三尊"，班固《白虎通义·封公侯》："人有三尊君父师。"以上例中的"君父师"短语，不仅表示"君、父、师"这三种人，而且还表示着"三尊"包括且仅包括"君、父、师"三种人的意思。

像这种由三个连用并列的字构成的、表现一元三分式的对立统一关系的语言结构，就是一元三分式三字词语。

一元三分式词语包括一元三分式词和一元三分式短语。它们都具有"由三个连用并列的字构成的、表现一元三分式的对立统一关系的语言结构"这样的特征，但是，"词"与"短语"属于不同的语言单位，词是最小的能独立运用的语言单位，构成一元三分式词的三个字（语素）已经形成统一的整体，具备了统一的新的语义。而"短语"则是由词构成的组成句子的模块结构，在一元三分式短语这个模块中，虽然构成短语的每个字都同属于一个短语，但是短语中的每个字仍然保留着它们各自原来的语义。例如：

(1)《太平经钞甲部·太平金阙帝晨后圣帝君师辅历纪岁次平气去来兆侯贤圣功行种民定法本起》："上升上清之殿，中游太极之宫，下治十方之天，封掌亿万兆庶，鉴察诸天河海、地源山林，无不仰从，总领九重十叠，故号九玄也。"（2—3页）

(2)《太平经》卷四八《三合相通诀》："比若夫妇子共为一家也，不可以相无，是天要道也。"（150页）

例(1)"亿万兆"本是数的不同单位名称,可是,当它们连用凝结为一体,表示"极多的数量"这样一个整体的意义时,它们就成为一元三分式词了。例(2)"夫妇子",是构成家庭的三种成员,上例中"夫妇子"连用,虽然隐含着"家庭所有成员"这样的意义,但并未凝为一体,用一个新产生的意义取代旧义,而是各自仍然保持着自己的语义,所以,它是短语,而不是词。再如:

(1)卷四二《四行本末诀》:"善哉,行天地之性,岁月日善恶有几何哉?"(93页)

(2)卷四二《四行本末诀》:"天地岁月日有四行。"(93页)

(3)卷四二《四行本末诀》:"是故古圣贤深观天地岁月日人民万物,视所兴衰浮平进退,以自知行得与不得,与用洞明之镜自照,形容可异。"(94页)

(4)卷四四《案书明刑德法》:"子生积岁月日幸不少,独不见扰扰万物之属,悉尽随得而居,而反避刑气邪?"(104页)

(5)卷一一〇《大功益年书出岁月戒》:"天君闻之,重敕大神,使欲进者,观其所为,积岁月日,各令有部,有功当上,名须缺补。"(536页)

岁月日,本是表示不同时间长度单位的几个名词,在上例中,它们连用凝结为一体,共同表示着"时间"这样一个整体的意义,而不再分别表示"岁、月、日"这样不同长度的时间单位了,这时,它们就成为一元三分式词了。

二、关于"一元三分式三字词语"的辨析

"一元三分式三字词语",在书面形式上,表现为三字连用,然而,在汉语中,三字连用式词语的内部结构关系有许多种类,远不是所有的三字连用都是"一元三分式词语",因而对于"一元三分式三字词语"与一些貌似者,应加区分。

(一)一元三分式词语中的三个语素,必须是并列关系,否则,就不是一元三分式词语。

1. 天地神

(1)卷三五《分别贫富法》:"今天地神信此家,故天地神统来寄生于此人。"(36页)

(2)卷四五《起土出书诀》:"今天地之神,乃随其书而行,察视人言,何也?真人知之邪?今以何知其随人而行,以吾言不信也。子诚绝匿此书,即有病;有敢绝者,即不吉,是即天地神随视人之明证也,可畏

哉!”(124 页)

(3)卷九六《六极六竟孝顺忠诀》:“所以月尽岁尽见对,非独生时不孝不顺不忠大逆恶人魂神也,天地神皆然。”(407 页)

上句中的“天地神”是三字连用,但它们不是“一元三分式三字词语”,因为“天地神”三字之间不是并列关系,而是偏正关系,是“天地之神”的省略形式。“天地”是定语,“神”是中心词。例(1)“天地神统来寄生于此人”,寄生于人的只能是“神”,而不可能是“天地”,可知“神”是中心词,“天地”是其定语。例(2)中,前面作“天地之神”,后面作“天地神”,二者所指相同,语义相同,可知后者是前者的省略形式。例(3)“见对”的只能是“神”,而不可能是“天地”,故知“神”是中心词,而“天地”是其定语。

2. 鬼物道

(1)卷一二〇至一三六《太平经经钞辛部》:“夫阳精为神,属天,属赤,主心。心神,乃天之神也。精者,地之精也。鬼者,人之鬼也。地,母也。鬼,子也。子母法同行,并处阴道。太平气至,阳气大兴,天道严,神道明。明则天且使人俱兴用之,神道用,则以降消鬼物之道也。神道兴,与君子同行。鬼物道者,与小人同行。”(696 页)

上句中的“鬼物道”三字连用,但它们不是“一元三分式三字词语”,因为“鬼物道”三字之间不是并列关系,而是偏正关系。“鬼物”是定语,“道”是中心词。这个短语是“鬼物之道”的省略形式。本段文字中上文作“鬼物之道”,下文作“鬼物道”,二者所指相同,语义相同,可知后者是前者的省略形式。

3. 手足心

(1)卷一八至三四《太平经·乙部·修一却邪法》:“守一者,天神助之。守二者,地神助之。守三者,人鬼助之。四五者,物佑助之。故守一者延命,二者与凶为期。三者为乱治,守四五者祸日来。深思其意,谓之知道。故头之一者,顶也。七正之一者,目也。腹之一者,脐也。脉之一者,气也。五藏之一者,心也。四肢之一者,手足心也。骨之一者,脊也。肉之一者,肠胃也。能坚守,知其道意,得道者令人仁,失道者令人贪。”(13 页)

上句中的“手足心”是三字连用,但它们不是“一元三分式三字词语”,因为“手足心”三字之间不是并列关系,而是偏正关系,是“手足之心”的省略形式。“手足”是定语,“心”是中心词。

（二）一元三分式词语中的三个组成要素，必须是对同一整体所做穷尽性的划分，所划分出来的部分，它们合起来，就是一个完整的整体，否则，就只是一般的三字词语，而不是一元三分式的词语。

(1)卷七二《斋戒思神救死诀》："东方之骑神持矛，南方之骑神持戟，西方之骑神持弓弩斧，北方之骑神持镶楯刀，中央之骑神持剑鼓。"（293页）

(2)卷九七《妒道不传处士助化诀》："故自天地四时五行日月星宿，共以真道要德养万二千物，下及六畜粪土草，皆被服其秘道要德而以得生长。"（432页）

(3)卷七二《五神所持诀》：是天地自然实信之符节也。比若人生当有头，应此持其节，实信符传来对，不若此，即非其行神也。应他神妄来对，悉为乱政，久久其治乱难平安，故皆求信符节也。真人知之耶？（300页）

上例中的三字并列连用结构，都不是"一元三分式词语"，因为它们不是从同一个主体中分化出来的一部分，而且，也没有对同一主体进行穷尽性的划分。

（三）一元三分式的三字连用短语，是一个相对独立的单位，如果并列的三字并不构成一个相对独立的语言单位，则只是一般的三字连用，而不是"一元三分式词语"。

(1)卷四九《急学真法》："今天师以何知人大无道德仁也？"（166页）

(2)卷四九《急学真法》："夫人行下多邪伪，即上道德仁君无所信，下民人无所附归其命。"（162页）

(3)卷四九《急学真法》："古者圣贤以为大怨，故古者悉自实核其学问也，合于天心，事入道德仁善而已，行要当合天地之心，不以浮华言事。"（160页）

(4)卷四九《急学真法》："真人以吾书付归有道德仁明之君，必且乐好吾道，深知其意，案而效之，与神无异，吾不自誉于真人也；行之得应，必如重规合矩，乃后至下古之人且念吾言。"（167页）

(5)卷一三七—一五三《太平经钞壬部》："古者圣人将御天道，索道德仁贤明共御之，乃居安也。"（714页）

例(1)(2)中的"道德仁"形成一个整体，或做宾语，或做定语，所以它是"一元三分式三字短语"。而例(3)(4)(5)中的"道德仁"只是短语"道德仁善""道德仁明"

"道德仁贤明"的一部分，所以它们不是"一元三分式三字短语"。

（四）一元三分式词语，必须构成一个整体意义，如果并列连用的三个字，仅仅表示三种并列的事物，而不表示由三者共同构成的整体的意义，则不是一元三分式三字短语。

（1）易，广大悉备，有天地人道焉，故称备也。（唐李鼎祚《周易集解》卷十一）

（2）天地人之治，其体有三也。（《释名·释典艺》）

（3）黄帝作宝鼎三，象天地人也。（《史记·孝武本纪》）

（4）绋以韦为之者，反古不忘本也。上广一尺，下广二尺。天一，地二也。长三尺，法天地人也。（班固(《白虎通义》卷下《绋冕》）

（5）长三尺五寸，法天地人与五行。（汉应劭《风俗通义·批把》）

在一元三分式的结构中，天、地、人是对宇宙间事物的穷尽性的分类，由天、地、人构成了宇宙，而宇宙又分为天、地、人三种事物。例(1)(2)中的"天地人"在表示"天、地、人"各自意义的同时，还隐含着"宇宙间一切事物"这样的意义，所以是一元三分式词语。例(3)(4)(5)中的"天地人"，是从分析的角度讲的，表示的是"天、地、人"三种不同的事物，并不具有由此三者构成的整体意义，所以它们只是一般的并列式三字短语，而不是"一元三分式词语短语"。

（五）一元三分式三字词语，既是"一"，又是"三"，不是简单的同义连用。

一些学者，把一些"一元三分式三字词语"看作是"同义连用"。例如：

（1）卷四七《服人以道不以威诀第六十四》："夫以严畏智诈刑罚胜人者，是正乃寇盗贼也。夫寇盗贼亦专以此胜服人，君子以何自分别，自明殊异乎……"(143页)

（2）卷一一七《天咎四人辱道诫第二百八》："今天乃见人与之为治，尚憎恶疾之，何肯乃自与其共事也。"(657页)

有的学者认为，"寇盗贼""憎恶疾"这样"均由独立的单音节组成"的词语"构成'A＝B＝C'式结构，在句中同义并列，可相互训释"[③]，把此类词语仅仅看作同义并列，是不完全正确的。当然，这类词语确有"同义并列"的一面，但是，也有"异义组合"的一面。我们认为，这类词语中的"同义并列"，不是整个词的"同义并列"，而是这些语素中的某个义素的同义并列；所谓"异义组合"，也不是整个词的异义组合，而是这些语素的某些义素的异义组合。例如，"寇，暴也。""盗，私利物也。""贼，败也。"可见，它们共同的义素是对人造成危害，而不同的则是其危害的方式。"寇"的特点是暴力,"盗"的特点是私下窃取,"贼"的特点是毁坏。当把它们连在一起组成一个语言单位时,所谓"同义归并"就是把它们各自具有的"造成危害"这个相同的义素,如同数学上提取公因式那样提取出来,归并为一项;而"所谓异义组合",就是把它们各自的异义组合在同一个语言单位中,从而使这个单位具有更大的兼容性,不仅可以指"寇",而且可以指"盗"、指"贼"。也就是说,这个新的语言单位具有广谱性,可以涵盖其所有的语素意义。

对于"憎恶疾"也可以这样看待。这三个语素共同的义素是"不喜欢",但它们不喜欢的程度、方式各有不同。"憎"的程度深,它是"爱"的反义词。《礼记·曲礼》:"爱而知其恶,憎而知其善。""恶"的程度浅,它是"好"的反义词。《礼记》:"如好好色,如恶恶臭。""疾"的特点是不能容忍。"憎恶疾"这个短语,不仅具有"不喜欢"这样三个语素都具有的共同义素,而且具有这三个语素各自的程度不等的不喜欢的义素。

三、《太平经》中的"一元三分式三字词语"

当弄清了"一元三分式三字词语"的含义之后,再来看《太平经》中的"一元三分式词语"。

对于一元三分式三字词语分类,可以采用不同的标准,这里根据该词中"一元"与"三分"的意义关系,将其大致分为以下类型:

(一)表示同一主体中包含不同部分的一元三分式三字词语

这种词语表示同一主体包含且仅包含着三种成分。例如上文讨论过的天地人、君臣民、君父师。下面再举两例。

1. 臣子民

(1)卷四七《上善臣子弟子为君父师得仙方诀》:"凡为人臣子民之属,何者应为上善之人也。"(131页)

(2)卷四七《上善臣子弟子为君父师得仙方诀》:"夫上善臣子民之属也,其为行也,常旦夕忧念其君王也。"(132页)

(3)卷四七《上善臣子弟子为君父师得仙方诀》:"是所谓为上善之臣子民臣之行所致也。"(133页)

(4)卷四七《上善臣子弟子为君父师得仙方诀》:"天师幸哀,已为说上善臣子民之法,愿复闻上孝之术。"(134页)

臣子民是臣子、弟子以及民的省略并称,臣子民与君父师相对,是"三卑",即在人际关系中地位低的人。以上例句中“臣子民”，不仅表示着各自的意义，而且表示着“三卑”，包括且仅包括“臣、子、民”三种人。

2. 夫妇子

(1)卷四八《三合相通诀》：“比若夫妇子共为一家也，不可以相无，是天要道也。”(150页)

夫、妇、子是构成家庭成员的三种人。《三合相通诀》：“夫天地人分部为三家，各异处。夫皇道者，比若家人有父也；帝道，比若家人有母也；王道，比若家人有子也；霸道者，比若家人有妇也。今三家各异处，岂可共父母子妇耶？是若人分为三家，宁得共父母子妇乎？真人宁晓不？”以上例句中“夫妇子”，不仅表示着各自的意义，而且表示着“一家”包括且仅包括“父、妇、子”三种人。

(二)表示同一主体的三个阶段的一元三分式词语

这类词语表示同一主体包含且仅包含三个阶段。例如：

1. 生长养

(1)卷四九《急学真法》：“故古者圣贤，与天同心，与地合意，共长生养万二千物，常以道德仁意传之，万物可兴也；如以凶恶意传之，凡物日衰少。”(160页)

(2)卷一一九《道佑三人诀》：“又道者主生，德者主养，仁者主用心故爱。春即生，夏者即养，人则用心治理，养长万物。故太阳所生养长，用心最劳苦。此之谓也。”(682页)

生、长、养，本来是事物生长的不同阶段、不同方式，三者连用，组成短语，用来表示事物生长的全过程。同时也表示事物生长的全过程包括且仅包括“生、长、养”三个阶段。

2. 本末中

(1)卷一一九《三者为一家阳火数五诀》：“然，天道，本、末、中也。”(676页)

(2)卷九一《拘校三古文法》：“故吾之为道，悉守本而戒中而弃末。天守本，故吾守本也；天戒中，故吾戒中也；天弃末，故吾弃末也。”(361页)

本、末、中是事物的三个构成部分，三者连用，构成短语，表示事物的总体，同时也表明事物的整体由且仅由三个阶段构成。

3. 头足腹

(1)卷四八《三合相通诀》:“此犹若人有头足腹,乃成一身,无可去者;去之即不足,不成人也。”(150页)

(2)卷九二《万二千国始火始气诀》:“夫天地人三统,相须而立,相形而成。比若人有头足腹身,一统凶灭,三统反俱毁败。若人无头足腹,有一亡者,便三凶矣。”(373页)

头、腹、足是人体的三个构成部分,三者连用,组成短语,用来表示整个人体。同时也表示人体包括且仅包括“头、腹、足”三个部分。

(三)表示同一主体不同性状的一元三分式三字词语

《太平经》中还有数量众多的表示人或事物的性状的一元三分式的连用三字,它们表示着同一主体具有的各种且是全部的不同形状。例如:

1. 高下平

(1)卷四八《三合相通诀》:“地高下平相通,并力同心,共出养天地之物。”(149页)

(2)卷六六《三五优劣法》:“帝有三皇若高下平,人有三皇,若君民臣也。”(234页)

(3)卷六六《三五优劣法》:“地有三王若高下平,人有三王,若君民臣。”(234页)

高、下、平是地表的三种形状,然而,在一元三分法的结构中,它们具有了穷尽性的划分的性质。《白虎通义·封公侯》:“地有三形高下平。”在以上例句中,三字连用,既分别表示“高、下、平”三种形状,又表示地表的形状包含且仅包含“高、下、平”三种状况。因而“高下平”就具有了“各种各样的、所有的地表状况”这样的意义。

2. 上中下

(1)卷四九《急学真法》:“故夫上士愤然恶死乐生,往学仙,勤能得寿耳,此上士是尚第一有志者也。中士有志,疾其先人夭死,愤然往求道学寿,勤能尽其天年耳,是其第一坚志士也。其次疾病多而不得常平平,愤然往学,可以止之者,勤能得复其故,已小困于病,病乃学,想能禁止之,已大病矣。……故大高举者,乐使其上中下各得其心所志念。”(161页)

(2)卷四九《急学真法》:“夫圣贤高士,见文书而学,必与吾书本相应，不失丝发之间；中士意半达，必得其半；下士自力，勤能不失法，所以大举天民。凡人者乐其上下中无失法者，皆得正道，各自爱，不敢轻事为大忧。”(163页)

(3)卷五六至六四《阙题》《太平经钞·丁部》：“知人寿命进退长短，各有分部，常以阴阳，合得消息，上中下取其要，与众神有约束。”(212页)

通观例(1)(2)两段文字，可以看出，“上中下”(上下中)是上士、中士、下士的省略并称。例(3)的“上中下”与例(1)(2)同。上、中、下，是划分人或事物品质的三种等第。然而，在一元三分式的结构中，它们具有穷尽性的划分的性质，上中下连用，既分别表示了不同的等第，又表示着物品的等地分为且仅分为“上、中、下”三等。

3. 毕备足

(1)卷三五《分别贫富法》：“富之为言者，乃毕备足也。天以凡物悉生出为富足，故上皇气出，万二千物具生出，名为富足。”(30页)

(2)卷三五《分别贫富法》：“富之为言者，乃毕备足也。一事不具，辄为不具足也。”(32页)

(3)卷四一《件古文名书诀》：“今为文书，上下极毕备足，乃复生圣人。”(86页)

毕、备、足是充足的各种形态，三者连用，构成短语，表示了包括各种形态的充足在内的最完备的充足。

(四)由同一主体行为的不同方式构成的一元三分式三字短语

1. 怪异灾

(1)卷四二《四行本末诀》：“一善一恶为惑行，主行为怪异灾。”(94页)

怪、异、灾是怪异、反常的各种方式。灾，本是灾害，引申有反常义。《春秋繁露·必仁且智》：“天地之物有不常之变者谓之异，小者谓之灾。”《诗·小雅·正月》：“瘋忧以痒。”孔颖达疏：“灾、异，对则别，散则通。”怪、异、灾本系同义词，但在以上例句中，它们却不是简单的同义并列连用，而是构成了短语，具有了包括各种怪异形态在内的灾变的语义。

2. 战斗伐

(1)卷八八《作来善宅法》：“中国日以广，不战斗伐而日强也。”(333页)

战、斗、伐是战斗的不同方式，它们连用，构成短语，对于战斗形式，具有总括性、穷尽性，表示了涵盖各种形式的战斗。

3. 贼伤病

(1)卷四五《起土出书诀》："天地，人支付牧业，子反共害其父母而贼伤病之。"(115页)

贼、伤、病是造成人身伤害的不同方式，它们连用，构成短语，对于伤害形式，具有总括性、穷尽性，表示各式各样的伤害。

一元三分式词语的类型，还有一些，如表示时间、数量、空间等。因篇幅关系，不再一一列举。

四、一元三分式三字词语的形成原因

语言是思维的工具，是一种表达思想的形式，而思想则是人脑对客观对象的能动的反映，因而，关于"一元三分式词语"的形成原因，可以在语言层面去寻找，可以在认识层面去寻找，也可以在认识客体中去寻找，还可以在语言与其所要表的思想内容的关系、认识与其对象的关系中去寻找。

(一)一元三分式词语形成的认识原因

一元三分式三字词语作为词语，是语音、语义和语法三种要素的综合物。它的特殊性，不在于语音，也不在于语义，而在于语法：汉语常见的并列结构，多数是二字结构(四字结构是二字结构的重叠)，而三字的并列结构，则要少得多。这一点，只要翻一下《汉语大辞典》就清楚了。从语音结构的角度来看，双音节是汉语的"标准音步"[④]，这说明，三字并列结构，并不大符合汉语的习惯。那么，这种结构为什么会产生呢？我们认为，一元三分式词语结构的形成，最重要的原因在于人们对于事物结构的认识。结构是事物的存在形式，任何事物都是以一定的形式存在的，语言也概莫能外，语音有语音的结构，语义有语义的结构，语音和语义结合而生成的语言实体，也有它的结构。结构统摄语音、语义和语言实体三个方面。这种结构，在语言中叫作语法。语言是人类认识的产物，也是人类认识的工具，人们对于事物的认识必然反映到语言中来。[⑤]"一元三分式词语结构"体现了人们对于事物结构的一种认识。

汉族远古的先民们，在考察事物的结构时，发现了事物结构的多样性：具有一元二分式结构、一元三分式结构、一元五分式结构等，这种结构观反映在词语结构中，就形成了一元二分式词语、一元三分式词语、一元五分式词语等。一元三分式三字词的形成及其发展，从认识论的角度看，是古人“三而成一”事物结构观在语言结构中的反映。汉代是一元三分结构观比较流行的时代，“一元三分式词语”在汉代有了较大发展。[⑥]成书于汉代的道教著作《太平经》，完全接受了这种“三而成一”的哲学观点，认为，事物都是由相关的三个方面、三种要素或三种事物构成的。《三合相通诀》：“元气与自然太和之气相通，并力同心，时怳怳未有形也，三气凝，共生天地。天地与中和相通，并力同心，共生凡物。凡物与三光相通，并力同心，共照明天地。凡物五行刚柔与中和相通，并力同心，共成共万物。四时气阴阳与天地中和相通，并力同心，共兴生天地之物利。孟仲季相通，并力同心，各共成一面。地高下平相通，并力同心，共出养天地之物。蠕动之属雄雌合，乃共生和相通，并力同心，以传其类。男女相通，并力同心共生子。三人相通，并力同心，共治一家。君臣民相通，并力同心，共成一国。此皆本之元气自然天地授命。凡事悉皆三相通，乃道可成也。”《三合相通诀》：“故天法皆使三合乃成。故古者圣人深知天情，象之以相治。故君为父，象天；臣为母，象地；民为子，象和。天之命法，凡扰扰之属，悉当三合相通，并力同心，乃共治成一事，共成一家，共成一体也，乃天使相须而行，不可无一也。一事有冤结，不得其处，便三毁三凶矣。故君者须臣，臣须民，民须臣，臣须君，乃后成一事，不足一，使三不成也。故君而无民臣，无以名为君；有臣民而无君，亦不成臣民；臣民无君，亦乱，不能自治理，亦不能成善臣民也；此三相须而立，相得乃成，故君臣民当应天法，三合相通，并力同心，共为一家也。比若夫妇子共为一家也，不可以相无，是天要道也。此犹若人有头足腹，乃成一身，无可去者也；去之即不足，不成人也。是天地自然之数也。”于是，一个事物总是包含三个要素、三个方面、三种状态。《和三气兴帝王法》：“元气有三名，太阳、太阴、中和。形体有三名，天、地、人。天有三名，日、月、星，北极为中也。地有三名，为山、川、平土。人有三名，父、母、子。治有三名，君、臣、民。”

《三者为一家阳火数五诀》：“天道常有格三气。其初一者好生，名为阳；二者好成，名为和；三者好杀，名为阴。故天主名生之也，人者主养成之，成者名为杀，杀而藏之。天地人三共同功，其事更相因缘也。无阳不生，无和不成，无阴不杀。此三者相须为一家，共成万二千物。然天道本末中也。”在《太平经》的作者看来，不仅事物的构成是“三合乃成”“三相须而立”，而且事物的发展也分为三个阶段，《六罪十治诀》第一百三：“故物起于太玄，中于太阳，终死于白虎。”正是在这种“皆三相通”“三相须而立”“三合乃成”一元三分式思想的指导下，《太平经》才创造并使用了大量的一元三分词语。

从以上的论述中，可以得出这样的结论：汉语并列式合称词语的结构的形成，与认识论中的结构观密切相关，在“一分为二”的对立统一结构观的影响下，会产生“一元二分式词语”，在“一元五分式”的结构观的影响下，产生了一元五分式的词语，而在“一元三分式”结构观的影响下，会产生“一元三分式词语”。结构观对于词语结构的影响，试拿人们用于同一的事物的不同结构的词语来做比较，则更能说明问题。例如，同样是高度，在“一分为二”的对立统一结构观的指导下，人们会造出“上下”这样的一元二分式词语，而在“一元三分式”结构观的指导下，人们就会造出“上中下”这样的词语。同样是人与自然（天地），在前者的指导下，人们会使用“天人”这样的一元二分式词语，而在后者的指导下，人们会使用“天地人”这样的一元三分式词语。同样是一母所生的男子，在前者的指导下，人们会用“兄弟”这样的一元二分式词语来称呼他们，而在后者的指导下，人们会用“伯仲季”这样的一元三分式词语来称呼他们。

（二）一元三分式三字词语形成的表达原因

语言是思想的符号，它与所要表达的内容，既统一又对立。所谓统一，就是语言要与它所表达的内容一致起来。如果二者南辕北辙，表里不一，那就达不到表达的目的；然而，语言是静止的，内容是灵动的，二者不可能完全一致，如果二者完全一致，内容即形式，形式即内容，那么任何语言学就都是多余的了。西方主流语言学理论认为，语言是思维的直接的现实，实在是一种莫大的误解。

就语言与其所要表达的内容的关系而言，一般情况下，形式要服从内容的需要，思想需要具体时，语言就具体；思想需要概括时，语言也就变得概括。可是，有时候，内容也得服从形式的需要。例如：

1. 数字的用法

汉语对于数字的应用，有些个约定俗成的习惯。例如，关于“三”与“九”的用法，清代学者汪中《释三九·上》说：

> 一奇二偶，一二不可以为数，二乘一则为三，故三者，数之成也。积而至十，则复归于一。十不可以为数，故九者，数之终也。于是先王之制礼，凡一二之所不能尽者，则以三为之节。三加、三推之属是也。三之所不能尽者，则以九为之节。九章、九命之属是也。此制度之实数也。因而生人之措辞，凡一二之所不能尽者，则约之三，以见其多。三之所不能尽者，则约之九，以见其极多。此言语之虚数也。实数，可稽

也。虚数，不可执也。

可见语言中直接显示出来的数量，与它实际表达的数量并不完全相符。

2. 委婉与夸饰

委婉与夸饰是古汉语常用的修辞方式，在使用了这类修辞手段的语言中，语言表面直接呈现的意义与它实际要表达的意义之间，也不完全相等。汪中《释三九·中》说：

> 古之名物制度，不与今同也。古之语，不与今同也。故古之事，不可尽知也。若其辞，则又有二焉：曰曲，曰形容。……周人尚文，君子之于言，不径而致也，是以有曲焉。辞不过，其意则不鬯。是以有形容焉。名物制度，可考也，语可通也。至于二者，非好学深思，莫知其意焉。故学古者，知其意，则不疑其语言矣。

所谓"曲"就是不直接，即表达时使用的借代、委婉等方法，例如，"《曲礼》：'岁凶，年谷不登，膳不祭肺，礼食杀牲，则祭先。'周人以肺，不祭肺，则不杀也(郑义)。然不云'不杀'，而云'不祭肺'。《坊记》：'大夫不坐羊，士不坐犬。'古者杀牲，食其肉，坐其皮。不坐犬、羊，是不无故杀之(郑义)。然不云'不无故杀之'，而云'不坐犬羊'。《春秋传》：'卫懿公好鹤，鹤有乘轩者。'鹤无乐乎轩，好鹤者不求其行远，谓以卿之秩宠之，以卿之禄食之也。故曰：'鹤实有禄位。'然不云'视卿'，而云'乘轩'。《论语》：'孔子见冕者，虽狎，必以貌。'冕，非常服，当其行礼，夫人而以貌也。惟卿有元冕，云冕者，斥其人也，谓上大夫也。然不云'上大夫'，而云'冕者'，此辞之曲者也。"在阮元列举的这些例子中，语言表面上直接显示出的语义与它所表达的真实的意义就存在着差距。

所谓"形容"就是夸饰。例如，"《礼器·杂记》：'晏平仲祀其先人，豚肩不揜豆。'豚实于俎，不实于豆，豆径尺，并豚两肩，无容不揜。此言乎其俭也(本郑义)。《乐记》：'武王克商，未及下车，而封黄帝尧舜之后。'大封必于庙，因祭；策命不可于车上行之。此言乎以是为先务也。《诗》：'嵩高维岳，峻极于天。'此言乎其高也(本刘勰义)。此辞之形容者也。"在这些例子中，语言表面显示出来的语义与其实际表达的意义也是不相符的。

由此可见，在有些情况下，语言的形式和它要实际表达的意义还是有距离的。《太平经》中一些"一元三分式三字词语"的形成，也是这样。一些"一元三分式三字词语"的形成，并不一定是要表达"一元三分式"的内容，而往往为了表达的需要，把一些非一元三分式词语改造成"一元三分式三字词语"。例如：

1. 善奇异

(1)卷八六《作来善宅法》:"四境之外,其有所贡进善奇异策,用之有大效者,且重赏赐之也。"(332页)

句中的"善奇异"是"一元三分式词语",从字面上看,它表达的是"善""奇""异"这三种性质,实际上它要表达的并不仅仅限于三种,而是对各种各样的好的、难得的、奇异的这样一些性质的总括。试看下面两段文字:

(2)卷八八《作来善宅法》:"'今天师前所敕愚生拘校上古中古下古之要文,及究竟贤明之善辞口中诀事也。今四境之界外内,或去帝王万万里,或有善书,其文少不足,乃远持往到京师;或有奇文殊方妙术,大儒穴处之士,义不远万里,往诣帝王,衔卖道德;或有黎庶幼弱老小田家婴儿妇女胸心,各有所怀善字诀事,各有一两十数,少少又不足,使人远赍持往诣京师;或有四境夷狄隐人胡貊之属,其善人深知秘道者,虽知中国有大明道德之君,不能远故赍其奇文善策殊方往也。今天师言,乃都合古今河洛神书善文之属,及贤明口中诀事,以为洞极之经,乃后天地开辟以来,灾悉可除也,帝王长游乐,垂拱无忧也。言一事不足备,辄有余灾,故当都合之。今不知当以何来,致此奇方殊策善字,乃悉得之。'……言帝王来索善人奇文殊异之方,及善策辞口中诀事,人胸心常所怀,所能言,各悉书记之,投于此宅中,自记姓字。……四境之外,其有所贡进善奇异策,用之有大效者,且重赏赐之也。如此四境外内,一旦而同计大兴,俱喜思为帝王尽力,从上到下,从内到外,远方无有余遗策善字奇殊方也。人皆一旦转乐为善也。……其四方来善宅,已出中奇文殊方善策者,复善闭之,于其畜积多者复出次之,复赍上之,于四方辞旦日少毕竟也。所上略同,使众贤明共集次之,编以为洞极之经。"(331—333页)

这段文字是说,他们要收集整理"上古中古下古之要文,及究竟贤明之善辞口中诀事",编写"洞极之经",征集的材料包括"奇文殊方妙术""奇文善策殊方""奇方殊策善字""神书善文""奇文殊异之方"等,各种各样的,所有的"奇""殊""妙""神""善"的"文""方""术""书""策""字"都在征集之列。当把这些资料按类型分而言之时,就分别称为有"善书""善文""善策""奇文""奇方""殊文""殊策"。当需要一个总括性的名称时,就把它们称为"善奇异策",其中的"善奇异"是形容词,做定语,概括并代表了包括"奇""殊""妙""神""善"在内所有的类别。"策"是名词，做中心语，概括并代表了“文”“方”“术”“书”“策”“字”等各种资料。因而，这里的“善奇异”三字所构成的短语所表达的，并不是确切“一元三分式”的关系而是在表达了“各种各样的所有的”好的、难得的、奇异的这样一种意义。这个短语的形成，也不是由其要表达的内容所决定的，而是一种出于“一元三分式”结构的语言习惯。再如：

2. 疥虫蚤

(1)卷四五《起土出书诀》：“今疥虫蚤虱小小，积众多，共食人，蛊虫者能杀人，疥虫蚤同使人烦闷，不得安坐，皆生疮疡。”(119页)

句中的“疥虫蚤”是一个“一元三分式三字短语”，指人体中各种寄生虫，但它实际上表示的寄生虫种类并不限于三种，而是四种、五种或更多，总之表示的是所有的人体寄生虫。上例中，前面说“疥虫蚤虱”，后面说“疥虫蚤”，二者字面不一致，但它们表示的意义是一致的，对于人体寄生虫，都是总括性、涵盖性的。由此可见，在一些情况下，“一元三分式三字词语”的应用，是一种形式上的习惯，而不是出于内容的需要。

3. 灾变怪、灾怪变

(1)卷四三《大小谏正法》：“教而不听，愦其不以时用其言，故废而置之，不复重教示之也。于是灾变怪便止，不复示敕人也。”(100页)

(2)卷四三《大小谏正法》：“故古者圣贤重灾变怪，因自以绳正，万不失一者。”(102页)

(3)卷四五《起土出书诀》：“故父怒不止，灾变怪万端并起，母复不说，常怒不肯力养万物。”(114页)

(4)卷六五《断金兵法》：“今惟天师乃为帝王解先人流灾承负，下制作可以兴人君，而悉除天下之灾变怪不祥之属”(224页)

(5)卷六七《六罪十治诀》：“君王旦夕念之，悒亦自愁苦，使天地失其正，灾变怪不绝。”(244页)

(6)卷六五《断金兵法》：“令使火行，多灾怪变，生不祥妖害奸猾。”(225页)

“灾变怪”与“灾怪变”义同，是对所有灾害的总称，所以并列连用。当用二字短语指称时，就可选取其中的任意两个字，例如：

(1)卷六五《断金兵法》：“火乃称人君，故其变怪最剧也。”(226页)

(2)卷六五《断金兵法》：“金囚则水气休，阴不敢害阳则生下，慎无

突变。”(226页)

一元三分式三字词语，是汉语一种特殊的词语，对它的研究才刚刚开始，以上一些不成熟的看法，希望能够引起语言学界对此问题的关注。

[注释]

①本文所用《太平经》的语料，全部出自王明《太平经合校》，中华书局，1960年。

②这里的“字”，指一个音节+一个语素的词。

③王敏红：《从〈太平经〉看三字连文》，《宁夏大学学报(人文社会科学版)》，2004年第1期，第5页。

④王洪君：“汉语节律中音步长度有三种类型：单音节、双音节、三音节。其中双音节为优势选择，三音节限于2+1模式，单音节有较大限制。至于四音节虽然包含两个音步，但是应用很频繁的节律格式。这同现在一些学者的研究是一致的，双音句为‘标准音步’，三音节为‘超音步’，单音节在一定条件下可以自成音步，称为‘弱音步’。”见《汉语韵律句法探索》，学林出版社，2006年，第6页。

⑤洪堡特：“对事物的全部主观知觉都必然在语言的结构和应用上得到体现。要知道，词正是从这种知觉行为中产生的。词不是事物本身的模印，而是事物在心灵中造成的图像的反映。”见《论人类语言结构的差异及其对人类精神发展的影响》，商务印书馆，1999年，第72页。

⑥连登岗：《论汉语的一元三分式三字词语——兼论认识论对于对立统一词语构成的影响》，载钱宗武、姚振武主编《古汉语研究的新探索——第十一届全国古代汉语学术研讨会论文集》，语文出版社，2014年，第188—204页。

[参考文献]

[1]恩格斯.自然辩证法[A].马克思恩格斯选集第三卷[C].北京：人民出版社，1972.

[2]毛泽东.矛盾论[A].毛泽东选集第一卷[C].北京：人民出版社，1966.

[3]肖萐父，李锦全.中国哲学史[M].北京：人民出版社，1982.

[4]庞朴.一分为三论[M].上海：上海古籍出版社，2003.

[5]洪堡特.论人类语言结构的差异及其对人类精神发展的影响[M].北京：商务印书馆，1999.

[6]王洪君.汉语韵律句法探索[M].上海:学林出版社,2006.

[7]许威汉.二十世纪的汉语词汇学[M].太原:书海出版社,2000.

[8]李佐丰.古代汉语语法学[M].北京:商务印书馆,2004.

[9]赵克勤.古代汉语词汇学[M].北京:商务印书馆,2005.

[10]王敏红.从《太平经》看三字连文[J].宁夏大学学报(人文社会科学版),2004(1).

[11]连登岗.论汉语的一元三分式三字词语——兼论认识论对于对立统一词语构成的影响[A].//钱宗武,姚振武主编.古汉语研究的新探索——第十一届全国古代汉语学术研讨会论文集[M].北京:语文出版社,2014.

[12]王明.太平经合校[M].北京:中华书局,1960.

(连登岗,南通大学文学院教授。此文作于2012年7月,曾于2012年10月在“中国训诂学研究会2012年学术年会”宣读。)

刘瑞明教授语言学研究成果述评

莫　超　李泽琴

一、引言

刘瑞明先生毕生致力于学术研究，涉猎颇广，占重头戏的是语言学研究。从20世纪80年代初直至他去世的四十多年的时间里，发表语言学论文200多篇，其中在《中国语文》《语言研究》《语文研究》《语言教学与研究》《古汉语研究》《辞书研究》等语言学CSSCI核心期刊上发表论文13篇；还在《文学评论》《中国社会科学》《文史》《文学遗产》等权威刊物发表过文学、历史学方面的文章；总计CSSCI核心期刊21篇，北核13篇。

刘瑞明先生在语言学领域提出了很多富有新见的观点，一度引起了学界的热烈讨论，如姚振武《再谈中古汉语的"自"和"复"及相关问题——答刘瑞明、蒋宗许先生》(《中国语文》1997年第1期)、杨会永《再释"做……不着"——兼与刘瑞明先生商榷》(《徐州师范大学学报》1999年第2期)、刘玉红《方言词理据研究刍议——以刘瑞明先生的相关研究为例》(《辞书研究》2011年第6期)，其学术成就赢得了大家的一致肯定。相关评论文章有马步升《深钻精研，新论迭出——刘瑞明教授学术事迹评介》(《甘肃社会科学》2015年第1期)、方铭《厚积薄发，触类旁通——读〈刘瑞明文史述林〉兼评刘瑞明的学术研究》(《图书与情报》2019年第5期)，等等。

二、语言学研究成果概述

刘瑞明先生在语言学方面的建树，主要体现在词汇学、语法学、语言与文学的互动关系三个大的方面。其撰写和发表过的文章，从数量上说，在语言学领域几乎是无与伦比的。我们可以从词汇学、语法学、语言与文学的互动关系的探讨三个方面作一梳理。

(一)词汇学方面的成果

1. 造词理据——"谐音""隐实示虚"法的倡导和实践

"谐音"造词法或"隐实示虚"造词法是刘瑞明先生提出的一个代表性的观点。谐音造词在方言词汇中的比例很大[参见《关于"趣难词"的答辩》,《陇东学院学报(社会科学版)》2004年第3期]。汉语方言有一大批谐音趣难的词语,特意隐蔽词义理据,而用谐音字代替,先形成难解,再悟出正解。刘先生说:"汉语的谐音是有非常神奇效果的,它能指鹿为马、颠倒黑白、张冠李戴、无中生有。各地方言都有一种'谐音造词法':隐实示虚,设难成趣。就是对词义理据的真实用字借谐音既作隐蔽又作暗示的双兼方法,形成趣难风格,从错误而启悟正解,有智巧和情趣的艺术欣赏性,有如谜语。"(《贵阳方言"谐音趣难词"详解》,载《刘瑞明文史述林·谐音造词法论集》)。关于"隐实示虚",刘先生指出:"'隐实示虚'造词法是特意把词中实际理据隐蔽而代以谐音的虚假用字,以形成奇巧、智趣的风致,这是曲折、朦胧美与造词的结合,体现出了汉语文化的艺术风格,为汉语所独有隐实示虚,设难成趣,这种词语附增了艺术欣赏性,而学界尚未有所研究,方言词典也避而不释理据,甚或误释为比喻。"[《论隐实示虚的辞趣》,《宁夏大学学报(哲学社会科学版)》1999年第4期]。他对谐音造词和比喻修辞进行了区分:前者以谐音的方式造词,本身就有修辞效果。而比喻、拟人等其他修辞手段都是在句内实现的,相关的词本身无修辞性。他认为:"一般修辞的目的在于生动、真切、有力等,而谐音成词的目的主要在趣难的情韵,反而是有意利用朦胧、疑似、虚假,即'隐实示虚'。所以会被误以为是比喻或形容。它是为修辞而特造新词,固定专用,也与一般谐音修辞利用原有的词不同。"(《方言俗语中容易误当成比喻的谐音造词》,《修辞学习》1998年第4期)

以"隐实示虚,设难成趣"的谐音造词法为依据,刘瑞明先生先后对汉语方言俗语词汇及古汉语中的部分趣难词进行了大量论证,先后发表了《汉语方言的隐实示虚趣难词说——以东莞方言为例》(《辞书研究》2002年第3期)、《成都方言词的隐实示虚谐音趣难词》[《成都大学学报(社会科学版)》2002年第4期]、《粤语趣难词释例》(《语言研究》2002年第4期)、《"猫儿匿"的妙趣——兼辨绝非外来词》(《甘肃高师学报》2002年第6期)、《福州方言隐实示虚趣难词》[《福建师范大学学报(哲学社会科学版)》2003年第1期]、《宁波方言谐音趣难词》[《宁波大学学报(人文科学版)》2004年第5期]、《武汉方言的谐音隐实示虚趣难词》[《陇东学院学报(社会科学版)》2006年第2期]、《银川方言谐音趣难词解读》(《宁夏师范学院学报》2007年第4期)、《太原方言的隐实示虚趣难词》(《晋中学院学报》2007年第5期)、《吴语谐音趣难词初探——以苏州话为中心》(《常熟理工学院学报》2007年第11期)、《浅议西安方言的隐实示虚趣难词》(《陕西教育学院学报》2008年第2期)、《谐音趣难词“百鸡宴”——“鸡”的历时共地谐音研究》(《励耘学刊(语言卷)》2010年第2期)、《近代汉语及方言趣难词“兔子”辨释》[成都大学学报(社会科学版)2003年第3期]、《方言中含假“猫”的谐音趣难词——兼答王志尧对“猫儿匿”新释的反驳》(《甘肃高师学报》2004年第1期)、《方言俗语词中的数字谐音趣假》[《成都大学学报(社会科学版)》2004年第2期]、《方言趣难词再辨释》[《成都大学学报(社会科学版)》2005年第2期]等数篇文章,指出这些趣难词的理据是语言研究的薄弱之处,易于误看成比喻,只有从语言和文化的大背景即从谐音趣难词的新释才能得到合理的解释。再比如,《“马”与“狗”的谐音示虚趣难词》[《宁夏大学学报(人文社会科学版)》2002年第2期]、《捉迷藏方言趣难称名汇释——论证谐音趣难造词法》[《陇东学院学报(社会科学版)》2003年第1期]、《含假“罗汉”“观音”的趣难系列词》(《语言科学》2003年第4期)、《谐音趣难词例说》(《汉语学习》2004年第3期)、《详释“两头蛇、三脚猫、乌眼鸡”等系列词语》(《中国俗文化研究》2005年第3辑)、《也说复合词的深层结构和表层结构及其理据性》[《陇东学院学报(社会科学版)》2006年第4期]、《“比目鱼”类系列趣难词底蕴的阐释》(励耘学刊·语言卷,2013年第1期)等文的发表,也进一步证明了“谐音造词法”是研究疑难词语的“金钥匙”[《谐音是研究疑难词语的金钥匙——以猿猴志怪词语的解读为例》,《励耘学刊(语言卷)》2008年第1期]。

依据“谐音”“隐实示虚”造词法原理,刘先生对语词成词理据进行了诸多探究。此类文章也比较多,如《乌鲁木齐方言难词理据小札》[《新疆大学学报(哲学社会科学版)》1997年第2期]、《武汉方言词理据的讨论与欣赏》[《华中师范大学学报(人文社会科学版)》1998年第5期]、《民间秘密语理据试析》(《语言教学与研究》2002年第2期)、《以“黄色”指淫秽内容并非“舶来”》(《文史杂志》2005年第6期)、《释元剧“邦老”》(《古汉语研究》2006年第2期)、《“人蛇”的词源及理据》(《辞书研究》2008年第5期)、《方言词语谐音理据研究——以〈明清吴语词典〉为例》(《励耘语言学刊》2015年第1期)、《“小李”和“二流子”系列词的词义理据》(《汉字文化》2015年第3期),等等。还有基于雅称避讳、体现“隐语”“暗码”特征的词源探究,如《俗语考源二题》(《绵阳师范学院学报》2006年第1期)、《“鲍老”是木偶戏的趣雅名称》(《戏曲研究》2007年第3期),等等。

2. 词语训释方面的新探索

早在20世纪80年代，刘先生就有一些重要文章问世，如《"不共戴天"小议》(《辞书研究》1982年第5期)、《从"鸦雀无声"说起》(《辞书研究》1982年第3期)、《"八字"漫谈》(《辞书研究》1983年第4期)、《〈燕子赋〉校注商榷》(《社会科学》1985年第5期)、《王梵志诗"自言鬻性鼠"句解》(《敦煌研究》1986年第3期)、《"排门"与"排门夫"解》(《汕头大学学报》1986年第3期)、《〈唐太宗人冥记〉缺文补意与校释》(《文献》1987年第4期)、《"作息"词义辨》(《汕头大学学报》1987年第3期)、《敦煌抄卷〈百鸟名〉研究》(《敦煌学辑刊》1989年第2期)、《新版〈辞海〉"婵娟"释义辨》(《汕头大学学报》1989年第3期)、《"小"的一个特殊意义》(《辞书研究》1989年第6期)。20世纪90年代到2010年，刘先生词语训释方面的文章犹如井喷式的产出，形成一个高潮，如《释"猖狂"》[《湖北大学学报(哲学社会科学版)》1990年第2期]、《〈敦煌变文字义通释〉补正五则》(《古汉语研究》1990年第1期)、《对〈敦煌发现的《董永变文》浅谈〉的纠误》(《文学遗产》1990年第4期)、《〈李陵变文〉补校》(《社科纵横》1990年第5期)、《关于"不辞"的更正》(《文献》1990年第3期)、《"隔是、格是、个是"词义解释》(《辞书研究》1990年第6期)、《从"周章""章皇"的训释论及词义研究方法》[《湖北大学学报(哲学社会科学版)》1991年第2期]、《项楚〈王梵志诗校注〉商兑和补遗》(《敦煌学辑刊》1991年第1期)、《项楚〈王梵志诗校注〉商兑和补遗〈续〉》(《敦煌学辑刊》1992年第4期)、《"队"字义项及书证辨误》(《辞书研究》1992年第5期)、《〈元曲释词〉第三册失误零拾》(《古汉语研究》1993年第1期)、《项楚〈敦煌变文选注〉商补》(《社科纵横》1993年第2期)、《元曲疑难词语辨义》(《古汉语研究》1994年第1期)、《〈元曲释词〉第二册失误评述》(《古汉语研究》1994年第3期)、《"不道"及"不辞"释义辨误》(《贵州文史丛刊》1994年第4期)、《从"所"字词义误增论词义研究方法》[《四川大学学报(哲学社会科学版)》1995年第3期]、《"无赖"词义辨误及梳理》[《湖北大学学报(哲学社会科学版)》1995年第3期]、《"獐狂""周章""隔是"释义》(《文学遗产》1995年第3期)、《〈元曲释词〉第四册失误评述》(《甘肃社会科学》1995年第3期)、《释"放二四"、"二四"》(《辞书研究》1995年第5期)、《"做……不着"新释》(《古汉语研究》1997年第2期)、《唐宋笔记词语小识》[《贵州大学学报(社会科学版)》1997年第4期]、《〈金瓶梅〉词语校释》(《徐州师范大学学报》1997年第1期)、《对〈敦煌曲子词百首译注〉讹误的辨析》(《甘肃社会科学》1998年第4期)、《吐鲁番出土"随葬衣物疏"杂释》(《西域研究》1998年第2期)、《乌鲁木齐方言词汇讨论》[《新疆大学学报(哲学社会科学版)》1999年第3期]、《由“偏义复词”新说“虚义趣连”》(《喀什师范学院学报》2000年第3期)、《“瞫”与“覱”的音义形疏理辨析》(《甘肃高师学报》2001年第4期)、《“爪哇国”“哈尔滨”“东京”辨假》(《汉字文化》2002年第2期)、《俗谚解说两题》(《中国语文》2004年第2期)、《〈经传释词〉“不”“丕”助词说辨误》[《励耘学刊(语言卷)》2006年第1期]、《确释“坟羊”及其系列词语》[《宁夏大学学报(人文社会科学版)》2006年第2期]、《四川〈十八扯〉民谣的两点研究》(《成都大学学报(社会科学版)》2006年第2期]、《“自”字连续误增新义的清理否定》[《励耘学刊(语言卷)》2007年第2期]、《方言“拍马屁”词语家族及研究失误》[《安庆师范学院学报(社会科学版)》2007年第5期]、《“鬑鬑”稀发义实误》(《辞书研究》2007年第5期)、《〈金瓶梅〉校释补正》[《青海民族大学学报(教育科学版)》2010年第1期],等等。

在词典编纂和修订方面的指瑕和辨谬,也成为刘先生词汇研究的一个亮点。提出词典词义失误需要指正的文章有《谈泛义动词的释义——兼评〈汉语大词典〉“作”字释义》(《辞书研究》1991年第3期)、《〈汉语大词典〉第一卷失误指正》(《陇东学院学报》2008年第4期)、《〈汉语大词典〉第二卷失误指正》(《陇东学院学报》2009年第1期)、《〈汉语大词典〉第三卷失误指正》(《陇东学院学报》2009年第6期)、《〈汉语大词典〉第四卷失误指正》(《陇东学院学报》2010年第3期)、《〈汉语大词典〉第五卷失误指正》(《陇东学院学报》2012年第2期)、《〈汉语大词典〉含“风”字词语失误指正》(《陇东学院学报》2014年第6期),《〈汉语大词典〉第三卷修订建议》(《陇东学院学报》2016年第6期)等,指出词语释义失误达255处。与此相关的又有一批词典释词评议方面的文章,如《〈汉语大词典〉“为”字释义评议》(《陇东学院学报》1995年第1期)、《试评〈苏州方言词典〉》(《辞书研究》1997年第2期)、《评〈中国秘语行话词典〉》(《辞书研究》1999年第4期)、《词语的系列性与〈汉语大词典〉的失疏》[《四川大学学报(哲学社会科学版)》1999年第4期]、《〈汉语大词典〉的功臣〈大字典论稿〉评介》(《辞书研究》2001年第3期)、《从通假看〈汉语大词典〉的修订——以“佯”字系列词为例》[《陇东学院学报(社会科学版)》2003年第3期]、《〈汉语方言大词典〉五评》[《宁夏大学学报(人文社会科学版)》2004年第1期]等。

对他人词汇学著述予以评介和推荐,也是刘先生学术方面的一个贡献。这类文章有《〈敦煌赋校注〉评介》(《敦煌研究》1995年第4期)、《读〈宋元明市语汇释〉》(贵州大学学报·社会科学版,1999年第6期)、《〈易混易错词语辨析〉评介》

(《语文研究》2003年第3期)、《简评荆贵生主编〈古代汉语〉——兼评吕友仁、王永安二篇评荆文章》(《商丘师范学院学报》2001年第3期)、《集遗珠以汇诗海,复原貌而观万象——评〈敦煌诗集残卷辑考〉》(《敦煌研究》2001年第4期)、《元剧校释评说》[《淮北煤炭师范学院学报(哲学社会科学版)》2004年第5期]、《继承前路,引领方向——简评〈古汉语神祀类同义词研究〉》(《龙岩学院学报》2006年第2期),等等。

(二)语法学方面的成果

1. 对"泛义动词"的厘定

"泛义动词"是刘瑞明先生颇具代表性的观点。关于动词的泛义性质,刘瑞明先生认为前人已有关注,如欧阳修《归田录》、王力《古代汉语》,但未能引起人们重视。前人对"打"等词义的误解(欧阳修称"世俗语言之讹",刘半农称"混蛋动词")都在于没有深刻注意到泛义动词的客观存在。刘先生发表了一系列的文章,对以往学界的相关说法也进行了重新审视,如《论"打、作、为"的泛义动词性质及使用特点》[《湖北大学学报(哲学社会科学版)》1992年第1期]、《从泛义动词讨论"见"字本不表示被动——兼及被动句有关问题》[《湖北大学学报(哲学社会科学版)》1994年第5期]、《从泛义动词讨论"取"并非动态助词》[《湖北大学学报(哲学社会科学版)》1997年第1期]、《不是"混蛋"动词,而是泛义动词——泛义动词论稿之一》(《喀什师范学院学报》1998年第1期)、《疑问句尾"为"字实是泛义动词》[《内蒙古师大学报(哲学社会科学版)》2000年第6期],等等。

2. 关于词尾问题的探讨

刘瑞明先生对词尾问题的探究,非常深入,成果卓著。在《"拔"字释义评述——兼论"拔"是词尾》(《辞书研究》1996年第4期)一文中认为,词尾是属于构词法范畴的理论认识,但它直接关系着词义的理解和辞书释义的准确、简明和系统。故此,刘瑞明先生对汉语的词尾认定进行了一系列大胆的尝试,从20世纪80年代末到21世纪初,近三十年内均有词尾问题相关文章发表,对以前辞书中尚不涉及或者释义混乱的如"△自""△复""△落""△持""△迟""△介"式词等成分进行了梳理,如《"家"是古汉语中历史悠久的词尾》[《天津师大学报(社会科学版)》1988第3期]、《关于词尾"家"的时代和古今关系——与吕叔湘先生等讨论》(《北京社会科学》1988年第4期)、《词尾"自"类说》(《语文研究》1989年第4期)、《关于"自"的再讨论》(《中国语文》1996年第4期)、《"自"非词尾说驳议》(《中国语文》1998年第4期)。再如其他词尾的讨论有《论"持""迟"应是古汉语词尾

（上）》（《北京社会科学》1990年第2期）、《论“持”“迟”应是古汉语词尾（下））（《北京社会科学》1990年第3期）、《近代汉语词尾“生”源流详说》[《励耘学刊（语言卷）》2006年第2期]等。

3. 对虚词及词语结构的探究

刘先生讨论虚词的文章数量较少，但也有一定影响，如《助词“复”续说》（《语言研究》1987年第2期）、《垫音助词“其”及其研究之评论》[《青海师范大学学报（哲学社会科学版）》1988年第2期]等。对于部分语词结构关系，刘先生也予以关注，文章有《“有以”“无以”是多义的同形异构体——与洪成玉同志商榷》（《语言教学与研究》1984年第1期）、《“为报”是多种意义的同形异构体》（《贵州文史丛刊》1993年1期）、《方言自感动词“V人”式综述》（《汉字文化》1999年第3期）等。

（三）对语言与文学的互动关系的探讨

刘瑞明先生还由语言学的专门研究扩展到与其他学科的综合研究，主要是语言和文学的互动研究。先生善用训诂解释文学作品中存有争议的地方，见解独到而新颖。比如《“明月别枝惊鹊”及其他》（《文学评论》1983年第1期）、《〈湘君〉〈湘夫人〉人物、情节、主题的驳议及新探》（《喀什师范学院学报》1989年第5期）、《论〈董永变文〉和田昆仑故事的传承关系——中印文学交融说议误》（《北京社会科学》1991年第4期）、《马祖常诗注商补》（《西域研究》1994年第3期）、《所谓〈聊斋小曲〉中的非蒲松龄作品》（《蒲松龄研究》2002年第3期）、《六朝乐府“风人体”对后世方言的影响——以南京方言为例》[《青海民族大学学报（教育科学版）》2010年第4期]、《〈山海经〉内容的假与真——从书名与篇名、山与海辨析》（《丝绸之路》2013年第10期）等。

三、刘瑞明先生语言学研究成果之我见

（一）成就卓著

刘先生一生“咬定青山不放松”，撰写了大量的语言学研究文章，这种精神无疑是令人敬佩的。前文已梳理出刘先生学术贡献的数个方面，这里就笔者非常认可的几个学术建树摭谈几点：

1. 结合历史文献解决方言词典用字方面的疏漏及不足

就李荣主编《现代汉语方言大词典》地方分卷的《贵阳方言词典》中的一条儿歌进行了补正，补充了词典中一处用字空缺的问题：“牵□□，摇弟弟，打破碗，请

坐地。”词典中空缺的“□”的注音与“郎”字同音异调，其实就是“郎”的声调有变。其中，“摇”是“要”的谐音，“碗”是“瓦”的谐音，“请”是“清”的谐音。这是希望多生儿子少生女儿的童谣，在宋代已有了。陆游《老学庵笔记》：“童谣云：‘牵郎郎，拽弟弟，打碎瓦儿不着地。’”梁绍壬《两般秋雨庵笔记》卷四《山歌》云：“儿童扯衣裙相戏唱说：‘乳拽弟弟，踏碎瓦儿不著地。’”清顾张思《土风录》卷十九将此童谣变成：“牵郎郎，拽队队，打碎瓦儿不着地。”《诗经·小雅·斯干》：“乃生男子，载寝之床，载衣之裳，载弄之璋……乃生女子，载寝之地，载衣之裼，载弄之瓦。”于是“瓦”与生女孩联系起来(《贵阳方言“谐音趣难词”详释》，载《刘瑞明文史述林》)。

2. 大量结合方言词义对词语进行考释或辨谬

结合方言词义考释词义，是训诂学常用的方法。刘先生非常重视这一方法，在他的著述中大量展示出对此方法的应用。例如《方言俗语中作假成趣的“属”》(《刘瑞明文史述林》)，《方言“拍马屁”词语家族及研究失误》[《安庆师范学院学报(社会科学版)》2007年第5期]，《方言对“后颈窝”“耳垢”的趣难称名》(《刘瑞明文史述林》)等。刘先生关注了全国许多城市乃至县(区)出版的方言词典，如成都、贵阳、柳州、长沙、福州、武汉、乌鲁木齐等，主要目的是弘扬“谐音”“隐实示虚”的理论。这类文章不下50篇，虽然不乏主观臆断的词语训释，但对词义的阐发或辨谬多数还是可信的，方法也无可厚非。

3. 对词典释词与词典编纂提出了有价值的建议

刘瑞明先生通过辞典对一些释词的失误提出了编辞典要有“一丝不苟”“精益求精”的精神。在《“不共戴天”小议》(《辞书研究》1982年第5期)一文中提到：“现在出版的辞书不少对同一条目的解释大同小异的情况比较普遍，指出一部辞书万千条目，编者要有‘一丝不苟’的精神，也要参考已有的正确的解释。”在《〈汉语大词典〉应如何精益求精——以“指”字词条为例》(《喀什师范学院学报》1996年第3期)中探讨了辞典释词精益求精的途径。在《为〈敦煌文献语言词典〉进一言》(《辞书研究》1999年第2期)一文中提到了《敦煌文献语言词典》的一些不足及建议。在《词义研究失误的类型与识别——以〈明清吴语词典〉为例》(《汉字文化》2012年第2期)一文中认为，理据是词义的根据，是释词的最终要求，是辞书质量的最高水平。刘先生倡导“谐音造词法”，认为此法能够解决辞书编撰中所不能解释的很多词语的理据问题，大面积填补理据阙如的空白，也是提高辞书质量的一大途径(参见《谐音造词法研究是提高辞书质量的一大途径》，《辞书研究》2005年第1期)。刘先生深信，“隐实示虚”的造词法的研究还可以使方言词汇研究引向深入，有利于进一步丰富普通语言学的理论。这些建议确实是难能可贵的。

（二）瑕疵难掩

恕笔者直言，刘先生的论著中不乏瑕疵，主要表现在如下几个方面：

1. 解说时有矛盾，且带有一定的主观随意性

刘先生在解释《元曲》中的“邦老”的文章中指出：“近代汉语词汇的主要来源之一是方言口语词，往往又是有智巧趣味的方言口语词，因而要借助方言的隐实示虚趣难词求得确解。”他认为，把“棒佬儿”说成“棒老二”，词义表达有了曲折，不够显豁，正是为了求趣。元剧作家正是受此启发，把“棒老二”改成“邦老”，谐音隐实示虚，设难成趣的。贬义的事物，敬称的形式，名实不符，便是假趣。“邦老”只是元剧盗贼角色名，是行话，所以承用于后时隐语、行话，如《行院声嗽》《江湖行话谱》而不见于一般口语。但它源于方言，只有借助方言才能获得正确的理解（《释元剧“邦老”》《古汉语研究》2006年第2期）。这里的表述是有矛盾的：把“棒佬儿”说成“棒老二”是为了“求趣”，说明“棒佬儿”在“棒老二”之先；但紧接着又说：元剧作家正是受此启发，把“棒老二”改成“邦老”，“便是假趣”。“棒老二”又在“邦老”之前。并说“它源于方言”，即至今仍留存在西南官话中的“棒老二”，更明确地证明“棒老二”早于“邦老”。这种矛盾的表述，在他的文章中多见。再如，把“棒老二”称作“邦老”，是“贬义的事物，敬称的形式”。“棒老二”是明火执仗打劫的强盗，为什么要用“敬称的形式”？我们很难理解，也难以认同。我们认为，刘先生著述中对词汇成词理据的判断不乏主观随意性。

2. 对“趣难词理据”有放大之嫌

按刘先生的定义，“趣难词”应该只是语言和方言中很少的一部分。但是在他研究各地方言词典“趣难词”的著述中，“趣难词”几乎随处皆是，甚至为了迁就“隐实示虚”造词理据，而做了不少曲解。有学者早就指出了这一点，例如王志尧《“猫儿匿”词义释真——兼与刘瑞明先生商讨》（《甘肃高师学报》2003年第4期）一文认为，“猫儿匿”本是各地都明白就里的普通词，但刘先生把简单的问题复杂化，绕了很大弯子来说“猫儿匿”是刻意进行了曲解。再如解释成都方言“重皮子话”（重复话）时说：“‘皮、脾’同调，由‘脾性’词而以‘脾’指习性。”“重皮子话”就是重复话，意思很浅显，跟脾性无关，缘何扯出“脾性”？本是明白的，解释后反倒不明白了（见《成都方言词的隐实示虚谐音趣难词》，[《成都大学学报（社会科学版）》2002年第4期]。笔者曾跟青海师范大学方言学家张成材先生讨论过刘瑞明先生的一些观点，张先生认为有些词跟“隐实示虚、谐音趣难”并无联系，但刘

先生着意往“趣难”靠，导致隐实示虚、谐音趣难“管得太宽”，反倒不能令人信服了。这说明方言学界也有大家不太认可过于放大的“隐实示虚、谐音趣难”理论。

3. 没有充分尊重各地词典编纂者的“土语感”，对作为现成话的凝固性词语随意拆分

长沙方言词“地蛇婆”，词义是“矮小的人（不限男女）”，刘先生却认为，“地、低”同音异调，“蛇、折”近音谐音，指不够长度，“婆、颇”谐音，那字面就应该是“低折颇”，换字序而成“颇低折”。这是很难让人信服的。是近音还是谐音或者异调，说长沙方言的作者说了算，而不应该是一个外地人拿自己的方言或普通话比照而进行曲解。刘先生似乎拿自己的“土语感”作为参证，判断别处方言解释中的错误，这是明显的蹩脚之处。

汉语语序是一种非常重要的语法手段，词语具有凝固性的特征，一般不会随意变换语素的位序。但刘先生在这一点上却随意发挥，多见字序调整的释例，例如上述“低折颇”换字序而成“颇低折”，再如长沙话“画胡子鬼”，词义为“不可信、不可靠的人”。刘先生认为“画、话”同音同调，本字及字序本是“胡话鬼话”（《长沙方言的谐音趣难词》，载《刘瑞明文史述林》）。我们不禁产生疑问：如果如此，那么其中的“子”作用是什么？“画”也可以解释为“花白”的“花”，同音异调？“画胡子鬼”是动宾结构，“胡话鬼话”是并列结构，认为随意可以变换字序，这是不足令人信服的解说。再如分析长沙方言词“牛高马大”，原义是身材高大，本来是易于理解的，但刘先生认为，牛马都没有人高，不是比喻。理据本字及字序本是“高大码”，意思是“高大的样子”，由虚设的“马”再粘连上虚假的“牛”。不是比喻是什么？为何虚设？缘何应调整字序？人们本来清楚，说该词有“虚设、粘连虚假”，由“（牛）高马大”变为“（牛）高大码”，反倒让人不知所云了。

（莫超，兰州城市学院西北方言研究中心教授，博士生导师。李泽琴，兰州城市学院西北方言研究中心教师。）

刘瑞明先生的语言学功绩

敏春芳

刘瑞明先生几十年来默默耕耘，在平凉二中、陇东学院中文系执教三十多年，不仅为教育事业付出了辛勤的劳动，而且在执教之余，潜心学海，奋力著述，致力于对汉语史研究中一些歧说纷纭问题的专研破解，在语言、文史、民俗等方面提出了许多新颖独到的见解，在学术上取得了令人瞩目的成就。他的文章在《中国社会科学》《中国语文》《古汉语研究》《辞书研究》《敦煌研究》《文献》等国家级权威性刊物上发表并被广为引用，从事敦煌学研究的学者，无人不知庆阳刘瑞明。

他出版的学术专著《刘瑞明文史述林》收录400多篇文章，洋洋洒洒近370万字，分为《谐音造词法论集》《词义论集》《泛义动词论集》《词缀论集》《汉语人名文化》《敦煌学论集》《文学论集》《说神道鬼话民俗》八卷，内容丰富，博大精深，是刘先生毕生的心血和成就。刘瑞明先生见多识广，博学多闻，四面出击，但基础与核心仍然是语言学。在此，我们只撷取刘先生在语言学领域的学术功绩，以缅怀先生，激励我辈后学。

一、追根究底，敢于质疑

在古人的注释中，释词通常是主要的、第一位的工作。释词，就是要解释古书中某些词语的含义。它是训诂学的首要任务。前代训诂学家十分重视释词工作。如戴震曾说："治经先考字义，次通文理。志存闻道，必究所依傍。"黄侃先生也指出："训诂之事，在解明字义和词义。"因为词和词义是变化最大、反映社会生活最灵敏的语言要素，要通古今之异言，必然以释词为主要内容。所以，语言学最基础的研究是词义的解释，包括解释词的本义、说明引申义或假借义。释词最忌"望文生义"或"望文生训"。王力先生在《关于古代汉语的学习和教学》中说："什么叫做'望文生义'，就是看到一句话，其中某个字用这个意思解释它，好像讲得通，以为就对了。其实这个意思并不是那个字所固有的意思，在其他的地方从来没有这么用过，只不过是在这个地方这样讲似乎讲得通。但是‘通’不等于‘对’，不等于‘正确’。”刘瑞明先生深谙这一道理，曾指出《诗经·卫风·氓》：“乘彼垝垣，以望复关。不见复关，泣涕涟涟。既见复关，载笑载言。”毛传：“复关，君子所近也。”《三家诗义疏》：“复关，犹言重门。妇人所期之男子在复关，故望之。”都解释成地名。《文史知识》1984年第2期罗春初《说“复关”》否定了这一解释：“不见复关”与“既见复关”都是在“乘彼垝垣”的情况下发生的，但“垝垣”与“复关”之间的距离不变，站在墙上不可能既不见“复关”这个地方，又见“复关”这个地方，“复关”只能是从关口回复的意思。诗的意思是说：看不见他从关口回复就哭，看见他从关口回复就笑。疑窦顿释，但此后解说此诗的众多论著依然引据旧释，而只字不提新解。为了避免同样陷入望文生义的境地，刘瑞明先生始终牢记王力先生的这一教导，他的许多文章都是在这个观点指导下解决疑难的。而且为了寻求准确的词义，刘瑞明先生敢于对已有的观点提出疑问，敢于质疑，大胆设想，真正做到求证（求得正确的解释）、溯源（得义之由）、通文（既考之本文，又验之他卷）和去惑。

此外，刘瑞明先生还析出了泛义动词这一词类，以“打”“作”“为”“见”“取”“行”等词为例，详细论述了泛义动词的性质、使用特点，纠正了前人对泛义动词的误解。

刘先生除训释实词而外，还训释虚词。《诗经·周南·关雎》孔疏云：“字之所用，或全取以制义，关关、雎鸠之类也；或假辞以为助，者、乎、而、只、且之类也。”可见，古人对虚词是相当重视的。对于虚词的注疏，古人或称为“辞”“词”，或称为“语助”，或称为“发声”。唐宋以后，多称为“语辞”。如刘先生的《对“之”“其”活用为第一、第二人称说的否定置辩——兼论“之”的助词用法》中对“之”“其”活用为第一、第二人称代词的说法提出质疑，指出古汉语语法论著中，“之”“其”可以活用为第一、第二人称、反身代词的说法是不正确的。他先列举了主张活用说的看法，将活用说的内容分为六类，再一一推敲复核例句，并未因循守旧，而是研读基础上重新对这种用法做出全面判定，并直面古汉语研究和学习中一种很实际的疑难——对“之”的助词用法进行辨析，可谓功力沉实、用功勤奋。

在他的训诂实践中，随处可见对虚词的训释，但是他不像传注中的训释那样随文作释，而往往是以一种词性训释一组词。如王引之的《经传释词》卷十《不、丕、否》用六十三条例证来说明“不”“丕”是无词汇意义的“助词”。刘瑞明先生的《〈经传释词〉“不”“丕”助词说辨误》则论证了这些例句实际上分属于四种不同的情况，都是有词汇意义的。第一类，“丕”的意思是大，“不”是“丕”的通假。第二类例句实际是反问句，“不”字是否定副词的常义。反问句的实际意思是强调肯定，语气是上扬的，现代用问号表示，但古代没有标点符号，反问句容易被误解成否定句，所以古注特有“不好，好也”之类的表述。这是疏通句意，排除误解，而不是训诂词义。王氏按照“不好=好”，于是误认为“不”与通假的“丕”都是发声，把反问句当成了肯定性叙述句。刘先生不惧权威，直言自己的见解，总是对一些问题提出新的思路，提供新的答案，这是非常难能可贵的。

刘先生还对近百个疑难词和有歧解、误释的词语从校勘、理据等方面做了解释和纠误，并论述了科学的释词方法。他认为语言学研究的许多问题都需要“打歼灭战”的穷尽性研究，也正是这种返本还源、追根究底打破砂锅问到底的求真精神和学术热情造就了刘瑞明教授的等身著作。

二、不囿他说，一心求甚解

刘先生阐发词义的理论要点是：对不能见字明义的词语，从探求理据来研究准确的词义，掘发出词的常用义项。刘先生认为“随文释义”只能帮助理解文意，但不是词高度概括性的义项，而许多辞书与论著都把“随文释义”错误地当作词的义项。如他在《“所”字词义误增的否定性清理》一文中指出：由于对长期而大量的随文释义资料未能从理论上加以总结，往往简单地认定为独立而概括的释义，而采纳于辞书。这种情况反过来又促进了以随文释义的方法来强求证明已被错误认定的义项。据此，刘先生不囿他说，一心“求甚解”，字斟句酌，通过逐项辨析增义的失误，否定了20多个义项，并对随文释义的方法从词义理论上做了正反两方面的总结。学术上这种调整清理性的研究是很有必要的，却是很少有人做的，这恰恰反映出了刘瑞明教授战略全局性的眼光。

此外，刘先生还对《元曲释词》《汉语大词典》《汉语方言大词典》等大型字典辞书进行了校勘、释疑和补正。如他在《〈元曲释词〉第二册失误评述》中对“凹答”“巴巴”“把捉”“便”“不羞见”等条目做出了自己的申述和补充。

众所周知，《汉语大词典》“是一部大型的、历史性的汉语语文辞典”，其“编辑方针为‘古今兼收，源流并重’”，且“所收条目力求义项完备，释义确切，层次清楚，文字简炼，符合辞书科学性、知识性、稳定性的要求……所引例证，都是从古今著作原书摘录下来的第下一手资料，准确可靠”，但书中不乏错讹之处。刘先生在《〈汉语大词典〉“驾奤”等词条解释的系列性失误》中指出了以“驾”字起始的众多词条的义项，因为不明谐音与通假，有共同性的失误，并对其进行了逐条辨析。刘先生的这些述评和见解都鞭辟入里、一针见血，其研究方法对汉语词汇史、词义阐释、辞书修订、文字学及一些名篇语句的正解也多有补益。

三、以小见大，勇于创新

刘瑞明先生从事汉语词汇学研究敢于创新，开拓进取，在造词法方面取得了突出的成就。他的《汉语谐音造词法研究》是在长期积累资料、认真分析研究基础上的理论新发现，现在《谐音造词法论集》中已经收录了覆盖面极其宽广的九十一篇论文，每一篇都做了古今贯通、南北联系，并从实际生活中考察语言的演变和一些词汇的产生，多有创见。如《诗经·豳风·七月》中“六月莎鸡振羽”的“莎鸡”，许多方言的趣名是“纺织娘”，刘先生认为是“妨·吱·嚷”的谐音：吱吱的鸣叫声嚷得妨碍人。“莎鸡”是“绩纱”的谐音而倒叙：纺纱。这说明《诗经》已经有谐音趣难词。深入探索了汉语方言、口语的造词法，揭示出隐实示虚、设难成趣与虚义粘连的谐音造词法。无论是前代的训诂学家，还是现代的语言学者，在他们的训诂实践中，都很重视方言资料的运用。他们认为“不通方言无以说经，无以应事”，而“以今之方语，求经传文字，当其合处，爽露豁畅，或更逾于书证”。这说明方言和词语的训释具有密切的关系。如刘先生在《隐实示虚，设难成趣：汉语特殊造词方法——以哈尔滨方言论证》中对《哈尔滨方言词典》中收录的这类词语的隐实示虚情况作了具体的解说：哈尔滨方言用“顺毛驴儿”比喻吃软不吃硬、喜欢表扬不喜欢批评的人。刘先生认为驴及其他牲畜、禽兽所长的毛都是有自然顺序的，没有哪种驴或者其他禽兽的毛不顺的区别，所以并非比喻，而是因为“驴”实际谐音“捋”的词义，指“抚摩、刷、整理、梳”。对毛发的整理必须顺着毛的长势方向，猫、狗、牛、鸽、鸡，都是如此，不以为说，因不成比喻，只有与“驴”谐音才成趣说。用例甚多，不能尽举。著名语言学家罗常培先生在《金元戏曲方言考》序言中指出：“金元戏曲中之方言俗语，今日流传于民间者尚多，惟理董无人，索解匪易。”

此外，刘先生对成都、福州、柳州、乌鲁木齐、武汉、长沙、贵阳、西安、银川、固原、西宁、太原、忻州、海口、温州、山丹、苏州、洛阳、梅县、厦门、徐州、南宁平话和香港粤语等地方言中的谐音趣难词也都列举了大量例子进行解说，可谓眼界遍及祖国大地。

刘先生知识面极宽广，引述材料非常丰富。上自《诗经》，下至今天仍存在于口头和方言里的词语，刘先生都能从这些口语中深掘出语言学学问。创见迭出，新颖独到。例如对耳熟能详的“单眼龙”一词，他说不是用“龙”来比喻，而是谐音“窿”：窟窿。窟窿是空的，可以透光，从而指有视力，“单眼窿”是指一只眼睛是通明的，从而对比出有一只眼睛是不通明的，即是看不见的，龙—窿—空—通明，四曲折；并且通过列举其他方言的办法，对方言词典中都避难没有理据解释的词目进行了补充。

古今语言学家都只着眼于书面语言，往往忽略了丰富多彩的口语，刘瑞明教授则青睐有加而从中深掘出语言学学问。例如刘先生认为“蛇医”之名，方言已有，而“医”字风马牛不相及。但无巧不成书，总得有个附会成趣的原因。刘先生指出正是“尾”的口语谐音造成的，“蛇医”的理据即“折尾”或“舍尾”。而成都叫“蛇太医”，广东汕头叫“舅母蛇”，山西万荣叫“蛇儿子”，西安叫“蛇夫子”也都是谐音而来，都是很有文心的趣名。

他还将这一研究与古文献的校勘结合在一起，对《汉语大词典》《汉语方言大词典》误立的词条和混乱的解释进行了纠正。比如他认为《汉语方言大词典》据《艺文类聚》立条：“马敫(jiǎo)：螳螂”是错误的，这是把误名当作确名的解释，没有丝毫道理，含糊其词而已。

刘瑞明先生不仅在理论上有创见，在方法上也有创新。他采用“小题目，大文章”的写法，通过对典型例证的集中分析、论证，揭示真理，在对某一个或几个例证进行阐释时，将众多不同角度的素材集中整合起来，避免了一般语言学论文的单调与枯燥。比如他在《对蜥蜴100个称名的语言学研究》中首次论证：蜥蜴有断尾逃生的奇异本能，当由“析尾”的理据称名。又如在《螳螂古今趣难系列名称辩证通释》中提出螳螂的许多名字，都是用它的“勇而无谋”来警世的，名称虽然各不相同，而理据却是殊途同归，说明了群众对谐音趣难制名的熟能生巧，既有哲理，又有文心，还能说明《庄子》寓言广泛而深远的影响，可谓匠心独运，极具情怀。

刘瑞明先生以深厚的语言学功力从事敦煌学研究，同样发人之所未发。在经过风起云涌的敦煌文学作品校勘归于冷寂时，他的《〈王昭君变文〉再校议》等多篇文章，有许多胜义。《韩擒虎话本》：“有北番大下单于遂差突厥首领为使，直到长安，遂索隋文皇帝交战。”项楚先生《敦煌变文选注》把“大下”校为“大夏”，还特别注释道：“原文‘下’当做‘夏’。大夏是东晋时期赫连勃勃建立的政权，与韩擒虎时代不相符，又北宋党项族李元昊所建立的政权也称大夏。”这等于说，此变文的作者、讲说者发生了历史年代的极大错误。《敦煌变文选注》也说:"大下,应即大夏。疑指北宋时党项族李元昊所建政权,于1032年称号大夏,史书称为西夏。但敦煌写本的时间下限今所知不到1032年,故仍有待于校证。"刘先生认为:敦煌写卷时代下限不及西夏建立政权的1032年,便是"大夏"之校的大碍,并进一步论证道:"北蕃大下单于"宜校为"北蕃下大单于","北蕃下"即"北蕃家"之意。此变文中有"蕃家弓箭为上""便到蕃家界首"句,"蕃家"自可繁说成"北蕃下(家)"。如此,既不存在误为东晋时赫连勃勃政权之名,也不存在话本创作在西夏政权之后的大疑。还有几处也被视为变文作者常识性错误,刘瑞明教授都予以排除而论证为校勘的问题,使得许多问题迎刃而解。

此外,刘瑞明先生还提出虚词如"自""复"也可有词尾,且甚活跃的观点;对词尾"家"的功用与古今传承有详说,大大提前了其作为词尾的历史年代;指出了"于""其"的垫音助词用法;对王梵志诗、宋元俗文学、明代民歌有大量的校注新见……

刘瑞明先生研究的部分内容,或与学术名家如郭沫若、王力、吕叔湘、蒋礼鸿所论商榷,解决他们未曾解决的难题。不同于一些人陈陈相因,综合他人之说以成文,刘瑞明先生的论文中多有新说、创说,其学术成果受到了学术界的关注与肯定。

刘瑞明先生在学术研究生涯中,治学精勤,著述宏富,深钻精研,新论迭出,实为科研明星,光耀陇原!

(敏春芳,兰州大学文学院教授,博士生导师。本文据纪念刘瑞明先生逝世三周年学术研讨会上的发言丰富完善而成。)

“曲折语”是研究疑难语词的利器

——以吴承恩笔下孙悟空名号语词的解读为例

刘敬林

刘瑞明师为陇上著名学人，是国内众多学术同行景仰的前辈硕儒。刘师在语言学、敦煌学、民俗学等领域取得的科研成果可用“辉煌”赞誉，而有关语言学诸多新论中的以谐音为枢机的“曲折语”，更是创建我国语言学著作从未说明过的一种全新的训诂理论和方法，成为学界研究疑难语词的利器。笔者在学习该理论方法的过程中，虽因个人天资愚拙仅得其皮毛而未能获真谛，但也收获不小，先后在《中国语文》《方言》《语言研究》《古汉语研究》《敦煌研究》《敦煌学辑刊》《红楼梦学刊》《励耘学刊》及日本的《中国语研究》《现代中国语研究》等学术期刊和一些大学学报上刊发了数十篇运用此理论研究的宋元以来通俗文学中疑难语词的论文。今又以此来探析小说《西游记》孙悟空名号语词意蕴，再次用语言实事彰显“曲折语”理论是研究疑难语词的利器，是汉语语言学的一大功绩。

小说的主题主要是通过小说中的人物形象的塑造来体现的，而人物形象除靠作品对人物言行举止具体描绘来反映外，小说家主观上也将自己心目中要写的人物性格命运“谐事取名”，而寓意在对人物的名号命名上(历史小说中的历史上的真实人物除外)。这在宋元明清至今的小说中可以说是普遍现象。正因为此，人们在研究小说人物性格时，除从作品本身对人物性格的描绘入手外，同时也关注人物的姓氏名号所含的意蕴，以把握作家对人物名号命名之本意。过去人们对吴承恩笔下孙悟空形象的分析，一般采用文学研究的方法，回避名号的实际素材是什么样的最基本内容，而未能准确地探析到小说所列举的多个名号的渊源，以及各名号之间的内在联系。一句话，就是未能把握吴承恩对孙悟空的名号命名之本意。而我们借助“曲折语”的语言学角度的研究，不仅能使孙悟空名号语词义迎刃而解，而且又能揭示作家对孙悟空名号命名时所寄寓的文化意蕴，真可以说是“匪夷所思”而“石破天惊”。这样的研究为文学与语言两方面都开辟了新的思路。

鉴于“曲折语”为刘师新创而未被人所广知，为能使读者直观准确把握“曲折语”旨趣，这里容演示几则词例以见其真谛。先举《汉语大词典》所收列词目两例：

剪拂：③江湖隐语。谓行下拜礼。《水浒传》第五回：“原来强人下拜，不说此二字，为军中不利，只唤做‘剪拂’，此乃吉利的字样。”

按：“下拜”因谐音“下败”而为军中不利。而“剪拂”本身并不是吉利的字样，吉利的寓意应隐含在读音中。即“剪拂”是“见佛”的谐音，指有佛保佑，自然是吉利的字样。“见佛”自然“即拜”。唐代寒山诗“拣佛烧好香”，今俗语：见庙烧香，见神磕头。剪拂—见佛—见佛即拜—下拜，四曲折。

丢包：②小偷或流氓突然抢夺别人的手提包或其他值钱的东西，然后立即逃跑，也叫“丢包”。

按：小偷把别人的包抢去，为什么反而说成他“丢”了包呢？“丢”就是“掉”，而“掉”音同“刁”，“刁”是抢。反过来，把“刁”别写为同音的“掉”，又换为与“掉”同义的“丢”。于是“刁包”就成为“丢包”。

在现代方言中，这种语词现象亦可见。下面是两个不同方言区所形成的一对对应成趣词例：

北京方言：“起黑票：悄悄逃走。”理据是“票—飘—飞”的曲折。即“票”“飘”谐音，“飘”“飞”同义。《汉语大词典·飞部》：“飞：⑦逃逸。”丁全《南阳方言》：“飞子：发票。”此与北京方言语“起黑票”反向：“飞—飘—（发）票”。《中国电视报》2009年5月7日A5版《为啥喝茶不给钱》：“当时周女士从陈女士这儿买到的是一款号称蓝票宋聘号的‘百年古董’普洱茶。……当年（指光绪年间——笔者注）在普洱茶的茶饼里要放一张由糯米做的纸，纸上面写着茶的品牌，这张纸被叫做内飞，而所谓的蓝票也就是说这张内飞是蓝色的。”可见，以“飞”为“票”的曲折说法时间之久及使用的广泛性。

今合肥方言以“油子”指称“妓女”。其理据为：“油”“酉”谐音，十二地支的“酉”与十二属相的“鸡”对应义同，而“鸡”与“妓”谐音。油—酉—鸡—妓。

由上可见，所谓“曲折语”就是指经三次或多次曲折的方法来表达词义。其特点，或是作同义词语换说，或是作事理推导，或是用与词义风马牛不相及的同音字替代；或是在作同义词语换说（或是在作事理推导）后，第三次曲折就是用谐音来揭示庐山真面目。也可以是“二传手”直接谐音，而第三次曲折或用同义词语换说，或是作事理推导，来揭示庐山真面目。也有四曲折、五曲折或更多曲折的。正因为经三次或多次曲折隐蔽，才成为市语即隐语行话的一种类型。经三次或多次曲折，也就有隐蔽的巧智和朦胧曲折的妙趣，所以就把这种特殊的方法推而广之，成为人们说戏趣话时造趣难语词的一种类型。

本文注重用谐音的方法来解难。谐音类似通假。通假有同音的，也有近音的，谐音也是如此，而近音的谐音更为宽泛些。声韵则依李珍华、周长楫《汉字古今音表》为据。

我们祖先对人名的命名有一定的讲究。《左传·桓公六年》公问名于申缟。对曰："名有五，有信，有义，有象，有假，有类。以名生为信，以德命为义，以类命为象，取于物为假，取于父为类。"信，即根据出生时的特点、情况来命名，如明人李梦阳出生时其母梦日坠怀，故以"梦阳"名之；义，即以祥瑞吉庆的字来命名，古诗句中有"因露寝兮产灵芝，象三德兮瑞应图"，明代书法家张瑞图名即取其义；象，即用以物喻志的字来命名，如清代书法家吴飞鹏，鹏为传说中最大的鸟，善高飞；假，即借山川花木等事物的名称来命名，如宋人苏轼，"轼"为车厢前扶手上的横木；类，即用家族、双亲的相关字眼来命名，如晋代大书法家王羲之的儿子取名王献之等。《西游记》中孙悟空（包括猪悟能、沙悟净）的名号，可以说都是按照这些原则来命名的。下面一一道来。

一、石猴（猿）

孙悟空本为花果山仙石孕育所生之"石猴（猿）"。作家开首以神话方式讲说的这个"石猴（猿）"之"石"，实际上是一"石"双兼。称"石猴""石猿"，是据命名"信"的标准进行的，即根据出生时的特点、情况来命名，但此"石"又兼谐"实"字。"石"近代汉语读审纽齐微韵，"实"亦读审纽齐微韵，双声叠韵。五代齐己《寄文浩百法》："铁牛无用真成角，石女能生是怪胎。"明谢肇淛《五杂俎·物部三》："医家有取红铅之法，择十三四岁童女，美丽端正者，一切病患残疾，声雄发粗，及实女无经者，俱不用。"可证二字用同。而"实"则是同后文的"（悟）空"为反义相对字，寓"愚笨"义，也就是"顽空"之"顽"。详下文"孙悟空"文段。

人及猿猴类动物是直立行走的，动物学特称"蹠行性"，灵长目。通常的说法是高级动物。由于猴子有灵性，直立行走，前肢如人手臂，能模仿人的一些动作，所以我国古代猿猴志怪文学，都是对猿猴的灵敏性唱赞歌的，如《逸周书·王会》："生生（狌狌）欺羽，若黄狗，人面能言。"《山海经·海内南经》："狌狌知人名。"《淮南子·氾论训》:“猩猩知往而不知来,干鹊知来而不知往。”《逸周书·王会》:“费费……食人。”《尔雅·释兽》:“狒狒:如人,被发,迅走。”《荀子·非相》:“今夫狌狌形笑,亦二足而毛也。”《西游记》作者对此是清楚的,所以他在通盘考虑孙悟空的各名号关系时,有意将它的出身构思为“石猴”,谐“实”表“愚笨”而反其意。这实在是与我国有关猿猴志怪文学传统相佐而创新。

二、美猴王

石猴发现“洞天福地”的水帘洞,开创了花果山乐园后,“自此石猿高登王位,将‘石’字儿隐了,遂称美猴王”。对此,有学者说:“其‘美猴王’之‘美’,在一定程度上喻示了这只天产石猴开始有了一定的思维与意识,开始追求美好与完善;同时也表达了作者对孙悟空‘独自为王’‘享乐天真’的美好生活的向往。”[1]其实,此“美”暗中谐音“没”字。“美猴王”即没有这样的猴王,指纯属虚构。这与猿猴志怪文学中众多的趣味说法一样,也与孙悟空形象前身的著名水怪的名字“无支祁(实指猕猴,详下文)”一样,都是故意要透漏出解答神秘的钥匙。即谐音“无之奇”:没有此奇兽。“之”是文言文的指示代词:这。“美”近代汉语读明纽齐微韵,“没”读明纽鱼模韵,明明双声,齐微鱼模相转。《金瓶梅词话》第四十二回:“立借契人王寀,系招宣府舍人(休说因为要钱使用,只说)要钱使用。凭中见人孙天化、祝日念作保,借到许不与先生名下,(不要说白银),软斯金三百两。每月(休说利钱,只说)出纳梅儿五百文。”其中“出纳梅儿”,是“出‘没’儿”的谐音,是不给人出利钱的戏趣说法。“梅”近代汉语亦读明纽齐微韵。亦可证“美”“没”有谐音的语音条件。

三、孙悟空

“孙”是“狲”的谐音字。《玉篇·犬部》:“狲,猴狲也。”以“猴狲”释“狲”为同义扩词释词法,“狲”即“猴”。《敦煌曲校录·南歌子》:“罗带同心自绾,被狲儿踏破裙。”言被猴子踏破裙。是小说人物祖师据石猴走姿“像个食松果的猢狲”,而将“狲”变说成同音的实有姓氏“孙”。

“悟空”作为佛家语,指了然于一切事物,由各种条件和合而生,虚幻不实,变灭不常。但吴承恩笔下的“(孙)悟空”则非此意。此“悟空”,寓意是因“石(实)”而不“空”,经“悟”而达到“空”,但最终仍未“悟”出“空”。“悟”既含有动词心解领悟义,同时又暗兼谐“无”。“无”近代汉语读微纽鱼模韵,“悟”读影纽鱼模韵,微影相转，鱼模叠韵。现代汉语“悟”“无”二字双声叠韵。“无”相当于“不”。清王引之《经传释词》卷十：“无，不也。”《书•洪范》：“无偏无党，王道荡荡。”言不偏不党也。

此“空”与“石（实）”是反义相对字，是因石猴“石（实）”而命名之“空”，是祖师对石猴的期望，期望石猴由“石（实）”通过“悟”达到“空”。

“实（石）”即不空，是不聪明即愚笨的同义变说。《小尔雅•广诂》：“实，满也。”《广雅•释诂三》：“实，塞也。”《现代汉语词典》：“实：①内部完全填满，没有空隙：～心眼。”词由“塞满”引申为诚实，再由诚实引申为愚顽、呆板、不灵活。元冯子振《鹦鹉曲•愚翁放浪》：“东家西舍随缘住，是个忒老实愚父。”“实”“愚”复说，并作愚笨。《儿女英雄传》第三十五回：“安太太合舅太太说道：‘我这位老姐姐怎么这么个实心眼儿？’安老爷道：‘此所谓“其愚不可及也。”’”下文“愚”正是上文的“实”义的注脚。冰心《我的朋友的母亲》：“K真是一个实心的人，什么事都不大看得开。”言心眼不灵活。《光明日报》（1982.11.3）：“人民喜欢漂亮的人与衣服，不要搞得太实了。”言不要搞得太呆板了。

“中无所有”为“空”，与“实”相反为义。引申指人心眼、指人聪明。《说文•穴部》：“空，窍也。”段玉裁注：“今俗语所谓孔也。”《集韵•董韵》：“空，窍也。”又《说文•穴部》：“窍，空也。”段玉裁注：“空、孔，古今字。”《玉篇•乚部》：“孔，窍也，空也。”《周礼•考工记•函人》：“凡察革之道，眡其钻空。”陆德明释文：“空，音孔，又如字。”《史记•五帝本纪》：“舜穿井为匿空旁出。”司马贞索隐：“空，音孔。”《汉书•鲍宣传》：“今贫民菜食不厌，衣又穿空。”颜师古注：“空，孔也。”可见，“空”“孔”“窍”三字义同。而“孔”“窍”可指人心眼。《列子•仲尼》：“子心六孔流通，一孔不达。”《史记•殷本纪》：“纣怒曰：‘吾闻圣人心有七窍。’剖比干，观其心。”《红楼梦》第三回：“心较比干多一窍，病如西子胜三分。”用心的窍孔多少来说人聪明程度。《红楼梦》第六十八回：“你痰迷了心，脂油蒙上窍。”互文义同，并作“心窍”：心眼。又引申为聪明有心计。清李渔《怜香伴•欢聚》：“不然，我也是个有窍的人，怎么就被你们欺瞒到底。”言我也是有心计的人。清钱泳《履园丛话•笑柄•太无窍》：“梨园人以张故，每唱至张石匠，辄讳张为李，祭酒（吴伟业）笑曰：‘此伶甚有窍。’”言这个优伶很是聪明。

笔者家乡南阳今方言中，人们还把“实”“空”作为一对表愚笨与聪明的反义词。如某人愚笨不灵活，人就会说“那人心实着哩”。相反，说聪明人则曰“那人心空得很。”现在也有人换说作“那人脑子实着哩”，或“那人脑子空得很”。此当是方言之证。

我们上述说法，实际上也可从小说有关祖师给孙悟空命名一节文字中找到佐证。祖师初见到石猴时问其姓什么，“猴王又道：‘我无性。人若骂我，我也不恼；若打我，我也不嗔：一生无性。’祖师道：‘不是这个性，你父母原来姓甚么？’猴王道：‘我也无父母。’祖师道：‘既无父母，想是树上生的。’猴王道：‘我虽不是树上生，却是石里长的。我只记得花果山上有一块仙石，其年石破，我便生也。’”祖师听此言后，又据其走姿“像个食松果的猢狲”，及“我门中有十二个字，分派起名”“排到你，正当‘悟’字”，于是就给猴子“起个法名，叫做孙悟空”。对这个起名过程，作者最后用“鸿蒙初辟原无姓，打破顽空须悟空”概括作结。“无姓”兼指姓氏字，及谐上文“无性”音而与下文的“顽空”义近同。

佛教有“无性”一语，指一切诸法无实体。但小说此“无性”则为“无心”的变说。《韩非子·观行》：“西门豹之性急，故佩韦以自缓；董安于之心缓，故佩弦以自急。”“心”“性”对文，可互释。故陈奇猷校注：“性既自心而生，故此文心缓即性缓也。”《红楼梦》第十七回：“众人见宝玉牛心，都怕他讨了没趣。”《儿女英雄传》第二三回：“老爷看不得咱们那个孩子有这种牛心的地方儿！”《汉语大词典·牛部》“牛心”条释曰“性格执拗”。晋剧《连亲百万家》：“（唱）一来不会装心善，二来不会搞串联；人直心拗脾气暴，说句话也能捅破天！”言性子执拗。可见，“性”“心”义同。而《西游记》第八回“那大圣见性明心归佛教，这菩萨留情在意访神僧”，更是直接的证据。“一生无性”，言一生下来就“无心”，“无心”当然就无知无觉无思无为，所以才有“人若骂我，我也不恼；若打我，我也不嗔”的注脚语。

佛家亦有“顽空”一语，意指一种无知无觉、无思无为的虚无境界。后又有对佛老之学的贬称用法。清王夫之《家世节录》：“万历间，为新建学者甚盛，淫于浮屠。先君敦尚践履，不务顽空。”是其例。但在《西游记》指孙悟空的“顽空”，义则为无知无思的“愚顽”。“空”即其常义“内无所有”。不赘。《说文》：“顽，梱头也。”这里的“梱头”，以白话释之即愚顽之头，今俗语作“榆木疙瘩头”，亦即头脑愚顽、不开窍。要说清楚这个问题，须明白《说文》体现文字假借的一个重要条例，“那就是以甲字的借义训乙字的本义，也可以说某字本义见于此，其借义见于彼”，也就是“甲字借义不兼载于甲字本义之后，而由乙字之训以补足之。”具体到“顽，梱头也”，就是“梱”的本义“梡木未析也”，见于“梱”本字之训，“梱”的借义则见于“顽”字之训。段氏“顽”下注：“《木部》曰：梱，梡木未析也。梡，梱木薪也。析者锐，梱者钝，故以为愚鲁之称。《左传》曰：心不则德义之经为顽。”讲的就是这个意思。“梱”借义（实为比喻义）为“愚鲁”，“顽”下以“梱”之借义训之，则“顽”本义为

“愚”明矣。唐慧琳《一切经音义》卷二十五引《苍颉篇》:“顽,钝也。”《广雅·释诂一》:“顽,愚也。”《书·多士》:“成周即成,迁殷顽民。”孔颖达疏:“顽民谓殷之大夫士从武庚叛者,以其无知,谓之顽民。”“顽”之本义为头脑愚顽,所以才有了顽民、顽仙、顽钝、顽鄙、顽鲁、顽梗、冥顽、愚顽等表示愚妄的合成词。

“打破顽空须悟空”,即破除愚顽靠心解才达聪明。《汉语大词典·页部》:“须:⑨依靠。”

这又可从与之平列为义的“猪悟能”“沙悟净”名号中得以证之。

猪悟能之“猪”,在小说明指动物猪羊之“猪”,其姓“猪”是据命名“信”的标准进行的,即根据其生于母猪自身即猪而指身为姓的。但又暗指愚笨义。动物猪之性格,除好吃贪睡之外,动作反应较其他动物缓慢迟钝,所以,在我国民俗中,猪就有了愚笨无能之义。《汉语方言大词典》:“猪:②〈形〉愚蠢;傻。㊀兰银官话。甘肃武威。李鼎超《陇右方言·释言》:‘《庄子·庚桑楚》:“不知乎?人谓我朱愚。”今谓愚蠢为~,即朱也。’㊁西南官话。湖北随州。云南昆明。太~了,车都不会骑。㊂闽语。福建永春。即个侬野~,紧互侬虎去(这个人很傻,常常给人骗了)。”另据《现代汉语方言大词典》,今忻州、柳州、银川、娄底、广州、杭州、宁波等地也有这种意义。特别值得一提的是,书中所收安徽绩溪“猪傻:痴呆;傻”条。此“猪傻”显然是同义连用。吴承恩借菩萨之口命名猪八戒法号为“猪悟能”,此“悟”与“悟空”字义双兼完全一样。《西游记》第八回:“菩萨道:‘既有善果,我与你起个法名。’大圣道:‘我已有名了,叫做孙悟空。’菩萨又喜道:‘我前面也有二人归降,正“悟”字排行。你今也是“悟”字,却与他相合,甚好,甚好。这等也不消叮嘱,我去也。’”孙悟空闹三界、反天宫时多次自称名为“孙悟空”。而且第六回“观音赴会问原因”,曾带徒弟木叉协同玉帝部众一起参与了擒捉搅蟠桃会的孙悟空的整个过程,会不知孙悟空法名?更何况观音菩萨在本书中是个无所不知、无所不晓的“尊者”,究不知悟空已有法名?小说作者构思会如此不照应?其实,作者于此正是借以交代孙悟空、猪悟能、沙悟净之间的名号意义之系联,暗示读者理解他们的名号意义需用互释、互补手法,整体把握。关于这一点,在小说第十九回“云栈洞悟空收八戒”中,通过唐僧收猪八戒为徒时的对话,再作照应性交代。“三藏道:‘既要做徒弟,我与你起个法名。’他道:‘师父,我已是菩萨起了法名,叫做猪悟能也。’三藏道:‘好,好,正和你师兄悟空同派。’”

其实,“猪愚”也是由来已久。《庄子·庚桑楚》:“南荣趎曰:‘不知乎,人谓我朱愚;知乎,反愁我躯。’”王先谦集解引郭嵩焘云:“朱愚盖智术短小之谓。”杨景贤

《西游记》杂剧第四本第十三折“妖猪幻惑”中，猪八戒就假扮作“朱郎”去会见裴小姐，正是因“猪”“朱”谐音，避“猪”用“朱”以表人之姓氏。如此，把“朱愚”别解为“猪愚”，也就指猪愚蠢了。也正因为如此，才有了《汉语方言大词典》“猪”条“愚蠢；傻”义项下所引李鼎超《陇右方言·释言》“《庄子·庚桑楚》：‘不知乎？人谓我朱愚。’今谓愚蠢为～，即朱也”的说法。

“猪悟能”，寓意是因“猪（愚蠢）”而不“能”，经“悟”而达到“能”。“悟”亦既含有动词心解领悟义，同时又暗中兼谐“无”。“能”即才能。有才能的人多聪明，故引申作聪明。《汉语方言大词典》：“能：①〈形〉伶俐；机灵；心灵手巧。㊀中原官话。河南郑州、汝阳、长葛、鲁山、邓县。㊁晋语。河南汤阴、辉县、获嘉、修武、济源。他太～，啥都会做。”“猪”又兼谐音“诸”，“猪”“诸”皆“者”声，均读照纽鱼模韵，双声叠韵。《广雅·释诂三》：“诸，众也。”唐慧琳《一切经音义》卷七十引《苍颉篇》：“诸，非一也。”清吴昌莹《经词衍释》卷九：“诸，犹凡也。”“猪悟能”，又寓愚笨得什么都不会。

以“孙悟空”“猪悟能”为基础而后出的“沙悟净”，则利用字义的多义性而三兼意蕴更广多。“沙”，在小说明指其来自流沙河，其姓“沙”是据命名“信”的标准进行的，即根据沙僧“出道”地是“沙”的情况来指姓的。一是三字整体为名以表沙僧在师徒四人中所担任的主要工作。此“净”作“净人”之省解，“净人”本指在寺院担负勤杂劳动的非出家人员，在小说中则是对沙僧的主要工作的暗指——担负勤杂工作——取经途中一直是个挑担行李的。二是谐音“杀无净”，寓意为由“杀”而“悟”达到“净”（不杀生）。“沙”“杀”均读审纽家麻韵，双声叠韵。此“净”为佛家用语，指破除情欲，无所沾染。晋袁宏《后汉纪·孝明皇帝》：“浮屠者，佛也，西域天竺国有佛道焉。佛者，汉言觉，将以觉悟群生也。其教以修善慈心为主，不杀生，专务清净。”可证。《西游记》第八回：“菩萨即与他摩顶受戒，指沙为姓，起个法名叫做个沙悟净。当时入了沙门，送菩萨过了河，他洗心涤虑，再不伤生，专等取经人。”小说此节文字，可以说是上引《后汉纪·孝明皇帝》那节文字的变写，而“沙悟净”可以说是由此节文意提炼而来。三是谐音“傻悟精”，寓意为由“傻”不“精”而“悟”达到“精”。“沙”又暗指愚笨义。“沙”在元时已有呆傻义。《宋元语言词典》：“村沙：《罗李郎》四折：‘这哥哥恁地狠，没些儿淹润，一划地沙村。’按：俞正燮谓‘沙’即‘傻’。说见《癸巳存稿》卷三。”又“村沙样势：傻气，呆头呆脑的样子。”所言极是。“沙”近代汉语读审纽家麻韵，“傻”亦读审纽家麻韵，双声叠韵，有谐音的语音条件。又《汉语方言大词典》：“沙三：〈名〉傻厮的音转，傻家伙的意思。”书证举元范康《竹叶舟》、王了一《误入桃源》二例。[3]2890亦可证。而“净”“精”二字皆读精纽庚青韵，双声叠韵。晋袁宏《后汉纪·明帝纪下》：“浮屠者，佛也，西域天竺国有佛道焉。佛者，汉言觉，将以觉悟群生也。其教以修善慈心为主，不杀生，专务清净。其精者号为沙门。沙门者，汉言息心，盖息意去欲而归于无为也。”“精者”，指“觉悟”好者，也就是聪明者。《国语·晋语一》：“甚精必愚。”“精”“愚”反义对文。宋欧阳修《论修河第三状》：“选一二精干之臣，与河北转运使副及恩冀州官吏，相度堤防，并力修治。”言精明强悍之臣。杜鹏程《夜走灵官峡》：“这小家伙精得很哪！”言聪明得很。沙僧“入了沙门”，当然就应由“沙（傻）”而“悟”作“精（者）”。

或曰：“猪悟能”“沙悟净”各由姓字分别与“能”“净”相反对文，而“孙悟空”的姓字与“空”则不能相反为文，何也？答曰：小说将孙悟空的出身创新为生于石头，借“石”谐“实”而与“空”反义对文。“自此石猿高登王位，将‘石’字儿隐了”，就明确告诉读者，“石”字不是无用被删，而是“隐”在后台表意。这就如一台电脑打开两个窗口同时工作一样，处于前台的在工作，隐在后台的也在工作。如此，“石猿”就省作“猿”，将“猿”换作同义的“猻”，再谐作姓“孙”，则“孙悟空”的姓名含义同“猪悟能”“沙悟净”一样为平列表义了。

而实际情况是，小说第二回回目“悟彻菩提真妙理，断魔归本合元神”，就明确告诉读者“悟空”并没有“悟·空”。回目上句“悟彻菩提真妙理”，指菩提祖师喜爱猴子“能焉”的天性，给其开“小灶”，使之独得真传，学得了一身本领。回目下句“断魔”，指菩提祖师“你从那里来，便从那里去”“你快回去，全你性命。若在此间，断然不容”，赶孙悟空离开他，使孙悟空结束“魔”的学习，又兼指孙悟空遵祖师“凭你怎么惹祸行凶，却不许说是我的徒弟”之训，割断与师父关系。“归本”指回到花果山。“合元神”，则指又回到其隐去“石”字的美猴王状态，也就是指虽“悟”但不“空”。李时珍《本草纲目》卷三十四“辛夷”条：“脑为元神之府。”而元神（古人亦把“元神”称作“正觉”）乃是与生俱来的“先天之神”。《脉望》：“何为元神，内念不萌，外想不入，独我自主，谓之元神。”《玉清金笥青华秘文金宝内炼丹诀》：“元神者，乃先天以来一点灵光也。”《性命圭旨全书》：“不虑而觉者，谓之正觉。”《医学衷中参西录》：“欲补助元气于平时，当于静坐之时，还虚凝神，常于精明之府保此无念正觉。”与“元神”相对的是“识神”，即人在社会实践活动中而产生的思想情感，也就是古人所认为的由“心”产生的喜、怒、忧、思、悲、恐、惊等日常七种思想感情。《听心斋客问》：“凡有所象皆是虚妄，乃自己识神所化也。”《医学衷中参西录》:“识神者,发于心,有思有虑,灵而不虚也。”石猴生来所赋“元神”乃“石”,“合元神”即“合”于“石(实)”。

四、弼马瘟

有学者析“弼马瘟”曰:“‘弼’有纠正、辅佐之意。‘温’有洗涤之意,洗涤不喜之心,修成清净之心。表明玉皇大帝意欲通过孙悟空管马来改变其狂妄自大的个性,又‘温’字通‘愠’,有恼怒之意。这也为孙悟空后来大闹天宫做了一层铺垫。小说在这个名号上所下的功夫,妙在欲扬先抑。‘弼马’重在抑,那么‘温’则重在扬。‘温’字表面来看,是温顺、谦和之意,而此字若适用在天性自由不羁的孙悟空身上,则赋予了另一层含义:‘温’通‘愠’,有抑郁愤懑、不平则鸣之意,反映了孙悟空积极浪漫主义情怀。”

但“弼马温”是玉皇大帝封给孙悟空的名号,怎会“赋予了另一层含义”?其实,“弼马温”是“辟马瘟”的谐音,意指能消除马瘟疫。猴能辟马瘟疫的说法很早。河南密县打虎亭汉墓一号南耳室石刻画像,七辆马车,五匹马,马前有桩。一匹马桩的顶端有两只猴子。成都市郊曾家仓东汉墓马厩石刻画像,上面刻有一匹膘肥壮实的马于槽前,在槽旁的一立柱上悬系一只猴子。北魏贾思勰《齐民要术》:“常系猕猴于马坊,令马不畏,辟恶,消百病也。”南朝梁陶弘景《名医别录》:“系猕猴于厩,辟马病。”(转引自李时珍《本草纲目·兽部·马》“集解”。)唐白居易《题周皓大夫新亭子二十二韵》:“猕猴看枥马,鹦鹉唤家人。”宋梅尧臣《和杨高品马厩猢狲》:“尝闻养骐骥,辟恶系猕猴。”宋洪迈的《夷坚志》卷四四《孟广威猕猴》说孟广威“好养马,常蓄猕猴于外厩,俗云与马性相宜”。又《夷坚志补》卷四《孙大》:“畜一猴,甚驯,名之曰‘孙大’,尝以遗总管夏侯恪,置诸马厩。”李时珍《本草纲目·兽部·猕猴》“释名”:“沐猴《史记》、为猴《说文》、胡孙《格古论》、王孙《柳文》、马留《倦游录》、狙。[时珍曰]养马者厩中畜之,能辟马病,胡俗称马留云。”《西游记》利用“辟马瘟”说法而创造了玉皇大帝封孙悟空为“弼马温”,而猴子竟“石(实)”而不知的志怪说法。“弼马昼夜不睡,滋养马匹。那些马见了他,泯耳攒蹄,到养得肉膘肥满。”这正是猴子驻守马厩所能起到的特殊作用。后经“同僚”点拨,才明白了玉帝对他的愚弄(此段文字有关猴子把“没品”“未入流”理解成“想是大之极也”,也是与开头照应而写其“石”。笔者补注。)。对“弼马温”这段文字,明朝的谢肇淛看出了其意,他在《五杂俎》卷九说:“置狙(猴子)于马厩,令马不疫。《西游记》谓天帝封孙行者为弼马温,盖戏词也。”

五、齐天大圣

孙悟空在杨景贤《西游记》杂剧中称作"通天大圣"。第三本第九折自报家门说:"小圣弟兄姊妹五人,大姊骊山老母,二妹巫枝祇圣母,大兄齐天大圣,小圣通天大圣,三弟耍耍三郎。"到《老乞大·朴通事谚解》(边暹等编辑)中号作"齐天大圣"。在小说中,则是由"弼马温"反出南天门,回花果山后接受鬼王建议而自封为齐天大圣。后来,玉皇大帝在兴师讨伐失败的情况下,接受太白金星建议,依着孙悟空的要求,给了他个"有官无禄"的"齐天大圣"。但这个"齐天大圣"肯定是由杂剧来无疑。

有学者析"齐天大圣"说:"这四个字标志着孙悟空自由思想发展至巅峰。'齐'有平等之意,暗示了孙悟空后来大闹天宫,意欲打破社会等级差别的政治秩序,争取更大的自由。'圣'有超越凡人之意,表明孙悟空要掌握自己的命运而不受他人所制。……正因为孙悟空对自由平等理想有着执着的追求,因而他在大闹天宫中表现出天不怕、地不怕的斗争勇气和所向无敌的巨大力量。"[1]

如果仅就孙悟空大闹天宫一节文字,读者是很容易得出上引文字那样的看法的。但如果把"齐天大圣"还原于其源出意及小说本身,那就当另作理解了。

上文说过"齐天大圣"名号源自《西游记》杂剧,而杂剧中孙悟空自报家门所说的"小圣弟兄姊妹五人,大姊骊山老母,二妹巫枝祇圣母,大兄齐天大圣,小圣通天大圣,三弟耍耍三郎"一段文字,实际是用隐实示虚、设难成趣手法,曲折地告诉人们,"小圣弟兄姊妹五人"是一群猴子。下面试一一简说:

骊山老母者,骊山大马猴也。传说殷周之际有骊山女,曾为天子。唐宋后遂以为女仙,尊为骊山老母。而在杂剧则趣巧做"骊山老母猴"之省,"老"即"大"。《汉语大词典·老部》:"老:㉔大。"又《大部》:"大:⑪老。"互训。"母(猴)"同"沐(猴)"。母猴,也叫沐猴、猕猴、马猴。《韩非子·外储说左上》:"宋人有请为燕王以棘之端为母猴者,必三月斋,然后能观之。"《吕氏春秋·察传》:"夫得言不可以不察,数传而白为黑,黑为白,故狗似玃,玃似母猴,母猴似人,人之与狗则远矣。"陈其猷校释:"段玉裁《说文注》'猴'下云:'母猴乃此兽名,非谓牝者,沐猴、猕猴皆语之转、字之讹也。'"李时珍《本草纲目·兽部·猕猴》释名:"[时珍曰]猴好拭面如沐,故谓之沐,而后人讹沐为母,又讹母为猕,愈讹愈失矣。"章炳麟《新方言·释动物》:"沐猴母猴,母猴猕猴,今人谓之马猴,皆一声之转。"皆可证。不过用"骊山老母"隐指"母(沐)猴"是经过曲折转换来变说的。清俞樾《曲园杂纂·小浮梅闲话》："骊山老母，实有其人，非乌有也。《史记·秦本纪》：申侯言于孝王曰：'昔我先郦山之女，为戎胥轩妻。'申国，姜姓，此则女姜氏也。谓之郦山女者，申国之君，娶于郦山而生此女，故以母名女，谓之郦山女。《汉书·律历志》：'张寿王言，骊山女亦为天子。'意其人必有非常材艺，为诸侯所推服，故后世传闻有天子之事；而唐宋以后，遂以为女仙，尊曰老母。"原来，骊山老母本于"申"，而"申"在十二地支与十二属相搭配系统中，与猴对应，因此曲折而变说指母（沐）猴。

在"巫枝祇圣母"中，"巫枝祇"即指猕猴。巫枝祇，又作无支奇。唐李肇《唐国史补》卷上："楚州有渔人，忽于淮中钓得古锁，挽之不绝，以告官，刺史李阳大集人力引之。锁穷，有青猕猴跃出水，复没而逝。后有验《山海经》云：'水兽好为害，禹锁于军山之下，其名曰无支奇。'"可见，所谓的水怪即青猕猴。字又作无支祈、无之祁。《太平御览》卷八八二引《淮地记》："按，《古岳渎经》云：禹治水，止桐柏山，乃获淮涡水神，名曰无支祁。"明刘基《郁离子·省敌》："无支祈与河伯斗，以天吴为元帅，相抑氏副之。"

"圣母"，从字面看似与上文"老母"对文而指传说中的女神仙，但实又与"老母"互释互补而实是"狌（猩）母（沐）"的谐音，指猕猴。"圣""狌（猩）"字，均读审纽庚青韵，双声叠韵。从词语结构看，"圣（狌、猩）""母（沐）"为同义平列，并指猕猴；与"巫枝祇"为复说。

同时，"巫枝祇圣母"又整体谐音而暗藏没有这样的猴子，即杂剧作者告诉读者，他说的是纯属虚构的戏谑话的一层意思。字作"巫枝祇""无支奇""无支祈""无之祁"，都是颇具"文心"的作者有意隐实示虚，而平实的写法应作"无之奇"：没有此奇兽。宋朱熹《楚辞辩证下·天问》："如今世俗僧伽降无之祈、许逊斩蛟龙蜃精之类，本无稽据，而好事者遂假托撰造以实之。"朱熹虽然看到了"无之祈"实属子虚乌有，但却未能看破语词的读音故意透露着解答神秘的钥匙，也就没有看出这是猿猴志怪文学中众多趣味说法的一种特异说法。

"巫枝祇圣母"之"圣"，在词义上又与"齐天大圣""通天大圣"之"圣"可互释。弄明白了"圣（母）"字是"狌（猩）"的谐音字，对"齐天大圣""通天大圣"之"圣"也就好理解了。"齐天大圣"，就是敢于同天比高下的大马猴，即本领极大的马猴；"通天大圣"，也是本领极大的马猴。元石德玉《曲江池》第二折："总饶你便通天彻地的郎君，也不够三朝五日遭瘟。"《水浒传》第五二回："正是要除起雾兴云法，须请通天彻地人。"《东周列国志》第八七回："其人通天彻地，有几家学问，人不能及。"《西游记》第十回："（龙王）曰：'尘世上有此灵人，真个通天彻地，却不输与他呵！'”小说正是受杂剧“齐天大圣（狌）”字面的启发，而给我们演绎了一个敢与上天争斗的猴子故事。

“齐天大圣”“通天大圣”之说，是后来的猿猴志怪文学中众多趣味说法的一种奇异说法。它也是从猴子的“能言”而发挥的。《逸周书·王会》：“生生（狌狌）欺羽，若黄狗，人面能言。”《礼记·曲礼上》：“鹦鹉能言，不离飞鸟；猩猩能言，不离禽兽。”但是，猿猴或真猩猩都不能言。“能言”是感叹“能焉”的谐音。形容词的“能”，指猴子有灵性，直立行走，前肢如人手臂，能模仿人的一些动作。“能言”还有更具体的变说，如：“食人”“能笑”“盗女”“喜酒”“喜鞋”“善变”“能辟马瘟”“戴帽”“盗人盐”“助人为乐”等。以上诸多“能”为基础而产生的“齐天大圣”“通天大圣”，则是我国猿猴志怪文学发展的升华。

“要要三郎”则是从猴性和排行来命名的。“三郎”指排行第三者。“要”即玩要。“要要”复说，是“要”而又“要”即极顽皮的意思。猴子性格顽皮，此以“要要”而隐指猴子。可以举个意义相对应的例子为证。旧有用“猢狲王”一语称乡塾教师或小学教师的，其因小孩顽皮如猢狲，故戏称小孩为猢狲。因喻其师为猢狲王。明郎瑛《七修类稿·辩证下·嘲学究》：“近世喻学究云：‘我若有道路，不做猢狲王。’本秦桧之诗也，秦盖微时为童子师，仰束修自给，故有‘若得水田三百亩，这番不做猢狲王’。”本是用猴子的好动来喻指小孩子的顽皮，杂剧作者则倒“果”为“因”而用“要要”暗指猴子。真是别出心裁，曲折有致。

正是“小圣弟兄姊妹五人”的名中均各含有猕猴义，“圣”是“狌”的谐音字，所以，杂剧第十折《收孙演咒》在观音“收孙演咒”时说：“通天大圣，今次休起凡心。我与你一个法名，是孙悟空。与你个铁戒箍、皂直裰、戒刀。铁戒箍戒你凡性，皂直裰遮你兽身，戒刀豁你之恩爱，好生跟师父去，便唤作孙行者。疾便取经，着你也求正果。”观音给通天大圣所起名号“孙悟空”“孙行者”的“孙”皆暗由“圣（狌）”变转而来。否则，就无法讲清其“孙”姓的来由。

小说《西游记》“齐天大圣”源于杂剧《西游记》，其“齐天大圣”自然当沿承其原意。

《喻世明言·陈从善梅岭失浑家》：“梅岭之北有一洞，名曰申阳洞。洞中有一怪，号曰申阳公，乃猢狲精也。弟兄三人：一个是通天大圣，一个是弥天大圣，一个是齐天大圣。小妹便是泗州圣母。”“泗州圣母”是“巫枝祇圣母”的变说。“泗州”为隋所置，唐宋明清治所虽有变更，但辖区一直为淮河两岸。“二妹巫枝祇圣母”为“淮中”青猕猴，正与此生活地同。申：猢狲：圣。其“圣”当亦谐“狌”。此与杂剧《西游记》“小圣弟兄姊妹五人”的名号，可谓同曲同工。又及：“（申）阳”字是“佯”的谐音。“阳”“佯”二字均读影纽江阳韵，双声叠韵。《玉篇·人部》：“佯，诈也。”也就是假，如诈降、诈泣、诈善。“申阳洞”即所说的猴子洞是假的。暗示读者所说纯属虚构。这又与“巫枝祇（无之奇）”“美猴王”暗示纯属虚构完全相类。可为互证。

又，明无名氏《二郎神锁齐天大圣》杂剧，写花果山上有兄弟三人，大哥是“通天大圣”，老二是“齐天大圣”，兄弟是“耍耍三郎”；另有姐姐“龟山水母”和妹子“铁色猕猴”。这最后的“铁色猕猴”，也是作者特设的一笔，即透漏给读者的真实信息：“圣”是“狌”的谐音字，“母”是“沐”的谐音字。又及：“铁色（猕猴）”即上文“青”。“铁”在五金属“黑”，而“黑”又言作“青”，如黑发为“青丝”。而“青”在五行相配中同“木”。“青猕猴”即木猕猴=沐猕猴，为“猴”同义复说。

其实，小说《西游记》的作者也向读者暗示了他笔下的“齐天大圣”不可按常规思维照字面理解的意思。在小说，孙悟空是由“弼马温”反出南天门，回花果山后接受鬼王“就做个齐天大圣，有何不可”的建议，而叫人“自此以后，只称我为齐天大圣”的。“鬼王”说的是鬼话，而鬼话多不实，因而理解鬼话自当要加意留心，应从“不实：假”入手。可见，“鬼王”一语暗藏着理解“齐天大圣”确义的由误启正的钥匙。作者提醒读者于此可要细心啊！

六、孙行者

在《大唐三藏取经诗话》里，协助唐僧取经的是“白衣秀才”猴行者，在元杂剧《西游记》中观音除给其法名“孙悟空”外，并又名为“孙行者”。在“唐僧取经故事”历代传播积累基础上完成的长篇章回小说《西游记》中，由唐僧给孙悟空起的“混名”“孙行者”，从字面上看，很明显源自杂剧中的“孙行者”。那么，小说《西游记》孙行者名号的含义是什么呢？

有学者说：“西行路上，唐僧给孙悟空起一法名‘行者’，此为其第五个名号。‘行者’乃为取经而行走奔劳之意，又有遵守戒律刻苦修行之喻，更有三闾大夫所谓‘路漫漫其修远兮，吾将上下而求索’的探求真理之旨。‘行者’也表达了作者的一种心学思想。生命的最高境界不是个体的无限度自由，而是把个体的这种贵己重生、游于方外的自由精神转化成一定的理想信念，并为之执着追求，如此这般，才能实现理想的人格，生命才有价值和意义。因此，在磨难重重的西行路上，孙悟空不仅要与各界神魔相斗，还要与自我心魔相斗。这既是对孙悟空自我能力的检验，也是对其自我意识的挑战。可贵的是，当取经成为孙悟空的一种事业后，他无论遇到多少艰难险阻，从不悲观失望，而是以百折不挠的精神与妖魔奋战不息，直至取得最后胜利；而且，当他再三为唐僧误会，被清理出取经队伍后，他依然一如既往地为这份事业而执着奔劳，这种豁达胸怀、这一成熟心理，又岂是当初那个野性的孙猴子所有的？”

这种架空分析显与“孙行者”的名号来源不合。因为，这一说法与小说交代唐僧给孙悟空“混名”（注意：不是“法名”——笔者）不合。小说第十四回在写三藏救出孙悟空，见他“真像沙门中人物”，并得知猴王“法名叫孙悟空”后，说道：“你这个模样，就像那小头陀一般，我与你再起了混名，称为孙行者，好么？”“悟空道：‘好，好，好。’自此又称为孙行者。”因像小头陀而得混名孙行者，则“头陀”即“行者”。头陀，可泛指僧人。行者即头陀，亦泛指僧人。但因词中“行”的多义性，在具体语境中“所指”则有别，在有些“行者”中“行”为“行走”，“行者”指行脚乞食的僧人；而在有些“行者”中“行”为“做”，“行者”指方丈的侍者，及在寺院服杂役尚未剃发的出家者。我们认为，孙悟空的“孙行者”兼行脚乞食的僧人、方丈的侍者、服杂役尚未剃发的出家者于一身。“行者”，在唐僧是给孙悟空确定其在取经团队中的身份位置，指明其工作任务是取经的协助者。小说《西游记》对孙悟空这种地位的确定，源自杂剧中观音对“孙行者”地位的确定。

在杂剧中，观音告诫“通天大圣”说“今次休起凡心。我与你一个法名，是孙悟空。与你个铁戒箍、皂直裰、戒刀。铁戒箍戒你凡性，皂直裰遮你兽身，戒刀豁你之恩爱，好生跟师父去，便唤作孙行者。疾便取经，着你也求正果。玄奘，你近前来，这畜生凡心不退，但欲伤你，你念紧箍儿咒，他头上便紧。若不告饶，须臾之间，便刺死这厮。你记着。（做耳边教咒科）（唐僧拜谢科，云）谢我佛慈悲。”“孙行者”分明是要他“好生跟师父去”，哪有他“所谓‘路漫漫其修远兮，吾将上下而求索’的探求真理”的份儿？杂剧用“孙行者”这一名号来确定孙悟空与唐僧的关系，有着更远的承袭。

孙行者是从真实的历史原型而再艺术化的，也就是说，杂剧“孙行者”由历史上曾经帮助玄奘取经的“候望者”演变而来。唐慧立、彦悰《大唐大慈恩寺三藏法师传》卷一说：河西的慧伟法师向玄奘详说前面路途的危险。“关外西北又有五烽，候望者居之，各相去百里，中无水草。五烽之外即莫贺延碛，伊吾国境。”玄奘“闻之愁愦，所乘之马又死，不知计出，沉默经月余日。”传记对过五烽之险与得助有详细记叙：

“径八十余里，见第一烽。恐候者见，乃隐伏沙沟，至夜方发。到烽西见水，下饮盥手讫，欲取皮囊盛水，有一箭飒来，几中于膝。须臾更一箭来，知为他见，乃大言曰：‘我是僧，从京师来，汝莫射我。’烽上人亦开门而出，相见知是僧，将入见校尉王祥。”

王祥听了玄奘的表白，很受感动，对他很尊敬。但劝他放弃取经而愿帮助他返回。玄奘再次表示不怕死的决心。王祥便赠送粮和水，送出十里。说：你到了第四烽，就说是我请他帮助你。

“既去，夜到第四烽。恐为留难，欲默取水而过。至水未下间，飞箭已至，还如前报，即急向之，彼亦下来。入烽，烽官相问，答：‘欲往天竺，路由于此，第一烽王祥校尉故遣相过。’彼闻欢喜留宿，更施大皮囊及马、麦相送。云：‘师不须向第五烽。彼人疏率，恐生异图。可于此去百里许，有野马泉，更有水。’从此已去，即莫贺延碛……。”

胡适《西游记考证》特别提到这篇传记，说：“传中说玄奘路上经过许多艰辛困苦，乃是《西游记》的种子。我们且引他一段。”所引就是上面的原文。

《大唐三藏取经诗话》正就是把玄奘取经路上实际经历的这个困难的救助者——候望者，变成了猴行者。《行程遇猴行者处第二》：“法师语曰：‘今往西天，程途百万，各人谨慎。’行经一国已来，偶于一日午时，见一白衣秀才从正东而来，便揖和尚：‘万福，万福！和尚今往何处？莫不是再往西天取经否？’”即在出境时遇见猴行者，就正是把这两位边境烽火台的校尉，即“候望者”，艺术处理成为石破天惊的猴行者。其中，“候”作“猴”为谐音改字，而“望”与“行”为“曲折语”关系，即先由“望”“往”谐音作中介，再由“往”“行”同义而互换，使得与佛教中长老侍者之“行者”趣巧相合为一体。“望”“往”二字皆读影纽江阳韵，双声叠韵。《取经诗话》作者造词时先暗将“望”字“飞白”为“往”，再换说为与“往”同义的“行”。《说文·彳部》：‘往，之也。”《小尔雅·广诂》：“之，适也。”递训。义即“去”。《诗·小雅·采薇》：“昔我往矣，杨柳依依；今我来思，雨雪霏霏。”“往”与“来”反相对文，言我去矣。《水浒传》第三十二回：“早晚要去那里走一遭，不若和你同往如何?”“去”“往”对应可互释。《广韵·庚韵》：“行，去也。”《左传·僖公五年》：“宫之奇以其族行。”杜预注：“行，去也。”元马致远《荐福碑》第三折：“虽然相公回，百姓安，则怕小生行，雨又来。”亦其例。杂剧又进一步把“猴”换为同义的“(猢)狲”之谐音字“孙”，而作“孙行者”。

《西游记》唐僧遇孙悟空的五行山，“因我大唐王征西定国，改名两界山。”“此乃是大唐的山河边界。”唐僧也是出境时遇见孙悟空。候望者、猴行者、孙行者，三者完全对等。

综上可见，“孙行者”的名号意蕴，仅是唐僧给孙悟空确定其在取经队伍中“伏侍”长老的侍者身份位置，而断无他意。

这里顺便一说，小说《西游记》研究者中有不少人认为孙悟空形象是“进口货”，而我们上面所论这一点就足以证明：孙悟空形象是土生土长的。

七、斗战胜佛

唐僧师徒西行圆满完成后，如来佛封孙悟空为“斗战胜佛”的正果名号。对于这一名号意蕴所在，学者们是这样表述的：“我认为‘斗战胜佛’这一名号表达了作者三教合一之心学思想，更显作者精心构思之旨。‘斗战’有战斗、争斗之意；‘胜’是战胜、胜利；‘佛’是智慧、觉悟的意思，‘斗战胜佛’就是对宇宙人生的觉悟，是人类最高理想的象征——‘从心所欲不逾矩’。”[1]但这个说法是缺乏整体系联的分析，是没有透过字面义看到“本质”的分析，故“三教合一之心学思想”的小说寓意和主旨的认识，是不确当的。

其实，“斗战胜佛”，是“逗獑狌狒”的趣难谐音字，意为逗笑的猴子。用逗笑的猴子，与开头呼应，与全文相贯一致。用以告诉读者，“悟空”最终未“悟”至“空”，即未成佛。当是作者在全文作结时，再一次交代全书有关猴子的故事，都是志怪中猴子“能言”等的演绎，如孙悟空七十二变，即是由“能言”而换作同义词“善辩”，再谐音“善变”而七十二变，等等皆如此。“斗”“逗”二字均读端纽尤侯韵，双声叠韵。元乔吉《新水令·闺丽》套曲：“斗的满街里闲嗑牙，待罢呵如何罢。”《初刻拍案惊奇》卷三五：“员外怎如此斗人耍？”是其例。“战”读照纽先天韵，而“獑”为形声字，从“斩”得音，“斩”读照纽监咸韵，“獑”读音当从“斩”。照照双声，先天监咸相转。现代汉语二字皆读照纽言前韵。《玉篇·犬部》：“獑，獑猢，兽名。似猿。”《集韵·衔韵》：“獑，兽名。獑猢，类猿而白。”《诗经·小雅·角弓》：“猿升木。”陆玑《诗草木鱼虫疏》：“猿之白腰者为獑胡。”《史记·司马相如传·上林赋》：“蛭蜩蠼蝚，獑胡豰蛫。”郭璞注：“獑胡，似猕猴。”《文选·张衡〈西京赋〉》：“杪木末，擭獑猢。”薛综注：“獑猢，猿类而白。”“胜”“狌”二字皆读审纽庚青韵，双声叠韵。“狌”，前文已叙，不赘。“狒”“佛”皆以“弗”为声符，读音当同。“狒”即猴子。刘师说：“古代说的狒狒，与非洲的狒狒差别是很大的。科学而确切的解释应是：我国古代对猿的志怪称名。”[7]是说确当。唐段成式《酉阳杂俎》前集卷十六《毛篇》:“狒狒……状似猕猴,作人言,如鸟声,能知生死。”宋苏轼《与顿起孙勉泛舟探韵得未字》:“宁能傍门户,啼笑杂猩狒。”“门户”为同义连用,与“门户”工对的“猩狒”亦当为同义连用。清孙枝蔚《鹧鸪天·饮王金铉明府署中遇伧父入席醉而骂坐明日赋此呈金铉》词:“逢人啼笑如猩狒,任客烹烧到鹤琴。”亦其例。谢无量《溯江还蜀奉寄会稽山人诗》:“笑式依狒狒,语好乱狌狌。”“狒狒”“狌狌”对文义近同。字又作“费”。《逸周书·王会》:“州靡费费,其形人身技踵,自笑,笑则上唇翕其目。”孔晁注:“州靡,北狄也。费费,立行如人,被发,前足稍长者也。”

“斗战胜佛”,也可以是“独(都)狮狌狒”的趣难谐音字,“独”,亦指猿。“斗”端纽尤侯韵,“独”端纽渔模韵,端端双声,尤侯渔模相转。《汉语大词典》:“独:兽名。似猿而大。”《埤雅·释兽》:“独,猿类也,似猿而大,食猿。今俗谓之‘独猿’。盖猿性群,独性特。猿鸣三,独鸣一。是以谓之独也。”字又作“都”,“都”是“独”的谐音隐蔽。“都”端纽渔模韵,与“独”双声叠韵。《尔雅·释兽》“狒狒”晋郭璞注:“其状如人,面长,唇黑,身有毛,反踵,见人则笑。交广及南康郡山中有此物,俗呼之曰‘山都’。”明袁宏道《新安江》诗:“山都吟复笑,猩语是耶非。”四字同义连用,意为(善变)的猴子。以与开头呼应,与全文相贯一致。用来告诉读者,“悟空”最终未“悟”至“空”。当是作者在全文作结时,再一次交代全书有关猴子的故事,都是志怪中猴子“能言”等的演绎,如孙悟空七十二变,即是由“能言”而换作同义词“善辩”,再谐音“善变”而七十二变。这里再趣以同为猴子义的四字“独(都)狮狌狒”平列,除字面上表明石猴出生后一直斗战好胜外,深层则又一次曲折表现猴子的“善变”,而更深层次的隐含义或是,猴子就是猴子,即使皈依佛教,想取正果也是不可能的;或是暗示读者佛教的六道轮回是不存在的。

对孙悟空“斗战胜佛”的这一解释,可与同时获正果的其他“三圣”含义作比较。下面对其他“三圣”名号作探析,以为互证。

最易明白的是猪八戒的法号猪悟能。上文讲过,当初观音授受“猪悟能”法号寓意“猪(愚蠢)”而不“能”,希望经过“悟(修行)”而达到“能”。小说第十九回“云栈洞悟空收八戒”时,唐僧给猪悟能所起别名“猪八戒”,也是从猪只知吃无他能而要求其戒去“五荤三厌”修行“能”。但成为正果的名号为“净坛使者”的含义,还是说猪八戒只能吃,而暗含指不能做,仍是“无能”的变说。也是说猪悟能实际未得正果。

下面来说沙僧的正果名号含义。沙悟净被如来授封的正果名号为“金身罗汉”。“金身”原本指装金的佛像。唐司空曙《题凌云寺》诗:“百丈金身开翠壁,万龛灯焰隔烟萝。”在小说又指成佛。小说第七十七回：“我在雪山顶上，修成丈六金身。”“罗汉”指小乘的最高果位，称为“无学”果，谓已断烦恼，超出三界轮回，应受人天供养的尊者。唐窥基《法华玄赞》卷一：“进趣圆满，止息修习，名为无学。”但在小说，“金身罗汉”却是“精身裸汉”的谐音，“金”读见纽侵寻韵，“精”读精纽庚青韵，“见”为舌根音，“精”为舌尖前音，皆向舌面音“基”变化，为准双声。而现代汉语已成为“基”音，双声。侵寻庚青相转。而在韵母前后鼻音不分的地方，是为叠韵。“罗”读来纽歌戈韵，“裸”亦读来纽歌戈韵，双声叠韵。“精身”“裸汉”为同义复说。“精”即空、光，全无。元高文秀《黑旋风》第三折：“还有精着腿，无个裤儿穿的。”《红楼梦》第九十七回：“难道他个女孩儿家，你还叫他赤身露体，精着来，光着去吗？”“精身裸汉”的字面义为赤身裸体的人，是空无所有的形象说法，是对沙僧西天取经之修行而终无所获的戏趣说法，也是暗指沙僧与猪悟能最终仍“无能”一样，实际亦未能成佛——“沙（傻）悟（无）净（精）”最后仍未悟至“精”。

作者把沙僧在全书中位置和最后如来给他授职的顺序一直安排在猪八戒之后，如果，沙僧的名号“金身罗汉”不是“精身裸汉”的谐音，而是指佛，那无论如何也说不通。而我们这个解释，也与“孙悟空”“猪悟能”的法号与正果职号相照应。

最后来说说白马的正果职号“天龙八部”。如来给白马授职时说：“汝本是西洋大海文晋龙王之子，因汝违逆父命，犯了不孝之罪，幸得皈我沙门，亏你驮负圣僧西来，又驮负圣经东去，亦有功者，加升汝职，正果为天龙八部。”

“天龙八部”本是佛教语。佛教分诸天神鬼及龙为八部。《翻译名义集·八部》：“一天、二龙、三夜叉、四乾闼婆、五阿修罗、六迦楼逻、七紧那罗、八摩睺罗伽。”因八部中以天、龙二部居首，故又称八部或天龙八部。唐刘禹锡《送深法师游南岳》：“十方传句偈，八部会坛场。”《卢至长者因缘经》：“尔时世尊，天龙八部，四众围绕，王及大众，五体投地，为佛作礼。”把白马职号授为“天龙八部”，若“天龙八部”指佛教中的“天龙八部”，那此白马就成了众天神鬼及龙，能讲通吗？其实，此“天龙八部”是“田龙跋步”的谐音，即“田马跋步”。“天”“田”近代汉语均读透纽先天韵，双声叠韵。“龙”是“马”的同义换说。《周礼·夏官·庾人》：“马八尺以上为龙。”南朝宋颜延之《赭白马赋·序》：“骥不称力，马以龙名。”“八”帮纽家麻韵，“跋”帮纽歌戈韵，帮帮双声，家麻歌戈相转。“部”“步”皆为帮纽鱼模韵，双声叠韵。“天龙”=“田龙”=“田马”，《周礼·夏官·校人》：“掌王马之政，辨六马之属。种马一物，戎马一物，齐马一物，道马一物，田马一物，驽马一物。”郑玄注：“田路田马。”“田路”即“田间小路”，泛指崎岖小道。“田路田马”言行走在崎岖小路上的马。"跋步"义近跋山涉水，即"驮负圣僧西来，又驮负圣经东去"。"天龙八部"即跋山涉水之马，也是暗寓马还是马之意。

"净坛使者""金身罗汉""天龙八部"与"斗战胜佛"一致性的戏趣说法语词机制，可谓是有力的内证。

对吴承恩笔下孙悟空名号奇特的说法，经以谐音为枢机的"曲折语"研究，全部显出庐山真面目，完全彰示刘瑞明师创建的"曲折语"理论是研究疑难语词的利器，是汉语语言学的一大功绩。

［参考文献］

[1]李建栋，王丽珍.从"天马行空"到"从心所欲不逾矩"——孙悟空名号的文化意蕴[J].安庆师范学院学报，2007(3).

[2]肖璋.谈《说文》，说假借[J].古汉语研究，1989(1).

[3]许宝华，宫田一郎.汉语方言大词典[M].北京：中华书局，1999.

[4]李荣.现代汉语方言大词典[M].南京：江苏教育出版社，2002.

[5]龙潜庵.宋元语言词典[M].上海：上海辞书出版社，1985.

[6]刘荫柏.西游记研究资料[M].上海：上海古籍出版社，1990.

[7]刘瑞明.谐音是研究疑难词语的金钥匙——以猿猴志怪词语的解读为例[J].励耘学刊(语言卷)，2008(1).

[8]丁全，田小枫.南阳方言[M].郑州：中州古籍出版社，2001.

[9]李珍华，周长楫.汉字古今音表[M].北京：中华书局，1999.

[10]杨伯峻.春秋左传注(修订本)[M].北京：中华书局，1990.

[11]李庶民.略论名与字、号的关系[J].青少年书法(青年版)2006(1).

[12](明)无名氏.二郎神锁齐天大圣[M].//(明)赵琦美.脉望馆钞校本古今杂剧，载《古本戏曲丛刊》四集，北京：商务印书馆，1958.

(刘敬林，安庆师范大学人文学院教授。)

深钻精研　新论迭出

——刘瑞明教授学术事迹评介

马步升　徐治堂

刘瑞明，陇东学院文学院教授，1934出生于甘肃平凉，1958年毕业于西北师范学院中文系。他的科研起步早，在1977年他还是平凉二中语文教师时，就在甘肃人民出版社出版了《古汉语语法常识》，共印刷5次，30多万册。后调入陇东学院（原庆阳师专）任教，从教之余，研究语言学、敦煌学、民俗学、古代文学。在《中国语文》《文学评论》《中国社会科学》《文史》《文学遗产》《敦煌研究》《辞书研究》及许多大学学报发表了大量学术论文。专著有《冯梦龙民歌集三种注解》（中华书局，2005年）、《北京方言词语谐音理据研究》（与刘敬林合著，中国言实出版社，2008年）、《性文化词语汇释》（百花洲文艺出版社，2013年）。《刘瑞明文史述林》（甘肃人民出版社，2012年）则是已发表与未发表的400多篇、达370万字论文的合集，实际包含了8种著述：《谐音造词法论集》《词义论集》《泛义动词论集》《词缀论集》《汉语人名文化》《敦煌学论集》《文学论集》《说神道鬼话民俗》。

刘瑞明先生治学的特点是深钻精研，新论迭出。

一

语言学方面，他先有“泛义动词”新说。欧阳修《归田录》：“今世俗言语之讹，而举世君子小人皆同其谬者，唯打字耳。其义本谓考击，故人相殴，以物相击，皆谓之打，而工造金银器，亦谓之打，可矣，盖有锤击之义也。至于造舟车曰打船、打车，网鱼曰打鱼，汲水曰打水，役夫晌饭曰打饭，兵士给衣粮曰打衣粮，从者执伞曰打伞，以糊粘纸曰打糊，以尺丈量地曰打量，举手试眼之昏明曰打试。至于名儒硕学，语皆如此：触事谓之打。”这样的“打”字，刘半农也无法给以合理的解释，而气愤地斥责为“混蛋动词”。王力先生曾称其为动词的“记号”。将“打”字或誉为“万能动词”，或称为“弹性动词”，都是就现象说现象，刘瑞明从语言的基本理论出发推出新说。他认为，语言是群众创造的，所谓“举世君子小人皆同者”，正是群众生动活泼的语言实践，绝对不能判为“谬”“混蛋”，而应是有一种机制。就像戏剧演员有被誉为“八面角”，能从事多种工作的干部被誉为“多面手”一样，语言也需要这样的动词。刘瑞明把它们定名为“泛义动词”，并由学者们只注意的“打”字，开拓成为包括“作、为、取、修、却、见、加、行”等字的泛义动词系列。学者们只注意了“打”字单独使用的泛义，刘瑞明开拓出泛义动词前缀于表意具体的动词（如“打扫”就是“扫”的意思）与泛义动词后附于表意具体的动词（如“搂打”就是“搂”的意思），又用泛义动词纠正了一些被错误解释的疑难语法、词汇问题，还认为英语的take、make、俄语的делать也是泛义动词。这就落实了泛义动词是语言的一种灵活性机制的论点。

曾经是一堆陈年烂账的“打”字的异常用法，经刘瑞明纵横捭阖论证，就了如指掌。

刘瑞明继“泛义动词”后的新说是：汉语有独特的谐音造词法。这就是把词义理据的真实用字，用谐音的虚假字来隐蔽，创造了大量的隐实示虚的趣难词。这与词义是由正确的文字负载的准则大相径庭，却是汉语方言中大量存在的，也有不少被普通话吸收了。语言学家与众人一样，久入芝兰之室而不闻其香。观察细致而思考敏锐的刘瑞明却独树一帜、稳扎稳打地论证倡言谐音造词法。从《青海师专学报》1996年第4期《隐实示虚：论证俗语方言词的奇巧修辞方法——为陈望道“辞趣”命题张目》初步试论，到《谐音造词法论集》的92篇文章，前后13年间，用五类研究来做颠扑不破的立论。第一类，从某个词语作汇集性论证，如《含假“罗汉”、“观音”的趣难系列词》《详释“两头蛇、三脚猫、乌鸡眼”等系列词语》等。第二类，从北京、东莞、福州、苏州、南京、宁波、成都、香港、哈尔滨、柳州、乌鲁木齐、武汉、长沙、贵阳、娄底、西安、银川、固原、西宁、太原、忻州、海口、梅县、厦门、徐州、南宁、洛阳、南昌、山丹等众多方言作论证，从三本北京方言词典中调查出谐音趣难词占词条总量的比例竟然高达12.7%。充分说明是各方言共有的造词法，是人民群众的创造。第三类，总论性质的论文，如《隐实示虚趣难词与谐音文化概论》《近代汉语隐实示虚趣难词》《现代汉语谐音趣难词例说》《谐音造词法研究是提高辞书质量的一大途径》。第四类，用谐音趣难词理论研究古神话及民俗的论文，如《灶神神话补说》《“蛊”的多元文化研究》。第五类，就某一名著的谐音趣难词作穷尽性的研究，如《〈全元散曲〉的谐音趣难词》《〈红楼梦〉语言的谐音艺术性》。

《辞书研究》2011年第6期刘玉红、曾昭聪《方言词理据研究刍议——兼评刘瑞明先生的相关研究》:“方言词理据研究的相关成果尚不多见,其佼佼者当属刘瑞明先生。”“刘瑞明先生在一系列研究中,提出并证明了汉语有一种谐音造词法,特点是‘隐实示虚,设难成趣’。这一研究结论是有开创性的。”“刘瑞明先生所作的方言词谐音语理据研究,在研究方法上多所创获,研究结论大多新颖可喜。读其论著,深感方言词谐音语理据研究的方法是最重要的。”这可以代表语言学界对谐音造词法的肯定。

刘瑞明语言学研究的基础是词义研究。词义研究,乃至汉语词语类辞书解释词义常见的弊病是王力先生深刻指出的“以通代确”。关于正确阐释词义,王力先生在《关于古代汉语的学习和教学》中说:“什么叫做‘望文生义’? 就是看到一句话,其中的某个字用这个意思解释它,好像讲得通,以为讲对了。其实这个意思并不是那个字所固有的意思,在其他地方从来没有这么用过,只不过是在这个地方这样讲似乎讲得通。但是‘通’不等于‘对’,不等于‘正确’。你要说这样解释就通了,那就有各种解释都能通的。”这是很有道理的,可惜没有引起重视,唯独刘瑞明先生得其中三昧而深获教益。要解释词的确义,纠正误义,必得求出词义的理据。屈原《九歌·云中君》:“龙驾兮帝服,聊翱翔兮周章。”对“周章”的解释有:往来迅疾貌、恐惧不知所之、惊视、舒缓、周遍张设、强梁、欺狂、驰逐、仓皇等。王逸注为“周流”,言云神行迹遍及各处。刘瑞明说,只有这才是正确的,因“周”为周遍,《说文》言“乐一竟为一章”,“章”也可为全义。“周章”为联合式复词,与“周匝”“周遭”一致。“周章”词义议言的繁纷,至今歧释误释不能澄清,这在词义研究中应是典型而有代表性的。这个观点对古汉语词义的研究和语义辞典的编纂、修订有多方面的启发。一,对旧有的释义,要看是否从语素分析获得,是否达到形、音、义的统一。二,歧义甚多的释义,要辨析释义异中之同,它可能是接近正确词义的;也要辨析释义方法或角度上的异中之同,它可能是致误的共同原因。三,每一词义都应经过多量书证的检核,“例不十,法不立”于此是值得重视的。四,要注意通假义的辨证,辞书中应予说明。五,词义要高度概括,表述要简明。

《“方便”词义梳理及辨误》《“无赖”词义辨误及梳理》《从“所”字误增词义论词义研究方法》等许多文章都是这样论证的。

刘瑞明的研究不盲目崇拜权威,有再辨真谛的悟性与胆识。

王引之《经传释词》卷十《不、丕、否》用六十三条例证来说明“不”“丕”是无词汇意义的“助词”，所有的词义论著都信从，刘瑞明《〈经传释词〉“不”“丕”助词说辨误》则把所有例证辨析成为四类，从而把助词说全部推翻。第一类，“丕”的意思是“大”，“不”是“丕”的通假。《说文》：“丕，大也。”王氏有二十七例都把此类的“不”“丕”说成发声，约占总例的一半。《尚书·康诰》：“惟乃丕显考文王。”按，此“不”字是通假，所以先要排除它的字面意思，因此毛传：“不显，显也。”就是表示不是否定句，句子正是要说明“显”。这类注释是解释句意，而不是解释词义。王氏的错误犹如把“大车”“红车”等同与“车”一样。把训诂区别辨析为解释句意，而不是解释词义，是很有见地的。第二类，例句实际是反问句，“不”字是否定副词的常义。反问句的实际意思是强调肯定，语气是上扬的，现代以问号传示。“不好？”=“好”。古代没有标点符号，反问句容易误解成否定句，所以古注特有“不好，好也”之类的表述。这是疏通句意，排除误解，而不是训诂词义。王氏疏忽了这种情况，按照“不好=好”，于是误说“不”与通假的“丕”都是发声，把反问句当成肯定性叙述句。共有十五例。如《尚书·西伯戡黎》：“我生不有命在天。”句号误，应是问号。实际是说：我的诞生不是负有天命？即有天命。王书：某氏《传》曰：“我生有寿命在天。”盖“不”为发声。“不有命在天”下，不须加“乎”字以足之。第三类，句子是单纯否定，“不”字也表示否定。共十六例。第四类，五个杂例。清初刘淇《助字辨略》首言“为”有选择连词一义。张相《诗词曲语辞汇释》再言“为”“为复”是选择连词。蒋礼鸿、张永言、徐震、王锳、刘坚、郭在贻、江蓝生、王海棻、项楚、梅祖麟、李崇兴等十多位先生共扩充成“为、当、为是、为当、是”都是选择连词。刘瑞明复核了倡言者一百几十条和自辑的几十条书证，认为只有“为复”一个是“还是”的意思，确实是选择连词，其余的仍是它们的判断系词“是”的常义，没有“还”的语素，因而绝非选择连词。因为例句都是不用选择连词的选择问句，翻译时可以加上选择连词。这与把“你去？是不去？”的“是”换成“还是”，而说是选择连词的错误一样。刘瑞明于是有《“为、当、为是、为当”等绝非选择连词》一文。

王力先生《汉语史稿》说“艺术家”“建筑家”之类的词尾古代是没有“家”的。刘瑞明1988年发表《“家”是古汉语中历史悠久的词尾》用《史记》等证明西汉已有，2005年还有学者撰文说词缀“家”最早见于东汉。

词缀的研究是比较薄弱的，到底有哪些，不得而知，常常有论著轻易把难以解释的字都说成词尾。刘瑞明在这方面有促进性的研究。蒋绍愚先生简议“自”“复”是助词，刘瑞明与蒋宗许论证为词尾。由此还引发了《中国语文》的一场讨论，遂使词尾说得以肯定。刘瑞明对词缀“生”“日”等都有详证。《误说的词尾、词头种种》与《“～应”“伊～”等并非附加式双音词》对众多的误说都一一厘定。

二

日本学者南方熊楠氏早在1920年首先提出印度神猴哈奴曼曾经影响孙悟空形象的创造。俄国钢泰和继有同说，但都未有论证。胡适提出“五证”。鲁迅与吴晓铃否定此说，但不够有力，因而季羡林等再主影响说者甚多，萧兵是最详细的，他把胡适的“五证”扩大为“八证”。

刘瑞明在《孙悟空是我国猿猴志怪文学的升华》（与刘敬林合撰）一文中，以雄辩的论证推翻了影响说。文章首先指明我国从公元前11世纪《逸周书》开始，不断积累，从猿猴习性、形态、名字三大系统组成一个庞大、复杂、细密的志怪网络，都是为猿猴的灵敏性唱赞歌的。在此文化蕴涵雄厚的基础上升华结晶出孙悟空的形象。对猿猴习性的志怪说法很多。第一种，能言。第二种，食人、食猿猴。第三种，能笑。第四种，猩唇味美。第五种，盗女。第六种，左手操管、操竹。第七种，喜酒。第八种，喜鞋，与喜酒成为配套趣说。第九种，善变。是从猿猴“能言”而繁衍来的说法。能言就是善辩。它也善辨人意。都可以谐音成为善于变化形状。首先是善于变人，而且所变的人往往谐音成姓袁、胡、孙、申（属相的猴与地支的申对应）。孙悟空的姓就由“猢狲”而来。第十种，能辟马瘟疫。第十一种，戴帽。第十二种，觅蟹。第十三种，盗人盐。第十四种，助人为乐，由此而有帮助唐僧取经。

由于孙悟空已经完全人物化，所以猿猴的“能笑”“喜酒”“喜鞋”等就没有意义了。“盗女”是负向的，也就被淘汰了。“能言”的原型是“能焉”，孙悟空充分体现了这个特点。他因对“三更早”准确领会而独得师传。《西游记》又把“能焉”再谐音成“能眼”，而说他善于看破妖精的伪装和伎俩，所谓“火眼金睛”的志怪写法。原来，“火眼金睛”是“豁眼净睛”的谐音，指视力通明，眼珠没有浑浊。特殊的“能焉”也就是善变，就结晶成孙悟空的七十二变。猴与取经的联系，天机奥妙仍然是猿猴志怪文学中颠倒黑白、指鹿为马、张冠李戴、无中生有的谐音方法。边境烽火是在台上点燃的，而这种边防守望的台，也叫“堠”，或写成“候”，与“猴”恰可谐音。文章的“候者——孙悟空的历史人物原型”一节，举出孙悟空是从真实的历史原型中艺术化而来的，孙悟空是中国土生土长的铁证。

茅盾曾论证中国没有高雅成熟的性文学，刘瑞明则以《冯梦龙民歌集三种注解》论证其误。并论证中国高雅成熟的性文学，即以谐音把性内容包装得天衣无缝。

《性文化词语汇释》则构建了中国性文化的词语系统与网络。这一研究也是值得重视的。

三

由于当时条件所限，刘瑞明无法对照敦煌文书显微胶卷进行对校，就扬长避短，发挥了他精细的理校能力。他的敦煌学研究可以概括为既拾遗补阙，又攻坚解难。

初唐民间诗人王梵志的诗歌曾是中外研究的热点，项楚《王梵志诗校注》是大获高誉的名著，刘瑞明在精细研究后，撰写4万字的《项楚〈王梵志诗校注〉补遗与商兑》一文，周一良阅后，复信说："稿中胜义不少，如'负特'当为'负持'，'无赖'之同'无奈'，'长生'之为'常生'，以及'鬼朴''连脑'等词之解释，皆以钦服。大稿着重体会原诗用意，尤见细心。'天下恶风俗'解为冥婚，颇有见地。"

1997年，中华书局出版黄征、张涌泉《敦煌变文校注》，成了敦煌变文校勘断后之作，再也没有相关的讨论新作，而刘瑞明则有《〈王昭君变文〉再校议》等多篇文章。如在《〈下女夫词〉的古代婚姻文化蕴涵》说：《下女夫词》是以婚姻习俗为素材的讲唱文学，其中包含了古代婚姻文化的许多蕴涵，很有认识与欣赏价值，值得挖掘。仅就"摄盛"与"新郎官"问题，刘瑞明便做了诸多精细的辨析。

《下女夫词》中新郎自称"长安君子，进士出身。选得刺史，故至高门"。谭蝉雪解释说，新郎在婚礼中这样夸大自己的身份，超越自己级别举行婚礼，反映的是古代"摄盛"的婚礼习俗。《仪礼·士昏礼》贾公彦疏："《周礼·巾车》云：'……大夫乘墨车，士乘栈车，庶人乘役车。'士乘大夫墨车，为摄盛也。"《明史·舆服志》："庶人婚，许假九品服。"明代已经没有车的区别，就以穿九品的官服来摄盛。刘瑞明补言，从"摄盛"可以解释民间为什么把新郎叫"新郎官"。真正摄盛的也只是富裕而爱好虚荣的人家，但影响所至，做不到的不妨特意只是口头"说道"，以凑热闹。于是人们把新郎用"官"来趣称，此其一；之二，追索难新郎的产生由来及传承；之三，唐代婚礼的时间在晚上；之四，在女家成婚；之五，最早的用镜避煞记载；之六，祝愿多生儿，少生女；之七，情深意远的"合发"；之八，从"系指头"到"缠臂"；之九，"牵绳入此房"与"月下老人"；之十，"下女夫"与"下高坐"；之十一，《下女夫词》与以梦预测婚姻的民俗相合；之十二，新娘顶盖头的最早记载。

四

刘瑞明《说神道鬼话民俗》分鬼神编、预测编、婚姻编、一般民俗编，独到之处是深入揭发隐秘机制而可以破除迷信。早在一些单篇文章发表时，就有"洞幽烛微，独到卓绝""道人所未道，发人所未发"之誉。如为什么喜鹊叫，客人就到呢？为什么会有"七十三，八十四，阎王叫你商量事"的年忌呢？迷信的镇鬼符上为什么有特别的"聻"字呢？一百多年的民俗研究，论著颇多，名家也不少，然而大都对此类的疑难避而不谈，原因只能是问题本身难于解释。连"圣人"孔子很早都"不语怪、力、乱、神"，他的态度是一概回避，说都不说，全力阐述经国济世理论，无暇旁骛疑难民俗。而民俗学已经是我国学术的一个学科，就不应当回避此类疑难。刘瑞明知难而上，专门从事民俗探源揭秘研究，已发表了许多内容深刻、见解独到的论文。这些论文对疑难探源研究的指导性认识是：

其一，民俗虽然表现为一种说法，一种事象，但实际上是多元文化的复合体。有哲理、科学、文学、宗教、迷信、语言、历史等内涵。正因为是多元的，单从某一方面就难以解释清楚。也正因为是多元的，在学术上就成了"三不管"的空白区域，要让民俗学独当一面，冲锋陷阵，就不能奏效。

其二，民俗与语言有不解之缘，那些难以解释的地方，往往是借助语言手段来解释。其中最常见的正是刘瑞明先生近年新论的"谐音隐实示虚，追求趣难"的机杼。很有文化的人，包括语言学家、民俗学家在内，往往不知道这种机杼，而一般来说迷信的初始制造者与后来的繁衍者，对它却是非常精通而又善于随机应变，他们善于在正统文化中钻空子，移花接木，狗尾续貂。这实在是出人意料的。

其三，对不合常理而有隐秘性的民俗，要了解它演变形成的网络，常常要追本溯源。

其四，民俗研究要破除迷信，民俗研究要与语言研究紧密结合。

于此，试举二例，可见刘瑞明之学术观点，多为穷搜精研之所得。他在"鬼神编"中的文章，其宗旨都是说明神由人造，鬼也由人造，编造鬼神及其各种说法的人，是要卖弄"捣鬼有术"的聪明才智。而这些结论，都是从实证中得来的。如在《简说三魂七魄》中，他发现宋代俞琰的《席上腐谈》中，对"三魂七魄"的解释语焉不详，他另作解释说："医家谓肝属东方木而藏魂，肺属西方金而藏魄，道家乃有三魂七魄之说。魂果有三、魄果有七乎？非也。盖九宫数以三居左，七居右也。

白玉蟾三龙四虎之说亦犹是，盖《太玄》以三为木、四为金也。”再作解释：把这一、二、三等数与各组事物（如五星、九野、九神、九色）来一一搭配，从而推论某种所谓的事理。如与五星相配时，一配水星；二、五、八配土星；三、四配木星；六、七配金星；九配火星。中医把魂与五行的木，把魄与五行的金搭配。把这两种搭配与九宫结合起来，就成为这样的纯形式的推理：肝=木=魂=三；肺=金=魄=七。将二者的前半部分截取，各是“三=魂；七=魄”。把二者联合起来，又去掉等号，便为“三魂七魄”。其实它的内部关系用现在的标点符号表达，本应标点为“三（魂）七（魄）”，即“三”代表魂，“七”代表魄。但古代没有这样严密、细致的标点符号，道教理论家便有意歧解成“三种魂、七种魄”。

在《婚礼中“避煞”民俗探微——兼论处女红禁忌始原》中认为，现在婚礼或有向新娘新郎撒彩色纸屑的，这是古代对新娘避煞的无寓意的转化，而古代对新娘避煞的习俗是非常重视的。有多种避煞方法：一是用镜使煞鬼怕显形而逃避；二是用射箭、火烧、水泼；三是用鞍、秤、瓶谐音“平安”；四是用扇、伞、筛等物。明代剧本《刘知远白兔记》：“新人入得李家宅，怀里抱着银宝瓶。”《金瓶梅》第19回叙李瓶儿嫁给西门庆：“妇人抱着宝瓶，径往他那边新房里去了。”第91回孟玉楼嫁李衙内：“媒人替他带上红罗销金盖袱，抱着金宝瓶。”就是把抽象的平安意谐音而物化为具体的瓶，与鞍、秤一样，有了可操作性。今洛阳、太原等地还有跨马鞍的习俗。在河南太康，是把秤与斗、镜等放在拜天地的桌上。山东一些地方，放着装满高粱的升和斗，斗中插秤。新郎到时候用秤杆揭新娘的盖头。

（马步升，甘肃省社会科学院研究员。徐治堂，陇东学院文学院教授。本文初发于《甘肃社会科学》2015年第1期。）

《庆阳方言词典》的研究理念与学术价值

陈晓强

庆阳，位于甘肃省最东部，习称"陇东"。庆阳历史悠久，传说中轩辕黄帝的主要活动区域，即在庆阳一带。庆阳是中华民族早期农耕文明的发祥地之一，《诗经》之《豳风·七月》《豳风·东山》《大雅·公刘》《小雅·采薇》等篇都描述了周人在此地的生活情景。

悠久的历史和深厚的文化底蕴，使庆阳方言保存有很多古语词，因此，庆阳方言有重要研究价值。然而，在甘肃方言的研究中，研究兰州方言者居多，而关注庆阳方言的学者很少。方言的重要价值是存古，从存古的角度看，庆阳方言的研究价值并不亚于兰州方言。令人欣慰的是，商务印书馆于2017年3月出版刘瑞明、周奉真先生合著的《庆阳方言词典》(后文简称《词典》)。正如该词典"序"所言：这是庆阳方言研究的第一部词典，具有填补空白的意义。

深入研读《词典》，笔者认为：填补空白，仅是该词典的表层意义；该词典更重要的意义，则在其方言研究理念、方法及作者的学术追求对后来跟进者的启迪。为了说清楚这一问题，为了深入认识该词典的特色及价值，本文的讨论，从汉语方言研究的两种学术背景入手。

一、汉语方言研究的两种学术背景

学界对汉语方言的研究，受两种学术背景的影响：一是以传统语言文字学的理念和方法为背景，重视方言的源流考察与词义研究；一是以西方语言学的理念和方法为背景，重视方言的语音调查和语法研究。两种方言研究的理念和方法，都有其合理性。然而，近现代以来，受西方语言学的强势影响，汉语方言研究的重心转向语音、语法，而对方言词语源流及词义理据的研究，非常薄弱。

(一)以语法为本的汉语方言研究

西方语言学中的语法学很早就非常成熟，而我国传统语言学一直以语义研究为核心。双方语言研究重心的不同，由各自的语言性质决定。上古汉语以单音节词为主，词和词之间的语音区别手段有限，这就导致汉语单音节词的词义内涵大多非常复杂，如很常见的“生”，《汉语大词典》下竟有55个义项。相对而言，以英语为代表的西方语言的词大多是多音节的组合，音和音的组合，会产生很多区别手段，这就导致西方语言的词的词义内涵比较简单。如汉语“生”可与英语“born（出生）”“grow（生长）”“unfamiliar（陌生）”“student（学生）”等词对应。比较以上诸英语词与汉语单音节词的词义内涵，则会发现英语的词义内涵非常简单。[①]过于复杂的语言，注定要死亡；而过于简单的语言，又难以表达其复杂的记录对象。因此，简单的东西，必然会有复杂的东西与之配套；复杂的东西，必然会有简单的东西与之配套。英语词义内涵简单，与之配套的语法就需要复杂；而汉语词义内涵复杂，与之配套的语法就需要简单。汉语的词义内涵复杂，传统语言文字学的研究重心就会落在词义上面；英语的语法形式复杂，英语的研究重心自然会落在语法上面。我国传统语言文字学、语法的研究很薄弱，这其实是由汉语的性质决定的。但是，近代以来，我国语言学的研究受西方语言学的影响，也逐渐以语法研究为中心。这种语言研究重心的转向，其中得失需要我们反思。

反观汉语和以英语为代表的西方语言的语言学史，反思汉语与英语的不同，我们不难发现过于西化的汉语研究和汉语方言研究的弊端。就汉语方言的研究而言，我们应注意到不同方言间的语法差异，如甘肃有些地区把“喝茶”“吃饭”说为“茶喝”“饭吃”等。但是，相对于这些语法的差异，方言之所以为方言，更主要的原因是方言中大量方言词的存在。这一点，恐怕对方言没有任何研究的普通人都能感受到。因此，如果一味把汉语方言研究的重心放在语法上面，难免有本末倒置之嫌。

（二）以语音为本的汉语方言研究

很多人对方言的感受可能主要在两方面：第一，方言词的特殊性；第二，方音的特殊性。目前汉语方言的研究，对方音的调查和描写很重视，这有其合理性。追溯这种研究法的源头，我们也能从中看到西方语言学的影子。西方文字对语言的记录，着眼于语言中的语音要素。语音是不断发展演变的，语音变了，记录语言的表音文字也会相应发生变化，这就导致某一种文字分裂为几种文字。文字的分裂，会导致更严重的问题：国家的分裂。曾经大一统的欧洲分化为很多国家，这与文字的分裂有很大关系。有了分裂，就需要探求不同语言、文字之间的关联，而要完成这一工作，语音研究是基础，所以，近代以来西方语言学对语音的研究也非常重视。

我国传统语言文字学对语音的研究也非常重视，如清代小学大师王念孙就提出“训诂之旨，本于声音”(《广雅疏证序》)。但是，我们传统语言文字学之所以对语音重视，是因为可以以语音为工具探求语义。归根结底，传统语言文字学研究语音还是为了研究语义，这与西方语言学研究语音的目的完全不同。

研究目的的不同，决定了传统语言文字学的语音研究法完全不同于西方语言学的语音研究法。但是，受西方语言学的影响，长期以来，汉语方言语音的研究，重共时的调查描写而轻历时的音变解释。目前，学界对方言语音的研究，已取得丰硕成果，其贡献有目共睹。但是，笔者认为，从方言的深入研究看，有必要由共时的语音描写走向历时的音变解释。如甘肃陇西地区称“渭河”为“[yu^4]河”，为何如此，有人说该河像一条玉带，所以叫“玉河”；更有人说该河与大禹治水有关联，所以叫“禹河”。其实，“渭”读为[yu^4]是古音的保留②。方言中保留古音的情况很多，如果研究者仅着眼于语音现状的描写而不重视方音演变的解释，自然会为很多牵强附会的解释留下很大空间。而且，不重视方言古音的追溯，也很难再深层次地认识某方音的特性和系统。

(三)以探源溯流、词义理据为本的汉语方言研究

汉语某些方言间的语音差距，不见得比英语、德语、法语的语音差距小。为什么中国没有因方言的分歧而分裂？这里头，我们能看到汉字的巨大功绩。不同于表音文字，汉字对汉语的记录，着眼于语言中的语义要素，因此，语音的分歧，不会在根本上改变汉字的形体，如广东方言和甘肃方言语音差别很大，但这两种方言反映在以汉字为载体的书面语上，并不会有太大差别。汉字，不仅沟通了历史的古今隔阂，也沟通了方言的地域隔阂，从而在根本上保证了中国的统一、文化的凝聚。当然，由于古今和地域的变化，原本在通语中的一个词，可能会在不同方言中产生多种书写形式。由此，决定了汉语方言研究的一个重要任务是：求本字、求理据。通过溯本清源，让汉字重新沟通方言与通语的历史隔阂、地域隔阂，这在某种程度上能起到凝聚文化、维护统一的作用。这种汉语方言研究的理念，我们从章太炎等先生的论述中即能看出。面对西方文化的大举入侵，章太炎先生提出：“用国粹激动种性，增进爱国的热肠。”章太炎先生所认为的“国粹”，第一项便是“语言文字学”(《演说录》,《民报》第六号)。而章太炎先生在语言文字学方面的重要研究成果之一是《新方言》，其目的即在“用汉字来统一方言，使不同地区的人在书面语上取得一致”。章太炎先生之后，其弟子黄侃先生作《蕲春语》、李恭先生作《陇右方言发微》，这些方言研究的主要工作，即是：求本

字、求理据。

二、《庆阳方言词典》的特色及价值

《词典》“前言”部分开宗明义，指出目前方言辞书存在的三个普遍性问题：第一，方言词的滥收；第二，重描写而轻解释；第三，不重视本字考察和源流梳理。为什么汉语方言辞书会存在这些问题？这些问题有无解决的必要？这些问题该如何解决？只有了解了汉语方言研究的两种学术背景，我们才会对以上问题有更深刻的思考。《词典》以传统语言文字学的理念和方法为背景，通过对其“前言”所指出的三个问题的解决而体现其研究特色及学术价值。

（一）宁缺毋滥，仅收有研究价值的方言词

《词典》“前言”指出：“许多方言词典混杂了大量普通话词语。方言词典的首要问题是确定什么样的词才是方言词，并由此决定收录与否。方言词典应该是纯粹的方言词典，而一些方言词典却混杂大量的非方言词。”

不同性质的方言词典有不同的任务，兼收普通话的方言词典，目的在对方言的全面调查和描写。如调查某地区对父亲的称谓，如该方言区有人说“大”（常音变为“达”）、有人说“爸”（受普通话影响大的地域或家庭，不再说方言词“达”，而是用方音说“爸”），那“达”“爸”都会进入该地区的方言词典。这样做，有利于对该地区语言使用情况的全面介绍，但全面介绍又会在某种程度上掩盖该地区的方言特色。另外，方言和普通话同出一源，因此方言中的大多数词和普通话一致，如果方言词典采取兼收普通话词语的原则，则词典中一定会出现大量没必要收录的词条。大量词条的出现，反而不利于对需要研究的方言词的深入讨论。

当然，即便某方言区的“爸”和普通话的“爸”在语义和语用方面完全相同，但语音上会有区别。从语音角度看，考察方言中的“爸”有助于方言语音的研究，因此，西方语言学中方音的研究往往立足于对语言的全面调查。但是，汉字的表意性一定程度上掩盖了语音的变化。在这种背景下，如果不以方言语音研究为目的而以方言词义研究为目的的方言词典，有无必要收入诸如“爸”“妈”这样一些通语词，值得我们反思。

传统语言文字学对汉语的关注重心一直在语义上面，这对汉语方言研究的影响，则是关注有方言特色且值得研究的词。立足于传统语言文字学背景，《词典》的收词不是面面俱到，而是收有研究价值的方言词。正如《词典》“前言”所言“汉语方言词典应该注重研究性”“高质量的汉语方言词典应该是研究性的”。《词

典》也正是在方言词的选取、研究方面体现其特色和价值。如该词典"亲属"部分收"达达""爸爸"(181—182页),简单和普通话对应,好像方言中的"达达"即普通话的"爸爸"。《词典》收"爸爸",似乎自乱其例。但详读词典,则知"达达"指父亲,而"爸爸"指表叔。这一现象,在甘肃别的方言区也存在。有趣的是,甘肃陇西有些地区,"爸爸"甚至可以指姑姑。"爸爸"不指父亲,而指表叔、姑姑,这便是方言的特殊性。这样的词,方言词典当然应该重点收录。为什么"爸爸"不指父亲而指表叔、姑姑,当然有深入研究的必要。"爸爸"指姑姑,可能受满语的影响,老北京旗人称姑姑为"姑爸爸","满族人常将家中长辈女子称呼男性化,以示尊重,正如光绪称慈禧为'亲爸爸'一样"。《词典》尽管没有细究"爸爸"指表叔的原因,但由其收词原则(收有研究价值的方言词)决定,《词典》为后人的跟进研究提供了重要的方言资料。

(二)重视词义理据的阐释与源流的梳理

《词典》前言指出:"几乎所有方言词典都是描写性的,即只解释词义是什么而不解释为什么。""解释理据,是词典最高的要求,也是最普遍的要求。"

由语言性质与文字性质决定,西方语言学非常重视语音、语法的调查、描写、分析,而我国传统语言文字学,则非常重视源流梳理与词义解释。训诂学是传统语言文字学的核心,"训诂"二字,简单理解,即为解释。正是以传统语言文字学的理念为背景,《词典》高度重视词义理据的解释,并由此彰显其特色与价值。

如笔者所熟悉的甘肃陇西地区,把猫头鹰称作"恨候"(直音)。为什么有这么一个奇怪的称呼?这个称呼是否古已有之?这个称呼是否在别的方言区存在?读《词典》,笔者长期的困惑得以解决。《词典》以《庆阳县志》《合水县志》《正宁县志》《宁县志》《镇原县志》为据,在21—22页收录"信猴""杏猴""鸻猴""鸻鹏""鸻猴"等词条。从词的角度看,上诸词条只是一词的异写,似乎没必要分为多条。但从学术继承的角度看,以词条的形式交代异写的不同出处,体现了作者严谨的学术态度。再说,辨误才能知正、溯流才能探源,以异写为词条,也有助于《词典》进行辨析错误、探源溯流的工作。

陇西方言中的"恨候",与《词典》中的"信猴"等相同。中古声母之见组字,在普通话中分化为"g、k、h""j、q、x"两组声母,而在甘肃方言中很多见组字尚未分化,如陇西方言"杏"的读音与普通话"heng^{4}"音对应。庆阳方言中的"信猴",即陇西方言"恨候"的音变。《西安方言词典》收"幸猴","幸猴"即"信猴"。由此可见猫头鹰的异名"信猴"在很多方言中存在。

“信猴”一词在很多方言中存在，接下来我们自然会关注该词是不是古已有之。《词典》告诉我们：

> 猫头鹰的异名，从唐代起就多有。唐段成式《酉阳杂俎·羽篇》：“训胡，恶鸟也，鸣则后窍应之。”或作“训狐”。韩愈《射训狐》：“有鸟夜飞名训狐，矜凶挟狡夸自呼。”唐释慧琳《一切经音义》卷一七：“关西呼为训侯，山东名训狐。昼伏夜行，鸣有怪。经文作薰胡，非体也。”或作“薰胡、衅侯、獯狐、信狐”。慧琳对于这些异写言：“以所鸣声为名也”“方言讹转，本无定名……音异义同，共是一鸟。未详其定，今并出之也。”

读到这些材料，相信大家会由衷地佩服《词典》作者深厚的文献功力。正因为有如此深厚的功力，才保证了《词典》探源溯流、理据阐释的深度和可信度。

不管是古代还是现代，“信猴”一词都是异写纷乱，这说明“信猴”的构词理据过于隐深，人们只能用同音字来记录该词。“信猴”的构词理据，慧琳认为是“以所鸣声为名也”，但对此慧琳也不敢确定，故又言“未详其定”。《词典》认为，“信猴”等异写的本字当作“衅候”。“衅”为祸乱义，“候”为征候、先兆义，“衅候”即祸乱的征候。为什么说猫头鹰是祸乱的征候呢？《词典》引当地传说“猫头鹰前半夜叫死老汉，后半夜叫死娃娃”，说明民间认为猫头鹰鸣叫有死亡的兆候。以猫头鹰为凶兆，自古有之。《诗经·豳风·鸱鸮》：“鸱鸮鸱鸮，既取我子，无毁我室。”鸱鸮即猫头鹰，它带来的是家破人亡。鸱鸮又叫鸮，《诗经·陈风·墓门》：“墓门有楳，有鸮萃止。夫也不良，歌以讯止。”“鸮”在诗中比喻坏人，郑玄注：“鸮，恶声之鸟也。”古代文献和民间传说相互印证，让我们对“衅候”的构词理据有了更深刻的认识。当然，学术需要在争鸣中前进，慧琳“以所鸣声为名也”的观点，有一定道理。因此，《词典》观点是否正确，还有继续讨论的必要。至少，《词典》的观点让我们耳目一新，也启发我们对相关文化进行深入研究。

(三)重视方言本字的探求

《词典》“前言”指出：“不研究理据，也就不知道本字，就简单地标同音代替号。”

目前，汉语方言词典或研究著作，大多不重视方言本字的探求，这可能是受到了西方语言学方言研究理念、方法的影响。西方语言的多音节性及其文字的表音性，决定了西方语言学对语音调查与描写十分重视。这一方法与理念对汉语方言研究的影响，则是重语音调查而轻本字探求。但是，方言词典的最终目的还是为了释义，正如《词典》所言“方言词并非多是有音无字，不以方言词典的字作为探求义源的依据，那又另以什么为依据呢？”汉语和汉字的关系密切，如果仅仅把汉字作为记音符号，则会因放弃汉字形体线索而对方言词的释义停留在浅层。而且，汉字能起到沟通古今、沟通方言的作用。鉴于此，《词典》发扬传统语言文字学的精神，以方言本字的探求作为基本任务。

如《词典》在“信猴”等词条之后，又收录猫头鹰的异名“鸱雀子”等。“雀”之庆阳方音和普通话的“qiāo”对应。《词典》指出：“雀”是“鸮(xiāo)”之变，庆阳方言中的“鸱雀子”即“鸱鸮”。《词典》这一结论，可为确论！由此亦可见庆阳方言的存古价值。大多数方言词典，可能对类似“鸱雀子”这样的词，只是用同音字记录后解释“指猫头鹰”。为什么“鸱雀子”指猫头鹰？这恐怕才是读者真正关注的问题。《词典》通过对本字的探求，指出“鸱雀子”即“鸱鸮”(名词后多加“子”尾，是庆阳方言的特色)，则让读者豁然开朗。本字对古今的沟通，方言对古语的保留，也跃然纸上。

《词典》在“鸱雀子”后又收录与该词相关的“出叫子”“鸱怪子”，并指出其中的音变、义转。从源头上找到“鸱鸮”，从流变中类聚“鸱雀子”“出叫子”“鸱怪子”等，这种探源溯流、通幽洞微的工作，对全面而深入地认识一种方言有重要的价值。

方言本字的考辨，在汉语方言研究中有重要的意义，这应该是每一个方言研究者都能意识到的问题，可为什么很多方言辞书及研究论著回避方言本字的考求？这里面，可能有方言研究者害怕出错、回避难题的原因。很多方言本字的考求，非常难。对方言本字的考求，出错很正常，观点分歧也很正常。《词典》迎难而上，重视本字的考求及理据的阐释，这不仅体现作者的研究理念与研究方法，更体现作者的学术追求与学术勇气。

当然，问题是难免的，《词典》对某些词本字的考求及相关材料的辅证，还有继续讨论和继续扩充的必要。

如《词典》124页“断”下释二义：“①追赶人；②赶走。”通过《词典》所举例证，可知陕北、山西、内蒙古等地方言中都有表示追赶义的“断”③。

从例证看，还可从以下角度丰富《词典》：第一，古今沟通：《醒世姻缘传》第六十八回：“又没叫俺进去，给了俺四五十个钱，立断出来了。”“立断出来了”即当下被赶出来了。第二，辨析误解：《金瓶梅词话》第九十三回：“自从县中打断出来，我妈不久着了惊唬，得病死了。”白维国《金瓶梅词典》、陶慕宁校注本《金瓶梅词话》皆释“打断”为“判决”。以方言义解之，“打断”当指殴打驱赶。“断”在《金瓶梅词话》中即有驱赶义，如第九十三回："他把娘喝过来断过去，不看一眼儿。"《醒世姻缘传》第十一回："那珍哥就如没了王的蜜蜂一般，在家里喝神断鬼，骂家人媳妇，打丫头。"《汉语大词典》释"喝神断鬼"为"喝神骂鬼"。以方言义解之，"断鬼"不是骂鬼而是驱赶鬼。第三，异写类聚：甘肃陇西地区"断"或音变作"蹨"（读如"撚"）。《集韵·上铣》："蹨，逐也。"《中国谚语资料》："话是酒蹨的，兔是狗蹨的。"原注："蹨，陕西方言，即赶的意思。""蹨"字生僻，通常又写作"撚""撵"等。《古今小说·葛令公生遣弄珠儿》："众妾为平时珠娘有专房之宠，满肚子恨他，巴不得撚他出去。"《醒世姻缘传》第七六回："狄希陈又故意的与调羹合气，撚他起身。"《金瓶梅词话》第二十一回："趁早与我出去，我不着丫头撵你。"

从理据解释看，《词典》认为"断"指通过追赶把路截断，引申则"断"有追赶义。《词典》以"短路"一词为辅证："短路"指拦路抢劫，"短"即"断"的别字，指把路截断。我们认为，由"断"自身词义特点决定，"断"很难引申出追赶义。"断"之追赶义，应该由假借所致，因此有必要为方言"断"求本字。笔者在研读敦煌文献时多次看到"趁""趁出"，如《敦煌变文集·孝子传》："父母怒，复更趁之。"敦煌契约文书P. 4075背《养男契样文》："不听者当日空手趁出门外，针草莫与。""趁"可能为表示驱赶义的"断、蹨"诸字的本字。《说文》："趁，趰也。"《徐注》："自后及之也。"《段注》："今人趁逐字作此。"明朝无名氏《勘金环》头折："不自由呼幺喝六，拨万轮千，追朋趁友，恁般风尘，他直等的踢腾了使尽俺这家私罢。"此句中"趁""追"同位互训，即可看出"趁"之追赶义。从语音演变角度看，《广韵》："趁，尼展切，音蹍，趁逐。"《集韵》："趁，乃殄切，音撚，逐也。"据《广韵》《集韵》切音，"趁"古音当读"nian""nian"和"duan"读音接近，容易相互间音转。由于"趁"今音演变作"chèn"，[④]方言中遂借用"断""蹨"等字表"趁"之驱赶义。

以上笔者对表示追赶义"断"的本字的考求，有很多牵强的地方。很多问题在相互辩驳、讨论的过程中，会越来越清晰。对《词典》的一些结论，笔者不完全同意，也有进一步讨论的愿望。我想，在《词典》的基础上，进一步讨论问题、补充材料，并因此激发更多人对关注、研究庆阳方言的兴趣，应该是《词典》作者的学术愿望之一。

三、《庆阳方言词典》编著者

《词典》编著者为刘瑞明、周奉真先生。

笔者读硕士研究生时，就听说过刘瑞明先生。北京师大的老师告诉笔者：

“甘肃的刘瑞明老师很厉害！有机会你要多向刘老师学习。”遗憾的是，笔者一直没找到合适的机会拜见刘老师。2012年，笔者有幸看到先生文集《刘瑞明文史述林》，才真正见识到先生的博大精深。该文集共八卷，370多万字，收录论文300多篇。单从数量来看，刘先生的成果已令人震撼。从具体文章来看，刘先生对很多问题的讨论，不故作高深也不空洞说理，而是从具体、有趣的现象切入，以小见大。刘先生的文章生动有趣、功力深厚，避免了大多学术论文的枯燥机械及空洞无物。这种文风、这份功力，正是笔者向往的。因此，在学习刘瑞明先生文章的过程中，先生在笔者心中的学术地位愈来愈高。

刘瑞明先生与其得意门生周奉真先生长期研究甘肃庆阳地区的方言，而笔者对甘肃陇西地区方言比较关注，并与家人合作完成《陇西方言词语研究》。因为学术兴趣相投，笔者有缘和周奉真先生结识。也许在很多人眼里，周先生是官员；而在笔者眼里，周先生是一位学者。周先生擅长写作古典诗词，而笔者在这方面一窍不通。起初与周先生认识，笔者并未因周先生是一位会写诗词的官员而对周先生有太多敬佩。直到有一次笔者去省图书馆，正好听到周先生讲中外文化，才对周先生由衷佩服。

刘瑞明先生年逾八旬，《词典》的后期工作主要由周奉真先生负责。周先生经常与笔者分享并讨论《词典》中的一些观点，这让笔者很早就对《词典》有了一定的了解。《词典》以传统语言文字学为学术背景，重视方言的本字考求和理据阐释。笔者推崇这种方言研究的理念和方法，今读《词典》，更是激起笔者内心对刘先生的敬佩之情。刘先生退休后仍笔耕不辍，完成多部著作。可是，在《词典》即将出版之际，刘先生却与世长辞。尽管笔者未能见到先生一面，可笔者在读《词典》时却经常在头脑中能看到这样一位可亲可敬的老人形象：兢兢业业、一丝不苟、夙兴夜寐、不知疲倦……先生尽管走了，可他的精神生命留在了人间！

学术的意义，也许正在于此！

［注释］

①汉语词汇的双音化，一定程度解决了上古汉语单音节词词义内涵过于复杂的问题。但直到现代汉语，单音节词仍然是汉语基础词。万业馨《应用汉字学概要》从词的数量看，常用程度最高的词中，以单音词为主；从词的使用频率、词次看，则无论单、双音词的数量对比发生什么样的变化，单音词的词次都远高于双音词。

②“渭”在陇西方言中发[yu^4]音主要是由喉音和唇音通转现象所致。“渭”的古音是喉音(声母)和u(韵母)组成的音节。喉音在合口韵前,容易变为唇音,即由u发音特点决定(双唇),喉音发音位置逐渐前移,进而变成唇音。声母发音位置前移,使韵母u的舌位降低,逐渐变成ei。声母和韵母相互影响而演变,形成“渭”的今音“wei^4”。

③“断”表示“追赶人”很少见,惜《词典》未就此详细说明。

④“趁”今音演变作“chèn”,声母“n”演变为“ch”为古无舌上音现象,韵母an演变为en为旁转现象。

[参考文献]

[1]刘瑞明,周奉真.庆阳方言词典[M].北京:商务印书馆,2017.

[2]王念孙.广雅疏证[M].北京:中华书局,1983.

[3]章太炎.新方言[M].//章太炎全集(七).上海:上海人民出版社,1999.

[4]陆宗达,王宁.训诂与训诂学[M].山西:山西教育出版社,1994.

[5]黄侃.蕲春语·黄侃论学杂著[M].上海:上海古籍出版社,1980.

[6]李恭.陇右方言发微[M].兰州:兰州大学出版社,1988.

[7]叶广芩.采桑子·谁翻乐府凄凉曲[M].北京:北京出版社,2009.

[8]白维国.金瓶梅词典[M].北京:中华书局,1991.

[9]陶慕宁校注.金瓶梅词话[M].北京:人民文学出版社,2008.

[10]刘瑞明.刘瑞明文史述林[M].兰州:甘肃人民出版社,2012.

[11]陈晓强,陈晓春,陈晋.陇西方言词语研究[M].兰州:甘肃人民出版社,2015.

[12]万业馨.应用汉字学概要[M].北京:商务印书馆,2012.

(陈晓强,兰州大学文学院教授。)

北地鸿儒　后学仪型

——从与刘瑞明先生的交往谈其学术精神

袁津琥

刘瑞明先生是享誉海内外的知名学者，在汉语史、敦煌学、俗语源、方言学、文献整理等诸多领域，均做出了重要的学术贡献。他一生勤奋，无论是身处顺境，还是暂屈逆境，均坚持治学，笔耕不辍。在极为艰苦的治学条件下，为后人留下了近千万字的学术论文（后汇编为《刘瑞明文史述林》）及《冯梦龙民歌集三种注解》《性文化词语汇释》《山海经新注新论》等数百万字的专著。这还不包括部分未能入集的文章、与人合作的著述。如此丰硕的学术成绩，即使放眼全国，亦不多见。尤为难能可贵的是，先生大部分学术研究成果是在20世纪不借助电脑、缺少科研经费资助、没有科研助手协助的情况下完成的。笔者自1994年即有幸结识先生，并从此建立了长期的书信往来，一直到他去世前两年，前后保持通信联系二十余年，从未中断。目前寒斋所存先生手札尚有十一通，重温这些来信，先生音容笑貌，宛然如昨。

赵逵夫先生在《刘瑞明文史述林·序》中曾说："刘瑞明教授是我校的老校友，是我的学长。他毕业后几十年来默默耕耘，不仅教出了大量的学生，在学术上也做出了令人瞩目的贡献。他所在的学校庆阳师专（今陇东学院）距甘肃省会兰州较远，又不通火车，距西安较近，但又隔省，所以无论查找资料，学术交流，都不太方便。"20世纪八九十年代，高校教师的收入还极其菲薄，西部交通发展亦滞后，既没有现在密如蛛网的高速公路，更没有高铁、动车；而且学术资源的利用与学术信息的获取亦极为困难，不像现在，即使身处穷乡僻壤，亦可以借助网络资源，真正做到不出户而知天下。当时学者治学的种种艰辛，目前七八十岁的这辈人尚能感同身受，后生小子们，则已多不甚了了。昔唐朝义净法师有诗云："晋宋齐梁唐代间，高僧求法离长安。去人成百归无十，后者焉知前者难。路远碧天唯冷结，沙河遮日力疲殚。后贤若不谙斯旨，往往将经容易看。"斯言信哉。

首先，当时基层地方院校教师科研课题少、项目经费少、科研奖励少。种种窘境，从先生给笔者的信中，可窥一斑：

> 参加我省教委高校社科论著评奖，……给了个二等奖（一千元，省教委、学校各负担五百元），我校新规定，凡一级刊物上，满三千字，一文奖五百元，省级刊物二百元。却又因省上给我评了二等奖，按不重复授奖，我的这些文章，都不在范围之内。（1月29日。笔者按：刘瑞明先生致我的大部分书信都没有标注详细的年月，所以本文亦就未能详细考证）

当时一个省哲社二等奖，仅有一千元，还需省校分担。而现在不要说地市一级的哲社奖，就是目前笔者所在的市区一级的哲社奖励高者都已经上万了。

其次，八九十年代又是开始学术转型的时期，发论文不仅不能获取应有的稿费，有的刊物已经逐渐尝试收取版面费，这对于本身就缺少课题经费资助，又抱有旧观念的部分学者来说，一时难以接受。看先生信件中对自己心绪的叙述：

> 我闲着，文章或者发不出去，或者要收版面费，我又不愿。不看不写，无聊的着急，写又没情绪。（1月29日）

先生似乎亦曾一度情绪低落，他在1995年1月28日覆函中曾说："我生活中遇一大事，后情未卜，也许将不再动笔，割爱于读写。详情未便告知，也无心于此，望谅鉴。"（这亦是目前先生在给笔者覆函中唯一明确标注了年月日的，故文中他处所引多未标年份）幸运的是，先生的学术研究工作，实际上却从未因此停顿过。先生能取得骄人的学术成就的原因是多方面的，笔者结合先生来函，仅就个人与其交往过程中的亲身感受，略述一二。

一、勤奋执着，以愚自处

20世纪90年代，笔者曾在本地地质部门供职，收入不菲。闲暇时，旧习难忘，喜欢买点专业书遮眼。那时要想购买专业书籍、获取学术资讯，是相当困难的。记得笔者当时除了被动从本地新华书店购买图书外，其他主要还是依靠《光明日报》上中华书局、上海古籍出版社等专业出版社的每月书讯和专业学术刊物上刊登的广告，通过加附百分之十五或百分之二十的邮费形式汇款购买；学术资讯，则主要是通过写信和定期去拜谒在高校工作的师友获得（那时电话的费用高昂，一般人尚无法承受）。但日积月累，所购书居然亦积架盈屋，在周围小有名气，被人戏称为藏书家。先生因为亦曾在地质部门工作过，用他的话说是"在一个地区级勘探队带罪劳动三年，普查、作图、写地质报告，山地工人、钻机工人都

干过”(4月12日)。知晓笔者的这段经历后,对笔者更感亲切,因此借书、抄书、交流学术信息成了我俩当时通信的主要内容:

十分感谢你应蒋先生之情(笔者按:指时在绵阳师专中文系工作的蒋宗许先生),慷慨将《京本通俗小说》寄借。我未见过此书,原以为与《三言》中的篇目,在文字上差别较大,本是欲作对比。书寄来之日,我的《三言》又已被友人拿至外地,一直未曾归还,因而也就将你的书耽下未归。实在有愧。昨接蒋先生信,问及尊书,急到图书馆借来一对,原来冯梦龙一仍其旧,只有个别文字改动,我又为后悔当初为何不先对一下,当时就可璧还尊书的,蠢极。(4月12日)

现将惠借书七种及王锳(笔者按:原贵州大学教授)信一纸璧还。……《俗语言研究》第三期至今未见到,你见到没有?感谢多次惠借存书,十分感谢,无以为报而愧。(7月13日)

知你在《语言研究》刊出一文,祝贺,也盼读。似乎同期有王锳关于“市语”的一文,也想读。……如还有其他中古近代汉语词汇方面的,请你抄个篇名、作者、字数。该刊似乎给作者只送一本样书。原书不便,烦请把大著及王文复印赐寄,可双面复印。奉还的二书,收到了吧?明散曲九种:《萧爽斋乐府》《沜东乐府》《海浮山堂词稿》《王西楼乐府》《江东白苎》《陈铎散曲》《禅宗语录辑要》,此八种,如卷帙不大,请一并借寄。有你正用或近期使用的,自然缓后。又前次信言,你《全唐诗外编》重,我因无《全》,故未敢承厚意。前时,有人持上海古籍《全》上下及《索引》愿卖。我已买得。它本身不带《外编》。你书如仍在,也可转让我,书款随后奉寄,幸勿见外。(4月23日)

《说措大》文,请复印寄我。(不急)《说郛》原以为是铅印本,你闲而心情好时,可将其中生僻的篇目、作者抄录,我先了解一下。

你有闲空时,希你能将《说郛》的目录给我抄示一下。(5月18日)

前后两抄《目录》,今并收到,甚谢。现才知《说郛三种》收载约千种,也就深感烦你抄目,太不尽情了。今奉告,再不用抄寄了。你现抄的看来才在2224号,后面还多。我一时也用不上。如四角号码索引,复印方便,可寄一份,不便就算了。(5月31日)

你所言北京燕山出版社《蒲松龄集》是在绵阳看到的吗?烦你抽空再去看一下。原集是路大荒编(已故),现在是什么人重新整理?包括

《聊斋俚曲集》吗？有无注释？与原来的集子有什么大的不同？请你浏览一下它的后记、序文的后一部分、出版说明此类文字。因为对《聊斋俚曲集》我有作校注的打算，而且正在作其中《增补幸云曲》的一种，请你帮忙，并告诉我一下。(9月22日)

很难想象先生当时已是近六十岁的老者了，却依然保持如此旺盛的学术热情和求知欲。其实先生的勤奋刻苦，学界人所共知：如果说有人说他在平信只要八分钱的年代，每年投稿等用去的费用就达上百元；每天三四点即起床开始读书写作……这些还属于传闻的话，那么先生曾亲口告诉笔者：他晚年为了注释冯梦龙《山歌》三种，光许宝华、宫田一郎主编的二千余万字的五卷本《汉语方言大词典》就先后通读过不下三遍。昔章太炎在《蓟汉闲话》中曾言："学者虽聪慧过人，其始必以愚自处，离经辨志，不异童蒙。良久乃用其智，即发露头角矣。自尔以往，又当以愚自处。不过三年，昭然若拨云雾见青天者。斯后智愚杂用，无所不可。余弟子中独季刚深窥斯旨。"若先生者，亦可谓有之矣。

二、勇预潮流、自我革新

陈寅恪先生尝言："一时代之学术，必有其新材料与新问题，取用此材料，以研求问题，即为此时代学术之新潮流。治学之士，得预于此潮流者，谓之预流(借用佛教初果之名)。其未得预者，谓之不入流。此古今学术史之通义，非彼闭门造车之徒，所能同喻者也。"(见《陈垣敦煌劫余录序》)先生早年自西北师范学院毕业后，先去的是甘肃平凉专署工业局，因为感到无聊，费了一番功夫才去了中学。在中学期间，先生从备课和批改作业入手，针对中学语文教材注释中存在的问题，撰写了一批相关论文。20世纪80年代，先生开始致力于敦煌学的研究，发表了一大批关于敦煌变文校勘注释的重要成果，与四川大学的项楚，杭州大学的郭在贻、黄征、张涌泉，华东师大的袁宾，山东滨州师专的刘凯鸣等诸先生一道，在老一辈学者整理的《敦煌变文集》的基础上，将敦煌变文的整理与研究，推向了一个新的高度。先生整理敦煌学变文时，限于研究条件，既无法目验敦煌原卷，又无法借助缩微胶卷，臆说无据之处固有，然闭门造车，出门合辙处亦多。关于这方面，我们只要翻翻黄征、张涌泉《敦煌变文校注》和项楚《敦煌变文选注》后面附录的参考文献中所列举先生文章的数量，所引述的先生的观点就不难得知。由于敦煌变文中存在众多俗语词及俗语义，亦就在此时，先生开始将研究范围由敦煌学延伸到中古近代汉语词汇的考释上，与北京社科院的刘坚、江蓝生，浙江大学的方一新、王云路,苏州大学的蔡镜浩、董志翘,陕西西北大学的刘百顺,贵州大学的王锳,上海华东师大的袁宾,四川绵阳师专的蒋宗许等各领风骚于一时。在古稀之年后,先生有鉴于各种大型数据库的蓬勃兴起,乃毅然舍弃中年熟悉擅长之词语考释,转入方言俗语词研究领域。众所周知,方言俗语词具有书写无定、读音复杂、查检不便等诸多困难,然先生勇为其难。至于今人或有借助各种数据库,议其早年考证中之枝枝节节者,未免不稽年代,不揆时势,更不知先生已刍狗视之矣。笔者在为暨南大学曾昭聪教授撰写的书评中曾说:"《论稿》中涉及词语探源的文章微嫌太多。窃以为在古代典籍浩繁检索条件落后的情况下,探讨词义的起源,确实是项很有意义的工作。如钱大昕在《潜研堂文集》卷三十八《阎先生若璩传》中曾记载,向以博学著称的阎氏竟然花了二十年时间才搞清'使功不如使过'一语的原始出处,害得阎氏直感慨'甚矣,学问之无穷,而人尤不可以无年也'。可是现在呢,在各种大型电子古籍数据库多如牛毛的情况下,不过几分钟就能将结果检索出来了,那么这些探讨词义起源的文章的价值是否会随着技术手段的提高而相应降低?因此对于一位志存高远的学者,应该舍易趋难,放弃那些人皆可为的文章,勇于站在学科的前沿,开疆拓土进行深度的研究。"(《评中古近代汉语词汇论稿》,刊《中国俗文化研究》第四辑)先生即其人也。先生进而提出了汉语俗语具有一种规律性的造词方法——"谐音趣难造词法"的特点,先生以此为纲领,与人合作撰写了一系列论著。先生生前曾寄赠其中著作数种,并命笔者撰写书评予以介绍,笔者因对先生其中部分观点持保留意见,思他日得暇,当再请教之。无奈此后笔者罹患眼疾,看书写字多有不便,因循延宕,竟至先生辞世,仍未能复命。然正不妨借用陈寅恪先生在《清华大学王观堂先生纪念碑铭》中所言:"先生之著述,或有时而不章;先生之学说,或有时而可商。惟此勇预潮流,自我革新之精神,当为后人所景仰。"

三、扎实的学术根基,宽广的学术视野

与先生有限的交往中,笔者深感老一辈学者的可贵之处就在于他们的经历更为丰富,兴趣、爱好更为广泛,读书、研究不带功利色彩,知识亦更为渊博。先生一生学术研究领域屡变,早期从事中学语文教育,继而致力敦煌学,后又转入中古近代汉语语法与词汇考释,最后转入民俗与俗语源研究,无论哪个领域都能创获颇丰,这都得益于扎实的学术根基。笔者昔年在为先生《冯梦龙民歌集三种注解》撰写书评时曾言:先生治学,实采取的清儒治经之法。什么是清儒治经之

法呢？清儒万斯大尝言:“非通诸经不能通一经，非悟传注之失则不能通经，非以经释经则亦无由悟传注之失。何谓通诸经以通一经？经文错互，有此略而彼详者，有此同而彼异者，因详以求其略，因异以求其同，学者所当致思者。”（黄宗羲《万君斯大墓志铭》引）今人亦有言:“专家的时髦性，可说是今日学术界的最大流弊。学问分门别类，除因人的精力有限之外，乃是为求研究的便利，并非说各门之间真有深渊相隔。学问全境，就是对于宇宙人生全景的探讨与追求。各门各科，不过由各种不同的方向和立场，去研究全部的宇宙和人生而已。人生是整个的，支离破碎之后，就不是真正的人生。为研究的便利，不妨分工，若欲求得彻底的智慧，就必须旁通本门以外的智慧。”（见雷海宗《专家与通人》）学术分科不过是便于学术研究，但是每一学术领域，其实又是涉及社会生活的方方面面，学术可以分科，学者却不能偏畸。

笔者在为先生查找寻访各种资料时，即每每惊叹于先生学术视野之宽广，除寻常经史子集外，举凡明清小说、元明戏曲、当代民歌（先生曾命我代查四川民歌十八扯等有关内容）、佛经都在涉及之列，如果有人有心将先生论文中涉及的篇目做一索引，当不以鄙言为河汉（要知道那时的资料全靠平时阅读积累，而非如当今可以借助各种数据库查检）。先生信所谓因宏通而专精者矣。

先生晚年，笔者考虑到他年事已高，不便打扰，音问渐疏。记得最后一次通电话时，似乎正碰到先生刚动完手术，从话筒中尚能听到先生急切的下地声和刘师母的责备声:“哎呀，你慢点呢。”不禁充满了惶恐和感动。但是此后，先生仍时不时发来电邮，询问相关杂志期刊的电子信箱及投稿方式，知其虽已至耄耋之年，仍与时俱进，精进如常。

先生去世，笔者还是从网上一位先生的学生撰写的悼念文章中知道的。今先生去世已有三年，先生生徒好友拟组织学术研讨会纪念，足证先生固然学术成果丰硕，而教授生徒，亦认真勤勉，其中有令学生感动至深者。

先生在他晚年结集的《刘瑞明文史述林序》中，曾列贱名于诸先生之后，对笔者当年提供资料之事，铭记不忘。其实在交往的过程中，先生于笔者亦多有指点教导。尤其是在某年信中，当先生发现新版张永言先生《语文学论集》中，有一处对笔者的批评时，竟以七十高龄之躯，为笔者手抄新版各新增篇目及张永言先生的《补记》，长达两纸……

昔汪容甫《致刘端临书》云:“诚使德行学业表著于后世，则今日之遇，乃非偶然。百年易近，而天地无穷，视此一日之离合，又不足云也。”

崆峒山高，蒲河水长。先生之风，永怀难忘。

后学袁津琥拜撰

二〇二〇年六月二十日于时过独学斋

（袁津琥，绵阳师范学院文学与对外汉语学院教授。）

见微知著　剑走偏锋

——刘瑞明教授学术研究风格与特色及其对年轻学人的启示意义

杨海波

见微知著，汉语成语，出自《韩非子·说林上》。原文："纣为象箸而箕子怖，以为象箸必不盛羹于土铏，则必将犀玉之杯；玉杯象箸必不盛菽藿，则必旄象豹胎；旄象豹胎必不衣短褐而舍茅茨之下，则必锦衣九重、高台广室也。称此以求，则天下不足矣。圣人见微以知萌，见端以知末，故见象箸而怖，知天下之不足也。"大概故事是：箕子是朝歌古代名人，其洞察力之强，气节之高为后人称道。商代最后一位君主是帝辛，后人称他为殷纣王。年少时，"资辨捷疾，闻见甚敏；才力过人，手格猛兽"，是一个能文能武很有本领的人。继位后励精图治，锐意改革，不杀奴隶，发展生产，更新观念，不事鬼神。征服东夷后，疆土扩大，农业发展，财粮增多。但到了统治后期，开始腐败。

有一次，纣王让人给自己做了一双象牙筷子，太师箕子就感到非常担心。箕子见微知著联想了很多，他认为：用象牙筷子吃饭就一定不肯用陶土制的碗具，必将用犀牛角或玉做成杯盘；餐具改变了，食品也会随之改变，盛的不可能是豆菽青菜，肯定会进一步升级到山珍海味，珍禽异兽将成盘中之物；食物改变了，将不满足穿着，麻布为衣将不再流行，朝中之人进而会穿绫着缎；穿着改了，下一步将造豪华的车子，建高阔殿宇楼台，追求享乐。如此下去将一发不可收拾，腐败之风会很快盛行起来。

箕子多次进谏，纣王充耳不闻，我行我素，骄傲恣肆，专横跋扈，箕子非常失望。他装疯卖傻，以避迫害，但仍被纣王囚禁。正如所料，不过五年，纣王就被周武王所灭。

中国古代著名的哲学家、思想家、政论家和散文家韩非子，把箕子的这种联想，说成"圣人见微以知萌，见端以知末"。这就是见微知著的来历。指见到事情的苗头，就能知道它的实质和发展趋势。比喻小中见大。

剑走偏锋是一个汉语词汇。一指不走常规，找一些新的、不同以往的办法来解决问题，以求出奇制胜。

这里用来概括刘教授的学术研究风格与特色，是说总观刘瑞明教授的学术研究，就有这样一个点，不追逐热点话题，不凑热闹，往往关注冷门、偏僻的问题，在一些小问题上发现学术研究的话题，并且采用人们意料不到的方法，出奇制胜地得出结论。

关于刘教授的学术研究，方铭教授在他的《厚积薄发触类旁通——读〈刘瑞明文史述林〉兼评刘瑞明的学术研究》（《图书与情报》，2019年第5期）一文中做了全面概括。方铭教授将刘老师的学术研究领域分为敦煌学研究、谐音造词法研究、词汇学研究、文学及民俗学研究。周奉真先生在《刘瑞明文史述林》的《跋》中说："先生以语言学研究为基础，四面出击，在词义学、古籍校勘、敦煌学、民俗学、性文学诸方面，均能考订精审，阐发深微，触类旁通，独挺异姿，度越前修。纵观先生，其涉世之深，学养之富，厚积薄发，迥异于同代诸学者矣。"以上是说刘教授学术研究领域的广阔，但浏览《文史述林》，还可以得出这样的结论，即不管在哪个领域，他的研究方法却具有一致性，这就是见微知著，剑走偏锋，也就是以小见大，出奇制胜。对此，方教授总结为：不管在哪个领域，刘老师在研究方法上具有高度一致性，即刘瑞明教授注重从日常教学工作和生活中寻找问题，并努力解决这些问题，具有很强的问题意识和创新意识。

这里我再将刘教授的学术研究的风格与特色概括为以下几个方面：

第一，能以独特的学术眼光和灵敏的学术嗅觉，在看似平常的已成定论的文献中看出破绽、发现问题，寻找到学术研究的突破口。

这一点在刘教授的研究中特别突出。刘教授能够在看似平常的、人们习以为常的阅读中发现问题，这是一般人做不到的。如《王梵志诗三首原貌探求》（《敦煌研究》，1986年第2期）一文对敦煌学大家张锡厚对王梵志三首诗的校勘整理就很能说明问题。如第〇〇四首：

身如圈里羊，命报恰相当。
羊即披毛走，人看好衣裳。
脱衣赤体立，则役不如羊。
羊即日日死，人还日日亡。
从头捉将去，还同好肥羊。
羊即辛苦死，人去无破伤。
命绝逐他走，魂魄历他乡。

有钱多造福，吃着好衣裳。
愚人广造罪，智者好思量。

张锡厚《校辑》有注如下：

〔一〕恰：原作“怜”，据甲三本改。命报：佛教用语，谓生死轮回之报应。

〔二〕脱衣：甲三本作“脱却”。

〔三〕则役：甲三本作“刑役”。这句谓赤体从役不如羊，因羊身有皮毛。

〔四〕羊：原作“人”，据甲三本改。

〔五〕历：原作“曆”，据甲三本改。

〔六〕智：诸本作“志”，这里同上句“愚人”，相对，应作“智”。

刘老师认为：这六条校注文字本身的意思是说得清楚的，〔二〕〔五〕〔六〕条无可非议，其余三条都需要再作推敲，才可以求得原文真实面貌，细致而准确地理解诗意。

先说注〔一〕。虽然改为“恰”字有版本异文作根据，但我以为底本“怜”字义长，不当改动。全诗基点性的内容是：羊要被人宰杀，人辛苦一生终归一死的可怜命运，二者相同。在此基础上诗劝人“有钱多造福，吃着好衣裳”，即变辛苦可怜而为尽情享乐。可见“怜”字有总提诗意的关键性作用，不但无误，而且用字精思。而“恰”字虽合句意，但不言自明，不是诗眼所在，不当从校。原本应是“怜”字，“恰”字形体相近，也合句意，因而被误换。至于“命报”一词，也和佛教的生死轮回无关。

再说注〔三〕。我以为此句原本必是“脱衣赤体立，则莫不如羊”。“则役不如羊”句理解成在某个问题（比如“从役”）上人不如羊是不合文理的，只有理解为人同羊一样，才是合诗意的。“不如羊”是否定，要表肯定就得再用“莫”作否定之否定。“莫”字抄者别写为“没”，又误写左旁从而成为“役”，甲三本既把“则”误为“刑”，就更会把“没”误为“役”，或者因果关系相，因“役”字而使“则”字误为“刑”，以求“刑役”的局部可通。“羊即辛苦死，人去无破伤。”也应为“人即辛苦死，人去无破伤。”

再如第二六五首：

相将归去来，阎浮不可停。
妇人应重役，男子从征行。
带刀拟开杀，逢陈即相刑。
将军马上死，兵灭地君营。

血流遍荒野，白骨在边廷。

去马游残迹，空留纸上名。

关山千万里，影绝故乡城。

生受刀光苦，意里极惶惶。

按照张锡厚《校辑》的解释，便成为号召兵士不要开杀戒，要虔守佛规以便死后归西方天堂。刘老师认为这显然是曲解了诗意，是强加于诗的，其原因就在于对王梵志诗中原有的宗教意识未作细致准确的定性定量分析，夸大这种落后的因素。

综观全诗，是写兵士厌战思乡，可以说完全没有宣传佛教的意思。首句中用“阎浮”一词，无非只是把战场比喻为佛教所说的人间苦难之地而已，而“归去来”则正是陶渊明《归去来兮辞》中的用意：“归去来兮，田园将芜胡不归！”后文“关山千万里，影绝故乡城”，完全点明了这要归去之地。可是《校辑》特意有注：“归去来：佛教谓归西方极乐净土。敦煌歌辞《归西方赞》：‘努力相将归去来，且共往生安乐界。’又《出家乐赞》：‘归去来，见弥陀，今在西方现说法。’”所以如前所叙，这是一首写反战思乡的诗，号召兵士回到故乡过和平劳动的生活，与佛教思想无关。

又如第一〇九首：

兀兀身死后，冥冥不可知。

为人何必乐？为鬼竟何悲？

地役张眼争？官慢竖眉窟。

裹将长鹿脚，知我是谁友》

刘老师认为《校辑》共有五条注释，都值得再辨，这五条注释是：

〔一〕何必乐：原作“可必乐”，据文义改。

〔二〕竟何悲：原作“何悲竟”，据文义改。

〔三〕地役：原作“地徒”，据文义改。

〔四〕窟：出韵，俟校。竖眉：指发怒时眉毛耸起。

〔五〕裹将：原作“裹蒋”，据文义改。末两句是俚谚，俟考。

刘老师认为：原卷“可必乐”无误。这是一句反问语，因而“必”字就被否定为“不必”。句意是说：人活着岂一定就快乐吗？“可”字不是表肯定的能愿动词，而是加强反问的语气词，所以不烦改为“何”。张相《诗词曲语辞汇释》及蒋礼鸿《敦煌变文字义通释》均有详说。原卷的“何悲竟”，我以为“竟”是“意”字误写，即少写最后两点而致。“为鬼何悲意？”这于句意和诗意都无碍，而且“意”字同“知”字叶韵。

另，刘老师还指出地役应为“他徒”，至于“裹将长鹿脚”句，把原卷的“蒋”校改为“将”，是有见地的。而“裹”字则应该是“里”字繁体字的误写或校者误认，指“墓里”。“鹿”字必是“展”字形近而误写，用“长展脚”之类的话表述死后的安闲或活人的休息，正是王梵志的习惯写法。第〇二五首：“来去不相知，展脚阳坡卧。”第二五一首：“行行展脚卧，永绝呼征防。”第二八一首：“阳坡展脚卧，不来世间事。”三首都是写死后，本首诗中“里将长展脚，知我是谁友”与它们是同一类型。第〇〇六首：“吾无呼换处，饱吃长展脚。”第三二一首：“饥来一钵饭，困来展脚眠。”是用反语写穷人无租庸调的“安适”。第〇三七首：“他家人定卧，日西展脚睡。”则是写徽人的一切不事事。“知我是谁友”意为：死后也不用考虑谁是友谁是敌。

以上刘老师《王梵志三首诗原貌探求》在敦煌学大家张锡厚已经注解的基础上，不盲从权威，大胆质疑仔细考证，得出令人信服的结论。这源于他独特的学术眼光和强烈的问题意识。

第二，善于从平常生活中发现学术问题，使学术研究变得更接地气，服务于大众生活。

刘教授的很多论文研究的问题，并不来自于书本，而是来自于日常生活，甚至民俗习惯，这些问题就在我们的身边。对于一些我们司空见惯，但又一知半解、只知其然而不知其所以然的问题进行研究，使得科研直接服务于生活，这点非常可贵。如《词尾“家”的研究》、“泛义动词‘为’”系列论文、“词缀”系列论文、“汉语人名文化”系列论文、“说神道鬼话民俗”系列论文都具有这样的特点。尤其一些写民俗的文章，这一特点更为突出，如《测字也是迷信一文》(陇东学院学报，2007年第3期)列出大量测字的例子，说明测字并无科学依据。

以下是刘老师举的例子：

谢石是宋代著名的测字先生，他是成都人，却是在东京汴梁(今开封)测字出了名的。宋徽宗听说他名气大，也要试一下。他写了一个“朝”字，让宦官拿去试他的本领。谢石把字仔细看了一番，又把这位宦官看了一会，说：“这个字不是你写的。所以我不便说是怎样的结果。”宦官说：“只要言之有据，你就尽管说吧，没有什么关系。”谢石说：“‘朝’字由‘十月十日’组成，不是十月十日出生的天人，又会是谁写的呢?”宦官自然知道皇帝是这一天出生的，非常惊奇佩服。连忙回去汇报。皇帝也就相信了他的本领。召见赏赐。这自然使他更加有名。

谢石的又一测字名例。一位官员拿来妻子写的"也"字来测。他妻子怀孕已十三个月,未临产,他是要问吉凶。但他先不讲明这个目的,只把纸条给他。谢石看了字便问:"你的内人所写吧?"

官员反问:"你根据什么知道是我内人所写呢?"回答:"焉、哉、乎、也,都是语言中的语气词,所以就知道是你的贤内助所写,而且我知道她今年三十一岁了。因为'也'字从上面看不就是三个十字相连,下面又是像个一字。"官人连口称赞高明。

谢石又说:"官人让测此字,是欲有所动而不能也。因为'也'字加水旁成'池'字才能行船。'也'字加马字旁才是陆地上的'驰走'。'也'字现在无水也无马,你不是动不了吗?'他'字失去人旁,是'也'字。这说明你妻子的父母兄弟及近亲已经都不在了。'地'字失去土旁,成'也'字,说明你妻子家也没有什么财产了。"官员说:"你测的这些都很对。但我要你算的是我妻子怀孕过生产日期,吉凶如何。"谢石说:"你不要急,我正要给你算这个问题呢。'也'字又可分成'十'字与'三'字,因'也'字中间是'十',左右两竖,下部一横,又是三笔。我由此知道你妻子孕期已经十三个月。'虵'也就是'蛇'字的另一种异体写法。你妻子怀的是个怪胎。我给你一些药,马上可以把它打下。"那官员不信也得信。这则文字最后说,吃药后果然产下一百多条小蛇。

这条记载应是编造的志怪小说。

周生善也是宋代测字很有名的术士。传说宋高宗时宰相赵鼎与秦桧不合,都想引退,各写了一个"退"字去求占。周的回答是:"赵必去;秦必留。"根据是:赵写的"退"字中的"艮"的下部与上部比较分离;秦写的上部与下部结合紧密。但是,"艮"字的上部在古体中本作日,下部的撇和捺两笔可以看成"人"字。因此说,赵鼎此人离"日"(皇帝)远,必然是退而不必用的结果。秦桧则相反。后来赵鼎果然被贬出京,秦桧当了宰相。但这应是事后人们补编的故事,来反映当时的朝内形势。

刘教授最后得出结论,概括众多的测字名例,可以有如下的认识:

1. 所有测字都是事后,甚至是若干年之后才记载的,没有一例当时的记录,它们的真实性是有怀疑的。

2. 有不少记载明显是事情有了结果之后补编的。

3. 不少的记载残缺不全。特别避言所问的事或测字的验证情况,不交代记叙者是怎样知道测字情况的。

4. 众多的测字叙述实际上借此显示对某个字形巧妙的分解和组合。其实是东拉西扯，牵强附会，向预定的吉或凶的方向随机应变。因为这不是以科学的汉字形体分析为标准。有任意性，无所谓对与不对。即使测中，也是巧合。

测字秘诀的坦白：心法和字法。

可见他们的“心法”完全是因人而异，若是穷苦百姓，便以不好的结果吓唬，若是达官显贵，便出言恭维，又用偶然性的衣带松、笔毛脱、墨断之类附会成某种必然性，完全没有道理。这些测字先生所谓的字法，竟然连文字形体的分解技巧都没有，完全是对求问人身份、穷富、性情等的断定。

这类文章还有《鬼都怕什么》《地狱及其内容是怎样编造出来的》《风雨江河诸神的名义及由来》《雷神与电神》《话说财神》《福禄寿三星是天上什么星》《从诸葛亮祭北斗星说起》《道教神主及其相关民俗》《话说仙人及长生不死》《古代为什么用龟占卜》《测字也是迷信》《同姓不婚是怎么回事》《端阳节民俗的由来及变迁》《话说划拳令语》《麻将民俗中的文化内涵》《春节社火中的大头和尚与害婆娘》《释“乞巧”》《缠脚始源讨论的书评》《民俗对唾液的神异化探源》《鞋与古今民俗》《为猫头鹰洗冤》《乌鸦民俗的三大源流》《喜鹊民俗纵横谈》《坟墓及住宅风水详说》《“七十三、八十四，阎王叫你商量事”揭秘》《清宫珍藏生男育女预计表辨假》《同姓不婚是怎么回事》《属羊的人为什么命苦》《汉语人名文化》等。可以说百姓生活中的民俗传说基本都涉及了，先不要说解释是否完全正确，但就一些材料的收集，足以使人佩服，显示了刘老师深厚的学问功底和独特的研究思路。

第三，善于深挖小问题，形成系列论文，最后做成大文章。

这一点在刘教授的“谐音造词法研究”“词义研究”“泛义动词研究”“词缀研究”等领域表现特别突出。“谐音造词法研究”在刘教授的研究中占的比重很大。现以此为例来说明问题。

龙门吊：龙—隆

龙骨：龙—隆

独眼龙：龙—窿

扯蛋：蛋—卵—乱

秦不收魏不管—亲不收外不管

秋老虎—秋老糊

羊水—养水

谐音趣难词的历史很早：

《诗经·豳风·七月》:“六月莎鸡振羽。”绩纱——纺织娘

《国语·鲁语·季桓子穿井获羊》:“季桓子穿井,如获土缶,其中有羊焉。使问之仲尼……对曰:土之怪曰羵羊。”谐音:坟样,指大土疙瘩。

谐音趣难,与文化有密切关系:

玉兔——秃育

蟾蜍——储产

钟馗嫁妹——嫁魅

马虎——麻糊

《“虎”字谐音隐实示虚趣难词历时共地研究》一文:虎——壶、护、糊、胡、唬、户、乎、互、富、妇、伏、伙、获等。

《方言词中的数字谐音趣假》一文认为:语言表达中的数目要求准确。汉语方言词中从一到十的数目字可能是虚假的,而是借谐音隐含非数目的其他用字。这是隐实示虚、设难成趣所形成的汉语文化的又一景观。从一二三四五六七八九十到千百万都做了研究,不少取得令人信服的结论。

“二”的谐音趣假:

《大词典》小二哥:泛指市井的青年男子。元卢挚《蟾宫曲》:“小二哥昔涎刺答,碌碡上掩着个琵琶。”旧时称旅馆、茶店、酒肆的侍应人员。《西厢记》第一本第一折:“店小二那里? 小二上云:自家是这店里小二哥。”亦省作“小二”。《醒世恒言·小水湾天狐贻书》:“便令小二点杯茶儿递上。”但,二哥是排行称呼,一般人或顾客对所称的青年男子或招待员并无二哥关系。其人更不能自称“二哥”。词典一律避释此难点。实由“小儿个”谐音为假。意同“小的”“小人”,指年青。类似的“老儿”即老的、老人。“老生儿”指老年时所生最小女儿,“老西儿”指山西人。“老儿”宋代指父亲、老人,明代指丈夫。见《大词典》。儿,都不是儿子义,仅指人。丹阳,二小、二小庸:供人驱使的人;低人一等的人。又,小小二子:很简单、容易做成的东西。忻州:小小二人;心胸狭窄的人。都是“儿”的趣假,词尾。“二小”是“小二”的倒序,如不虚假,便不可倒序。

《乐府“风人体”对后世方言的影响——以南京方言为例》举例:《汉语方言大词典》的分卷中有刘丹青编纂的《南京方言词典》,本文就从其中取例说明。词典有如下一条:“师姑偷和尚:俗指水面筋包肉馅作成的,有外素内荤的意思。”另一条:“行业对不加任何菜的汤面的叫法,一般人叫单面或光头面。”

其实“单面”或“光头面”,都容易理解;文雅的“阳春面”也是难知道理因而词

典避言的。说穿了，就是“纯(一)样面”或“纯面(一)样”的谐音而倒序。“春”“纯”音近，“阳”“样”同音异调。知道了，道理也很简单；不知道时，却也颇费思索。

以上从三个方面概括了刘瑞明教授的学术研究特色，其实还有很多方面，如深厚的功底，渊博的学识，非常丰富的文献阅读量等这些都是他做学问的特点。当然最主要的还是他勤奋的治学精神，助他在艰苦的条件下做出丰硕的成果，正如周奉真先生所说：“先生学术成就自然是辛勤耕耘的结晶。繁忙教学之时，可颐养天年之期，在由发表文章得稿费转变成不交费而数十年不辍撰述。但若方法不科学，也会劳而无功。先生的方法是非常值得借鉴的。但却也不是什么奇特偏方，仍然是常理之法，可谓‘执经烛机’。经，即经线、经典之经，即最基本的准则。机，即关键或规律。从基本准则而发现关键或规律，这是众人皆知的。刘先生贵在于坚持。”(《刘瑞明文史述林》，甘肃人民出版社，2012年，第2384页)

刘老师已经去世三年了，他给我们留下了一笔宝贵的财富，不仅有《文史述林》，更有他勤奋刻苦的治学精神和小处着眼、善于发现问题的治学方法，刘老师不仅是文学院的骄傲，更是陇东学院的骄傲，我们一定要继承和发扬刘老师的治学精神与方法，在科研上做出应有的成绩。

[参考文献]

[1]刘瑞明.刘瑞明文史述林[M].兰州：甘肃人民出版社，2012.

(杨海波，陇东学院文学院教授。)

刘瑞明对语文学研究的贡献

周奉真

刘瑞明先生是我在庆阳师专中文系(今陇东学院文学院)读书时的老师。我因在古籍及传统语言文字学方面有些兴趣,故而在上课之余,常向先生问难请益,追随左右。大学毕业之后的三十多年来,虽数易生业,工作几经变化,而向学好古之心未曾辍矣。其间与先生书信往还,问学论世,自复有年。先生有新作问世,多能赐书见告,每每先睹为快,惠我良多。2010年初,先生有意归集多年学术论文成册结集出版,蒙先生知赏,命我董理文卷,联系出版诸庶务,又借此得先生亲炙。经过近两年辗转斯磨,皇皇370万言《刘瑞明文史述林》,终得以问世,学林一时多有嘉称。今逢先生逝世三周年纪念日,重读先生遗作,缅怀先生教诲,弥增旧远之思,因不揣学殖谫陋,就先生学问试作述论。

先生以语言学研究为基础,在词义学、古籍校勘、敦煌学、民俗学、性文学皆有涉猎,并能阐发深微,触类旁通,提出令人耳目一新又合情合理的新见。本文欲述先生学问一二,一斑窥豹,见先生涉世之深,学养之富和渊博识见,可得一睹而开学人眼界矣!

一、探骊得珠:谐音解词开新天

先生有言:汉语词语,有不计其数者指鹿为马、颠倒黑白、张冠李戴、无中生有。初次乍听,以为玩笑而已。而这正是先生认真研究而得的一大学问。先生定名为谐音造词法,隐实示虚趣解难词。

《史记·秦本纪》:“大廉玄孙曰孟戏、仲衍,鸟身人言。”人竟是“鸟身”!几千年学者研究都回避这怪异疑难,而《山海经》研究者的解释更为怪异。袁珂校注《山海经》说:“舜与伯益,盖皆东方殷民族传说中之祖宗神,亦即《诗·玄鸟》所谓‘天命玄鸟,降而生商’之玄鸟,即燕子之化身。玄鸟再经神话化,又为凤凰。故其子孙或‘鸟身人言’,或‘人首鸟声’。”叶舒宪等《山海经的文化寻踪》中也有关于伯益通晓鸟兽之语,而通鸟兽语是古代劳动能手的一大特异功能的说法。刘瑞明先生的解释是："鸟身人言"是"鸟声人言"的谐音，即是"人言鸟声"之颠倒说法：他们说话如鸟声，汉族人听不懂。这源于《孟子·滕文公上》："南蛮鴃舌之人。"赵歧注："鴃，伯劳鸟也。"至于《汉语大词典》的解释："鴃舌：伯劳弄舌啼聒。比喻言语难懂。"这种解释错误。伯劳啼鸣弄舌与其他鸟弄舌没有别致之处，无从比喻。"鴃"是"躩"谐音"快；跳跃。"指少数民族语言是多音节而快的。

抑或有人说"鸟身人言"是遥远古书之语，其实我们现在口头上类似之词多矣。我们不是把蜥蜴叫蝎虎、壁虎吗？用蝎、虎称蜥蜴，岂不正是颠倒黑白吗？先生说"蝎虎""壁虎"各是"歇户""壁户"之谐音。汉语词汇如汪洋大海，趣难词语千千万万。且从刘瑞明先生《对蜥蜴100个称名的语言学研究》解释奇异名字举例[①]：

蜥蜴在汉代已有"蛇医"之名。蛇太医：成都。"医"字风马牛不相及而相及，无巧不成书，总得有个附会成趣的原因，正是"尾"在口语中的谐音。"蛇医"的理据即"折尾"或"舍尾"。指蜥蜴遇敌自动断尾而逃离的特异功能。"太"为"泰"之谐音，指平安。汉代"尾"字与今时许多方言读音yi相同，也是先生的语音考古。

蛇医母、蛇舅母，均见《本草纲目》。蛇医母，由"折尾谋"谐音：折尾是脱险的计谋。蛇舅母，由"折救谋"趣成：折尾是自救的计谋。很有文心的趣名。

舅母蛇：广东汕头。理据：自救之谋是舍尾。蛇儿子：山西万荣。当地"儿、二、耳、扔"等字同音。名字的理据便是"折、扔、孳"。"折"与"扔"复说。趣说成此虫是蛇的儿子。孳，指再孳生尾巴。

偷盐蛇：广东信宜、斗门、吴川。是"偷折而延"的理据。偷折，指自己暗中断尾。但有意附会到所谓老鼠偷吃盐变蝙蝠的说法。

蛇夫子、蛇腹子：西安。都是"折复孳"的谐音。蛇夫子，字面意思是：蛇老先生或者以蛇为丈夫。"蛇老先生"与"蛇儿子"成为老少配。蛇腹子，趣味在于说蜥蜴是蛇胎生的，而对比真正的蛇是卵生的。

狗猫蛇：江西萍乡。狗、猫、蛇，三者的矛盾为趣意。《萍乡方言词典》："狗猫蛇：四脚蛇（蜥蜴），因像狗、猫一样有四只脚，故名。"这种解释亦错误。许多动物有四脚，为什么偏说像狗和猫有四脚？牛羊等都四脚，为什么不用猫狗比喻？是"苟貌"的趣假，指形状不正，似蛇而有四脚。

壁猴：云南蒙自、思茅。"猴"是"候"的谐音，与"守宫"的"守"是同一理据。

再从《螳螂古今方言趣难系列名称辨证通释》举例[②]：

汉代螳螂或谓之髦。但是，螳螂并没有头发，全身都没有毛。名字竟然是从

《庄子·山木》“螳螂捕蝉，黄雀在后”的著名寓言而来。髦—头毛—头冒。或：髦—头发—先发(制人)。都指螳螂首先贸然攻击。

温州话把螳螂叫“头毛公公”。“公”正是“攻”字的同音同调谐音。宁波话有系列性的四个名字叫：曲发头郎、吃发郎、吃发头郎、斧头蟑螂。原来宁波话“曲”与“缺”谐音；“发”与“弗”谐音；“郎”与“誏”谐音。《宁波方言词典》：“誏话：闲言冷语。”所以理据是“缺弗头发的誏言，别说先发制人的闲言浪语”。“缺”与“弗”复说而表示对先发制人的否定。

而“吃发头郎”却是“曲弗头誏”的谐音。“吃发郎”是“吃发头郎”的略说。所以这三个词的理据是相同的。都指对要发动的冲击且缓慢一下，看看有无后顾之忧。

斧头蟑螂，是“投斧浪障”或“浪投斧而葬”的谐音而倒序。前者指自不量力，后者指葬身的下场。宁波话的四个名字也与温州话一样，不厌其烦地来警世。

猴子：陕西户县、西安、乌鲁木齐、吐鲁番、山西隰县、江西高安老屋周家、于都、上犹社溪、赣州蟠龙、萍乡、湖南邵阳等方言，把螳螂叫“猴子”应是“后制”的谐音，指被在后面的黄雀捕去。可见与古代“髦”仍然是一致的。

孙猴子：成都。“孙”显然是“逊”的谐音：差逊。与许多名称中谐音的“陋、愣、浪、瓜、胡、木、颠、无能”等用字，在批评性上一致。

毛猴子：湖南耒阳。“毛—头发—先发制人”的曲折。而“猴子—后制于人”的曲折。

草猴：湖南永安、厦门。草冲：厦门。厦门话“草”与“臭”同音同调。所以“草冲”的理据实际是“臭冲”。螳臂当车或不顾后防进行捕蝉，都是愚蠢的。

吃猴虫儿：太原。即被后面的鹊儿吃了。

有趣的是武汉“修子”，既指螳螂，又指皮肤病的瘊子。又叫“葱担婆”。而“葱担”本指两头尖圆而翘起的扁担。理据应是谐音“剖冲胆”。武汉话把付出很大代价、鼓足勇气说成“剖”，与“婆”同音。因为或把螳螂叫猴子，《本草纲目》就有吃螳螂可以使瘊子消失的说法。

草蜢公：厦门。此词中与“臭”同音同调。“公”是“攻”的同音同调谐音。

草蜢哥：福州。“草”与“臭”同音同调。哥—兄—臭，三曲折。

猴螂：石家庄、保定、山西广灵、张家口。要解读为“猴子螂”。是谐音指因浪而被后制。

猴螂子：井陉。是“猴子螂”的变序。

猴俚：江西莲花。猴立：江西宜春。“猴”是“猴子”的略说。“俚”与“立”都是“罹”的别写。意思是“有被后制的灾难”。

掐候虫：山西临县。

掐猴猴虫：忻州。即恰巧受后面的冲击。

芦蚂：建瓯。是“虏麻”的谐音“因糊涂而被俘虏”。

禾老虫：长沙、湘乡、宁乡、双峰、娄底。以长沙话来说，“禾”与“屙”同音异调，即讥讽臭。以娄底话来说，“禾”与“乌”同音异调的谐音，犹如说“糊涂”。

担油公：海口。“担”是“挡”的同音同调谐音。“油”是“幼”的同音异调谐音，指弱小。“公”是“攻”的谐音。也是自不量力的意思。

锄田老汉：山西万荣。理据是“颠性粗憨，即癫狂、粗疏、愚蠢”。“锄”是“粗”的谐音；“田”是“颠”的谐音；“汉”是“憨”的谐音。

铁丝蛇：歙县。名字奇特，不能确说，似乎是“贴死舍”的谐音“贴命、舍命一死来挡车”。

刘瑞明先生高度熟悉人民群众的语言，锐敏而大力论证谐音趣难词及其相关词语，从而由此准确解释了数以千计的疑难词语，把这些词语的文化内涵彰显得淋漓尽致。以谐音解词，这是刘瑞明先生语言学研究开辟的一大成就。

二、言有易，言无难：对前人误增新词义的清理研究

刘瑞明先生的治学方法值得借鉴，可以总结为“执经烛机”。经，即经线、经典之经，也即最基本的准则；机，即关键或规律。能从基本准则中发现关键或规律，此为学人皆知治学之道，然贵在坚持。刘瑞明先生治学既能“执经烛机”，又能长期坚持。他坚持的基本准则有：

（一）对有疑义的词，首先应选择坚持常义，不宜轻言新义

因为常义的理解对话语整体来说只是局部影响，如果采用新义，则涉及整体话语的意义改变。如辛弃疾的《清平乐》：“大儿锄豆溪东，中儿正织鸡笼。最喜小儿无赖，溪头卧剥莲蓬。”对小儿无赖的解释，应为“无聊”，词句整体在说人人皆忙农活，只剩下小儿因为无聊而剥莲蓬解闷。当然剥莲蓬也是农活，小儿无意而为之却看起来煞有介事，令观者心生喜悦，所以说“最喜”。俞平伯在《唐宋词选释》中注言这首词时，将“无赖”解为小孩顽皮的样子，所以说“最喜”，认为“无赖”原本不是好词，在这里采用反语，更觉传神有力，并指出这类词汇语意的反语转化，在后来小说戏曲中也常有，如“冤家”“可憎”等词汇。但是“无赖”的撒泼放

刁指恶行的一义，在古今词文中罕见用其说小孩的顽皮。而且通读整首词，应一读到底："最喜小儿无赖——溪头卧剥莲蓬。""无赖"即无聊，是剥莲蓬的原因，而非"喜"的宾语，"喜"的宾语是剥莲蓬。此外，对此句所解亦有多处将"无聊"解为"可爱"之义，这样的解释意味着小儿也是真正在作农活，令诗意少了一层转机而大为平淡了；同时"最喜小儿可爱"这样的措句也显得笨拙了。

（二）例不十，法不立

辞书与有些文章用孤例或少量的例子欲立词的新义，刘瑞明先生对这种武断立新义的做法予以否定，并用极多的例句来证明应坚持词的正确本义③。

《秋胡变文》叙秋胡要出外进学，母亲用"父母在堂，子不得远游"之语婉劝说。儿子再次请求，"其母闻儿此语，泣泪重报儿曰：'吾与汝母子，恩□义重，吾不辞放汝游学。今在家习学。何愁伎艺不成？纵放汝寻师□，起（岂）即立成官宦，汝不如忍意在家，深耕浅种，广作蚕功，三余读书，岂不得达？好与娘团圆，又与少年新妇常相见'。"例中详细的语境也充分限定了"不辞"是"不能"之义。但此义未经揭示，所以徐震堮言："'辞'字与上下文意不属，似误。"不属，即"不推辞"的常义在此不通。而项楚则说："'辞'即'推辞'之'辞'，'不辞'即不推辞、不拒绝，亦即愿意。"刘瑞明先生在《禅家"不辞向汝道"与不立文字——"不辞"释义再辨》一文中用《五灯会元》《祖堂集》、敦煌变文，以及唐王梵志、杜甫、李商隐、刘禹锡和宋陈亮诗共31例证明"辞"字是"称说"义，"不辞"即不说，指不能做、不用做。今口语仍如此。如"我这么忙，你闲坐着，不说把我帮一下""你没说想法去借些钱来"。还可对比宋元时的"不道"一词，就是不会、不能之义，"道"也正是道说之义。

张相《诗词曲语辞汇释》说"不争"有三义："只为""如其"；"当真""不打紧"；"不论"。实际上是讲成五义的。其中"不打紧"即由不争竞再作推导变说，与少量例句相符而属确，其余四义均与"不争"的语素对不上口，令人生疑。先生《百例"不争"辨确义》稽查了《元曲选》《元曲选外编》162种剧本和《金瓶梅》《水浒传》等共100例，证"不争"是"不该"之义。

（三）"通"不等于"确"

王力说："什么叫做'望文生义'，就是看到一句话，其中某个字用这个意思解释它，好像讲得通，以为就对了。其实这个意思并不是那个字所固有的意思，在其它的地方从来没有这么用过，只不过是在这个地方这样讲似乎讲得通。但是'通'不等于'对'，不等于'正确'。你要说这样解释就通了，那就有各种不同的解释都能通的。”为了从根本上说明这个问题，先生撰文《从〈诗经〉“云”字论证“云”字的词义系统及误释——望文生义古今一脉相承例说》，对《诗经》“云”字的词义及毛传、郑笺的解释作了穷尽性的调查研究，指出《诗经》共有“云”字44个，毛传、郑笺对它们都没有直接解释而往往是在阐述句意时对“云”字的本义用法有所涉及，对疑难不易索解的“云”字则故意避言。后世的学者著书试图对“云”字的疑难用法进行解释，但多犯了“望文生义”的错误，结果是“治丝愈棼”。

最早对“云”字作研究的是康熙末年出版的刘淇《助字辨略》，卷一对“云”的释义有八项，但他仅以语感为据，而开拓了错误的望文生义的道路，此其滥觞，对后世的影响很大。及至王引之《经传释词》卷三研究“云”字，则是对望文生义的强化，共10个义项，9个是子虚乌有。杨树达的《词诠》(1928年)对“云”字的增义与增例又生两误。杨伯峻的《古汉语虚词》(1981年)对“云”的解释基本上沿承了杨树达《词诠》的错误。到了《汉语大词典》对“云”字的解释则成了望文生义的集大成者。一方面是继续增加新义项而误，另一方面对旧说的错误义项增加新例仍误，新旧错误义项汇为大成。刘瑞明先生最后的结论是：从《助字辨略》到《汉语大词典》，对“云”的解释都是在集中前人望文生义的基础上，又生出自己新的望文生义。因不能辨析通假义，使同一例句就有几种不同的望文生义而互相打架，这都背离了词义的生成，皆是在本义的基础上通过引申、扩大、缩小、转移等方式演变成多义词的事理因果关系，致使望文生义出的许多义项与本义风马牛不相及，成了无源之水、无本之木。刘瑞明先生通过辨析“云”的本义与通假义，并坚持本义与通假义，把《诗经》及相关典籍里涉及“云”的例句解释得清楚而合理，从而否定历代学人没有根据的新增义项，结论让人叹服。

(四)词义是有系统性的，不能容纳于系统的所谓新义必定是不恰当的

刘瑞明先生认为语言研究有必要对各种错误的新说作彻底清理。因为误说不仅在原有内容上误导人，还会孳出新误。对误增新义作正确清理，可以纠正它本身的视听，还词义简明的本来面目，也对词义理论、疑难文句辨义、古籍校勘等方面有所裨益推助。

刘瑞明先生的《“自”字连续误增新义的清理否定——词尾“自”的深化研究》是这方面的代表作④。“自”字的误增新义，从清代开始，竟然陆续增加出八种词性，有杂乱的共27个义项，如名词类的“昔”，代词类的“其”，动词类的“像、似”“用”“有”“开始”，形容词类的“深”，副词类的“仍”“已经”“即、就”，以及连词类、助词类、介词类各类项词义。此文对这些连续误增义共一百七十多个例句，一个

不漏地从词义、句意、求词义的方法、校勘等方面具体详细地作否定论证，可谓考订精审，阐发深微而系统。显示出刘瑞明先生深厚的学养和严谨的治学精神。

此外，刘瑞明先生的《“所”字误增词义的否定性清理》《从“所”字词义误增论词义研究方法》《〈汉语大词典〉“为”字释义评述》等都是阐述词义的文章。

三、能言人之所避难：文献校勘上的移山之力

刘瑞明先生在古籍校勘方面，致力于敦煌文献、元曲与元剧、冯梦龙的三种民歌集、蒲松龄俚曲、《山海经》《金瓶梅》《易林》《参同契》等众多方面。敦煌文献校勘，强手如林，先生也是言人之所避难和纠正粗心的失误。

敦煌文献中《王昭君变文》有载：“愁肠百结虚成着，□□□行没处论。”⑤刘瑞明先生认为这里的“着”字义无所承，必是“看”之误。“虚成看”，就是无心看，虽看犹未看的意思。“没处论”，即不作评论。这两句是说昭君在入蕃路上对塞外奇异风光心不在焉，未曾观赏，不作评说。又如“贱妾倘其蕃里死，远恨家人招取魂”，项楚书注：“按此句言昭君以不得身葬故土为恨。”刘瑞明先生则认为这样的揭示事理虽对，但句意则有悖。昭君远地遗憾，家人招“我”的魂，岂不正与事理相反？可见“恨”字表意不通，当是“报”字之误。后文又有“妾死若留故地葬，临时请报汉王知”的句子。联系前文描述的昭君入蕃途中思恋汉王的心理活动，有此愿望自然合情合理，文章亦前后呼应。“报”误为“恨”的例子在其他敦煌抄卷中也有。《敦煌歌辞总编》第157页《洞仙歌》：“泪珠串滴，旋流枕上。无计恨征人，争向金风飘荡，捣衣嘹亮。”刘瑞明先生认为，此句言妻子心中满怀挂忧，对远征丈夫的思念和关切无法送达让他知道，故此处的“恨”亦为“报”之误，因为妻子心怀憎恨的话，也不会感叹“无计”。不过，愚见以为此处“恨”也可表达关切思念之极而生的幽怨、幽恨之情。

“是竟直为作处，伽陀人多出来掘强。”⑥此句之不可卒读，在敦煌文学作品校勘中是最艰难的。刘瑞明先生解释：此句出现在叙突厥各种习俗的文句之中，应是从《史记·匈奴列传》化用的。与议句有关的太史公话：“逐水草迁徙，毋城郭常处耕田之业。”“利则进，不利则退，不羞遁走。苟利所在，不知礼仪。”“急则人习战攻以侵伐，其天性也。”据此，议句似可恢复为：“□□(唯利)是竟(竞)，□直□□(不羞遁走)，□□□□(逐水草徙)，为作处伽(在处为家)，□人多(人习侵伐)，出来掘强。”这样，从文意上与下文相承。

又如《庐山远公话》：“但弟子虽宰相，触事无堪，济举三(愿)，朝定浆(廷奖)

用。凡夫肉眼，岂辨圣贤。”刘瑞明先生解释，此句应校为：“……触事无勘，已齐六冬，朝昏将用。”宰相不是说对某事不能做，而是说买家奴时未查明他实是高僧远公，即“岂辨圣贤”意，“堪”为“勘”之误。原文“济”是“齐”之误，“举”是“与”之误，而用为“已”。那个怪字当按右旁“冬”定校。左旁的“页”，当由紧连的“朝”字而衍误。“三”为“六”之误。校议文句之后，宰相言：“六载为奴，驱使常在宅内。”后文远公又自叙：“贫道作为保人，尚自六载为奴不了。”把“六”误为“三”，敦煌文卷有证例。《汉将王陵变》：“大陈七十二陈，小陈三十三陈。”“三十三”当为“三十六”，“大”与“小”互误。《敦煌歌辞总编》第972页《十谒辞·序》：“再庄严普满塔六层囊网。”而第五首却说：“势耸三层百里见。”必是“六”字为误。“朝定浆用”为“朝昏将用”之误，即“驱使常在宅内”。而“朝廷奖用”之校，只能是宰相说朝廷奖用自己，与他要言的“如是罪愆，如何忏悔”完全两歧，必误。

《金瓶梅》的词语校释比较热门，研究颇多，但2010年刘瑞明先生发表的《〈金瓶梅〉校释补正》，对《金瓶梅》中词语的校释仍然有160多条。⑦

例一：“壮士，你……端的吃了心，豹子肝，狮子腿，胆倒包了全身。”心、肝、胆，与胆量有关，腿则无关。古籍中多有相关描述，如唐《朝野佥载》卷六载：“君卿指贼面而骂曰：‘老贼吃了虎胆来，敢偷我物。’”明陆人龙《型世言》第九回：“谁扭咱崔老爷，你吃了狮子心来哩！”《桃花扇》第一出：“吃了豹子心肝熊的胆。”只有《水浒传》中写成了“狮子腿”成误，《金瓶梅》承误。所以这里的“狮子腿”应该为“狮子胆”。

例二：“他到你屋里去了，你去罢。省的你欠肚儿亲家是的。”这是《金瓶梅》中吴月娘对潘金莲说的一句话。对于这句话中的“欠肚儿亲家”的意思，白维国在《金瓶梅词典》中将其解释为比喻坐卧不安的意思。另外，常见一说是，公婆把不生孩子的媳妇的爹娘称作“欠肚儿亲家”。这些对词语解释的不妥是：避言字面的意思，只从句子的相关事理来宽泛解释词义。这种释义方式在语言学中很是常见，但是经常令人疑惑。在这个例子中，第一种解释连“欠肚儿亲家”的意思是什么都没弄明白，就认为是比喻坐卧不安，不具备说服力。第二种释义也说不通，因为此时吴月娘还未怀孕，怎么能讽刺潘金莲不生孩子？实际上，吴月娘是在讽刺潘金莲急于回屋与西门庆睡觉。“欠肚儿亲家”应是“牵肚儿亲价”的成误。“牵肚儿亲”指牵肠挂肚的亲近，“价”是助词，或作“家”，类似“的”。后文言：“那金莲嚷‘可可儿的走来’，口儿的硬着，那脚步儿且是去的快。”上下文贯通，也可看出“牵肚儿亲”是指潘金莲牵挂男女之事。

例三："庞居士，善知识，放债来生济贫困，驴马夜间私相居。……才成了南无妙乘妙法伽蓝耶。"在本段话中，说驴马夜间私"相居"，其实驴马无所谓相居。"居"应该是"语"之误。这可以参照元剧《庞居士误放来生债》第二折《迎仙客》曲后叙来理解。该剧写庞居士夜间在后槽门外听见驴马牛都互相说话，说自己前世借庞居士的债未还，因而今世变畜生给他偿还，庞居士听牛马之言后，顿悟而行善，也是以轮回报应来劝世人行善积德。

四、对语言学的其他贡献

(一)举一纲而万目张：泛义动词的理论和系列性研究

关于泛义动词的理论和系列性研究，是先生又一方面的成就，使得这个范畴大量杂乱的语言现象纲举目张，豁然开朗。

以"打"字为例，宋代许多人都感叹词义的不可捉摸。刘半农搜集千例，不能说花费的工夫不大，但没有接触到关键性的环节，竟然骂成"混蛋动词"。刘瑞明先生独到地发现了"打Ｖ"与"Ｖ打"式构词，从而定名为"泛义动词"，完整地论述了它们的独用、前附、后缀三种用法的体系，又扩大为"打、作、为、见、取、行、加、却、修"的泛义动词系列。

"打Ｖ"式如"打量""打听""打开"都只是"量""听""开"的意思。"把书(包袱、箱子)打开"等并没有"打"的动作。"Ｖ打"式构词如湖南安化歌谣："天上起打五色云，地上姣要反情。"又一首："望打月头向西流，反眼问姐留不留？"又，湘潭民歌："我劝我郎要识乖，同掉吃饭莫打讲，对面碰打莫发呆，就是神仙也难猜。"起打五色云，据说起了五色云，"望打"就只是"望"，"碰打"义为碰见，"打讲"是前附式，言讲话，"打量""打听""打开"等已经是普通话的词语，别的论述"打"字特殊词义的论著却都熟视无睹，而这正是泛义动词的一个重要方面，所以先生能有全面而准确的解释。

(二)发人所未发：借助语言对民俗的独到研究

对于刘瑞明先生的民俗学研究，有高云海的《洞幽烛微，独到卓绝》和林革华的《道人所未道，发人所未发》(分别刊于《白城师专学报》2006年第1期和2007年第1期)两篇文章进行了评述，指出刘瑞明先生重点解决民俗研究中避难的探源问题。如在民间影响甚大的《推背图》中，先生辨析并非李淳风与袁天罡所著，伪造者是为了卖弄聪明而已。指出神秘的"推背"实际是谐音"推辈"：推算帝王的接续辈数。又如对灶神，研究了《庄子》为什么说"灶有髻"？为什么灶神叫苏吉利，又叫禅，字子郭？灶间昆虫为什么叫灶鸡，又叫灶马？为什么竟然成了灶神？民俗“女不祭灶”的谚语是怎么来的?《诗经》已有的喷嚏是“人道我”说法，原来“喷嚏”与“朋提”谐音，“提”指说，“朋提”就是朋友怀念而提说。还有，“八字”算命的骗术揭秘、同姓不婚的由来、“南斗注生、北斗注死”是怎么回事、各种人造“伪”星的由来、求雨为什么戴柳叶帽、“哭丧棒”为什么要用柳木做、天狗吃月亮和太阳是如何附会出来的等。刘瑞明先生都借助语言学对这些民俗做了独到的解释。

读刘瑞明先生之文，述先生之学，感受先生的博学，总让我想起《世说新语·德行》里郭林宗（泰）评价黄叔度（宪）的话：“叔度汪汪如万顷之陂，澄之不清，扰之不浊，其器深广，难测量也。”我公事之余，于古之义理词章，笃好之，亦曾奉绪论于文字、词义、民俗、史乘诸端，发微探幽，敢曰知津？而慕先生之学，邯郸学步，声气应求，自谓能读先生之文而得解者，故而缕言之如上，舍瑟之对，先生倘亦有与点之叹乎？班固《与弟超书》言：“艺由己立，名自人成。”以我之区区，岂敢为先生扬名乎？先生学问，实大而声自宏；先生文章，足副名山事业，此则我馨香祝祷者也！

[注释]

①刘瑞明著:《刘瑞明文史述林》(上)，甘肃人民出版社，2012年，第56页。

②刘瑞明著:《刘瑞明文史述林》(上)，甘肃人民出版社，2012年，第73页。

③刘瑞明著:《刘瑞明文史述林》(上)，甘肃人民出版社，2012年，第684页。

④刘瑞明著:《刘瑞明文史述林》(下)，甘肃人民出版社，2012年，第1355页。

⑤刘瑞明著:《文史述林》(下)，甘肃人民出版社，2012年，第1585—1586页。

⑥刘瑞明著:《文史述林》(下)，甘肃人民出版社，2012年，第1586页。

⑦《金瓶梅》词语校释相关内容参看刘瑞明著《文史述林》(上)，甘肃人民出版社，2012年，第1005页。

⑧刘瑞明:《薄弱的性文化词语研究亟待加强》，《励耘学刊》2009年第1期。

[参考文献]

[1]袁珂.山海经校注[M].北京:北京联合出版公司，2014.

[2]俞平伯.唐宋词选释[M].西安:陕西师范大学出版社，2004.

[3]王力.关于古代汉语的学习和教学——一九八〇年七月四日在天津的讲

演[J].天津师范大学学报,1980(5).

[4]孔庆茂.钱锺书传[M].南京:江苏文艺出版社,1992.

[5]刘义庆.世说新语[M].郑州:中州古籍出版社,1994.

(周奉真,供职于甘肃省文化和旅游厅,西北师范大学文学院兼职教授。本文曾发于《兰州文理学院学报》(社会科学版)2021年第1期。)

传承学术薪火　为往圣继绝学

——略谈刘瑞明先生的学术研究成就、方法与品格

徐克瑜

2017年3月7日早晨,我省著名的文史专家、古汉语学者、陇东学院文学院刘瑞明教授在家中仙逝,终年84岁。刘老师是甘肃平凉人,先后在平凉地质局、平凉二中、平凉师范、庆阳师专中文系(今陇东学院文学院)工作,1994年退休。作为刘老师的学生与同事,对刘老师的不幸逝世深表沉痛的哀悼与深切的追思,愿刘老师一路走好。作为一名高校教师,刘老师生前在教书育人、人才培养、科学研究、社会服务、文化传承等方面都做出了重要贡献,在庆阳、甘肃乃至国内古汉语研究界享有崇高的威望与知名度,深受同行、同辈、同事与学生的喜爱、崇拜与尊敬。转眼间刘老师逝世已三年了,作为刘老师的学生,应该以怎样的方式去悼念与缅怀刘老师呢,我想最好的莫过于对刘老师生前的教书育人、为人处世、学术追求、学术品格、学术精神、学术理念与方法作以思考与梳理,能够很好地把刘老师的这份学术遗产与学术精神传承下去,这就是最好的纪念与缅怀。

一、刘瑞明先生是一位辛勤耕耘教坛50多载、把自己一生默默奉献给学生的“研究型好教师”

“大学之道,在明明德,在亲民,在至于至善。”“师者,所以传道、授业、解惑也。”作为一名优秀的高校教师,刘老师在“明德、传道、授业、解惑”等方面可谓做得尽善尽美。几十年来,刘老师忠诚党和人民的教育事业,辛勤耕耘,努力进取,以他崇高的职业精神和精湛的专业能力为我们的教育事业做出了杰出的贡献,为庆阳乃至陇东和甘肃的中学培养了一大批优秀的语文教师,在平凡的教学岗位上创造了不平凡的业绩。刘老师一生勤俭、勤劳、善良、淳朴,乐于助人,他经常用儒家传统思想教育学生与后辈要堂堂正正做人,清清白白做事。他用自己的辛勤耕耘与勤奋劳作,改变了许多学生的命运。在他长达50多年的教师与教学生涯中,为国家培育了一批又一批的优秀学子,真是桃李满天下!作为一名优秀的高校教师,刘老师在教育教学方面最突出的贡献就是在教书育人与科学研

究方面以其丰富的学识、宽广的学术视野、深厚的学术积淀与精湛的研究型教学影响了一大批学生。他的课堂教学最突出的特点就是把自己的科研与教学密切结合起来的研究型教学，很多上过刘老师《古代汉语》课的学生对此有深切的感受。他的课不是照本宣科的满堂灌，也不是泛泛而谈的文字与文化知识的简单讲解，而是作为课程的研究者与学科的引领者，在课堂上直接把学生引入学术探索与研究的殿堂，教会学生怎么提出问题、发现问题、分析问题、解决问题。这不仅是刘老师的教学特点，也是刘老师的教学风格与品格。记得当年刘老师的这种教学方式与风格受到一些学生的质疑，他们认为刘老师的课堂教学不讲课本中的基础知识，认为他的课难度大、听不懂，为此还向院系反映。殊不知，正是刘老师的这种研究型的教学培养了一大批研究型的语文教师。今天看来，刘老师的这种教学方式与风格具有超前性与远见性。本来作为大学的老师，教学与科研是车之两轮、鸟之两翼，两者不可或缺，这是最基本的常识，但在当前高等教育大众化背景下都成为需要强调与澄清的问题。我们今天纪念与缅怀刘老师，就是要学习与继承他的这种研究型的教学理念与方法。这不仅是刘老师留给我们的教学财富，也是刘老师留给我们文学院老师的教学财富。我们一定要继承与发扬刘老师这种把科研与教学结合起来的研究型教学理念与方法，争取做一个教学与科研兼善的好老师，把文学院的教学与科研工作搞上去。可以说，刘老师的一生，是勤奋踏实、严谨治学的一生；是稳健坦诚、无私奉献的一生。刘老师是一位德高望重、宽厚仁爱、乐于助人、诲人不倦的长者。他以其独特的人格魅力和高尚的师德修养书写了他精彩的人生。他不仅是学生们的好老师，也是我们的好师长，更是一位在科学研究道路上默默摸索的探索者与前行者。刘老师去世后，他的学生通过多种方式缅怀与追思他一生的教学与科研功绩。刘先生的学生周奉真挽联："皓首北地著作成五百万言，终赢四海声名称泰斗；春风门墙师徒已三十余载，遥望九天云鹤哭先生。"刘老师的学生，陇东学院文学院教授齐社祥挽联："杏坛仰先生栽桃培李三千弟子遍陇上，学界崇大雅说文论史两卷述林启后学。"陇东学院八八级甲班全体同学挽联："德高学富著作等身，桃哭李悲吾失恩师。"充分表达了学生对刘老师在教学与科研方面卓越功绩的肯定和深切的缅怀之情。

二、刘瑞明先生是一位学识渊博、积淀深厚、著作等身、成果辉煌的学术研究者与知名学者

刘老师是我省著名的语言文字学家，一生致力于汉语史及俗文学语料的研究，尤其醉心于近代汉语中一些歧说纷纭问题的钻研破解，在语言、文史、文化、民俗、古代文学、敦煌学等方面提出了许多新颖独到的创见，解决了一系列学术难题，尤其在汉语的谐趣造词、古汉语词尾的研究上用力最勤、成就最大，得到了国内高等院校和科研机构专家学者的一致认可和高度评价，为我省语言文化事业的发展做出了重要的贡献。从20世纪70年代后期起，刘老师先后在《中国社会科学》《中国语文》《文学遗产》《文学评论》《辞书研究》《文史》《古汉语研究》《文献》《语文研究》《语言研究》《汉语学习》《汉字文化》《语言教学与研究》《敦煌研究》《中国文化研究》《中华文史论丛》《中国俗文化研究》等刊物上发表语言、文学、民俗、文献等方面论文300余篇。出版学术专著《古汉语语法常识》《冯梦龙民歌集三种注解》《北京方言词谐音语理据研究》《性文化词语汇释》《刘瑞明文史述林》《陇上学人文存·刘瑞明卷》《〈山海经〉新注新论》《庆阳方言词典》等多种，计600余万言。其研究受到知名学者钱锺书、王力、张锡厚、蒋绍愚、周绍良、周一良、程毅中、詹伯慧、关德栋、郭晋稀、赵逵夫、伏俊琏、周志峰、方铭等学者的首肯与赞扬。刘瑞明教授的一些论著常被一些同行专家学者所引用，其中被博硕论文引证及列为参考文献的超过200篇，学术史著作《二十世纪的近代汉语研究》对刘教授的学术成果有过评介，书中《二十世纪近代汉语重要论著编年目录》收有刘先生文章目录30余篇；《光明日报》《中国青年报》《凤凰卫视》等新闻媒体对他的学术活动有过报道，多位学者撰文对他的学术成果进行过研讨和推介。关于刘老师的学术研究内容，古典文学研究学者、北京语言文化大学方铭教授在《厚积薄发触类旁通：读〈刘瑞明文史述林〉兼评刘瑞明的学术研究》一文有如下描述。

（一）敦煌学研究

刘瑞明教授是20世纪80年代以后较早关注敦煌文献整理的学者。在其《文史述林》这部论文集中，最能引起学术界关注的无疑是他的《敦煌学论集》，这既是因为刘瑞明教授在敦煌文献研究方面用力最多，同时也是因为敦煌文献是20世纪以来学术研究的显学。刘瑞明教授的《敦煌学论集》共收录了25篇敦煌学研究论文，这些文章大部分发表在《敦煌学辑刊》《敦煌研究》《西域研究》《敦煌学》（台湾）等专业刊物上。方铭教授说："刘瑞明教授的敦煌学研究，主要重心在敦煌文献的整理方面，其中更多的是对前人校注成果的补充和完善。这说明刘瑞明教授一直居于敦煌学文献研究的前沿领域，也充满了对学术真相的探索精神。"西北师范大学教授赵逵夫先生在《文史述林》的《序》中说："刘瑞明先生以深厚的语言学功力也从事敦煌学研究，同样发人之所未发。”并列举刘瑞明先生所著《〈王昭君变文〉再校议》《〈孔子项托相问书〉再校义》等论文及对《韩擒虎话本》等的校释成果，高度赞扬了刘瑞明教授在敦煌学文献校勘诠释方面的成就。

（二）谐音造词法研究

刘瑞明先生的学术研究中，谐音造词法应该是先生一生学术研究中用力最勤、学术成就最可观之处。先生一生在该领域研究论文有90多篇，其中《谐音隐实示虚趣难词与谐音文化概论》一文可以看作是刘瑞明教授关于谐音造词法的纲领。先生在该文中说：“对这类词语，笔者积十多年大量研究而发现，他们是汉语独有的一种规律性造词方法：谐音趣难造词法，用谐音的方法专门制造有趣难特点的词语。即把词语真实理据的一个或几个字，故意不用，而用同音或近音的字来代替。故意形成理解的困难，甚或误解，也就是隐实示虚，设难成趣。可以称为：谐音趣难造词法。”刘瑞明先生的这段话虽然略显拗口，但意思很明确：谐音趣难造词法就是故意借用别字构成新词，使人理解起来困难，理解以后却觉得趣味盎然。如“秋老虎”“羊水”“独眼龙”“混蛋”“捣蛋”等词，与老虎、羊、龙、蛋并没有关系：“老虎”是“老糊”的别字；“羊水”是“养水”的别字；“独眼龙”是“独眼窿”的别字；“蛋”是“卵”的别字，“卵”又是“乱”的别字。上述例子，我们过去一般都会认为是一种比喻的用词方法，但经过刘瑞明教授这样的分析与梳理，给我们又提供了一个理解这些词汇意义及生成的新途径。刘瑞明教授的论文集《汉语谐音造词法研究》，曾于2004年获甘肃省优秀社会科学成果一等奖，得到了学术界的高度肯定。

（三）词汇学研究

作为一位在古汉语研究界有影响力的学者，刘瑞明先生的词汇学研究，尤其是先生的“泛义动词与词缀研究”被学界同仁称道。先生在“泛义动词”方面的研究论文有10多篇，在这些论文中，先生集中讨论了“打、作、为”及“见”“混蛋”“神奇”“取”“行”“却”等泛义动词的使用特点，对泛义动词的理论和系列性研究细致入微、拾遗补阙，使这一范畴之前近乎杂乱的语言现象纲举目张，可以启发我们深入理解这些泛义动词的内涵和外延，对此类泛义动词可谓豁然开朗，受益颇多。在“词缀研究”方面，先生有15篇左右的论文，讨论的是“自”“复”“持”“迟”“家”“落”“拔”“生”“日”等我们最常见的一些词，先生认为这些词都具有词缀功能。先生的这些研究，具有独特性，也能自成体系，自圆其说，这对于我们认识这些词在词尾的功能，无疑是有帮助的。

（四）文学及民俗学研究

正如方铭教授所说："刘瑞明教授并不以文学研究见长，但他对文学文本的关注却是一贯的……除了个别篇章的研究综合运用了考古、义理、辞章的探究以外，大部分的论文仍延续了刘瑞明教授一向立足词汇的研究路径，即把文学作品作为词汇学研究和民俗学、文化研究的重要素材，也有很多新见。"在《刘瑞明文史述林》的第七部分《文学论集》中，共收录先生文学研究论文20多篇，涉及的内容与研究对象有诗词解诂、小说评论、楚辞等篇章分析、词义辨析等。尤其是2005年中华书局出版的《冯梦龙民歌集三种注解》一书，资料丰富，见解独特，可以看作是先生文学研究的重要组成部分。在民俗学研究方面，在《文史述林》第八部分《说神道鬼话民俗》中就包含的鬼神篇、预测篇、婚丧篇、一般民俗篇。这可以看作是先生的民俗学研究，这些研究充满了地域民俗文化特色。甘肃的庆阳和陇东（包括庆阳与平凉）是先周文化的发祥地，是关中地区的核心区域。在唐代，庆阳和平凉属于关内道辖地，关内道原辖京畿地区，后来唐设立京畿道，关内道治所仍在首都长安。这里不仅是先周农耕文化与周礼文化的发祥地，也蕴藏着丰富的地方民俗文化，这里的节日、祭祀、神道教、占卜、解梦、婚丧礼俗，都渊源有自，传承有序，但很少有人挖掘。记得先生在当年给我们上课时就分析过地方民俗文化中的"七十三，八十四，阎王爷叫你商量事"背后所蕴含的数字禁忌文化蕴涵。先生说，七减三是四，八减四也是四，四者死也。这样一种解释让人有豁然贯通之感。先生在这方面的研究填补了空白，为后人的研究留下了一笔可贵的财富。

三、刘瑞明先生的学术研究理念、方法与品格

（一）学术研究理念与方法

纵观刘老师一生的学术研究，在研究思想、理念与方法上有如下几个特点：

一是立足最基础的语言学与词汇学研究，这是一切研究的前提和基础。纵观先生一生的学术研究，都是从最基本的语言与词汇出发进行研究，很多领域的研究都是建立在最基本的语言与词汇研究的基础上。这种研究理念与方法显然是继承了古代的汉学、宋学，特别是清代乾嘉学派的"朴学"传统，尤其精通古籍版本的考证、文字的诠释、音义的考索。

二是学术视野宽广，能够将古今打通、文史哲融为一体的跨学科研究，特别是把语言与文学和文化进行打通研究。正如方铭教授所说："刘瑞明教授研究的

问题和研究问题的方法具有超越现代学科界限的跨学科的综合性研究特点。刘瑞明教授研究的问题，不是单一的研究视角所可以解决的，因此，他的这种跨学科的综合性研究问题的方法，正是适应了他的研究对象。刘瑞明教授学植深厚，见闻广博，入乎其中，能出其外，不受学科界限的束缚，同时又始终沿着学术研究的路径展开他的研究。"具体说，他的这种跨学科的综合研究有三个层次：第一是对古代典籍版本与文字错讹的考索与求证研究，这是研究的最基本与最基础的层面；第二是对古代俗文学语言与语料的民俗学研究，就是把古代俗文学中的语言与语料上升到民俗学的角度来考察；第三是文化人类学与心理学的研究，就是在这种对俗文学语言与语料民俗学研究的基础上，从文化人类学与心理学的角度透视语言与语料中蕴含的中国人深层的文化心理。这是一种语言、民俗与文化打通的多层次、多领域与跨文化的研究视角。

三是注重对现实生活中"活语态"的研究。学术研究不仅要从留存下来的典籍文库中去找证据，更重要的是要从人们的现实生活中去发现与发掘留存下来"活态语料"。先生的研究非常重视对现实生活中活态的语言现象的梳理与研究，这种研究不仅具有方法论启示，重要的是具有当下价值。

（二）学术精神与品格

刘瑞明教授生活的地方，远离学术研究中心，处于西北边陲的陇东学院，学术研究环境和资料非常匮乏，为什么先生在如此环境中作出如此卓越的学术成就，这与先生个人的勤奋努力与几十年"咬定青山不放松"的锲而不舍探索与研究精神是分不开的。正如赵逵夫教授在《文书述林序》中所说："这些都并未影响到他成为一位有影响的学者。他的文章在《中国社会科学》《文学遗产》《文献》《辞书研究》等刊物上刊出，也被同行专家所引用。"方铭教授说："刘瑞明教授能做出如此有影响力的研究成果，是与他以学术为生活、以学术为生命的执着精神息息相关的。他的学术成就也告诉我们，即使是在文献资料缺乏的环境中，我们仍然可以把生活中所见所闻当作活体文献，认真挖掘仔细研究，同样可以做出一番成绩。"先生的得意门生周奉真先生在《文史述林》的《跋》中说："先生学术成就自然是辛勤耕耘的结晶。繁忙教学之时，可颐养天年之期，在由发表文章得稿费转变成不交费而'不售'的情况下，数十年不辍撰述。但若方法不科学，也会劳而无功。先生的方法是非常值得借鉴的。但却也不是什么奇特偏方，仍然是常理之法，可谓'执经烛机'。经，即经线、经典之经，即最基本的准则。机，即关键或规律。从基本准则中发现关键或规律，这是众人皆知的。刘先生贵在于坚持。"

刘老师学术研究成功的启示在于：一是在远离学术中心的小地方树立远大的学术理想也能做出大学问；二是贵在有恒心、毅力与坚持，板凳要坐十年冷，文章不写一句空；三是贵在积累，厚积才能薄发；四是贵在掌握研究方法与门径；五是贵在较真，做一字之学问。

刘老师就是这样一位偏执而又简单可爱的学者，也许说他简单可爱好多人还不相信呢。一位在文字研究领域有着非常高的造诣的学者，一直让我们感觉到有一种敬而远之的距离感。但就是在10年前发生了一件令我至今难忘的事情，才让我感觉到刘老师还有为人不知的另一面。那是在2010年深秋的一个凌晨，天气有点微寒，我还躺在床上休息，只听见清脆而又急促的敲门声不断，当时我还以为是对门邻居家的，就没在意继续躺着休息。但很快我听见家里客厅有人说话的声音，原来是我夫人把门打开了，跑进来给我说，有一位老人紧张地要找我。当时我急匆匆穿好衣服跑出卧室，就看见一个头发乱蓬蓬的，穿着还没有扣完扣子的睡衣，赤脚拖鞋的刘老师站在我家客厅，我二话没说就赶紧请刘老师坐下，给他倒了一杯水，让他坐下来平静了一会。刚要问他为什么这么早找我，是不是又有什么重大紧迫的事发生了，刘老师就开口了，他问我是不是在《文史知识》《古典文学知识》杂志上发表过文章，让我赶快找出来他要看一下，并且让我把评教授期间发表的所有论文都给他找出来让他看一下。当时我也没有问他为什么要看这些杂志，就赶快把那些杂志都通通给他找出来，并一本一本翻出我的论文篇目给他看，当时刘老师的表情特别的庄重严肃，全神贯注地仔细地看着我的论文，嘴巴紧闭没说一句话，当时我的内心都有点发怵了。是不是自己论文哪里出错了，我惴惴不安地坐在他的身旁，时间一分一秒地缓缓流过，直到过了半小时以后，他才看完我所有的论文，满脸含笑，并翘起一个大拇指天真可爱地说："不错！不错！"然后就起身离开我家了。事后我想，作为刘老师的学生，一则他听说我在《文史知识》与《古典文学知识》发表过文章是否属实；二则听说我在评教授期间发表过16篇论文，这些是否属实；三则是刘老师就是这样一位可爱而又简单的老人，他透明天真，善于较真，正是这种简单、天真与较真成就了他学术研究的高峰。这就是刘老师的精神品格，也是他的学术研究的精神与品格。

[参考文献]

[1]方铭.厚积薄发触类旁通:读《刘瑞明文史述林》兼评刘瑞明的学术研究[J].图书与情报,2019(5).

[2]刘瑞明.刘瑞明文史述林[M].兰州:甘肃人民出版社,2012.

(徐克瑜,陇东学院文学院教授。)

王符及《潜夫论》相关问题新探

马世年

一、王符的生平及名、字

《潜夫论》是我国古代著名的思想家王符的著作，也是两汉子书的代表之一。

王符，字节信，安定临泾（今甘肃镇原）人。《后汉书•王符列传》（以下简称“本传”）记载：

> 少好学，有志操，与马融、窦章、张衡、崔瑗等友善。安定俗鄙庶孽，而符无外家，为乡人所贱。自和、安之后，世务游宦，当涂者更相荐引，而符独耿介不同于俗，以此遂不得升进。志意蕴愤，乃隐居著书三十余篇，以讥当时失得，不欲章显其名，故号曰《潜夫论》。其指讦时短，讨谪物情，足以观见当时风政。著其五篇云尔。[①]

以下节录了《忠贵》（本传作《贵忠》）、《浮侈》《实贡》《爱日》《述赦》五篇文章。接着又说：

> 后度辽将军皇甫规解官归安定，乡人有以货得雁门太守者，亦去职还家，书刺谒规。规卧不迎，既入而问：“卿前在郡食雁美乎？”有顷，又白王符在门。规素闻符名，乃惊遽而起，衣不及带，屣履出迎，援符手而还，与同坐，极欢。时人为之语曰：“徒见二千石，不如一缝掖。”言书生道义之为贵也。符竟不仕，终于家。[②]

这当中有几个问题需要注意：一是王符的生卒年代；二是王符的名、字及《潜夫论》的含义；三是范晔作传的态度与情感。

王符的生卒年代，学者们是讨论得比较多的。不过，因为本传记述简略，只能是根据相关材料来推论。学术界的看法主要有：

侯外庐等人认为约生于东汉和、安之际而卒于桓、灵之际，大体为106—167年；[③]

金发根、徐平章认为生于章帝末年或和帝初年(85—90),晚于马融等友人,卒于延熹八年(165)以前;[④]

刘树勋定为80—167年;[⑤]

刘文英认为约生于汉章帝建初七年而卒于桓、灵之际,即82—167年;[⑥]

张觉认为约生于79年或78年,卒于163年后,很可能卒于165年。[⑦]

此外,还有定为85—162年[⑧]、85—163年[⑨]等多种说法,不一而足。总体来看,大家所依据的材料大致都差不多,一是本传所说的"少好学,有志操,与马融、窦章、张衡、崔瑗等友善";一是皇甫规解官归安定的时间。这些都可以根据《后汉书》来确定:

马融"于延熹九年卒于家,年八十八"(《马融列传》),则其生卒年为章帝建初四年到桓帝延熹九年,即79—166年;

张衡"于永和四年卒,年六十二",则其生卒年为章帝建初三年到顺帝永和四年(《张衡列传》),即78—139年;

崔瑗于汉安二年"病卒,年六十六"(《崔骃列传》附崔瑗传),则其生卒年当为章帝建初三年到顺帝汉安二年,即78—143年;

窦章"于建康元年(144)卒于家"(《窦融列传》附窦章传),其生年不可知,但应该与马融、张衡、崔瑗等相若;

皇甫规生于和帝永元十年,卒于灵帝熹平三年,即104—174年(《后汉书·皇甫张段列传》),享年71岁。而其解官归里应在桓帝延熹六年(163)三月以后(《后汉书·孝桓帝纪》)。

可以看出,马融、张衡、崔瑗等人几乎同年出生,都在78、79年,窦章也应该在此前后。本传特别强调王符"少好学"且"与马融、窦章、张衡、崔瑗等友善",根据文意,其生年应与这几人相若。我们将其定为80年左右。皇甫规解官归里在163年后,他归安定后王符曾去拜访,那么王符卒年至少应该在本年以后,考虑到此时他也年事已高,我们将其卒年断在165年前后,其年寿在85岁上下。看来,王符诣皇甫规时,已八十余岁,故皇甫规一见面即予以携扶,"援手而还",以示尊重与照顾。前人或以为"援手"非事长之礼,其实是将"援手"的含义理解错了。

关于王符名、字的含义,传统都采用《说文解字》的说法:"符,信也。"符信是古时的信物,用作通行的凭证,有符有节,也叫符或信。符节、符信意思都是关联的。"符"与"节信"正好是相互对应、互为解释。这一点原本是没有争议的。刘文英先生则对此做了新的解释。他根据《周礼·春官·序官》的郑玄注"瑞,节信也",

将“符”解释为“符瑞”，即“天之瑞应”的意思。并由《东观汉记·符瑞志》所载章帝建初七年(82)岐山“天降”铜樽、白鹿等祥瑞之事，推测王符之名即由此而得，以求吉祥。其生年也就自然定在这一年。[10]此说另辟蹊径，颇为新颖，不过，其中却有所误会。因为郑玄注的“节信”，是指瑞玉，即玉制的信物，《周礼·春官·典瑞》又注：“瑞，符信也。”所以，不能用来证明“符”字为符瑞之意。[11]而且，无论是“瑞，节信也”，还是“瑞，符信也，人执以见曰瑞”，郑玄都是注“瑞”而不是注“符”的，是就瑞玉而言。倘若以“瑞”释“符”，再作引申，未免辗转过度、相去甚远了。《说文解字》：“瑞，以玉为信也。”意思与郑注正同。所以，王符的名与字，只能是符节、符信的意思，而不是指符瑞。

《潜夫论》的题名，也有特别的意思。刘文英先生说：“‘潜夫论’者，‘潜夫’之论。‘潜夫’为作者自谓。……‘潜夫’首先表明作者是一位隐居山野、身在下位的‘处士’，同时还表现了作者对于自我价值的一种认识和对世俗、时代的一种抗议。”[12]这种说法是很深刻的。至于本传所谓“乃隐居著书三十余篇，以讥当时失得，不欲章显其名，故号曰《潜夫论》”，研究者则多以“肤浅”“不当”来批评。其实，范晔所说的“不欲章显其名，故号曰《潜夫论》”，只是谓该书以“潜夫”的自号为书名，而不是著其姓名，使之显之于众。之所以“不欲章显”，既和王符的隐居有关，也和他“耿介不同于俗”“不得升进”的经历有关，因此才以“潜夫”之名，“讥当时失得”“指讦时短，讨谪物情”，这就和前面所说的“志意蕴愤”“隐居著书”一致起来了。

范晔在《后汉书》中，将王充、王符、仲长统三人合传，并说：“百家之言政者尚矣。大略归乎宁固根柢，革易时敝也。”“此其分波而共源，百虑而一致者也。”称赞他们是“详观时蠹，成昭政术”，其推崇与赞誉自不待言。当然也有批评：“若乃偏情矫用，则枉直必过。”“数子之言当世失得皆究矣，然多谬通方之训，好申一隅之说。”所谓“救朴虽文，矫迟必疾。举端自理，滞隅则失”。这是史家识断的过人之处。三人传记所载生平事迹的内容并不多，大抵寥寥两三百字，王符、仲长统的传更多是对其著述的摘录，这也是史家作传的一种常用办法。这里特别要说到王符的事迹。本传用了大半的篇幅记载了皇甫规解官归里后和王符的见面，个中深意耐人寻味。范晔引用“徒见二千石，不如一缝掖”的时人之语，感叹“书生道义之为贵”，所流露的是对王符“耿介不同于俗”“竟不仕，终于家”的书生精神的赞许与追慕，也是对“指讦时短，讨谪物情”的士人品格的肯定与推崇，真可谓是潜夫之异代知音。

二、《潜夫论》的作时与成书

关于《潜夫论》的写作年代与成书问题，本传并没有具体的记载，仅仅是说“自和、安之后，世务游宦，当涂者更相荐引，而符独耿介不同于俗，以此遂不得升进。志意蕴愤，乃隐居著书三十余篇”。因此，前代学者多是依此来推测。《四库全书总目》说：“本传之末载度辽将军皇甫规解官归里，符往谒见事。规解官归里，据本传在延熹五年，则符之著书在桓帝时，故所说多切汉末弊政。”清人周中孚《郑堂读书记》也说：“以其本传考之，节信之著书，当在桓帝之世。虽以耿介忤时，发愤著书，然明达治体，所敷陈多切中汉末弊政，非迂儒矫激务为高论比也。”[13]若依此说，则王符著书时已是八十多岁。这种看法显然有问题：第一，将全书三十六篇笼统起来；第二，将具体篇目的写作和最后的成书混同起来。

20世纪80年代以来，此问题的研究趋于细化，讨论也愈来愈深入。研究者更多是根据该书各篇所透露的信息来考定其作时。彭铎先生对《劝将》《救边》《边议》《实边》等篇的年代做了总体说明：“西羌之乱，与后汉相终始，而其横涌旁决，莫剧于安、顺之时……节信有激而言，非徒议兵已也。”[14]胡大浚先生进一步对这几篇的年代予以具体考证[15]；刘树勋《王符评传》进一步考定《叙录》的作时在安帝永初五年（111）至顺帝永建四年（129）间，认为《潜夫论》的写作年代在东汉中期安帝年间，成书最迟不会晚于顺帝初年[16]；王步贵认为，该书写于安帝年间，成书最迟不会晚于顺帝初年[17]；刘文英补充考证《考绩》的作时在114—124年，并认为全书的最后纂成很可能在安帝末年，最迟不晚于顺帝初年，即125—129年间[18]；张觉对《叙录》的作时提出新说，考证作于顺帝永和六年（141）第二次内迁以后，这样，“该书的三十五篇正文可能写成于安帝永初元年（107）至顺帝永和五年（140）之间”“其编定的时间，当在141年以后”[19]；此外，蒋泽枫由《本政》《交际》推断全书的最终完成在桓帝时期，而其著作过程，则历经安帝到桓帝六代[20]。比照诸说，尽管各有差异，但其方法都倾向于从文本本身寻找内证，因而结论也更为具体与谨慎。

根据当代学者研究的成果，《潜夫论》中目前能够确定作时的篇目有以下一些：

1.《考绩》

文中说“圣汉践祚，载祀四八”，汉高祖即位在公元前202年，后此320年当为该文作时，即汉安帝元初五年（118）前后。或从公元前206年汉代开国算起，则其写作时间应在114年前后。

2.《劝将》

据《后汉书·孝安帝纪》，永初元年(107)六月，“先零种羌叛，断陇道，大为寇掠，遣车骑将军邓骘、征西校尉任尚讨之。丁卯，赦除诸羌相连结谋叛逆者罪。”文中说“军起以来，暴师五年”，可知作于永初五年(111)。

3.《救边》

文中说“前羌始反”至今“出入九载”，可知作于元初二年(115)。

4.《边议》

文中说“虏遂乘胜上强，破州灭郡，日长炎炎，残破三辅，覃及鬼方。若此已积十岁矣”，可知作于元初三年(116)。

5.《实边》

文中说“羌反以来，户口减少，又数易太守，至十岁不得举”，可知作于元初三年(116)以后。

6.《志氏姓》

文中说“太后崩后，群奸相参，竞加谮润，破坏邓氏，天下痛之”，提及和熹邓太后死后群奸陷害邓氏事，邓太后死于安帝永宁二年(121)，则本篇作于是年后。而据《后汉书·邓骘传》，邓氏家族至顺帝时才彻底平反，故本篇当成于顺帝永建元年(126)以后。

7.《叙录》

文中说到《实边》一篇，谓“今又丘荒，虑必生心”，据《后汉书·孝安帝纪》及《孝顺帝纪》所载金城郡、安定郡、北地郡等两次内迁及回迁之事，本篇当作于顺帝永和六年(141)第二次内迁以后。

再来讨论《潜夫论》“篇”与“卷”的问题。史传在著录《潜夫论》时，“篇”与“卷”有所不同：本传著录“三十余篇”，未分卷；《隋书·经籍志》则著录十卷，未明篇数；此后，《旧唐书·经籍志》《新唐书·艺文志》《宋史·艺文志》及《崇文总目》《郡斋读书志》等皆承《隋志》之说。及至《四库全书总目》，则篇卷并举：“《潜夫论》十卷……今本凡三十五篇，合《叙录》为三十六篇，盖犹旧本。”(其中引本传作“二十余篇”，“二”盖“三”字之错讹)。可见，该书分卷是后来的整理者所为，而这个工作显然是在纸简替代的过程中完成的。

由《叙录》可以明确两点：第一，该书的篇次在王符著成时便已经确定。《叙录》作为全书的总序，对各篇的著作旨意做了明确的阐释，并对各篇的顺序也有具体说明,其篇次与今本一致。第二,王符在全书的编排上有着特别的用意。连贯各篇来看,全书由《赞学》开始,次以《务本》,各篇顺次展开,形成一个个相对集中的单元,其中《劝将》至《实边》四篇,《卜列》至《梦列》四篇,前后连续、主旨明确,尤能体现出以类相从的特点来。全书殿以《五德志》《志氏姓》,最后以《叙录》收束,逻辑线索是明确的。以此顺序来分析后来的分卷,不难看出,分卷者对于著者的用意也是有着深刻理解的:该书的分卷只是对原书篇章的归并,将其分为不同的组别,却并没有篇次的调整,每一卷大体上都是一个有着相对明确的主旨的单元。具体说,卷一总论治国与论士,《赞学》则为全书之开篇;卷二上承卷一,谈君道与用人;卷三论臣道与世风;卷四议论政事,侧重吏治与具体政令;卷五延续上卷论政,重点议边;卷六专论卜筮、巫术、相人诸事;卷七包括论梦与辩难两类;卷八涵盖人际交往、君臣之道、宇宙本源、道德教化及帝王世系诸事,颇显总杂之意;卷九单列《志氏姓》一篇,论述姓氏源流;卷十《叙录》为全书总序,阐明著述宗旨。当然,分卷因为关系到卷帙多寡的因素,有些归并不是很准确,如卷七的《梦列》,与《释难》放在一起显然不妥,当和《卜列》等三篇合而成"潜夫四列";卷八《五德志》也可与卷九的《志氏姓》归为一卷,将其与《交际》《明忠》《本训》《德化》等置于一卷也不大合适。而其中《本训》《德化》两篇,更多哲理思考,已带有哲学总结的意味。不过,考虑到篇幅的大体相当,这个分卷基本上还是体现了王符编排时的总体构想。

三、《潜夫论》的情感类型与观察视角

《潜夫论》一书的思想体系,可以从基本主张、价值取向、情感类型、观察视角四个维度来认识。这里主要讨论情感类型与观察视角的问题。

(一)情感色彩:两种感叹

《潜夫论》论政,不只是单纯的批判,更有愤激不平的感叹。这也让人明白:王符并不仅仅是一位冷静犀利的批判者,他对于自己的生活时代和生长于斯的故国故土更是充满"哀其不幸、怒其不争"的深厚情感,因而在批判的背后,还有浓郁的家国情怀。张觉说:王符"效法古代圣贤,总结历史教训,针对时弊,研讨学术,将自己的满腔热血和愤懑熔铸成了光耀千古的不朽篇章,以寄托他的'愚情'。王符的'愚情',实是一番救国救民的苦心与痴情"[21],这真是知人论世的理解与同情!从这层意义上说,范晔所说的"志意蕴愤""讥当时失得"以及"指讦时短,讨谪物情"等,则未免有些简单、片面,因而忽视了一位伟大思想家的炽热情怀。

《潜夫论》中的感喟、慨叹，集中体现在两个主题上，其一是“贤难”之叹，其二是“衰世”之叹。

1.“贤难”之叹

《潜夫论》自始至终都体现出王符思贤、用贤的思想，也贯穿着“贤难”之愤：“世之所以不治者，由贤难也。”(《贤难》)而所谓“贤难”者，“非直体聪明服德义之谓也。此则求贤之难得尔，非贤者之所难也。故所谓贤难者，乃将言乎循善则见妒，行贤则见嫉，而必遇患难者也”“故所谓贤难也者，非贤难也，免则难也。……此智士所以钳口结舌，括囊共默而已者也”(同上)。之所以如此，就是因为群小奸邪的嫉贤妒能、壅蔽阻塞：“世未尝无贤也，而贤不得用者，群臣妒也。主有索贤之心，而无得贤之术，臣有进贤之名，而无进贤之实。此以人君孤危于上，而道士(“士”字原脱)独抑于下也。”(《潜叹》)《贤难》反复慨叹：“今世俗之人，自慢其亲而憎人敬之，自简其亲而憎人爱之者不少也。”“夫众小朋党而固位，谗妒群吠啮贤，为祸败也岂希?”“骄臣之好隐贤也，既患其正义以绳己矣，又耻居上位而明不及下，尹其职而策不出于己。”愤懑之气，溢于言表。作者甚至斥责：“夫国不乏于妒男也，犹家不乏于妒女也。近古以来，自外及内，其争功名妒过己者岂希也?”(《明暗》)语气已是近乎詈骂，其激愤郁积可见一斑。

尤需注意的是，作者反复提及“正义之士”与“邪枉之人”的斗争，如《潜叹》篇说“奸臣乱吏无法之徒，所为日夜杜塞贤君义士之间，咸使不相得”;《本政》篇也说“今当涂之人，既不能昭练贤鄙，然又劫(原作“却”)于贵人之风指，胁以权势之属托……此正士之所独蔽，而群邪之所党进也”;《交际》篇更是说“世主不察朋交之所生，而苟信贵臣之言，此洁士所以独隐翳，而奸雄所以党飞扬也”“奸雄所以逐党进，而处子所以愈拥蔽”。作者因此感叹：“处位卑贱而欲效善于君，则必先与宠人为仇矣。……此思善之君，愿忠之士，所以虽并生一世，忧心相皦，而终不得遇者也。”(《明暗》)“夫诋訾之法者，伐贤之斧也，而骄妒者，噬贤之狗也。人君内秉伐贤之斧，权噬贤之狗，而外招贤，欲其至也，不亦悲乎!”(《潜叹》)最终，作者激愤地呐喊：“正义之士与邪枉之人不两立!”(《潜叹》)这与《韩非子·孤愤》所说的“智法之士与当涂之人不可两存”，何其相似乃尔！其情感精神，一脉相承。

胡大浚先生说：“王符之所以就用人问题一再发泄，既有胸中块垒，也抓住了东汉败政的一个核心。”[22]所论深得个中实际。进一步说，思贤、用贤乃至嗟贤、伤贤也成为《潜夫论》一个重要而突出的主题。

2."衰世"之叹

前文一再强调，王符所处的时代，是一个没落衰败的季世。我们看《后汉书》，从和帝开始，外戚专权、宦官干政，交相为害，恶性循环，使得朝廷自身内乱不断，朝政衰敝；另一方面，西羌反叛持续十余年，战争连年不断，朝廷被迫两次内迁边民，百姓流离失所、民不聊生。此外，统治者生活奢侈腐化，公卿富豪大肆敛财；官吏阶层腐败贪婪，不惜民力、侵害百姓；社会风气浇薄，道德败坏，贤士困厄；"浮侈"之风蔓延，追逐财利，迷信蔓延。概言之，东汉王朝全面开始由盛转衰，走向没落。

对此，王符自己有着非常清醒的认识。《潜夫论》反复说"衰世""末世""季世"。譬如，"衰世群臣诚少贤也，其官益大者罪益重，位益高者罪益深""衰世之士，志弥洁者身弥贱，佞弥巧者官弥尊"（《本政》），这是说"衰世"；"后末世之君危何知之哉"（《明暗》），"末世则不然，徒信贵人骄妒之议，独用苟媚蛊惑之言"（《潜叹》），"夫圣人纯，贤者驳，周公不求备，四友不相兼，况末世乎"（《实贡》），这是说"末世"；"季世之臣，不思顺天，而时主是谀"（《忠贵》），这是说"季世"。《务本》更是列举了舍本逐末的八种现象，谓"凡此八者，皆衰世之务，而暗君之所固也"。此外，《衰制》更是以"衰"命篇，列举了国家衰乱的表现，其意和《韩非子·亡征》亦有相似。

总之，"衰世"之感始终在王符心头挥之不去。他的所有政论，都是针对这一现实而生发的。无论是改良政事、举贤贡士，还是加强法制、整肃吏治；无论是崇尚道化、矫正世风，还是救治边患、解除民瘼，都是建立在挽救衰世这个基本的前提下的。这也就可以理解他对自己所处的时代，为何会一再做如此深刻、犀利的批判。

（二）观察视角：医者眼光

现在就可以回到《潜夫论》的视角问题上了。作为一位伟大的思想家，王符的成就不仅在于他对社会现实的冷峻批判，更在于他对弊政乱俗的深度剖析及解决对策的提出。他力图通过自己的主张，化解东汉王朝所面临的种种危机。他像一个冷峻的医者，为衰乱之世分析病情、诊断病因，并且开出良方。因此，《潜夫论》的视角，类似于一种医者的视角，用医者的眼光看待他的时代。

饶有趣味的是，《潜夫论》一书也多以医为喻，仿佛作者就是一个医术老道、忧患愤激的医者。譬如《思贤》一文，以病喻乱，用治病来说明重用贤才的道理："上医医国，其次下医医疾。夫人治国，固治身之象。疾者身之病，乱者国之病也。身之病待医而愈，国之乱待贤而治。”彭丙成也说到了这个特别的比喻[23]。《思贤》又说：“夫与死人同病者，不可生也；与亡国同行者，不可存也。”并将治世的真贤，比作治病的真药，然而世间却难以得到，“当得真人参，反得支罗服（即萝卜根）”，寻玉得瓦，莞尔之余，又令人深思。《忠贵》篇则云：“历观前世贵人之用心也，与婴儿等。婴儿有常病，贵臣有常祸，父母有常失，人君有常过。婴儿常病，伤饱也；贵臣常祸，伤宠也。父母常失，在不能已于媚子；人君常过，在不能已于骄臣。”也是以病因说理。《述赦》更是开篇即说：“凡治病者，必先知脉之虚实，气之所结，然后为之方，故疾可愈而寿可长也。”以之为譬来说明“为国者，必先知民之所苦，祸之所起，然后设之以禁，故奸可塞国可安矣”。《实边》云：“扁鹊之治病也，审闭结而通郁滞，虚者补之，实者泻之，故病愈而名显。”以之喻“伊尹之佐汤也，设轻重而通有无，损积余以补不足，故殷治而君尊”；又说“贾谊痛于偏枯躄痱之疾”，而“今边郡千里，地各有两县，户财置数百，而太守周回万里，空无人民，美田弃而莫垦发；中州内郡，规地拓境，不能半边，而口户百万，田亩一全，人众地荒，无所容足，此亦偏枯躄痱之类也”。《梦列》论梦之成因，其中之一也与疾病有关：“阴病梦寒，阳病梦热，内病梦乱，外病梦发，百病之梦，或散或集。此谓气之梦也。”《叙录》中还在说“买药得雁（同“赝”），难以为医”。不难看出，“医者”的情结贯穿全书。

［注释］

①［南朝宋］范晔撰，［唐］李贤等注：《后汉书》，中华书局，1965年，第1630页。

②［南朝宋］范晔撰，［唐］李贤等注：《后汉书》，中华书局，1965年，第1643页。

③侯外庐：《中国思想通史》（第2卷），人民出版社，1957年，第423页。

④金发根：《王符生卒年的考证及〈潜夫论〉写作时间的推定》，《“中央研究院”历史语言研究所集刊》第四十本下册，1969年；徐平章，王符：《〈潜夫论〉思想探微》，文津出版社，1982年。

⑤刘树勋：《中国古代著名哲学家评传·王符评传》（续编二），齐鲁书社，1982年，第442页。

⑥刘文英：《王符评传》，南京大学出版社，2011年，第2页。

⑦张觉：《潜夫论全译·前言》，贵州人民出版社，1999年。

⑧《辞海》，上海辞书出版社，1980年；冯契：《中国古代哲学的逻辑发展》，上海人民出版社，1984年。

⑨《辞源》,商务印书馆,1981年。
⑩刘文英:《王符评传》,南京大学出版社,2011年,第5—6页。
⑪张觉:《潜夫论全译·前言》,贵州人民出版社,1999年。
⑫刘文英:《王符评传》,南京大学出版社,2011年,第26页。
⑬[清]周中孚:《郑堂读书记》卷三六,中华书局,1993年,第169页。
⑭彭铎:《潜夫论笺校正》,中华书局,2014年,第318页。
⑮胡大浚等:王符《〈潜夫论〉译注》,甘肃人民出版社,1991年。
⑯刘树勋:《中国古代著名哲学家评传》(续编一),齐鲁书社,1982年。
⑰王步贵:《王符思想研究》,甘肃人民出版社,1987年,第8页。
⑱刘文英:《王符评传》,南京大学出版社,2011年,第27页。
⑲张觉:《潜夫论全译·前言》,贵州人民出版社,1999年。
⑳蒋泽枫:《论王符〈潜夫论〉的成书时间》,古籍整理研究学刊,2014年第1期。
㉑张觉:《潜夫论全译·前言》,贵州人民出版社,1999年。
㉒胡大浚等:《王符〈潜夫论〉译注》,甘肃人民出版社,1991年,第77页。
㉓彭丙成:《新译潜夫论·导读》,台北三民书局,1998年。

(马世年,文学博士,西北师范大学文学院教授、博士生导师。主要从事先秦两汉文学研究。)

“嘉靖八才子”考论

杜志强

“嘉靖八才子”是明代嘉靖年间一个颇有影响的进士群体，其中唐顺之、王慎中是“唐宋派”文学的中坚，影响深远，“八才子”也因此被认为是介于前“七子”和“唐宋派”之间的一个文学团体；这种认识就必然涉及对“八才子”的定性问题，即“八才子”到底是一个什么性质的群体？他们之间的群体关系、生前身后的影响，以及文学和学术思想等方面，到底是什么关系？这些问题，对于理解“八才子”与“唐宋派”、前后“七子”之间的继承与革新，对于理解明代复古文学思潮，都具有重要意义。

一、“嘉靖十才子”辨析

现在学界基本都用“嘉靖八才子”的提法，不过，最近杨遇青博士撰文认为“嘉靖十才子”的提法要比“嘉靖八才子”更妥当①，对这一说法，我们不赞同，并提出如下意见：

第一，杨先生依据仅见材料来立说，在材料基础上还嫌勉强。其所依据，为焦竑《国朝献征录》卷八九李选《中溪李先生元阳行状》的记叙：“先生既迁户部，主民事，与翰林常州唐顺之、浙陈束、屠应埈、吏部郎山东李开先、蜀任瀚、熊过、闽王慎中作诗会，时号‘十才子’。”按：李元阳为嘉靖五年进士，李选为隆庆五年进士，均为云南太和人。这应当是现存记载“嘉靖十才子”的仅见资料。相比起来，“八才子”的记载则较多，首先是李开先本人在其《吕提学传》《荆川唐都御史传》两文中都提到，其次是钱谦益的《列朝诗集小传》，丁集、朱彝尊的《静志居诗话》卷一二也明确记载了“八才子”的名称，之后万斯同《明史》卷三八四、张廷玉《明史》卷二八七有记载。李开先身为“八才子”之一，他的记载应当最可信；钱谦益距李开先不到半个世纪，虽然我们无法知悉钱氏的记载是转引自李开先，还是根据自己的了解，但无论如何，他作为明代诗史的参与者和权威研究者，其记载亦不容轻视。相比较而言，李选的记载显然孤独得多，也不为后来史家采纳。

第二，“十才子”都指谁？根据李选的记载，包括：李元阳、唐顺之、陈束、屠应埈、李开先、任瀚、熊过、王慎中，似乎只有八人，不够十人；或者李选的意思是，原来的“八才子”再加上李元阳、屠应埈，共为十人，因此称“十才子”？可是，杨遇青文中称“缺少了吕高和赵时春，增加了传主李元阳和屠应埈”，这显然不合适，因为缺少了吕高、赵时春，十人都不够，又何来“十才子”之称？

第三，从科举成绩看，李元阳、屠应埈均为嘉靖五年三甲之后，不如“八才子”均在二甲之前甚至两人为会元那样显著。而对这些刚中进士的青年来说，才气的体现大概主要在于科举成绩，李、屠二人科举成绩不突出，要称为才子，就略显勉强了。再从李元阳本人才学来说，他以学者尤其是史学著称；而“八才子”之并称，主要原因就是他们文学思想与创作取向的趋同，所以，将李元阳列入“八才子”中，还不如将高叔嗣或者袁袠列入其中。总之，我们不认为称“十才子”会比“八才子”更妥当。

二、“嘉靖八才子”的团体性质

张廷玉《明史·陈束传》载：“时有‘嘉靖八才子’之称，谓束及王慎中、唐顺之、赵时春、熊过、任瀚、李开先、吕高也。”这是张廷玉《明史》中唯一明确提出“八才子”名称及姓名的地方，至于为什么将这八人并称，则语焉不详。其实不仅《明史》，即在当时，身为“八才子”之一的李开先也不知其然，他说：“古有‘建安七子’、‘大历十才子’，今嘉靖十年后，更有‘八才子’之称。八人者，迁转忧居，聚散不常，而相守不过数年，其久者亦止八九年而已，不知天下何以同然有此称。”②可见，李开先也不知道何以将八人并称。郭绍虞先生在论述明代的文人集团时，认为是文人间的“标榜风气”③。今天来看，“标榜风气”只是一个笼统的原因，之所以将他们，而不是将别人并称为“嘉靖八才子”，必然有着较为具体的原因，试论析如下：

第一，“嘉靖八才子”不是一个有明确宗旨的团体。连李开先都不知道为何有“八才子”之称，说明“八才子”并不是他们自命、自称的一个名词，似乎他们并不以身为“嘉靖八才子”而为莫大的荣誉。张时彻作《陈约之传》，徐阶作《赵浚谷墓志铭》，赵时春作《祭唐荆川文》《唐荆川墓志铭》《胡山中麓赋》，李开先作《荆川唐都御史传》《江峰吕提学传》《后冈陈提学传》《遵岩王参政传》，周鉴作《赵浚谷行状》，王惟中作《河南布政司参政王先生慎中行状》，这些文章除了李开先《吕提学传》《荆川唐都御史传》之外，再也没有提及“嘉靖八才子”，他们各自生前的诗文也都不曾提及，这说明他们并不在意或标榜所谓“八才子”，“八才子”是时人的称呼，也从侧面反映出“八才子”不像“七子”那样具有明显的结社意识，它应当不是一个自主结社的团体。

第二，“八才子”名称出现的时间，李开先论述为“嘉靖十年后”，这大致不差。因为八人中，赵时春、王慎中为嘉靖五年进士，其余均为嘉靖八年进士，他们只有在考中进士之后才可能齐聚京师；但是，刚中进士就形成“八才子”，也不近现实，只有在他们有了较为密切的交往、理解之后，才能相互赏识、选择、交友，因此，李开先说“嘉靖十年后”才有“八才子”之称大致不差。不过，再仔细推敲，赵时春于嘉靖九年底因上疏而罢官，离京返回原籍，那可以肯定，嘉靖十年的“八才子”聚会中已经没有赵时春，由此推定，“八才子”名称之出现，当在嘉靖九年。嘉靖十四年，陈束、王慎中、熊过陆续离京，十六年，唐顺之离京，此后“八才子”宦海沉浮，文学思想开始明显分化，与最初并称时已经相差很大了。

第三，嘉靖五年、八年两年的进士很多，为何这八人被称为“八才子”呢？一个重要原因就在于他们的才情。八人都是年少登第。嘉靖八年，赵时春、王慎中21岁，陈束18岁，唐顺之23岁，吕高25岁，李开先27岁，任瀚约28岁，熊过不详，但估计年龄不超过30岁，都可谓青春意气；而且他们大多有着优秀的科场成绩，《明史·陈束传》载：“嘉靖八年廷对，世宗亲擢罗洪先、程文德、杨名为一甲，而置唐顺之及束、任瀚于二甲，皆手批其卷。”嘉靖皇帝亲自批阅唐顺之、陈束、任瀚三人的答卷，且拔为二甲前三，可见其科场得意，唐顺之还是会元；再如赵时春为会元、二甲第三，其余四人也均列二甲。还有，他们也盛负才名，如唐顺之、陈束、赵时春均有年少聪颖、善于赋诗的记载，王慎中在嘉靖十二年时，已经是“众人首推”的部郎中的佼佼者了(均见《明史》本传)。显然，这是一个青年才子的组合。

第四，他们的文学主张大致趋同，均倾向于学唐。这些新科进士，想要立即在政坛上有所作为是很难的，但如果凭借才名和优秀的科场成绩，在文学上同声相应、形成一定影响，那完全有可能。《四库提要》“闲居集提要”云：“嘉靖初，开先与王慎中、唐顺之、熊过、陈束、任瀚、赵时春、吕高称八才子，其时慎中、顺之倡议尽洗李、何剽拟之习，而开先与时春等复羽翼之。”从引文逻辑来看，“开先与时春等”肯定包括“八才子”中的其他成员。既然唐、王倡议洗尽李梦阳、何景明等人的“剽拟之习”，其他人又同声相应，那由此可以肯定，这些青年才子在嘉靖九年左右的文学思想是接近的，他们在反对李、何复古太甚这一点上形成了共识。

如何洗尽李、何“剽拟之习”？就在于学唐。胡应麟云：“嘉靖初，为初唐者，唐应德、袁永之、屠文升、王汝化、任少海、陈约之、田叔和等，为中唐者，皇甫子安、华子潜、吴纯叔、陈鸣野、施子羽、蔡子木等，俱有集行世。就中古诗冲澹，当首子潜；律集精严，比推应德。同时学杜者，王允宁、孙仲可；为六朝者，黄勉之、张愈光。允宁于文矫健，勉之于学博洽，皆胜其诗。”④可见，当时主张学唐者是一个不小的团体，而学六朝者胡氏只列举了两人。再联系《明史·王慎中传》中的论述“时四方名士唐顺之、陈束、李开先、赵时春、任瀚、熊过、屠应埈、华察、陆铨、江以达、曾忭辈咸在部曹，慎中与之讲习，学大进”来看，“八才子”早年的文学主张均倾向于学唐应该没有疑问；而相近的文学主张也成了他们联系较为紧密的纽带。

问题在于，胡应麟及《明史·王慎中传》中提到的那些人，他们与“八才子”时常“讲习”，文学观点接近，可为什么没有列入“八才子”中？这些人中，陆铨（字选之）为嘉靖二年进士，袁袠（字永之）、屠应埈（字文升）、王格（字汝化）、田汝成（字叔和）、华察（字子潜）、江以达（字子顺）、曾忭（字汝诚）为嘉靖五年进士，皇甫涍（字子安）、吴子孝（字纯叔）嘉靖八年进士，蔡汝楠（字子木）嘉靖十一年进士，王维桢（字允宁）嘉靖十四年进士，孙宜（字仲可）、黄省曾（字勉之）、张含（字愈光）为举人，陈鹤（字鸣野）、施渐（字子羽）没有功名。以才华而言，袁袠23岁登第且为二甲第一，有《胥台集》二十卷传世，四库馆臣也给其作品以较高评价，按理来说，袁袠的才华应当不在吕高诸人之下，文学观点又与“八才子”相近，完全有可能预入其中，可是没有。还有高叔嗣，尽管胡应麟没有提及，但他年龄与“八才子”相仿，应该是当时学唐文人中比较有名的一位，蔡汝楠甚至推其诗为“本朝第一”⑤，陈束为其文集作序，称其诗“有应物之冲澹，兼曲江之沉雅，体孟王之清适，具岑高之悲壮”⑥，显然是唐诗风格，他也应该有可能列入“八才子”中，但毕竟没有。什么原因？

我们以为，“八才子”在其被合称之初，成员并没有明确的宗派宗旨，将八人合称，也主要在于他们是青年才俊，在文学思想上同声相应，性格也相近，功名思想强烈，而且时常交游、唱和；但是，将这八人并称并不一定要在严格地考查或评估了当时所有的青年才俊之后，才去择优组合、命名，而是多少带有一点随意性，因而有些颇有才华且文学思想与“八才子”相近的进士被遗漏，袁袠、高叔嗣就是典型。从这个角度来说，杨遇青提出的“‘八才子’或‘十才子’只是嘉靖五年和八年进士群体里涌现出来的一代才子的代名词”的说法是可以接受的。

第五，“八才子”均出身中小地主阶层，政治思想相近，功名心强烈。“八才子”中，唐顺之祖孙三代均为进士，父亲官终知府，算是出身最显的了，但也只是中等地主，其他七人均出身于小地主家庭，这样的出身使他们有着强烈的责任心和功名心，以澄清天下为己任，不阿附权贵，敢于直谏。如唐顺之初次罢官，是因不肯投附张璁所致；李开先、王慎中被罢官，是因不肯依附夏言所致；陈束不肯拜谒张璁、霍韬，遂被外放湖广佥事，仕途坎坷，三十三岁而卒；赵时春前两次被罢官，均是因为直谏，其中第二次是他与唐顺之、罗洪先一起上疏，请太子临朝，结果三人同时被罢。尤其是唐顺之，学问宏博，沉浸于心学，文章有大家风范，立身行己刚正不阿，率军打仗立马当先，可谓奇才，应当是“八才子”中的领袖，具有代表性。

“八才子”有着强烈的功名心。他们仕途坎坷，多数沉沦下僚，但只要他们任职，便留下勤政为民的纪录，即便像陈束这样早卒的人，也是“治有声”[⑦]；唐顺之为官“独任风裁”“以直道自任”[⑧]，最终鞠躬尽瘁；赵时春都督雁门军事期间，军费“历历有成籍，抚按无爽”[⑨]；李开先任职于户部，督理徐州仓，“人莫敢干以私”[⑩]。尤其是他们对于边防事务更为热衷。嘉靖中期的边患空前严重，北蒙南倭，让明政府不暇应付，而“八才子”中的赵时春和唐顺之则分别参与领导、组织了抗击边患的战斗。赵时春出身于甘肃平凉，邻近固原，而固原是河套蒙古部族南下掳掠的要冲，因而赵时春对河套蒙古部族十分仇视，“誓不与俱生”[⑪]，嘉靖三十三年，他都督雁门军事，负责山西防务，与蒙古军队进行过正面激烈的战斗，虽然失败，然“天下皆壮其气”[⑫]，他也因此落下了病根，最终以此而卒。唐顺之出身常州武进，邻近倭寇侵袭的浙江，因此，他“素欲平南寇以靖乡郡”[⑬]，嘉靖三十八年，唐顺之跟随胡宗宪奋勇作战，因此升任淮阳巡抚，带病坚持任职，卒于任。这两人可看作是“八才子”人生事功的代表。另如李开先，曾先后饷边于上谷、宁夏，对边塞有所了解，并在《镇抚李继孜行状》中阐明了他对边防的对策，李继孜阵亡后，李开先在悲愤之中表达了扫除寇患的热望。

从以上的论述可见，“八才子”是嘉靖九年前后出现的一个文学团体，“八才子”不是他们自命的名称，而是时人多少带有随意的习称。这个习称之所以落在他们头上，主要是因其相近的文学主张和青年才子身份，因此，有理由将“八才子”看作是一个文学团体，尽管他们本人并没有明确的结社意识或宗旨。万斯同云：“（任瀚）与唐顺之、王慎中、陈束、熊过辈相切劘，为诗古文，称‘嘉靖八才子’。”[⑭]从万氏论述看，“为诗古文”是称“嘉靖八才子”的前提，显然也是将“八才子”当作文学团体来看待的。

三、"嘉靖八才子"与"唐宋派"的关系及其文学思想的分化

"八才子"中的唐顺之、王慎中后来成了"唐宋派"的核心人物，所以八才子就与唐宋派结下了不解之缘，到底该如何理解这种不解之缘呢？

第一，"八才子"与"唐宋派"是先后出现的两个团体。"八才子"出现于嘉靖九年前后，是嘉靖五年、八年优秀青年进士的群体，他们因学习初唐而得名，陈束在论述"嘉靖改元"之后的诗歌创作时说"更为初唐之体，家相凌竞，斌斌盛矣"[15]，就是很好的概括。在"八才子"并称之初，王、唐二人并没有形成明确的"文宗欧、曾，诗仿初唐"[16]的文学主张，现在学界普遍认为，王慎中文学思想在嘉靖十四年之后发生了变化，此年他贬谪常州，大读宋儒之书，领悟了欧、曾文法，遂尽弃前作，这标志着其文学思想的重大转变。唐顺之也因受王慎中影响而改变其文学主张，从而成了唐宋派的核心人物。可以说，嘉靖十四年是"八才子"文学思想分化的一个分水岭。此后，王、唐罢官后在南方讲学，从学者甚众，影响日远，加上茅坤、归有光的推阐，"唐宋派"终于成了一个影响深远的文学流派。而当"唐宋派"的文学思想成熟时，"八才子"已经是宦海沉浮、各奔天涯，他们再也没有聚首过，随着人生经历和个性才情的不同，他们的思想发生了明显的分化，并称之初诗学初唐的一致性早已不复存在。

第二，从文学创作上来看，"八才子"以诗占名，而"唐宋派"则以文擅胜。陈束所云"更为初唐之体"，主要是针对以"八才子"为代表的青年进士们在诗歌创作上的模仿初唐而言，可以说"八才子"的出现，即意味着嘉靖初年诗歌创作领域的变革（以复古面目出现的变革）。朱彝尊说："明三百年诗凡屡变，……嘉靖初，'八才子'四变而为初唐，皇甫兄弟五变而为晚唐，至'七子'已六变矣。"[17]这明显将"八才子"看作是嘉靖初年诗歌变革的代表。《明史·文苑传序》的"文宗欧、曾，诗仿初唐"则点明了"唐宋派"在散文创作上的特点，学界也公认，"唐宋派"的成就主要体现在散文创作上，尤其是他们的"文法"理论更具典型性；其诗歌创作虽然也仍模仿初唐，但相比起文来不具代表性。

须得一提的是，前引胡应麟语中有"为六朝者，黄勉之、张愈光"的话，于是，研究者时常提出，嘉靖初的诗坛在学唐之外，还有一个学六朝的群体。其实这个群体很小，除了黄省曾、张含之外，最有名的就是杨慎，另外就是蔡汝楠，两人都是出入于六朝、初唐之间。杨慎名震一代，可其他成员则影响甚微，因此，所谓的学六朝者是难成一派的。

第三，文道合一是“八才子”与“唐宋派”大致共同的主张。主张文道合一不仅是文学观念的体现，更是政治责任心的体现，韩、柳古文运动如此，王、唐的“唐宋派”也如此。“八才子”中那些有着强烈功名心的青年才子，在刚中进士后，不一定就鲜明地选择或提炼出文道合一的文学思想，但可以理推，强烈的功名心肯定会使他们的文学创作带有明显的政治使命感，这种使命感在后来凝练成了文道合一，所以，“八才子”高扬的是政治理想和热情。如果联系嘉靖初年的政治革新和“大礼议”事件来看，那有理由认为，这场以复古面貌出现的诗坛变革，正是不自觉地应和着政坛改革，因此，“八才子”文学思想中已经有了文道合一的大概，只是还没有明确地凝练、表达出来而已，直至“唐宋派”则凝练之而成为文道合一。由这点来看，钱谦益所说的八才子“通经史，谙世务，往往为通儒魁士，以实学有闻，以‘后七子’方之，则瞠乎其后矣”[18]的话，确是深中肯綮之言，他们不是一群单纯的文人。

第四，“八才子”与“唐宋派”有着千丝万缕的联系。八人的交往中心当是唐顺之、李开先。唐顺之交往了王慎中、赵时春，并说“宋有欧、苏，明有王、赵”[19]，但是，赵、王二人交往不多，今存两人集中没有互相寄赠、唱和的篇章，如果没有唐顺之，赵、王二人能否同列“八才子”，那是未知数；唐顺之还与陈束相从过甚。李开先与吕高交往密切，吕高在八才子中“名最下”[20]，如果没有李开先，吕高能否列入“八才子”也未可知。因此，是性格豪放、善于交际的唐顺之、李开先两人团结起了八才子。虽然后来八人各居一方，但唐顺之与王、赵、李之间的联系还是很密切的。在后来的文学创作中，李开先被誉为白乐天[21]，诗文是明显的唐人风格，赵时春虽不标榜学唐，但唐风亦很明显（赵时春诗文还被评为是“秦风”，这与其“唐风”并不矛盾），这些都可以看成是他们与“唐宋派”的联系。

后来的“八才子”思想和创作分化显然。其实这种分化在早期就已经存在了，比如唐顺之与陈束交往密切，可思想并不一致，在经济策略上，陈束以为“必杂用王霸，乃可以适时而济务”，而唐顺之则认为这是“以舟而行诸陆”的做法，不合实际，他们“契分虽甚投，而议论常至左右”[22]。就文学思想而言，王、唐因沉迷于理学而力主学习欧阳修、曾巩，大谈古文文法，可是其他六人则罕见同调。因而在创作上，李开先走上了侧重戏曲的道路并以此赢得了大名，说“真诗只在民间”，理论上给艳词以肯定，并对孔子“放郑声”的观点提出了异议[23]，这对于唐顺之、赵时春等津津乐道于古圣先贤的人来说，无疑是很大的背离，对于他自己早年的诗学初唐也是背离。晚年的赵时春主要从事于子书和史志创作，有子书《稽古绪论》和史书《平凉府志》传世,《平凉府志》被王士祯誉为西北名志[24],张维也说赵时春是"文章政治之才"[25],这对于赵时春来说是准确的。任瀚、熊过晚年则沉浸于学术研究,他们喜好易学、道学,任瀚"潜心于《易》,深有所得"[26],熊过的易学也受到四库馆臣的肯定,"明人易说之中,固犹属谨严矣"[27]而他们的道学则开西蜀神秘道学之先,"至今蜀人谈玄怪者,皆本任氏、熊氏"[28],这与诗学初唐更是相去甚远。唐顺之生涯后期更是一位心学家、学者,说"将四十年前伎俩头头放舍,四十年前见解种种抹杀"[29],他还编纂了《左编》四十卷、《右编》一百二十卷、《武编》十卷、《稗编》一百二十卷,另有其他学术著作、个人文集,著述宏富,真正成了"通儒魁士",作为"唐宋派"文人只是他人生角色的一个配角而已。

由此可见,"八才子"在其生涯的后期各居一方,思想和创作都发生了明显的分化,这也表明,他们在"八才子"时期的文学理想和参政热情已经远去,在宦海生涯的沉浮和学术个性的发展中,他们走上了差别显然的文化之旅。但无论如何,在嘉靖初年,以"八才子"为主体的青年进士所进行的诗学初唐运动,还是响应了嘉靖初年的政治革新,吹响了文坛革新的号角,为文坛带来了新的气象,也成了嘉靖初年诗歌创作的主流。八才子之各奔天涯,意味着诗学初唐运动走向了多元发展,有人走向了"唐宋派",有人走向了理学,更多的人则走向了学术深处,但由于曾列入"八才子"的行列,所以他们仍然与"唐宋派"有着无法割断的联系。因此,郑利华先生说"'嘉靖八才子'在一定意义上成为了体现此际文坛复古发展态势的一个颇具代表性的缩影"[30],其论断是合理的。

[注释]

①杨遇青:《论"嘉靖十才子"的文学活动和创作趋向——以唐顺之早期文学思想演变为中心》,《中国文学研究》2009年第4期。

②李开先:《李开先集》,中华书局,1959年,第304页。

③郭绍虞:《照隅室古典文学论集》(上编),上海古籍出版社,2009年,第518页。

④胡应麟:《诗薮》,上海古籍出版社,1979年,第363页。

⑤张廷玉:《明史》,中华书局,1974年,第7369页。

⑥陈束:《苏门集原序》,载高叔嗣《苏门集》,明嘉靖三十七年刻本。

⑦张廷玉:《明史》,中华书局,1974年,第7370页。

⑧赵时春:《唐荆川墓志铭》,载《赵浚谷集》卷一六,《四库存目丛书》本。

⑨周鉴:《赵浚谷行实》,载《赵浚谷集》附录,《四库存目丛书》本。

⑩殷士儋:《李开先墓志铭》,载焦竑《国朝献征录》卷一一,《四库存目丛书》本。

⑪徐阶:《昭君股墓志铭》,载《世经堂集》卷一八,《四库存目丛书》本。

⑫张廷玉:《明史》,中华书局,1974年,第5302页。

⑬赵时春:《唐荆川墓志铭》,载《赵浚谷集》卷一六,《四库存目丛书》本。

⑭万斯同:《明史》(第八册),上海古籍出版社,2008年,第111页。

⑮陈束:《苏门集原序》,载高叔嗣《苏门集》,明嘉靖三十七年刻本。

⑯张廷玉:《明史》,中华书局1974年版,第7307页。

⑰朱彝尊:《静志居诗话》,人民文学出版社,1990年,第636页。

⑱钱谦益:《列朝诗集小传》,上海古籍出版社,2008年,第379页。

⑲储大文:《雪苑朝宗侯氏集序》,载《存研楼文集》卷一一,清乾隆九年宜兴储氏刻本。

⑳张廷玉:《明史》,中华书局,1974年,第7371页。

㉑王兆云:《明词林人物考》卷八"李伯华"条,《四库存目丛书》本。

㉒唐顺之:《与后冈陈参议书》,载《荆川集》卷四,《四库全书》本。

㉓李开先:《李开先集》,中华书局,1959年,第320页。

㉔王士祯:《池北偶谈》,中华书局,1982年,第275页。

㉕张维:《陇右方志录》,载《中国西北文献丛书》第三辑第二卷,兰州古籍书店,1990年,第515页。

㉖张廷玉:《明史》,中华书局,1974年,第7371页。

㉗永瑢等:《四库全书总目提要》,中华书局,1965年,第29页。

㉘钱谦益:《列朝诗集小传》,上海古籍出版社,2008年,第376页。

㉙唐顺之:《与王遵岩书》,载《荆川集》卷五,《四库全书》本。

㉚郑利华:《"嘉靖八才子"与明代正、嘉之际文坛的复古取向》,《深圳大学学报》,2007年第2期。

(杜志强,西北师范大学文学院教授。)

论刘瑞明先生的语言学研究

王延模

刘瑞明(1934—2017),甘肃平凉人,陇东学院文学院(原庆阳师专中文系)教授。其学术研究领域广泛,著述宏富,造诣深厚。2012年结集出版的《刘瑞明文史述林》,上下两册,分为"谐音造词法论集""词义论集""泛义动词论集""词缀论集""汉语人名文化""敦煌学论集""说神道鬼话民俗"八卷,主要收录刘先生平生撰写的重要学术论文300余篇,近370万言,可谓煌煌巨著,令人震撼!从中可以看出,刘先生的学术研究涉及语言学、敦煌学、文献学、民俗学、文学、文化学等领域,每一方面都有很高产出,取得了丰硕的学术成果。相比较而言,刘先生最基础、最重要的研究是语言学,发表的论文不仅数量众多,而且质量最高。诚如他自己所说:"我的研究爱好虽然范围广泛,四面出击,大基础与核心仍然是语言学。"[①]正因为刘先生扎实的语言学功底,才可以做到触类旁通,四面出击,深入开掘,新见迭出,在语言学及其他领域取得骄人的学术成就。下面以《刘瑞明文史述林》中的前四卷为例,对刘瑞明先生语言学研究进行专题讨论[②]。

一、别出新意的"谐音造词法"研究

汉语词源是传统训诂学中一个古老的研究课题,具有非常悠久的历史,从先秦、两汉时期的"声训",到宋代"右文说"的产生,到清儒对"音近义通"语言规律的认识和揭示,到章太炎、黄侃对同源词进行系联和更为明确的理论阐释,对汉语词源问题的认识逐渐清晰,研究愈加深入。王圣美、王观国、戴侗、黄承吉、段玉裁、王念孙、章太炎、刘师培、黄侃、沈兼士、杨树达、王力、陆宗达、刘又辛、蒋礼鸿、张永言、王凤阳、王宁、黄易青、孟蓬生等一代一代的学者在词源研究方面进行不懈的探索和实践,构建了具有中国特色的汉语词源学。但是,词源研究还有很大的空白,一大批词语的造词理据已经湮没无闻,有一些词的造词理据的解释属于"望文生义"而缺乏科学性和合理性,等等。刘瑞明先生踵武前贤,很早就关注词的理据问题，并在这个非常艰难且很少有人下功夫的领域稳扎稳打，辛勤耕耘数十年，通过大量的研究而有了创造性的发现，提出了汉语独有的一种规律性的造词方法——谐音趣难造词法。

汉语词源研究是训诂学中的尖端课题，需要很深的研究功力，因此很少有人涉足这一领域。王宁先生说："词源的探求远涉史前语言的状态，近及汉语、汉字的形音义，加上词源意义的潜在特点和汉字多不直接表音的局限，使它的研究需要多学科的支持，因而具有相当的难度，成为训诂学的尖端课题之一。"刘先生不怕"啃硬骨头"，迎难而上，潜心思考词的理据问题，以大量的语言事实论证"谐音趣难造词法"，发表了"谐音趣难造词法"研究系列成果，仅《刘瑞明文史述林·谐音造词法论集》收录的相关论文就多达92篇，足见刘先生在这方面用功之勤、用力之专、用心之诚。刘先生利用谐音解词，探求词的理据问题，为研究疑难词语找到了一把金钥匙，开辟了汉语词源研究新的天地。

一方面，刘先生从理论层面对"谐音趣难造词法"进行详细阐述。其一，界定了"谐音趣难造词法"的内涵。他认为谐音趣难造词法就是用谐音的方法专门制造有趣难特点的词语。即把词语真实理据的一个或几个用字，故意不用，而用同音或近音的字来代替。故意形成理解的困难，甚或误解，也就是隐实示虚，设难成趣。这类词语的特点是："隐实示虚"是手段或方法，可以说是指鹿为马、颠倒黑白、张冠李戴、无中生有，让人极难理解，或形成错误的理解；"设难成趣"则是目的，谐音的提示往往暗藏着由误启正的钥匙，体现了智、假、趣、难相结合的美，具有智巧和情趣的艺术欣赏性。谐音趣难造词是思维性的美，是智趣性的，是说与写的实践，是人人参与的，是极大众的一种语言美。谐音趣难造词是汉语所独有的，是汉语独特性的表现。

其二，追溯了"谐音趣难造词"的历史来源。他认为谐音趣难词产生很早，其历史非常悠久。在先秦时期的文献中已经有许多谐音趣难词，如《诗经·豳风·七月》中的"莎鸡"，《诗经·陈风·株林》中的"朝食"，《楚辞·天问》中的"朝饱"，《左传·僖公三十年》中的"形盐"，《国语·鲁语》中的"羵羊"，《墨子·备城门》中的"狗"，《庄子·达生》中的"木鸡"，《庄子·至乐》中的"柳"，等等。到了汉代以后，谐音趣难词就更多了，逐渐积累，或成为系列，成为汉语词汇中的一个特殊类型。

其三，说明了谐音趣难词的辨识方法。他认为谐音趣难词和文献语言中的通假不同，特别需要注意辨析。凡是词的用字与词义风马牛不相及，没有丝毫事理关系，而这样说又很有趣味性的，就是谐音趣难词。谐音趣难词是人民群众追求造词的艺术性，可以是词的其中的一个字是趣假的，也可以是两个或多个字是趣假的，甚至可以是词的全部用字都是趣假的，虽然形成了词义理解的困难，但都有智巧趣意。古人常常运用谐音的方法有意隐蔽了体现造词理据的真实用字而形成趣难，表现了他们的语言生动活泼和创造性智慧。

其四，揭示了谐音趣难词与文化的密切联系。他认为谐音趣难的方法是非常普遍的，不仅体现在汉语造词当中，而且普遍地渗透到古代历史、神话、文学、宗教、迷信、民俗、绘画、中医中药等诸多领域，与各种文化之间的关系极其密切，是非常值得关注的汉语文化现象。许多人们长期以来日用而不知的疑难问题，通过“谐音趣难”的方法终于得到了合情合理的解释，让人有一种拨云见日、茅塞顿开的感觉。

另一方面，刘先生以大量的语言材料对“谐音趣难造词法”进行具体论证，展现其存在的普遍性和规律性。其一，从方言词典入手作全面调查论证。刘先生从李荣主编的《现代汉语方言大词典》中选取词例，对42分册中的大部分地方分卷都做了穷尽性或例说性的分析论证，涉及北京、成都、福州、东莞、哈尔滨、柳州、贵阳、乌鲁木齐、武汉、长沙、西安、南宁、南昌、洛阳、梅县、徐州、宁波、苏州、太原、银川、南京、西宁、娄底、海口、温州、忻州、厦门、上海等地，覆盖面广，研究深入细致。

其二，从某一类词语入手进行综合分析。刘先生从《汉语大词典》《现代汉语词典》《汉语方言大词典》等辞书和其他文献材料中选取含有“猫”“虎”“鼠”“鸡”“罗汉”“观音”等词的系列趣难词，以及“蜥蜴”“蝙蝠”“螳螂”“蚂蚁”等词语的古今趣俗名称进行通释，作比对，找规律，辨隐曲，揭示了趣难词语的深层意义和真实理据。这类谐音趣难词是成系列的，如果仅仅看其中一个，往往百思不得其解，很难明白其中的造词理据；如果把众多相关的词语辑录到一起，略加排比分析，就会比较容易地发现其中的端倪。也就是说，明白了其中一个，其他相关词语的造词理据也迎刃而解了。因此，掌握了“谐音趣难造词法”隐实示虚、设难成趣的原理和方法，可以达到一悟百悟、一通百通的效果，进而了解古人造词的智巧和趣意。

其三，从某一专书入手作穷尽性的研究。刘先生认为汉语的谐音具有使人料想不到的神奇表达效果，曲折有趣，生动活泼。古代作家善于学习群众语言，在遣词造句中使用很多来源于群众口语的汉语谐音词。《全元散曲》和《红楼梦》等古代名著中的谐音词不仅数量多，而且具有鲜明的特色，这些谐音趣难词在当时是人们司空见惯的，但到了今天就很难理解。这些情况没有被学术界认识和重视，研究者被文字表象所蒙蔽，往往不识庐山真面目，只是按照文字字面来解释表层意义，不但没有揭示出作者语言表达的艺术性，反而把词语解释得支离破碎、捍隔难通。刘先生从《全元散曲》和《红楼梦》等作品中选取词例，通过谐音的手段找到能够体现其造词理据的真实用字，逐一解释隐藏在文字背后其深层意义，阐释隐藏的理据，具体分析了这类词语隐实示虚、设难成趣的智巧和趣意，言在彼而意在此，体现了作家高超的语言表达艺术。

汉语词汇丰富多彩，许多词语的历史非常悠久，一直使用到今天，我们对其表层结构、词汇意义都一清二楚，但对其深层结构和造词理据却不甚了了，往往是知其然而不知其所以然。正如《释名》所云："夫名之于实，各有义类，百姓日称而不知其所以之意。"尤其是大量的方言词语，由于造词时运用了谐音趣难的方法，隐实示虚、设难成趣，其中的曲折鲜为人知。后来的人很少关注，不仅语言学家避而不谈，一些专书词典也避难就易，不作任何解说，甚至是误解误释，于是老百姓也就"日用而不知"、习以为常了。刘先生通过爬梳大量语言材料，发现了古人造词时隐实示虚、设难成趣的机制和特点，对一些词语的理据进行阐释，别开生面，独具特色，开辟了方言词语研究的一个新领域，弥补了词源研究的不足和词汇研究的薄弱环节，引起了学术界的广泛关注，产生了重要的学术影响。运用谐音趣难的方法揭示词语的造词理据，开拓了一种新的视角，探索了一种新的方法，解决了一大批疑难词语的理据问题。

二、深入细致的"词义研究"

刘瑞明先生语言学研究的基础是词义研究。他继承了传统语言学的治学理路、研究方法和踏实学风，十分重视文献词义的训释问题。不仅从宏观层面对词义训释有比较深刻的理论认识，而且从微观层面对词义训释中的具体问题做了大量的研究工作，指出了词义训释中的错误，分析了致误的原因，进而提出了词义训释的方法，这方面的成就具体反映在《刘瑞明文史述林•词义论集》中收录的80余篇论文中。

一方面，刘先生对词义研究有比较宏观的理论认识。其一，强调词义理论对词义研究的指导意义。他认为词义研究是不容易的，词义研究有其规律和要求，正确的词义训释需要词义理论作宏观和原则的指导。词总是有根据的，它的根据不在句内，而在词内。要从语素和构造作分析，要坚持形音义的统一结合。他认为从语言理论来说，词义是系统性的，古代训诂材料中大量的随文释义是否可以认定为独立而概括的词义而成为词典学的义项，需要在词义理论的指导下加以分析和论证，绝对不能全凭求新义的心理和初步语感的支配而随意增补新义。词义要有高度的概括性，表述要简明。如果违背这些基本原则，所解释的词义，纵然使许多句意可通，而不知词义的根据，同语素不搭界，总是有疑问的。因此，准确而科学地训释词义，离不开词义理论的宏观指导。

其二，明确指出词义训释错误的根本原因是“望文生义”。刘先生认为古今学者在进行词义训释的时候，之所以会出现错误、沿袭错误并继续增加错误，归根结底是犯了一个共同的毛病——“望文生义”，想当然地把“通”当作“确”。何谓“望文生义”？他在其论著中反复引述王力先生的观点来加以阐释，说：“什么叫做‘望文生义’，就是看到一句话，其中某个字用这个意思解释它，好像讲得通，以为就对了。其实这个意思并不是那个字所固有的意思，在其它的地方从来没有这么用过，只不过是在这个地方这样讲似乎讲得通。但是‘通’不等于‘对’，不等于‘正确’。你要说这样解释就通了，那就有各种不同的解释都能通的。为什么‘通’不等于‘对’呢？我们知道，语言是社会的产物，是全体社会成员约定俗成的。一个词在一定时代表示一定的意思，是具有社会性的。某个人使用某个词，不可能随便给那个词另外增添一种意思。因此我们阅读古文或注解古文时，就要仔细体会古人当时说那个话究竟是什么意思？那才是对的。我们的老前辈最忌讳望文生义，常常批评望文生义。可是我们现在犯这种毛病的人非常多。”对王力先生的说法，刘先生深有同感，也十分赞同，并深信不疑。他认为训释词义当中的很多失误都来自“望文生义”，以为某个意思在句子里可以讲得“通”，但是“通”不等于“对”，不等于“正确”。“粗通句意”对理解句子的意思可能是对的，而对所解释的那个词义则可能是不恰切的，甚至是错误的。

其三，反复申说随文释义不等于词的义项。他认真研读古代文献和训诂学材料，深入挖掘蕴含在其中的训诂理论，学习前辈学者在长期的训诂实践中积累的词义训释的经验和方法。段玉裁《说文解字注》中为“鬈”字作注时说：“齐风《卢令》曰：‘其人美且鬈。’传曰：‘鬈，好貌。’传不言髮者，传用其引申之义，许用其本义也。本义谓爱好；引申为凡好之称。凡说字必用其本义；凡说经必因文求义。”为“艮”字作注时说：“《易》传曰：‘艮：止也。’……许不依孔子训止者：止，下基也；足也。孔子取其引申之义，许说字之书，嫌云止则义不明审，故易之。此字书与说经有不同，实无二义也。”为“彻”字作注说：“《诗》‘彻彼桑土’，传曰‘裂也’；‘彻我墙屋’，曰‘毁也’；‘天命不彻’，曰‘道也’；‘彻我疆土’，曰‘治也’。各随文解之，而‘通’字可以隐括。”由此，刘先生以敏锐的学术洞察力，总结出段玉裁词义训释中所揭示的一个重要规律——随文释义作疏通不同于词典的义项解释。

黄侃在《文字声韵训诂笔记》中提出“独立之训诂与隶属之训诂”不同，说：“《说文》之训诂，乃独立之训诂；《尔雅》乃隶属之训诂。独立之训诂虽与文章所用不相应可也。如许君曾注《淮南子》，文义字义多与《说文》不相应，可知许君对独立训诂与隶属训诂有别也。”又提出“说字之训诂与解文之训诂不同”，说：“小学家之训诂与经学家之训诂不同。盖小学家之说字，往往将一切义包括无遗。而经学家之解文，则只能取字义中之一部分。……是知小学之训诂贵圆，而经学之训诂贵专。”还提出“经学训诂与小学训诂有异”，说：“小学之训诂贵圆，经学之训诂贵专。盖一则可因文义之联缀而曲畅旁通；一则宜依文立义而法有专守故尔。”由此，刘先生受到启发，划清了词典释义与随文释义的分野，认为要给词分立词典学的义项，必须“隐括”“贵圆”“守法”“独立”，即高度的概括；而随文释义，却是“因文求义”“曲畅旁通”的“隶属性”而“贵专”。

其四，全面梳理了词义研究失误的类型。刘先生认为训释词义有两个层次：一是词义是什么，这是知其然；一是为什么是这个词义，即词的理据，这是知其所以然。一般来说，绝大多数的词是可以见字明义的，但也有不少是只知词义而不知理据。理据是词义的根据，是释词的最终要求，是辞书质量的最高水平，却是词义研究最薄弱的地方。由于不重视研究词的理据，许多辞书进行词义训释时避言理据。对于不能见字明义的难词，常常从例句的事理来猜测，或者沿袭以前的旧释，于是产生了大量的错误。刘先生以《明清吴语词典》为例，通过典型的例子进行详细论证和申述，将词义研究的失误归纳为十类：第一，违背语言学基本常识；第二，违背各种事理；第三，对一个义项用不同的两个意思解释；第四，词义与例句矛盾；第五，词义与词的用字风马牛不相及，所解释的词义是无本之木、无源之水；第六，词义的内容多于词语语素；第七，单音词词义不能统摄有该语素的多音词；第八，对同一例句的同一个词，解释成多个词义；第九，与前有的解释不符；第十，孤例不能立义。刘先生认为这十种类型的错误，不仅数量众多，而且具有代表性，可以作为词义研究的前车之鉴。

其五，系统总结了词义研究的方法。刘先生从大量的词义训释的具体实践工作中，勤于思考，认真归纳概括，全面总结了词义研究的方法，具体体现在以下五个方面：第一，对旧有的释义，首先要看是否从语素分析获得，是否达到形音义的统一。第二，歧义甚多的释义，要辨析释义的异中之同，它可能是致误的共同原因。第三，每一词义都应该经过大量书证的检核，“例不十，法不立”的原则是值得重视的。第四，要注意通假义的辨证，辞书中应予以说明。第五，词义要高度概括，表述要简洁。刘先生认为古代汉语的词义研究，对于语义词典的编纂和修订具有重要的启发意义。但是，由于研究者用力不勤、方法错误等原因，词义研究中存在歧释误释的情况比较普遍，对于旧日的训诂材料和历史上的词义研究，绝对不能不加复核地盲目信从，必须有清醒的、准确的认识。正如王宁先生所说：“训释规律的探讨，关系到语义学的一些重要原理的研究和应用。如何使训释简洁而准确，直接关系到辞书编纂、古籍整理和语文教学的质量。”

词义训释是我国传统语言学中最古老的课题，也是传统语言学研究的重点和核心内容。乾嘉学者明确主张由“小学”而“经学”的学术路径，即通过准确训释词义达到正确理解经书义理的目的。张之洞说：“由小学入经学者，其经学可信；由经学入史学者，其史学可信；由经学、史学入理学者，其理学可信；以经学、史学兼词章者，其词章有用；以经学、小学兼经济者，其经济成就远大。”戴震指出：“经之至者，道也；所以明道者，其词也；所以成词者，未有能外小学文字者也。由文字以通乎语言，由语言以通乎古圣贤之心志，譬之适堂坛之必循其阶，而不可以躐等。”段玉裁说：“经之不明，由失其义理。义理所由失者，或失其句度，或失其故训，或失其音读，三者失而义理能得，未之有也。”由此可见，从“小学”入手以治“经学”，是清代学者做学问的不二途径。他们以“小学”为工具，“正文字，辨音读，释训诂，通传注”，在字、词、句上着实用力，倡导考证求实来理解经义，反对主观武断而发明经义。刘先生深明此理，踵武先儒，笃志前行，始终把词义研究放在其学术研究的首要位置，在词义训释方面着实下了一番功夫，“小题大做”，苦心钻研，取得了丰硕的学术研究成果。

另一方面，刘瑞明先生对文献词义训释做了诸多方面的微观考察，投入了大量的时间和精力，开展具体实证研究。其一，词义歧释误释的辨证。刘先生认为古人没有严格的、科学的词义观念，不是分析而概括义项，不是从语素或词义的发展作分析，而是受传统经书训诂的影响，阐释句意，随文释义。后人不明就里，不辨是非，直接视为词义而历代沿用，于是产生了越来越多的歧释误释和延续至今的争辩。刘先生对“周章”“章皇”“不辞”“不争”“无赖”“猖狂”“作息”“生缘”“鬑鬑”“队”“小”“明火执仗”“风马牛不相及”“杜撰的‘杜’”“隔是、格是、个是”等词语做了详细的词义辨证，帮助我们理解这些词语的准确词义。其中的“周章”一词，本为“遍及”或“四向行走”的意思，但自汉以来歧释为“迅疾”“恐惧”“惊视”“舒缓”“不决”“周遍张设”“强梁”“驰逐”“困惑”“倜傥”“周游流览”“回旋”“仓皇”“周折”等诸多意思。刘先生认为古书的许多注解，乃至《尔雅》《广雅》等辞书，对词义的训释属于随文释义的训诂方法，并非直接、准确、独立、简明地解释词义，因此绝对不能简单地把这种注释当作词典学的义项来套用。

其二，词义误增的否定性清理。刘先生认为从汉代注释古书开始，就对句子中难懂的词在熟悉的常义之外随文释义，以求难句意思的通畅，这是学者解经的客观需要。后来，我们没有对大量随文释义的训诂材料加以分析和论证，而是简单地认定其为独立的词典学的义项。长期以来，有的词语新增的词义越来越多。如，“所”字新增的词义有“何”“可”“结构助词，之、是”“代词，此、其、尔、谁、哪儿”“形容词，是”“副词，且、尚、但、相”“名词，道、知、意、时”“语助词”“指示词”“词尾化”等二十多项。刘先生发现这些后来增补的新义的特点是：第一，互无联系，非常零乱，完全看不出词义应有的系统性。第二，例句的分布明显比较集中和窄狭，与词义即词的使用的普遍性不符。第三，完全是出于研究者语感的认定，不是经过直接论证的词义，或仅仅只有并不确当的间接证明而不足为据。王力先生曾经说过：“同一时代，同一个词有五个以上的义项是可疑的(通假意义不在此例)，有十个以上的义项几乎是不可能的。”据此，刘先生不厌其烦，对这些新增的词义逐一复查，居然没有一例可以成立。由此看来，语文辞书不可能、也没有必要对随文释义的训释进行穷尽性的收录，并设为独立的义项。古今学者全凭增加新义的心理，忽视了词义理论的宏观指导，对例句的分析论证显得粗疏、轻率，暴露出学风不够严谨、方法不甚科学的问题。对于这些增补的新义，应当进行全面的否定性清理，如果不合词义的系统性与概括性，应当予以全部否定。

其三，大型语文辞书失误指瑕。我们的学习、研究离不开各种类型的辞书，人们常常将辞书比作“无声的老师”“无墙的大学”，在贮藏知识、传承文化、普及教育等方面发挥了极其重要的作用，陆尔奎说：“国无辞书，无文化之可言也。”辞书编纂是专门的学问，要力求做到科学、严谨、规范、实用。但是，由于专业性强、规模大、难度高、内容广、成于众人之手等客观原因，其中的错误、疏漏之处在所难免。刘先生充分肯定了《汉语大词典》《现代汉语词典》《汉语方言大词典》等大型语文辞书的成就和优点，同时怀着对于心爱之物总想尽力使它臻于尽善尽美的美好期许，毫不吝啬地指正其中的失误和疏漏，并对相关词语做了细致深入的论证，为读者检核和今后修订辞书提供了重要的参考。刘先认真梳理其中比较典型的失误，分门别类地举例加以分析，申说失误之处和改进方法。他指正《汉语大词典》的主要问题有十类：第一，释义甚误；第二，释义有所缺失；第三，改换原义；第四，添足加意；第五，以偏概全；第六，未明隐曲；第七，释义欠精当；第八，误袭旧释；第九，例证不符；第十，舍难取易。他提出《现代汉语词典》方言词条应当改进之处有五个方面：第一，关于是不是方言词；第二，关于精选方言词；第三，有些词义的解释不够精确；第四，欠释、误释理据；第五，欠释词缀。他从五个方面对《汉语方言大词典》进行评述：第一，所受词语覆盖面极广，古今兼收，前所未有；第二，从实践和操作上把握了方言词典收词的方言特色；第三，词义系统归纳为三种情况：本字常义系统、非本字的记音系统、义项归属不当；第四，对一些方言词语的造词理据避而不释；第五，收录方言词语有疏漏。此外，刘先生还回顾了方言辞书发展的历史，并且展望未来，提出了今后方言辞书努力的主要方向，即奋力编纂县市方言词典，实现方言辞书县市普及化。

其四，疑难词语的词义训释。梳理刘先生的词义研究，我们会发现，刘先生的词义训释研究，除了前面已经论述的“谐音趣难词”（再不赘述）之外，还涉及一些其他学者不太关注的领域，尤其对一些无释、误释的疑难词语进行词义辨析和理据阐释，词义训释的范围非常广泛。

第一，禅籍词语。刘先生学术研究不畏险难，乐于“啃硬骨头”，研究禅籍词语。就日本花园大学《俗语言研究会报》开辟的“待质录”专栏披示的禅籍疑难词语，对其中的“截耳卧街”“不可事须要第二勺恶水浆泼作摩”“谚瞻”“询奂”“围达”“围拷”等做了详细解答。日本禅籍研究会编的《俗语言研究》发表入矢义高《禅语散论——“干屎撅”“麻三斤”》一文，刘先生对其中“麻三斤”一词的解释存有异议，引证大量的材料进行详细分析论证。刘先生这种知难而上、攻克难关的学术精神是值得我们钦佩和学习的。

第二，性文化词语。刘先生认为汉语词汇研究的薄弱之处是俗语词，而俗语词研究的薄弱之处是性文化词语。性文化词语浓缩着丰富的文化内涵，对这类词语进行研究，不仅能详知其本身，而且能推动多方面的研究，解决很多的难题。刘先生认为性文化词语普遍地存在于古今文学作品和人们日常口语，如关汉卿《不伏老》及元曲中的“锦阵花营”“围场”“锦套头”“阵马”“铜豌豆”“水晶球”“皮锅”“火炕”等，《金瓶梅》中的“拖蒸河漏子”“蛤蛎面”“干巴子肉”“翻包着菜肉扁食饺”“窝窝”“大辣酥”等，散见于古代文学作品中的“云雨”“背板凳、烂板凳、大板凳、拍板凳”“馒头”“猫”“梨花猫儿”“撇道”“坡撇”“骗马”等，当代文学作品中的和未著录于作品而活在方言口语中的未曾解释的疑难词语更是不计其数。其实，这些词语都是性隐语，需要从性文化的视角去理解才是符合作品实际的，过去的许多解释没有触及作品的特殊之处，缺乏对性文化词语隐蔽性与趣味巧智性特点的认识，许多解释都是含糊其词或错误的。这些词语是人民群众与作家的创造，满足了人们喜爱说性事而说性事又应当隐蔽的需要。

第三，民间隐语、雅称、讳词。汉民族在漫长的历史发展过程中，人民群众创造了丰富、鲜活的语言词汇，民间隐语、雅称、讳词是词汇百花园中的奇葩，有的明显易知，有的藏而不露，有的委婉含蓄，有的高雅，有的粗俗，异彩纷呈，雅俗共赏，蕴含着丰厚的历史文化内涵。这些词汇应当有其词源和理据，但由于产生时间久远，人们“日用而不知”，语言学家也避而不谈，误解误释的情况比较普遍。刘先生关注这些疑难词语，做了详尽的词义训释和理据阐释。其中，隐语是社会方言的一种，即民族共同语在不同人群的变体。这些词语从形、音、义的某个方面对共同语的词语作曲折隐蔽，其理据往往很难理解。数码隐语是其中最普遍的，因地域、行业而各有说法，其秘密何在，学界鲜有研究。刘先生汇集了数码隐语160组，花了很长时间做穷尽性的研究，终于发现了其中的规律，揭开了绝大多数码隐语的神秘面纱。数码隐语的隐秘方法多种多样，最常见的是描述和分解字形，还有加减法、替换法、谐音法、组词法等。但各种隐秘方法往往是“牵强附会”，例如对字形的分析，是民间勉强性的，并不是文字学的。因此可以这样附会，也可以那样附会，于是会出现同一个字是几个数码的共同隐语的现象。

称名有雅俗之分、古今之异、书面与口语之别，还因为身份、场合、语境等的不同而有所区别，不同的称名往往蕴含着不同的文化意涵，显示了中华文化的博大精深。称名讲求雅致，是古往今来人们共同的心理和愿望，正所谓“爱美之心，人皆有之”。因此，人们对心爱的事物往往会起一个蕴含情感色彩的趣雅名称。刘先生搜罗了大量有关“酒”的趣雅系列名称，有的源于古代文献，有的来自北京方言，分门别类作了深层的理据分析，如褒誉的有“欢伯”“天禄”“圣人”“贤人”“曲生”“曲秀才”“钓诗钩”“扫愁帚”“牛皮散”“小王爷”等，贬抑的有“狂药”“狂水”“猫儿尿”“醉八仙儿”等，中性的有“风搅雪”“撅尾巴馆儿”等。诸如此类的称名，一经刘先生指点迷津，顿时觉得醍醐灌顶，妙趣横生。

讳词是语言的社会变体，是形成委婉的一种方式。古往今来的人，在交际过程中必须充分考虑语言禁忌，回避语言中的一些词汇，不说别人不爱听的、不愿意听的，换一种说法或使用文雅、好听的词语，尽量把话说得委婉、含蓄、得体。大小便是人的正常生理现象，但因为既脏又臭的原因，古今的人对此都是厌恶回避的态度。如果直言不讳，总会觉得有伤大雅。所以，人们为了避免直说，创造了各种讳词加以回避。刘先生搜集从古到今指称大小便的系列词语，如“私”“旋”“施”“溲”“恶(屙、垩)”“矢”“屎”“粪”“便”“利”“遗”“尿”“解”“把、把把”“出恭”“水火”“大行、小行”“便右”等，寻找这些词语之间的关系，探讨其中的文化内涵：第一，粪便的卫生；第二，粪便的肥料作用；第三，粪便行为的礼貌；第四，粪便行为的急不可待。可见，诸如此类的讳词，反映的是心理现象、社会现象，也是一种语言修辞现象，更是一种历史文化现象，其间渗透着深厚的民族文化内涵。

其五，文言虚词的再探讨。虚词是古代汉语学习和研究的重点，也是一个难点。总体而言，虚词用法的归纳研究在早期虚词著作中是比较混乱的，王引之《经传释词》、杨树达《词诠》、刘淇《助字辨略》、裴学海《古汉语虚字集释》等论著中虽然做了比较详细的解释，但认识上的分歧和训释中的错误是显而易见的。有鉴于此，刘先生对一些虚词的用法做了穷尽性的、比较深入的探讨，发表了系列化的研究成果，见解独到，令人信服。

第一，垫音助词。古代汉语中使用频率很高的“其”字，过去的研究中，普遍存在将“其”字的助词用法误解为其他用法的错误，导致“其”字的用法和意义极度增繁。刘先生从全局出发，对“其”字的助词用法进行全面梳理，分类归纳，纠正误说，加以评论。他对大量的用例进行分析之后，得出了规律性的认识，依据其分布特征和语用特点，提出“其”是“垫音助词”的看法。“其”字依附性的垫助在某些词语前后，或者说垫助在主谓间、状谓间，这是一个位置特征。“其”字全都可以不用，这是意义虚无的特征。从这种总的特点把握，将“其”视为“垫音助词”，于句意、结构，畅顺而全无碍误。除此之外，刘先生进一步扩大研究的范围，通过具体而翔实的用例分析，提出“以”字、“于”字、“之”字也是“垫音助词”。它们都体现出规律性的分布，既没有词汇意义，也没有一般的语法意义，仅仅是垫助一个音节，符合纯粹的助词的特点。

第二，“不”“丕”非助词说。王引之《经传释词》中用六十三条例证来说明“不”“丕”是无词汇意义的“助词”。刘先生在杨树达《词诠》、俞敏《经传释词札记》对《经传释词》批判性认识的基础上，进一步仔细分析和认真研究，认为“不”“丕”助词说是错误的，全部例句都不能成立。他逐条分析王氏的六十三条例句，并以按语的形式从训诂及句意等方面做了详细辨析。他认为王氏对“不”“丕”助词说的论证是主观的认定，实际上它们都是有词汇意义的，大体可以分为四种情况：首先，“丕”的意思是大，“不”是“丕”的通假，共十五例。其次，例句实际是反问句，“不”字是否定副词的常义，共十五例。再次，句子是单纯否定，“不”字也是表示否定，共十六例。最后，五个杂例，都是孤例，不是具有普遍性的助词。他认为因为“不”的通假和句子没有问号，使得许多文句意思有难解之处，古注或苟简而不周密。王氏没有把握住问题的实质，把它复杂化，误说成“发声”。

第三，“为、当、为是、为当”非选择连词说。刘淇《助字辨略》、张相《诗词曲语词汇释》、蒋礼鸿《敦煌变文字义通释》相继倡言，张永言、徐震、王锳、刘坚、郭在贻、江蓝生、王海棻、项楚、梅祖麟、李崇兴等先生加以申说，到《汉语大字典》形成定说，认为“为、当、为是、为当”是选择连词。刘先生对前人辑录的一百余条例句和自己辑录的几十条例句仔细分析，反复推敲，得出了截然不同的结论，认为只有“为复”是选择连词，其余的“为、当、为是、为当”都不是选择连词，表示的都是它们的常义。之所以误释，是因为研究者都以句意或句子相关的事理来代替，掩盖了词的实际意义，犯了以句意之“通”来定词义之“确”的错误。刘先生逐条辨析，剖析了错误的详细情况。首先，从词的语素和构造来讨论确义。“为、当、为是、为当”显然没有选择义语素，而共同的只有判断语素。其次，申说“为复”是选择连词，对比出“为、当、为是、为当”不是选择连词。再次，对前人辑录的一百余条各种情况的例句作具体讨论而进行有力的否定。最后，对前人误说作彻底清理。

三、独具特色“泛义动词”研究

泛义动词是动词中一个比较特殊的小类，使用频率很高，其意义和用法多种多样。古今汉语中有许多泛义动词，各地方言中也有相当一批。泛义动词的特殊性，很早就引起了古今学者的关注。他们对这类动词进行研究，但仅限于对单个泛义动词的意义和用法的搜集整理、分析归纳，缺乏整体关照和系统思维，理论性也不足。刘瑞明先生是较早地、系统地研究泛义动词的学者之一，他在前人研究的基础上，站在古今汉语泛义动词全局的高度，从概念、性质和特点等诸多方面对泛义动词进行了详细而深入的分析探讨，提出了新的语言现象，揭示了其中的语言规律，对促进泛义动词的实践探索和理论创新做出了突出贡献。

其一，系统梳理古今学者泛义动词研究的历史。刘先生详细梳理了古今学者对泛义动词研究的历史，认为欧阳修是最早提出并解释“打”字词义的特异性质的学者，在《归田录》中说：“今世俗言语之讹，而举世君子小人皆同其谬者，唯打字耳。其本义谓考击……至于明儒硕学,语皆如此,触事皆谓之打。”吴曾《能改斋漫录》中承继欧阳修之说,并做了进一步申述,说:“打字从手从丁,以手当其事者也。触事皆谓之打,于义亦无嫌也。”由此,刘先生认为欧阳修、吴曾是“打”字泛义研究的起始人。宋至清代,词的泛义现象成为学者讨论的一个热门话题,许多笔记小说中都有相关的内容,如宋刘昌诗《芦浦笔记》,张世南《宦游记闻》,明李翊《俗呼小录》《需次燕语》,顾起远《客座赘语》,清刘献廷《广阳杂记》,等等。近代以来,刘半农发表《打雅》一文,搜集和罗列了“打”字的101种口语说法,词义“与这原文(按:“打击”义)全不相干”,最后以揶揄的方式认定打字是一个“意义含混的混蛋动词”。鲍幼文《说“打”》一文用词义引申来解释“打”字的泛义现象,说“有些字的引申义比本义多到多少倍,甚至于无法知道它是怎样引申出来的,动词里的打字就是个最显明的例子”。胡明扬也有《说“打”》一文,将“打”字的词义概括为四大类:捶击;攻战;挥动手臂;虚化动词。每一大类之下再层层细分,一共分出九十八个小类,几乎是为“打”字的每一种说法立一个义项。陈望道发表《关于刘半农先生的所谓“混蛋字”》一文,批评了刘半农研究的态度和研究的方法,否定了“打”是“混蛋字”的结论。他认为用“高度综合的方法”,“打”字的普通用法不过三种:作“打击”解,标示特定动作,就是所谓“打鼓骂曹”的“打”;作“作为”解,标示一般动作,没有特殊内容。用来代替种种有特殊内容的动词;用作动词添头(按:词头),大概添在单字的动词前头用来构成复字的动词。陈原《“神奇”的语汇》一文,对比了汉语中的“打”“搞”与英语中的“take”“make”,认为“每一种语言都有几个、几十个或更多的语词,可以被称为‘神奇’的语词”,诸如此类的词语,口语里随便说说,倒也没什么,要认真做语言学的分析,“要把这样的‘神奇’语词弄清楚”,需要费一番工夫,是不容易的。另外,汉语字典辞书中对“打”字的释义甚详,《汉语大字典》共释动词义32项,《现代汉语词典》共释动词义24项。王力先生主编的《古代汉语》教材在分析“为”的词义时,详细分析了“为”的泛义特点,说:“‘为’是一个动词,是‘做’的意思,但古人‘做’的含义非常广泛,在具体上下文中,它的含义比较具体。……我们可以随文译为‘治’‘学’‘煮’‘解’‘给’……但是不能认为‘为’字本身有这些意义。”由此可见,古今学者致力于研究泛义动词的意义和用法,一方面表现出了浓厚的兴趣和强烈的好奇,另一方面尝试着对语言中的这种泛义现象进行解释以消除人们的困惑。但是,由于看问题的视角、研究方法等方面的差异,并没有得出比较一致的结论。

其二,深入分析古今学者泛义动词研究中的成绩与不足。古今学者对“打”

字为代表的泛义现象的认识，众说纷纭，莫衷一是。刘先生对各家说法逐一进行剖析，肯定其合理性，指出其缺陷，不断深化了对动词泛义现象的认识。刘先生认为：欧阳修首先提出“打”字词义的特异性并做出“触事皆谓之打”的解释，实际已经接触到了“打”的泛义性质，但受到传统训诂学的局限，不能从泛义对语言的适应性和合理性方面来理解问题，于是得出了“讹”或“谬”的认识。吴曾以“以手当其事”为“打”的本义，虽然难以定论，但把包括考击义在内的“打”字的许多用法统一在“触事皆谓之打”这个泛义之内是能自圆其说和给人以启悟的。宋至清代，学者们对泛义现象表示出的更多的是惊奇和不理解。刘半农罗列“打”字的上百种用法（按：后来搜集到关于“打”字的词头有八千多条），宣布“打”字是“意义含混的混蛋字”，把不理解式的研究推向高峰。鲍幼文用引申的说法并不能解释“打”字的奥秘，所解释的引申词义没有普遍性，仅举少数勉强可解的例证而不顾全局的方法也是不科学的。胡明扬将“打”字的词义进行概括和细分，如果仔细推敲，有一些细分的词义难以统一在总括词义之下，这种为一种说法的“打”立一个义项的方法总显得捉襟见肘。陈望道认为“打”字的诸多用处所反映的语言现象，并不是言语之讹，不仅从理论上承认了“打”字的泛义性质，而且还指明泛义的“打”不是孤立的语言现象，还有“作”“为”也是一样的，它们显示了一种规律性。和前人比较，这个认识是比较准确、全面、深刻的。但是，他的研究还有“不能算是高度的综合”的遗憾。陈原关于“泛义动词”的论述，是古今学者中最有水平的，可以说把“打”和“搞”的用法已经说清楚了。但是，汉语中除了“打”和“搞”字之外还有哪些字也是同样的用法，却没有说清楚。“打”字与“搞”字的差异，也没有完全说到。另外，说“打”和“搞”是多义词，也是不确切的。王力关于“为”字词义的论述，指明了两层意思：一是“为”字的用法非常广泛，在具体的文句中可以用作某个表意具体准确的动词；二是不能因为“为”字词义非常广泛而误认为它本身具有许许多多的这种指称或顶替的具体动词的词义。这一深刻的见解，可惜没有得到语言学界的重视。刘先生认为，以前的研究者对“打”字的泛义没有从足够宏观的即全局的角度作观察分析，只从个别例句的不可思议作论，因而未能高度概括出它的泛义的规律性。只注意到“打”字单用的奇异，没有或很少注意到它的前附或后随于具体动词的用法，也没有联系到其他泛义动词的共同性。因此，从古今学者对“打”字的误解误释出发，对汉语词汇中的泛义现象进行实践和理论方面的探讨，不仅涉及一般的词义研究，而且影响到大型字典辞书的编纂。

其三，明确提出“泛义动词”新说。刘先生认为“打”字从东汉见于文献，一直使用到今天，使用频率很高，其词义和使用应当是有一种尚未被揭示的语言规律在支持着。他在前人研究的基础上，通过大量语言事实的分析，终于找到了这个规律——与语言的准确性相辅相成的模糊性或灵活适应性，而与这模糊性相适应的是一批“泛义动词”的存在，“打”字就是其中最具代表性的一个。刘先生创造性地提出“泛义动词”新说，对泛义现象做出了比较合理的诠释。在他看来，一个动词可以指称或代替许多具体动词，远远超出它自身而使用范围宽泛，因此它表达的意思就比较浮泛而游移，朦胧而存在。似乎有很多很多的意义，但每一意义或不知与本义是扩大、缩小、引申中的何种关系；在每一次代替用法时或难以确言究竟是代替哪一个动词。就因这种宽泛和浮泛的特点，刘先生称它们为“泛义动词”，以区别表意准确具体因而范围固定的一般动作动词。这种认识，不仅在理论上具有高度的概括性和深刻性，而且在实践上具有极大的指导性和方便性，尤其是在词典编纂方面。刘先生认为汉语“泛义动词”并非仅仅“打”字一个独苗，也有一个家族，古今汉语和许多方言中都有一批。如古代汉语中的“治”“理”“修”“取”“行”“加”“施”“见”“却”等，都有泛义的用法。现代汉语中所谓的“进行”义一类的动词，实际上就是泛义动词。“搞”字是现代汉语从西南方言中吸收而来的指代性极强的一个泛义动词。“打”“作(做)”“为”是汉语中最典型的三个泛义动词。“作”和“为”在上古时期已经是泛义动词，而且多用于书面语，人们比较习惯，因而对它的词义未产生讨论。“打”字因中古时期泛义用法在口语中异军突起，致使唐宋以来成为热门的讨论话题。

其四，全面揭示“泛义动词”的使用特点。刘先生认为泛义动词在具体使用时，也就是说在组成动宾关系而表达时，其用法表现出很强的规律性，主要有三种形式。第一种，是单独使用来指代某一具体动作动词，同宾语组成动宾结构。如“打(网、捕、捉、捞等)鱼”“打(给、发、领等)衣粮”“打(汲、取等)水”，“作(表现、享有、施行、滥用等)威”“作(表现、享有等)福”“作(点，燃)火”“作(开)花”，“为(捕)鸟”“为(种)粮”“为(过)冬”……只有反馈到宾语，甚或要反馈到更大的语境，以至读完全句，才能感知它是指代某一动词。泛义动词因为其指代性而具有浮泛游移的特点，所指代的并不十分明确固定，可以为此，亦可以为彼。这与一般动词词义的排他性不同，这种指称义不能独立成为泛义动词的一个义项。第二种，是前附于具体动作动词，成为双音节复词。如“打扫”“打量”“打算”“打听”“打发”“打消”“打扰”“作想”“为难”“为止”……这种双音节动词，第二语素的具体动词是词义所在，第一语素的泛义动词与其说它是虚义的陪衬，不如说它是宽泛的引导，它的意义也就是后随的动词的意义，只不过是一明一暗罢了。第三种，是后附在具体动作动词之后，成为双音节复词。这种双音节动词，其词义自然是前面具体动作动词的词义。如“撑打”“抓打”“补打”“搂打”，“变作”“动作”“护作”“唱作”“呼为”“召为”……泛义动词可以依附于具体动作动词之前，自然可以移位而附缀于具体动作动词后面。依附于前面是对动词作一引导，缀属于后面是对动词再作重复，两者是先明后暗的重合。刘先生对诸多泛义动词的使用特点做了非常全面而系统的考察，认为所有泛义动词的泛义和依附具体动词总的特点是一致的，但是有无前附或后附的约定俗成情况是不平衡的。

其五，总结“泛义动词”对于语言研究的意义。刘先生认为人们对于自己最习惯的用语，反而是最不理解的，动词“打”就是其中最典型的一个。无论是过去，还是现在，都是使用频率极高的口语词。虽然人民群众日常生活中运用自如，但是要说清楚其意义和用法到底如何，并非易事，即使是语言学家也深感它变幻莫测，百思不得其解。刘先生致力于汉语中泛义现象的研究，创造性地提出“泛义动词”新说，消除了长期以来的困惑迷离，使许多的疑难和歧说都得到了疏理，达到了一通百通的效果。他认为其“泛义动词”新说对于语言研究的意义体现在四个方面：第一，对动词的这一个小类有进一步的认识，从而领会到语言的灵活性机制的一种具体方法；第二，一大批词语的构词方式得以认识解说；第三，不少词的意义可以更为精确，一些异形词得以知其本源而详知；第四，辞书编纂可以得到益助。就汉语字典辞书对泛义动词“为”的解释来说，立义原则不当，繁琐而无概括性，释义虽详却不精。《汉语大字典》中的“为”有三十多个义项，刘先生对其释义和书证逐一进行复核和评议，认为“为”的三十多个义项显得零乱庞杂，缺乏应有的条理性和科学性。主要的问题在于理论上不明泛义动词的用法特点，而采用了罗列指代用法。实际上，这样罗列是罗列不完的。他研究认为，“为”的词义是非常具体而明白的，就是“做”“成”“是”三项，这就是它的语言意义，也就是词典学的意义。至于在具体语句中指“种植”“写作”“歌唱”“编织”“设置”“穿着”等，都是它的言语意义。因此，以“为”字为代表的泛义动词的释义，绝对不能采取“拿来主义”的态度把古今随文释义的训释作简单汇集，更不能把某个能使句子意思讲通的意思随便就立一个义项，而应该在正确对待随文释义的前提下，在泛义动词理论的指导下，对泛义动词的词义作高度综合。如果把泛义动词作为一个概括义项，而在相应的复词条目中点明或暗示出它所指代的具体动词，就会有提纲挈领之功效，既有理论性，又有简明实惠性。

四、推陈出新的“汉语词缀”研究

汉语词缀是伴随着汉语的历时发展而自然出现的一种构词成分，但是古人对词缀的理性认识比较晚，对其进行理论研究的历史并不长，认识上经历了一个由朦朦胧胧到逐渐清晰的历史过程。以往的研究，既有宏观的理论探讨，也有对某一词缀的微观考察；既有共时的描写，也有历时的比较。经过学者不断的探索和讨论，词缀研究取得了丰硕的成果。但是，词缀研究中还存在许多争议和需要进一步研究的问题。刘瑞明先生多年来对古代汉语和汉语方言词缀进行全面而系统的研究，发表了汉语词缀研究的系列论文，另外还与其他学者围绕词缀研究中的不同看法进行论辩商榷，从理论和实践上做了大量工作，判定了许多词语的词缀性质，扩大了词缀研究的范围，对推进汉语词缀的研究做出了重要贡献。

其一，简要梳理词尾研究的基本情况。刘先生认为古代汉语的词尾研究是很薄弱的，主要的问题是词尾的全貌和数量不清。吕叔湘在《中国文法要略》中认为“文言里却有明显的形容词词尾，就是‘然’‘焉’‘乎’‘尔’‘如’等字”。王力《中国语法理论》中的“记号”一节，实际是分析词头词尾的，所说的词尾主要有“儿”“么”“子”“们”“头”“了”“着”等，《汉语史稿》在古代汉语构词方面特别注意词的形态，所说的名词词尾有“子”“儿”“头”，动词词尾有“得”“了”“着”，形容词或副词词尾有“若”“然”“尔”“而”，形容词词尾有“的”“地”“底”。以上所说的这些词尾，都是语言学家所公认的。因此，历来论及汉语词尾的著作，大概不外于此。古代汉语的词尾是否就寥寥这么几个？当然不是。刘先生在前贤时彦研究的基础上，经过多方搜求，认真考辨，反复验证，提出的新的词尾还有“自”“复”“持”“迟”“家”“落”“拔”“生”，等等。他认为，对古代汉语词缀进行全面而深入的研究，对汉语词汇史、语法史及构词法、词义演变等方面的认识都会有所助益。

其二，提出词缀的判定标准。词缀是汉语语法研究中的热门话题之一，同时也是争议比较多的一个问题，到底怎样确定词缀的判定标准才比较符合汉语语言实际，汉语词缀的范围到底有多大，往往是仁者见仁、智者见智。刘先生认为词尾的判定，自然取决于对词尾性质的确定。由于种种原因，目前语法学界对词缀、词头、词尾，以及构词法的词尾和构形法的词尾的见解尚不完全一致。各家提出的词尾数量不多，概括面较小。以往的研究过来过去总在几个具体词尾上做文章，这是认识不能前进不能统一的一个重要原因。有鉴于此，他认为不妨多提出一些具体的词尾字，接触的语言事实多一些，才能由此及彼、去伪存真。学术界关于词尾问题的讨论非常热烈，认识上尽管有诸多分歧，但从总的趋向看，各家对词尾有一些共性的认识，他综合比较之后，认为词尾的判定至少应该具备以下四个基本条件：第一，虚义；第二，粘附于后；第三，不独立使用；第四，词例稍多。按照这个判定标准，他对“自”“复”“持”“迟”“家”“落”“拔”“生”等词语的词缀性质做了详细的讨论，取得了丰硕的研究成果。

其三，对个体词缀进行微观考察。词缀是汉语研究中相对比较薄弱的一个领域，也是研究中的一个难点。因此，无论是语法学家已经公认的词缀，还是尚且存在争论的词缀，都需要从个案入手进行微观考察。一个一个追根溯源，一个一个扎实论证，真正搞清楚哪些词缀可以成立？具体情况如何？经过长期的不间断的研究，总结经验，纠正失误，消除分歧，达成共识，对汉语词缀的认识才能逐渐清晰。刘瑞明先生身体力行，对“家”“自”“复”“持”“迟”“家”“落”“拔”“生”等词缀做了非常细致的个案研究。他对古代汉语历史悠久的词尾“家”字作全面深入的考察，研究其产生和发展，认识其古今继承演变关系。总结出古代汉语“家”的类义系统，分为八大类：第一，学业或技艺有成就的人，如数家、律家、占家、历家等；第二，表示人的职业；第三，指学术、技艺的流派；第四，表示人的类别特点；第五，附缀在各种指人的代词之后；第六，某些名词后带“家”；第七，位于状语之后，字或异写为“价”“假”“加”；第八，其他。刘先生认为，所有八类固然有表人与不表人的区别，但一则“家”字的本义已都虚化，二则都粘附于后，又显示了它们是同一个语言现象，是同一个词尾。他对附缀“自”的词进行详细地分析论证，确定了“自”的词尾性质，分类胪列如下：第一，用作副词词尾，可以附于表范围的副词，如“咸自”“正自”“皆自”“都自”“但自”等，可以附于表重复、连续的副词，如“亦自”“复自”“又自”“也自”“仍自”“还自”“犹自”等，可以附于表肯定、否定的副词，如“实自”“必自”“正自”“乃自”“实自”“信自”“固自”“故自”“本自”“元自”“莫自”“不自”等，可以附于表时间的副词，如“每自”“常自”“恒自”“既自”“方自”“已自”“先自”“早自”“终自”“且自”等，可以附于表程度的副词，如“益自”“更自”等，可以附于语气副词，如“幸自”“几自”“竟自”等，可以附于情态副词，如“空自”“虚自”“徒自”“枉自”“浪自”“唐自”“漫自”“甘自”“好自”“忽自”等；第二，用作助动词词尾，如“要自”“欲自”等；第三，用作动词词尾，如“任自”“好自”等；第四，用作形容词词尾，如“先自”“早自”“盛自”“深自”“快自”“难自”等；第五，用作连词词尾，可以附于转折连词，如“却自”“虽自”等，可以附于让步连词，如“尚自”

等，可以附于顺承连词，如“即自”“乃自”“便自”“遂自”等，可以附于因果连词，如“故自”等。他通过对附缀“自”的大量词例的深入研究，认为词尾“自”的起始，似乎可以追至汉代，抑或先秦也有可能。另外，“自”也不限于附缀在副词、动词、形容词之后。

其四，深入研究方言词缀系统。刘瑞明先生认为词缀研究是非常重要的，关系到词的构成方法、语素意义的虚与实、用字的正误、准确简明地解释词义等多方面的问题。但是，无论是现代汉语普通话，还是各地方言，词缀的研究都是不深入的。普通话词缀与方言词缀往往有同有异，可以互相参照。有鉴于此，他对北京、太原等地的方言词缀做了全面而系统的研究。

他认为普通话的词缀系统是在北方方言词缀的基础上形成的，因此研究北京方言的词缀对现代汉语词缀研究是有直接意义的。而北京方言词典对词缀有所忽视，收录的词缀条目存在挂一漏万的缺憾。他详细论述北京方言的词缀系统：第一，前缀。“第”“初”是各地方言与普通话共有的前缀，构词能力比较有限；“老”也是各地方言与普通话共有的前缀，但北京方言中可以组成指称特异性事物的词语，如“老吊”“老莫”“老插”“老海”等；北京方言“日咕”的“日”，其实是“肏”字的别写，其理据是“入”，这就是贬义前缀“日”的由来。第二，后缀。北京方言的后缀非常发达。其中的动词后缀，周一民《北京方言动词常用后缀》中列举了九个，分别是“巴”“达”“拉”“喽”“咕”“哧”“道”“腾”“哥”。另外，动词“勺乎”“蜷乎”“扇乎”“吹乎”“耳乎”“和乎”中的“乎”应该也是后缀。没有论及的形容词后缀有“拉”“生”“飕”“溜”“亍子”“当”“头”“道”“哧”“乎”“腾”，等等。名词后缀有“家”“头”“当”，等等。副词、连词后缀有“自”。第三，中缀。汉语中的中缀很少，只有“不”“里”“得”三个，也有些语法著作不把“得”看作中缀。北京方言与之各有差异，有“不”“里”“咕”三个中缀。第四，复合式后缀。北京方言的词缀有两个生动活泼的特点：一是不同的后缀可以组成复合式词缀，如以“咕”组成的有“咕唧”“咕囊”“咕拽”“咕奈”“咕咚”“咕龙通”“咕嘟”，以“唧”组成的有“X唧”“巴唧”“拉呱唧”“不唧”“不拉唧”“唧撩”，以“溜”组成的有“溜丢”“溜秋”“流星（溜性）”等，以“拉”组成的有“巴拉”，以“乎（忽、糊、呼）”和“刺”组成“忽刺”，以“登”组成的“不愣登”，等等；二是把单音节后缀趣味谐音成有实际意义的字，如“鬼吹灯”“逛灯”中的“灯”都是后缀“登”的谐音。

对于方言词语中“巴”字的意义和用法，黎锦熙《“巴”字十义及其“复合词”和“成语”》一文做了详细论述，其中的一个解释说：“‘巴’为语助，或间于复词成语之中；虽不为义，而可助势。盖古经籍有‘不’（《玉篇》：‘不，词也。’经传中，或作‘丕’，或作‘否’；可参《经传释词》十），今方言作‘巴’，一声之转也。而‘巴’著于文者鲜也。”刘先生认为更明确来说，“巴”实际上就是词缀，而且是独立性产生的词缀，并不是继承上古的“不”而“一声之转”。他认为《北京方言词典》中收录的许多附缀“巴”字的词语，都没有解释其意义和性质。他分门别类做了详细的讨论，认为其中绝大多数都是词缀，而有的“巴”字却是别的同音字的别写。由此，他认为北京方言的后缀“巴”在构词上生动活泼、仪态万方。

刘瑞明先生认为《现代汉语方言大词典》所有的分卷都有一个共同的优点，即比较注意收录附加式构词，既把它们纳入附录的《方言义类索引》的《附加成分》中，又在词条正文中明确指出是何种词缀。其首创之功着实不易，但是其中的失误和问题也不可忽视。也从一个侧面反映出词缀研究的混乱与薄弱。他以《太原方言词典》为例，通过与山西忻州、万荣和北京方言的比较，对其中的疏失做了细致准确的复核和纠误，主要有三个方面的问题：第一，实际上并不是词缀；第二，所谓词缀的用字都另有具体的意思，都是实义语素；第三，被遗漏的词缀。他还分析了出现误认和遗漏的原因，无论是理论认识还是方法都有错误。误定词缀是因为不以词缀的基本理论为据，而以感觉为据，即望文生义。仅仅因为词开头或结尾的字的意思与词义无关，就断定它是没有意义的，因而是词缀；没有考虑到方言词语中的字往往不是本字，被掩盖的本字正是词义的理据。不认识词缀，主要是因为没有普通话与各地方言的全局，没有互相参照。由此，刘先生总结了方言词缀研究中值得借鉴的一些经验，如词缀的构词必须有一定的数量，形成词群或系统，正所谓“例不十，法不立”；象声词、结构助词绝对不可能成为词缀用字等。

其五，汉语词缀问题的学术论争。学术界对于汉语词缀，一直以来都存在这样那样的分歧，不仅表现在词缀的名称、界定、判定标准、总体特点等理论认识层面，也反映在对某一个词语是否具备词缀性质的判定及其历史源流的考察等实践层面，甚至有学者从根本上就对汉语词缀持怀疑或否定的态度。例如，“自”和“复”的词尾性质，蒋绍愚《杜诗词语札记》(1980)中首倡新说，从“犹自”“空自”等词语中“自”字的虚义和粘附特征判定“自”是词尾，从而在词尾的分布特征上新拓出副词一类，这对认识古代汉语词语形态很有启发，刘先生认为这是近几十年汉语构词法、汉语词汇形态研究中的一个突破。王锳《诗词曲语辞例释》（增订本，1986）中判定“自”是词缀，在“自”字条下解释说：“自，词缀，多缀于单音副词之后，构成双音副词，在其中不为义。”又说：“‘自’偶亦可缀于单音节形容词、助动词之后，构成双音复词。”之后，在继承前说的基础上，刘瑞明先生发表《助词“复”续说》(1987)、《词尾“自”类说》(1989)、《〈世说新语〉中的词尾“自”和“复”》(1989)等，蒋宗许先生发表《词尾“自”臆说》(1990)、《也谈词尾“复”》(1990)等，比较全面而系统地论述了“自”和“复”的词缀用法。刘先生和蒋先生的文章，引起姚振武先生的关注，发表《关于中古的“自”和“复”》(1993)一文予以反驳，主要就刘、蒋文章中所举证的例子进行分析，质疑“自”“复”的词尾用法，还由此讨论了如何鉴别词缀的问题。作为回应，刘先生发表《关于“自”的再讨论》(1994)，蒋先生发表《再说词尾“自”和“复”》(1994)，主要针对姚先生文章中所解释的“自”的新义进行反驳，认为姚先生所论证的这些所谓的新义是不能成立的。针对刘先生、蒋先生的驳论，姚先生再次发表《再谈中古汉语“自”和“复”及其相关问题》(1997)一文与刘、蒋进行论辩，主要从“什么是词尾”“如何判别词尾”“具体问题的讨论”“余论”四个方面做了论证，否定“自”“复”是汉语词尾。对于姚先生的再次驳论，刘先生又做了进一步答辩，发表《“自”非词尾说驳议》(1998)、《词尾“自”和“复”的再讨论》(1997)、《“自”词尾说否定之否定》(1998)，对姚文所说的新义都予以否定，坚持旧说，并重申“自”“复”的词尾性质。除此之外，刘先生还发表了《“自”字连续误增新义的清理否定——词尾“自”的深化研究》(2007)一文，从词义、句意、求词义的方法、校勘等方面对倡说“自”的所谓新义的一百七十多个例证做了否定性清理，论证“自”字是词尾。由此可见，在“自”“复”是否是词尾的问题上，刘瑞明、蒋宗许与姚振武的认识有分歧，并且在《中国语文》上展开了热烈讨论，“既引起了很多同行对‘自’”‘复’的兴趣，同时也使学者们进而注意于中古而下的附加式构词现象”，产生了重要的学术影响。学术研究中的商榷与争鸣，相互讨论的过程总是能使认识不断深化而愈来愈接近真理。

综上所述，刘瑞明先生在“谐音造词法”“词义训诂”“泛义动词”“汉语词缀”等问题的研究方面进行深入开掘，取得了丰硕的研究成果，对推进汉语词源学、词汇学、语法学等方面的研究做出了突出贡献，在辞书编纂、修订等方面具有重要参考价值，赢得了学术界的肯定和赞誉。其语言学研究体现出几个突出特点：

第一，研究基础扎实。刘先生虽然身处西北一隅，获取资料极为不易，但这丝毫没有影响他对文献典籍的熟稔程度，但凡经史子集、明清小说、戏曲民歌、敦煌文献、字典辞书、方言俗语等方面的材料，广搜博览，无不涉猎，显示出渊博的学识和深厚的学养。

第二，学术视野开阔。刘先生擅长做学术史的梳理工作，对所关注问题的来龙去脉了如指掌，能及时跟踪了解并把握语言研究的前沿动态，做到古与今沟通，南与北联系，语言与文学、民俗、文化交叉，具有开阔的学术视野，体现出跨学科的综合性研究的特点。

第三，研究问题集中而深入。刘先生具有独到的学术眼光和明确的问题意识，善于以感兴趣、有研究价值的语言现象作为切入点，以“钉钉子”的精神钻研学问，一锤一锤敲，一颗一颗钉，不断钉下去，由点及面，深耕细作，久久为功，于细微处见真知，从小问题中做出大文章，推出系列化的、特色鲜明的研究成果。

第四，治学精神执着而严谨。刘先生一生在书山学海中孜孜不倦地攀登跋涉，有“板凳甘坐十年冷”的毅力，“十年磨一剑”的耐心，坐得住、钻得进、研得深，付出了常人难以想象的辛劳和努力，表现出的执着精神和踏实学风令人敬佩。他不迷信学术权威，不盲从既有学说，大胆质疑，小心求证，用语言事实说话。对语言问题的讨论、商榷、纠误、补正，体现出踏实、专注、求是、求真的科学精神。

第五，研究方法上重视继承与创新。他不仅继承了乾嘉学派的朴学传统，而且吸收了现代语言学的思想；一方面注重传统文献典籍材料的运用，另一方面充分利用汉语方言语料；既有宏观的理论建构，又有微观的考据论证；用语言事实说话，引证丰富，材料翔实，动辄几十例、上百例，近乎穷尽式的研究；分析问题如抽丝剥茧，不厌其烦地逐条辨证，反复推敲，逻辑推理十分严密，体现出学术研究的真本领、硬实力。

刘瑞明先生一生刻苦勤奋，踏实严谨，潜心学术，笔耕不辍，在语言学研究领域做了大量的、开拓性的研究，取得了令人瞩目的学术成就。刘先生是一位以学术为志业、视学术为生命的学者，是一位具有扎实学术功底、富有学术创新精神的学者，是一位学术之树常青、学术成果丰硕的学者，也是一位在甘肃乃至全国有重要学术影响的学者。他的语言学研究成果是一笔宝贵的学术财富，值得我们认真梳理和深入研究。

［注释］

①文中引述的相关学术观点，都转引自《刘瑞明文史述林》，为了行文方便，不再一一注明。

②刘瑞明：《刘瑞明文史述林·自序》，甘肃人民出版社，2012年，第7页。

[参考文献]

[1]陈望道.陈望道全集(第二卷文法论)[M].浙江:浙江大学出版社,2011.

[2]陈原.语言与社会生活——社会语言学札记[M].北京:生活•读书•新知三联书店,1980.

[3]段玉裁.说文解字注[M].上海:上海古籍出版社,1988.

[4]范希曾.书目答问补正[M].上海:上海古籍出版社,1983.

[5]胡明扬.胡明扬语言学论文集[M].北京:商务印书馆,2011.

[6]蒋宗许.汉语词缀研究[M].成都:巴蜀书社,2009.

[7]黎锦熙.黎锦熙语言文字论著选集[M].北京:北京师范大学出版社,2002.

[8]刘半农.半农杂文[M].上海:上海书店,1934.

[9]刘瑞明.刘瑞明文史述林[M].兰州:甘肃人民出版社,2012.

[10]黄侃.文字声韵训诂笔记[M].上海:上海古籍出版社,1983.

[11]欧阳修.归田录(外五种)[M].上海:上海古籍出版社,2012.

[12]王力.文言的学习[M].北京:商务印书馆,2018.

[13]王宁.训诂学原理[M].北京:中国国际广播出版社,1996.

[14]吴曾.能改斋漫录[M].上海:上海古籍出版社,1960.

[15]方铭.厚积薄发 触类旁通——读《刘瑞明文史述林》兼评刘瑞明的学术研究[J].图书与情报,2019(05).

[16]刘玉红,曾昭聪.方言词理据研究刍议——以刘瑞明先生的相关研究为例[J].辞书研究,2011(06).

[17]马步升,徐治堂.深钻精研 新论迭出——刘瑞明教授学术事迹评介[J].甘肃社会科学,2015(01).

[18]王宁.关于汉语词源研究的几个问题[J].陕西师范大学学报(哲学社会科学版),2001 (01).

[19]王宁.论词义训释[J].辞书研究,1988(01).

[20]赵逵夫.刘瑞明文史述林•序[J]//刘瑞明.刘瑞明文史述林.兰州:甘肃人民出版社,2012.

[21]周奉真.论刘瑞明对语文学研究的贡献[J].兰州文理学院学报(社会科学版),2021 (02).

(王延模,西北师范大学文学院副教授。)

纪念文章

忆刘瑞明教授

伏俊琏

刘瑞明先生离开我们已经四年多了。四年来，我一直想写一点文字，说说他对我的关怀，表达对他的感恩。断断续续，一直没有动笔。先生去世的时候，我曾撰写挽联：

六十载笔耕不辍，探微经典谐声，皇皇巨著垂风范；

三千里遥寄哀思，铭记箴言典范，茫茫巴蜀哭故人。

假期回到兰州，我把刘先生给我的信一一检索出来。先生的信，多数是谈学术研究的事，投稿的事。先生敏感，每当投稿短时间没有回音，他就产生疑心。记得我当时回信时，总是开导，说很多刊物审稿的周期很长，耐心等待。有几篇文章，先生投出去近一年才发表。当然，年轻的编辑不了解刘先生，一看庆阳师专，就放掷一边，也是常有的事。摩挲那些熟悉的笔迹，令我百感交集。2020年9月，陇东学院举行“纪念刘瑞明先生逝世三周年学术研讨会”，我因故未能参会。但在我心中，刘瑞明先生是一位令人敬重的长者，更是一位令人敬佩的学者。我和他的学术因缘绵绵几近四十年！

1979年5月，大学一年级的第一个学期，我的同学在新华书店买到了甘肃人民出版社出版的《古汉语语法常识》，署名是“钱大群 刘瑞明”，这是我第一次知道刘瑞明先生的大名。其时有年龄大的同学告诉我，说这两位出书不能署真名，这本书前年印的时候署名还是“平凉二中理论小组”，就像杨伯峻先生的《孟子注译》初版时署名“兰州大学中文系孟子译注小组”一样。后来我在先师郭晋稀先生、彭铎先生处听到刘瑞明的名字，又看到他为彭铎先生《潜夫论笺校正》写的书评，对刘先生略知一二。1988年12月，我把习作《汉武帝时代，中国文化的大转折时代》寄给《庆阳师专学报》，不久就得到刘瑞明先生的信，他说要把这篇短文编到1989年的第二期。这是我和刘先生的第一次书信交流，我才知道他还兼任学报的编辑工作。从此以后，我们之间就有了书信交往。

1993年，我的第一本书《敦煌赋校注》交由甘肃人民出版社出版，这本书的责任编辑是我的学弟韩慧言，他把书稿发送庆阳印刷厂排印。当年庆阳印刷厂刚刚引进电脑排印，《敦煌赋校注》就成了该厂第一部从铅字排印改为电脑排印的书。当时电脑字库中的字比较少，像敦煌写本中的俗字很难找到。于是我就到庆阳印刷厂，和排印工人一起在硫酸纸上写出生僻的字，然后剪裁成小方块，粘在胶版上。在西峰期间，我抽空拜访了刘瑞明先生，在先生狭窄的书房兼卧室中，他给我讲他的学术研究。讲的内容大都忘记了，在简略的日记中记下了他对读书的基本看法。他说读书切忌望文生义，一个词在某篇文章中讲得通，并不一定正确。一定要顾及上下文，顾及当时相关文章中的用法。当时我正在读系统论的文章（20世纪80年代学术界流行的"三论"），心想这就是系统论的方法。他陈旧的书桌上堆满了稿纸和翻开的书，其中《敦煌变文集》上下册特别破旧，我拿起翻了一下，发现天头地脚上密密麻麻写满了批语，心想先生此书不知读了多少遍！

1994年秋，《敦煌赋校注》出版，我给刘先生寄去一本，一个月后就收到他撰写的评介文章，对这本粗疏的书多所肯定。这篇文章，《刘瑞明文史述林》没有收录，我在这里把重要段落移录如下，以见先生读书之认真，对后学提携之不遗余力。

> 伏俊琏同志的专著《敦煌赋校注》已于1994年5月由甘肃人民出版社献世。这是继《敦煌变文集》《敦煌歌辞总编》《王梵志诗校辑》之后，敦煌文学的第四部作品总集。
>
> 一
>
> 敦煌赋的移录、整辑、校注研究，从清末到现在已是八十多年的历史了。已有的论著实在不少，本书不主一隅，尽量辑录。虽不能说已经无遗，但作者却是以为当日竞相参加讨论之功不可不彰，因而想要野无遗贤的。于是我们看到在敦煌赋的研究方面，也是人人自以为怀瑾握瑜，枯木朽株也所不免的热烈景况。这一方面显示了敦煌赋本身的学术价值，同时也显示了本书在学术史的兼顾方面信息量大、资料性强的优点。
>
> 学术毕竟是严肃的事。人人探骊，未必个个得珠。即令是名家之见，也往往歧说纷纭。判断优劣，决择正误，不仅要有学问，还要有胆识。本书不因人废言，不依名取准，择善而从，取长补短。于是我们又

看到智者或有一失，愚者或有一得，专家学者同一般爱好者研究者相互推助补益，而使学术研究发展提高的规律和前景。以下先就校勘方面的择优和补说举例说明。

《酒赋》："为听十拍黄花酒，打折一条白玉鞭。"他卷或作"十条"，潘本作"十百"，张本、任本作"十拍"。伏书肯定"拍"字，以与下句"打折"意相合作证。又说"百"是"拍"的缺泐。"条"因下句而衍。正误之由，各得其所。

《三月三日赋并序》："潘尼已向天泉渚。"会校本作"天渊"，并以为唐写本因讳"渊"字而改为"泉"。初看起来，这是很可令人信服的。但伏书言：正应作"泉"，会校本的"渊"字实是误字。因为：《续古文苑》卷三隋李播《天文大象赋》："天渊委轮于南海，狗国分权于北曲。"苗为注："天渊十星，在鳖东南。一名天泉，主灌溉。"《史记·天官书》："以十一月与氐、房、心晨出，日天泉。"同一星系而异名，仅以此而言，本无正误之分。伏书又言此句中"天泉"却非星名，而是地名。《初学记》卷四潘尼《巳日》诗："霭霭疏圃，载繁载荣，淡淡天泉，载渌载清。"又戴延之《西征记》："天泉之南，有东西沟，承御沟水。水之北有积石坛，三月三日御坐流杯之处。"可证校句中正是系于三月三日祭祀兼宴游的天泉之地名，在洛阳的东南。伏书双管齐下而言："此'天泉'误作'天渊'之由，然不由避高祖讳也。"言之有理，持之有故。

《驾幸温泉赋》："或获(攫)取盘□□(古髓)，又剜取女娲榱。"潘重规录为"又□取□攘"，校记言："缺字女旁完整，残余点画似娇字。攘，疑娘字之误。"显然把自成一字的"女"误成另字的左旁，遂使句缺一字而未察觉。伏书仔细辨认缩微胶卷而确，并说："潘氏读原卷在拍摄胶卷二十余年之后，盖原卷较二十年前又有缺损。"推情言事，令人有感，已超出一字的校勘。对于"榱"字，又引《洛阳伽蓝记·菩提寺》："作柏木棺，勿以桑木为榱。"而言"榱"字应即《说文》"镶，作型中肠"义。

《天地阴阳交欢大乐赋》："是时也，徐妃核袋而羞为，夏姬掩屎而耻作。""徐"字，叶本录为："尸"字框中套一个"徐"字；"妃"字录为：草字头、臣字底，中间是近似的"大"字。校记言："二字不知何字之误，以下句夏姬作对，当是人名。"伏书言："今核原卷，二字重叠书写，模糊不清，细审之，有'徐妃'字样，墨迹较轻，或为原卷红笔接改者。"可以相信"徐妃”必是原文之确。而叶氏如知,也会遗憾当日他对此确校失之交臂。因为“徐”字已是唤之即出,而第二个字中类似“大”字的笔画仍是“徐”字右上角的干扰,其中的“臣”字分明是“妃”字误为“姬”字而涂抹未尽。

《韩朋赋》“卓齿取血”的“卓”,刘坚说应校为“凿”,项楚说是“筑”的通假字,义为捣。但无论是齿或捣齿,又能流多少血而可写成十六字的一首诗?因而刘鸣凯另议句是“卓齿咬指取血”的省说,而“卓”是“着”字的借字,义为“用”。并指出《孟姜女变文》两次言“咬指取血”。伏书采纳后者的事理和句意,而又不用其校,另议“卓齿”或是“嚼指”,并从音韵上作了证明。

同文“且作私书”的“私”字,多有校者言原卷中字的左旁或为提手,木旁,而右旁是“台”“召”或“多”。潘重规因校为“招书”和“移书”的异文,以为同“私书”部可讲得通。伏书言,“招书”是招降之书,“移书”是平行官署间的公文,“私书”却是男女间情书,相去甚远。各卷该字左旁统一都是“禾”,右旁或为“厶”“幺”,这正是六朝以来碑刻中“私”字的俗体,敦煌书卷中承用。文意和本字两相契合。

笔者于《变文集》的俗赋也曾有若干校勘刍议,但并未睹原卷。伏书对笔者的意见既有采纳,也有否定而当,使我知误信服的。《韩朋赋》中“朋身为主,意欲远仕”,《变文集》录为“用身”,项楚校为“母身”,但说母亲让儿子出仕大违文意,我又校为“自身”。伏书言原卷实是“朋”字的俗写,被误认录为“用”。“内自发心”句,我议校为“如同剜心”,伏书在采用的同时言,惟“内”字不必改为“如”,“内”指胸内。“开书向卜,怪其所以”中我议校为“所异”。伏书指正:“所以”表原因,亦通。正由于笔者读伏书多获教益,情不自禁草撰此文以为鼓吹。

敦煌书卷中多有生僻字、俗体字、草书字、通假字、讹误字,难以辨认作校。本书即从各种特殊字书、六朝以来碑刻俗字、草行书规律、音韵学规律、敦煌书卷讹误校勘规律等许多方面,综合考虑,仔细分辨,绝大多数认得准。这种字例叙述起来比较费笔墨,排印尤为不便,就容不具体示例了。

二

赋到了唐代,题材内容大为广泛,同时也就具体而微。一事一物、一地一俗、一情一态，有极为专门而偏狭的，不在传统文字、甚至不在正统文化范畴之内。当日作者肆意搜罗事典，方便节缩文字，千年之后，往往难知原委出处。《天地阴阳交欢大乐赋》《丑妇赋》的这种特点尤为突出。本书的注释因此便有相适应的变化。

《天地阴阳交欢大乐赋》以男女性事为题材，是民间性文学作品，向属忌讳。但是此文一经叶德辉著录披露，海外即视为性文学和性科学研究的珍贵文献。伏书是对它的首次注释，比较全面而细致。不避忌讳，迎难作释。不是泛说大意，而是同古代性学典籍联系起来，引述《素女经》《洞玄子》等的相关内容。这样，使那些如同专业术语的一些词语，释得直接、准确，而且以少知多，由点知面，使一般读者相对地了解到这方面的背景及相关的情况，也就是说这已超出孤立地简单地释词义，而更实惠。这种情况就无需例说了。

《丑妇赋》以极度夸饰而诙谐的放大归谬笔法铺写，从某种意义上来说是不道德的恶作剧，但并不系于生活中的人，不属可讥。毕竟近当代极少见此类作品，而需从美学上给读者予以引导。本书便从同题材的其他作品援引相类似的文句，供读者参比。多见不为怪，加深了领会，增添了情趣，潜移默化，对这类文学现象就可能会有个理论上的深入认识。可以说这种独特的注解，在读者艺术欣赏方面有微妙的助读提高作用。

例如对"帕飞蓬兮成鬓"句，引有《敦煌变文集·丑女缘起》："头如研米槌，发如掘扫帚。"又引刘思真《丑妇赋》："发如驴毛一支支。"

又如："有笑兮如哭，有戏兮如嗔。眉间有千般碎皱，项底有百道粗筋。贮多年之垢污，停累月之重皴。"引《齖魺》："嗔似水牛料斗，哭似辘轳作声。"刘思真《丑妇赋》："履中如和泥，爪甲长有垢，脚皲可容箸，熟视令人呕。"

又如："豪豪横横，或恐马而以惊驴。"引《丑女缘起》："门前过往人多，恐怕惊他驴马。"又引《孤本元明杂剧·女姑姑》："驴见惊，马见走，骆驼看见翻跟斗。"读注至此，有很多人会笑得捧腹的。

本书对事类典故的揭示也是多有新发的。以《元正赋》为例，起始就是一连串元日典故的排比："若夫四时定制，三元启正。无许都之日蚀，值荆州之雪平。风云淑畅，宇宙融明。磔鸡厌役，悬羊助生。赵国则庶人鸠献，汉郡则治中鹤惊。"伏书对"无许都之日蚀"设注是：

《三国志》卷二十一《刘劭传》："刘劭字孔才，广平邯郸人也。建安中，为计吏，诣许。太史上言：'正旦当日蚀。'劭时在尚书令荀彧所，坐者数十人，或云当废朝，或云宜却会。劭曰：梓慎、裨灶，古之良史，犹占水火，错失天时。《礼记》曰：'诸侯旅见天子，及门不得终礼者四，日蚀其一。然则圣人垂制，不为变异豫废朝礼者，或灾消异伏，或推术谬误也。'彧善其言。敕朝会如旧，日亦不蚀。"

对"磔鸡"两句设注是：

《艺文类聚》卷四引裴玄《新语》曰："正朝，县官杀羊，悬其头于门，又磔鸡以副之，俗说以厌疠气。玄以问河南伏君，伏君曰：'是土气上升，草木萌动，羊啮百草，鸡啄五谷，故杀之以助生气。"

对"鸠献"的设注是：

《太平御览》卷二十九引《列子》曰："邯郸之民以正月之旦，献鸠于简子。简子大悦，厚赏之。客问其故，简子曰：正旦放生，示有恩也。"

对"鹤惊"句作注是：

此句用典不详，疑用卢耽事。《艺文类聚》卷四引邓德明《南康记》曰："昔有卢耽，仕州为治中，少学仙术，善解飞腾，每夕辄凌虚归家，晓则还州，尝元会至晚，不及朝列，化为白鹄，至阁前徊翔欲下，威仪以帚掷之，得一只履。耽惊还就列，内外左右，莫不骇异。"

此事中，治中、元会、鹄、惊四端与赋句所言都相吻合。然而主要的一项，即卢耽是晋人，则同"汉郡"不符，伏书终还有疑是对的。笔者以为兼用王乔"双凫"典故，出《后汉书·方术传上·王乔》："王乔者，河东人也。显宗世，为叶令。乔有神术，每月朔望，常自县诣台朝。帝怪其来数，而不见车骑，密令太史伺望之。言其临至，辄有双凫自东南飞来。于是候凫至，举罗张之，但得一只舄焉。乃诏尚方诊视，则四年中所赐尚书官属履也。"《太平广记》卷六"王乔"条辑有《仙传拾遗》所记相同。赋中所言的"汉郡"非专名，无此专名，而是泛说，犹言汉地、汉县。《汉书·景十三王传·刘胜》："其后更用主父偃谋，令诸侯以私恩自裂地分其子弟，而汉为定制封号，辄别属汉郡。"言分别属于汉朝的郡国，也不是专名。但卢耽事也在用典之中，因为实际上它正是由王乔事仿说的产物。王乔是县令而非治中，却是汉代人。卢耽是治中，却是晋代人。可见是揉合二者而用典。

又如《游北山赋》:“或饮犊而新来,乍闻鸡而始至。”会校本作“抱犊”,校记:“唐写本作‘饮犊’。按,《元和郡县图志》卷十一河南道七‘抱犊山’条:‘昔有遁隐者,抱一犊于其上垦种。’本句当用此典。”而伏书举皇甫谧《高士传·许由》:“尧又召为九州长。由不欲之,洗耳于颍水滨。时其友巢父牵犊欲饮之,见由洗耳,问其故。对曰:‘尧召我为九州长,恶闻其声,是故洗耳。’巢父曰:‘子若处高岩深谷,人道不通,谁能见之?子故浮游俗间,苟求名誉,污吾犊口。’牵犊上流饮之。”因言本句当用此典,韩校非是。按,两典各适于“抱犊”和“饮犊”,但就唐写本言,自然应从巢父事为据。

本书注释还有一个特点,就是恰切地用甘肃方言习俗为证。

《秦将赋》:“诸余衩道人皆过,只者这爪行路绝。”其中:“这爪”前未有校释。伏书以为“爪”疑是“匝”字音误,“匝”可作‘帀’(按,例略),“帀”又形误为“爪”。今甘肃方言“这匝”即这里之义。又“谷中草,山到木”句,潘重规校改为“山头木”。伏书言:“山到:犹言山口。西北土俗,常于山口植树,云有驱邪逼怪的作用。‘山到木’正谓此。今人将‘小水道’叫‘到口’‘到眼’,亦谓此意。”《酒赋》中“桑落酒”有异写为“索落”。《月令广义》说:“晋宣帝时,羌人献桑落酒,九日以赐百官饮。”而今日安多藏区还有“苏鲁酒”之名,而疑“桑落”之名或者并非因成熟于桑落之晨而来,可能是羌语的讹变而致附会。

《燕子赋》(乙)“缘身豆汁染”句,项楚校为“豉汁”,据《齐民要术》,即以骨汤煮豉而成,并以《文酒清话》载陈亚讥人面黑诗为例证:“笑似乌梅裂,啼如豉汁流。”伏书言:“豆汁”即煮黑豆的汤汁,其色深褐,至今西北地区仍很盛行,无须校改。此释守本而简捷明快,豆汁可用染色,废物利用;而豉汁是菜肴,含油腻,且费事,不会用以染色。

《丑妇赋》:“以犊速兮为行,以屈淬为跪。”两句都难理解。伏书以为“屈淬”即“屈戌”的音变。因都是物韵字,句言丑妇跪倒时如合叶之折叠。在另无高明之解时,这也很可助读,笔者还欲补成其说。今陇东方言称屈戌,音变为“窟(或屈)水”,“淬”与“水”音近。又形象地称为“老鸦嘴子”,但都专指旧式铁制的用以挂锁的环钉。它的两股要分开成直角屈伏,用以喻丑妇坐跪动作的拙笨和两腿分开的难看。鲁迅《故乡》中以“圆规”来形容杨二嫂双腿细长叉分难看，也见古今的同一机杼。

敦煌文学作品曾流传于甘肃，受陇上方言风俗的影响在所难免。舍此不论，属于北方官话的甘肃方言，同赋作者的方言母语也会有相同或相近的。利用甘肃方言风俗来研究古代作品，同时也显示了甘肃方言和民俗研究的意义而会有所推助。这种方法甘肃学者也不够注意，因而本书带有开拓的启示性……

三

敦煌赋中的李善注《文选》残卷的意义不在于曾被埋没的作品重被发现，而在于是迄今所知的最早版本，尤在于同今本有很多不同。换句话说，不在于文学或文章，而在于文献和文物性。就以伯2528号卷《西京赋》残文而言，当年刘师培喜言“乃李注未经紊乱之本也”，蒋斧惊呼“可正今本之失，其可贵不待言”。

但前辈学者对这些卷子的校勘研究仍多粗疏失误。主要是作个体性的异同叙述指说，而且带有散在性或随机性，有见则言，无见则阙。很少作总体的规律性的概括，即或言及，也是片言只语，见树木而不见森林。伏书在前贤启示开拓的基础上，求全求详，打歼灭战，毕其功于一役。因而补漏纠误，或补力证，发明甚多。又综合讨论，总结规律，提纲挈领，有从残卷断文而知李善注本全书体例及相关问题正误或原始的良效。本书以六分之一的篇幅为此《西京赋》残文详作校注，亦见对此卷的重视，可见下功之巨和所得之多。对于伏书就具体文句的校勘对比，此不详及，只就后一方面的成就做简要解说。

本书《前言》中说：“李善注的单行本，世所罕传。现在所流传的李善注本，是后世从六臣本提缀分割而出的。合刊之时，正文分节已经不同，注文分布亦多羼杂；提缀辑集时，前后错乱，改旧致误者更是夥多。清代学者为了恢复李善注本的原来面目，详加考证，成绩卓然。然肊说尚多，聚讼纷纭，难以折中。……我们可以依据唐写本探讨李善注的体例，体例既明，今本讹误之处自然就显露出来了。”伏俊连同志当仁不让，明确地把探讨李善注本体例作为自己的目标。

李善注的体例，伏书是随所显示的文句一一叙述的，这使该项体例及每一具体文句相得益彰。因受《敦煌赋校注》本身体例的限制，李善注体例的系统或大局便未能汇总排列，今试为归合以求醒目。体例有两方面，即引用旧注和李善自注。

引用旧注的体例，李善在《西京赋》“薛综注”下已有交代，见于今本：“旧注是者，因而留之，并于篇首题其姓名。其有乖谬者，臣乃具释，并称‘臣善’以别之。他皆类此。”所谓“他皆类此”，即有的文章并无专注著作，是李善从各种散见的著作中引来的注释，即《甘泉赋》对作者杨子云的简介之后附言：“旧有集注者，并篇内具列其姓名。亦称‘臣善’以相别。他类皆此。”对于这种体例，伏书是用唐写本以证其始终，并由此来显示今本违例而讹的各种情况。

《西京赋》专用薛综之注，薛书已佚。今本薛注体例显得杂乱，伏书又从唐写本对校中理出薛注原来的体例，从而和李善的自注各有标志，今本的混讹或脱漏可区分而有所归补。

关于李善自注的体例，伏书所揭明的大端如下：

一、先释义、后注音。有几个词同释时，或者依次先释字义，然后依次注音。或者依次对每一字词先义后音。

二、释义都征引经史传注，示明所据。

三、李善自己的解说，都冠以“然”字或“言”字，即“由此可知”“说的是”之意。

四、释字词典故，而不释句意，即述而不作。

五、引用字书、注书，以时间先后为序。

六、引《诗经》皆称“毛诗”。有称“韩诗”者，实是《韩诗外传》文句，并非《诗经》本文。

七、引书只称书名而不及篇名。

八、引书多有节缩。

九、对“重见从省”的原则未曾贯彻一致。《西京赋》注中说：“凡人姓名及事易知而别卷重见者，云见某篇，亦从省也。他皆类此。”即一个要注释的词语，只在首次出现时设注，重复出现时，注文只是简单交代已注于某处。伏书言：“综观李氏全书，此例并不严密，有同卷省者，有同卷不省者；有同篇省者，有同篇不省者；有隔卷省者，有隔卷不省者；有一例数见而前省后不省者，或前不省而后省者。不免自言而自违之矣。”对此，过去的研究者往往归之于五臣本与善本之合并。伏书指出唐写并未窜乱，却也如此，因为《文选》繁巨，设注量大，难免有前后照应不周的。仅据此，难以定说注文的混讹。

且举几个例子，为排印方便，注文之前特加“[注]”以示区别。

“徒观其城廓之制，则旁开三门，参途夷庭；方轨十二，街衢相经。[注]面三门，门三道，故参途。途容四轨，故言十二轨。轨，车辙也。夷，平也。庭，犹正也。”

伏书指出，今本在“犹正也”后还有以下四十九个字：“善曰：方，言九轨之途，凡有十二也。《周礼》曰：营国方三门。郑玄《仪礼注》曰：方，并也。《周礼》曰：国中营途九轨。《西都赋》曰：立十二之通门。”伏书疑“方……十二也”非善所注，而是后人窜乱者。因前面薛注已把“方轨”等讲清，无需重复。且所注未言引自何书，不合李注体例。又言上海古籍出版社《文选》把此句标点为：“《方言》：九轨之途，凡有十二也。”使人以为合体例。但《方言》中并无此语，也不合《方言》释词体例，标点尤误。

“戴翠帽，倚金较。[注]翠羽为车盖，黄金以饰较也。”

伏书指出，今本接着还有：“《古今注》曰：车耳重较，文官青，武官赤。或曰：车蕃上重起，如牛角耳。”伏书言：《古今注》为晋人崔豹著，薛综是三国吴人，略早于崔氏，引用它的可能性不大。今本薛注所引《古今注》，唐写本或无，或在善注之中。此既可证今本薛注中所有者为后人窜乱，又可证《古今注》确为先唐典籍。有的学者认为《古今注》是摘引后唐马缟《中华古今注》而成，唐写本可证此说属误。

可见伏书在这些方面的细致准确，可见由校句而归体例，又以体例统校句的双兼而周密吻合，并且触类旁及，对其他一些争议或讹误也有益言。这既是继传统文选学成就而又有发展，显示了敦煌学丰富的含蕴和促进多种学术的价值。

同任何一部校勘专著一样，本书在校注方面尚有一些可商讨或不足之处，限于篇幅，笔者将另撰文申述。

一部古籍整理的书，读起来很费精力。刘先生在教学科研很忙的情况下，只用一个月的时间，就通读了拙著，写出了万字长文。另外，刘先生还写了数千字的校读笔记，指正或补充了数十条《校注》的错误和不足。看着刘先生反复酌情修改的手迹，不禁令我潸然鼻酸！

此后，我和刘先生经常通信，商讨学术。他每次来兰州，都要来我家，由我陪着去拜访郭晋稀等几位老先生。大约2012年，我们的通信改为电子信箱，我粗粗统计了一下，计有30多封电子邮件。

刘先生是中国民主促进会的会员。2000年冬，民进庆阳市工委给刘先生举办了“刘瑞明教授学术成果展览”，我当时忝为西北师范大学中文系系主任，曾发信表示祝贺。这是发自内心的祝福，幸亏在一本资料中找到，现抄录如下：

> 得知将举办“刘瑞明教授学术成果展览”，我认为这是件非常好也非常必要的事：大学之所以名叫大学，我想主要是由于它有大学者、大学问在其中。
>
> 数十年来，先生在图书资料、学术信息均难人意的情况上，潜心学术，笔耕不辍，在语言文字学、敦煌学、民俗学等学术领域，发表了数百篇高质量的学术论著，解决了一系列学术难题，受到了国内外同行的关注和好评，产生了广泛的学术反响，因而也确立了先生的学术地位：先生不仅是我省汉语言文字学界首屈当指的专家，而且是国内有影响的学者。先生的学术成就，大大提高了庆阳师专在国内外的知名度，为我省学术界做出了应有的贡献。
>
> 先生发表的敦煌学的论著，我大多拜读过。觉得其精凿之处，不一而足。先生的文章，一个一个地解决具体问题；每一个问题，都是对敦煌学学科大厦的建构贡献了高质量的砖瓦。纳须弥入黍米芥子，寓义理于考据文章。饫饮大义，裨益良多。这样的学术研究，最富有生命力。且立意必经深入思考，引证必标出处，雷同一定删汰。这种治学方法对矫正当前比较浮躁、轻率甚至剽窃、抄袭的恶劣学风有很大好处。

2012年11月，《刘瑞明文史述林》由甘肃人民出版社出版，全套书由“谐音造词法论集”“词义论集”“泛义动词论集”“词缀论集”“汉语人名文化”“敦煌学论集”“文学论集”及“说神道鬼话民俗”八卷组成，分上下两册，收录相关论文300多篇，约380万字，真是皇皇巨著！2013年4月，在兰州举行了首发式，刘瑞明先生专程从庆阳来到兰州。我也有幸受邀参加了盛典，并作了发言，深感荣幸！当时刘先生虽已年届八旬，但气色很好！会议间跟我谈起他的研究计划，说到已经完成的论著，还有正在撰写的文章，兴趣浓浓，信心满满。先生的高产，先生的执着，先生的充沛精力，令我感动！我感觉先生正处在学术高峰期！会后，先生的高足周奉真学兄发来他的大作《刘瑞明先生〈文史述林〉首发志喜二首》：

硕儒才俊汇金城，华屋谠论雅兴生。
喜看雕龙三百卷，漫言攻玉九千程。
青春无悔新诗赋，皓首钟情旧学盟。
八十桑榆风景好，凌云健笔老更成。

念兹在在四经春，般般难酬传道真。
昔年执书瞻讲座，满堂含哺咀精醇。
一从风雨门墙老，八秩先生白发新。
今日相逢频逞酒，不言桃李感陶甄。①

参加了盛典，又读了奉真先生的诗，我也颇有感慨，凑了七言八句，表达此时此刻的心情：

奉读新篇百忘劳，真将渊旨质风骚。
西峰突起潜夫在，泾水蜿蜒崆岳高。
三代正声传雅颂，千年佳味数蟠桃。
公刘绪业君挺健，字体诗情日日豪。

先生是平凉人，平凉的崆峒山据传是黄帝问道广成子之地，早在《庄子》中就有记载。而西汉祭祀西王母的遗址，在泾河之滨有出土。改革开放初期，先生到庆阳师专中文系工作，便一心投入学术研究。庆阳本是周王朝发祥之地，地理上处于黄土高原的腹心，屏障汉唐文化的核心地区关中平原。先生生于斯，长于斯，从小善于思考，又爱提出疑问，具备学者深思多疑的特点。虽经受了很多磨难，但对学术的执着一生未衰。

刘先生回到庆阳，我们的通信更多了。他说有两部比较成熟的书稿，让我联系出版，一部是《山海经新注新论》，另一部是《敦煌神秘文化研究》。我知道，这是先生对我信任，也是重托，我当不遗余力完成。《山海经新注新论》是一部100多万字的著作，我便联系了甘肃文化出版社。在甘肃文化出版社的大力支持下，这部近110万言的大著终于问世了。责任编辑李浩强同志，工作非常认真。刘先生当时身体尚好，认真校对了两遍。2016年暑假，我拿到了此书的样本，橘黄色的封面，温馨而大气。捧着厚厚两大册书，我感到非常欣慰。而《敦煌神秘文化研究》的出版还没有着落，一个重要原因是，本书大量利用敦煌写本的材料，还需要进行核对，这需要大量的精力。

2016年9月9日，是刘先生发给我的最后一次信，内容是讨论他对《穆天子传》的一些看法。此后，再也没有收到他的信。2017年的春节，周奉真先生告诉我刘先生病了。当时我想，先生已经83周岁了，有点小恙也属正常。没有想到，仅仅过了三个月，他就永远离开了他挚爱的学术研究。

刘先生的十多部著作和四百多篇论文，铸就了一座巍峨高大的学术丰碑，学术界已经有诸多评述。其研究方法，先生的“夫子自道”最为朴实真切而耐人寻味。他在《刘瑞明文史述林》自序中说：

> 我是从中学语文教学研究即备课与批改作文的功力起家的，旁岐到敦煌学，再深入到汉语研究，特别专及了方言词汇，又延伸到古代文学，特别是很少有实质性研究的志怪文学。还写成了各90万字的《中国神话传说精怪详释词典》与《山海经新注新论》两部书稿。后一部书稿充分论证了《山海经》是性文学的新见。
>
> 我的研究爱好虽然范围广泛，四向出击，但大基础与核心仍然是语言学。语言文字是各种文化普遍的载体，凡是文字记载而有难解之处，都有语言学用武之地。人类对足下地球的了解，远不如对遥远天空的了解，对自身语言、疾病与性别形成的了解远不如对客观世界的了解。我们对汉语与汉语文化不解或误解的还很多，汉语研究海阔天空，大有用武之地。

科学研究就是认识世界，认识世界的核心是思维，语言是思维的呈现方式。抓住了语言，就是抓住了人类认识事物的关键。这是刘先生对自己研究方法的总结，也是他能够取得如此丰硕成果的奥秘所在。刘先生是一个学术上“多疑”的人，他的善于发现并提出疑问，总是从语言入手。而著名学者赵逵夫先生的评价最为通达：

> 总的来说，刘瑞明先生的论文中多有新说、创说，不同于一些人的陈陈相因、综合他人之说以成文。当然，学术研究是无止境的，有很多问题要不断从各个方面探索，以期得到最佳答案。古代社会既已成为过去，留下了一些著述的古人既已死去不能复活，我们无从执书而问之。我们对一些疑惑的解决，也就只有联系其他文献、联系社会文化知识来破解。仁者见仁，智者见智，看问题的角度不同，所依据的知识与社会经验不同，答案也会有不同，学者们也只能在相互比较中，以材料充分、论证严密、各方面无所抵触挂碍为是。收入集子中的刘先生的论文，反映了他几十年中努力不懈的探索、思考，新见迭出，无论怎样，总

是对一些问题的解决提出新的材料或新的思路,提供新的答案,这是可贵的。同时,其中不少论文的结论引据可靠的材料,逻辑推理严密,显然胜于前说,使人茅塞顿开。(《刘瑞明文史述林》序)

据我所知,刘先生还有一些已经完成或尚未完成的著述。这些著述是先生的心血所系,我希望先生的家人承担起责任,在刘先生友朋的协助下把一些有价值的著述公开出版。整理先生遗稿,家人有义不容辞的责任。不管学什么专业的,我想只要中学以上学历者,都是可以承担此任的。这是对老人最好和纪念,也是最大的孝心。我举几个当代学人的例子:蒋礼鸿先生去世后,他学理科的儿子整理他的遗著,搜集他的书信,辨认考释,令人感动。汤炳正先生的长孙本是机关干部,但他勇敢地担起整理先祖学术著述的重任,一点一点地学习,从不懂到懂,从外行到专家,经过多年的不懈努力,先后完成了《汤炳正评传》《章门弟子承传世系》,整理出版了《楚辞讲座》《书法讲座》《汤炳正书信集》《语言之起源(增补本)》《汤炳正先生编年事辑》等著作,令人敬佩。再举我们甘肃的例子,古浪县有位中学教师朱芳华先生,因为他是先师李鼎文的学生,我和他也多有交往。朱先生过世九年后,有一位在古浪县文化部门工作的朱海峰给我来电,自报是朱芳华先生的儿子,他要编辑其父的文集。朱老先生生前曾对他说,编了文集最好请我写序。作为儿子的他一直把这件事记在心上,搜集遗文,广泛联络父亲生前好友撰写文章。后来他从古浪专程到兰州,带着古浪"挂面"来看我,兑现他对父亲的承诺,或者说完成父亲的遗愿。这是对传统"孝"文化的最好弘扬。我想起了另一件事:也是我交往二十多年的前辈学人,多年前,他得了绝症,我去看他。当着我的面,他叮嘱儿子,他走后让我给他写篇墓志。老人的殷殷嘱托,我一直记在心上。他去世后,我重新读了他的几本著作,一直准备相关材料写这篇墓碑。但七八年过去了,再也没有见到其儿子的身影。人一走,茶就凉,亲如父子也难免,令人感慨!刘瑞明先生是大学者,他的著述那么丰富且有价值,希望他的遗著不要散佚。

2021年7月28日

[注释]

①此为周奉真先生的修改定本,见《此身未忍负流光——默缘堂廿年吟草》第131页。当年周兄给我的原稿是:"时彦宿耆聚金城,华堂谠论雅风生。喜看雕

龙三百卷，漫忆钩玄五十春。青春无悔堪作赋，皓首有情妙解经。八十桑榆景正好，笔思未钝老犹争。”“念兹在兹四经春，殷殷差还道业恩。昔年执书瞻讲座，满堂含英坐春风。一任风雨门墙老，八十先生白眉生。今日相逢一杯酒，不知人间有青云。”与定本相校，异文较多。从稿本到定本，可以看出作者对作品的字斟句酌和反复推敲，在表达情感和韵律方面更加准确。我近年特别留意古今学者文人的稿本，那些修改涂抹之处，是了解作者心灵世界最珍贵的材料。

（伏俊琏，西华师范大学国学院院长、教授。）

我认识的刘瑞明老师

赵继成

听到刘瑞明老师去世的消息，不由心头一怔，似有一种被突然掉下的重物砸在身上的感觉，一时有点不太相信。不久前我还与赵鲲谈起过刘老师，以为像他这样的身体状况，不至于走得这般突然。但经过核实，刘老师的确于今年初春离世了。因此只能放弃原来预想的与他再次畅谈的热望，把一切与他有关的东西都收入记忆的囊袋中去，舍此还能有什么可与他“沟通”的呢？

一提起刘老师(请允许我用习惯了的称呼)，我与他之间的交往可以说长，也可以说短，可以说深，也可以说浅，真的不好说。可思来想去，还是不能不说，因为他是我有限的堪称神交的良师之一。

说起与他交往之长，我是自20世纪60年代在平凉二中读初中时就认识了他，粗算起来已逾半个世纪，你能说不长吗？说它短，盖因种种原因的限制，我们之间只能算认识，却极少能在一处交谈。几十年间只见过几次面，谈话也没超过半日之久，你能说它不短吗？说它深，我只能以为我们之间在精神上是相通的，在爱好与追求方面有较多的共同之处。更为难得的是，我把与刘老师之间的这种神交传到了儿子赵鲲身上。在他离世前的三年中，他们之间已经保持了书信往还与互赠书籍的跨代之交，你能说还不够深吗？要说浅，那是指形式上的浅，即彼此之间在一起相处的时间极其有限，好像生活在两个星球上一样。

为什么会这样矛盾而又复杂呢？大而言之，都因生活的制约，不得已而为之；小而言之，也与自己的怠惰和自卑有点关系。好在老师已归道山，苟活者还得苟活下去。只有把对老师的深怀之念付诸笨拙的笔端，奉献于逝者的灵前。倘若老师泉下有知，知道这一世还有一位算不上学生的学生时刻还想着自己。

我在平凉二中上学时刘老师已在校任教，但没有给我教过一节语文课。初中三年，给我教语文课的分别是初一张云峰、初二钱大群、初三王宗仁三位老师。至于刘老师给哪些班级教课，我已全不记得，只知他也是教语文的老师。初中毕业(1965)后，我考入平凉一中高中部。1966年，我想当工人，结果没当成真正的产业工人（工厂里的工人），却当了个整天打地、和泥、搬砖头、修平房的小工。年末，我被下放到了农村。为了把户口再转成城镇户口（农村高中生的户口可以转入学校，吃供应粮），我又回到了平凉二中。这时经常能见到刘老师，但是见了面什么话也没说过，只是相互微笑而已。

1969年9月，我幸运地被一个工厂招去当了一名真正的产业工人。这个工厂在兰州市西北120公里的一条偏僻的山沟里，离平凉已超千里之远，因此再也见不上刘老师了。

20世纪70年代末，省内语文教育界出版了一本及时雨式的古汉语语法类的小书，竟然是刘老师和钱大群老师合著的。我想这两位老师的水平太不一般。因为出版著作的多是大学教授之类的专家学者，普通中学教师能把课教好就很不错了。从此刘老师在我心目中的地位像火箭一样升了上去。我又暗自叹息当年错失了求教的良机。

1980年夏，我从张掖师专（今河西学院）中文系毕业回到平凉，被分配到五中教语文。但刘老师早已调到庆阳师专（今陇东学院）去了，又与他失去了交往的机会。大约在20世纪80年代中期，学校里来了一位名叫刘有华的英语老师。不久，才知道她是刘老师的大女儿，于是又从她那里了解了刘老师的大致状况。据说刘老师在当时庆阳师专中文系教古汉语课，且常有论文发表于各种学术刊物上，早已成了省内颇有名望的专家教授。我自然也为刘老师取得的成就高兴不已，因为多少也能称为他的学生。由此也生出一些感慨，以为他能从平凉二中调入庆阳师专，当是一生事业与成就的关键所在。倘若让他一直待在普通中学，或许就不会有今天的成就。

1983—1985年，我在甘肃教育学院进修本科。毕业后，继续任教于平凉五中。不久，收到正在庆阳师专进修的同事石三信老师捎来的刘老师给我的一封信，信封上写着“赵继成同志收”。信不长，只有短短数行。因是我保存的刘老师唯一的手迹，我把它抄录下来，以窥见我们之间的真实交往：

> 继成同志，知你进修结束返校，在《平凉报》上读到你关于《帝王世纪》的文章。又多次听到石三信介绍你勤读以及意欲著述，我很高兴。希望你持之以恒，继有文笔问世，逐步实现所愿。
>
> 我的女儿刘有华到你校当英语带课教师。她年幼无知，孤身无依。请你留神一下她的工作，领导及同事们对她的印象。必要时请给以指点批评，帮助。背井离乡的我对你是很感谢的。

你若有事，或者关于读书学习的什么，可以给我来信。

即问教安。刘瑞明

内容一看便知：一是鼓励我继续努力去实现所愿；二是希望我能就近照顾他的女儿。现在看来，我做得都很不够，有负老师期望。每次重读这封信时，内心的愧疚之感油然而生。其实刘有华原本就很优秀，工作能力较强，在同事和领导的心目中也是一位比较优秀的英语教师。在我的印象中，女儿的才气虽然逊色于其父，但口才比刘老师强得多，一口气能连续说好几句，中间都不停顿。这正是当教师的优势之一。

我与刘老师在一起面谈是在收到这封信的半年之后。有一天我正要出门，竟然在校园内碰见了他。他说自己从庆阳来平凉，刚从女儿那儿过来，准备来见我，没想到就碰见了，真是太巧了。他的小女儿名叫刘一巧，后来还在我们学校的幼师班就读。正巧我给她们班上语文课，成了我的学生，说巧也真巧不过。

我当即把刘老师请到家里叙谈了一个多小时。这次晤面是我于1969年离开平凉二十多年后第一次与刘老师会面。在二中时，他最多三十岁，而这次已过了知天命之年。但从身体和精神面貌上看去，比想象中要年轻好多。我认为这可能与刘老师沉稳内敛的个性有关系，他不属于那种喜欢张扬、卖弄自己的人，始终都能低调朴素。刘老师后来能成为卓有成就的大学者，当与其性格有着必然的联系。

在谈过一些往事与女儿的情况之后，刘老师问我最近还写过文章没有。我以为他只是随便问问，他应当知道中学教师与大学教授的区别，因为许多中学教师一辈子也没有发表过哪怕是豆腐块一样的文章，还不照样评先进、升职称。写文章在一些人眼里是自讨苦吃，是卖弄自己，因此，多数人不愿为之。但对个别人来讲，写作纯属天性所赋的爱好，像一种顽疾，我也不知什么原因害上了这种病症，长时间不写点什么，就像是身体中缺了铁或锌一样。而刘老师这次问得正是时候，原来不久前写了一篇《皇甫谧丧葬观》的短文。我之所以写这一类文章，包括已发表的有关《帝王世纪》的文章，都缘于大学期间在兰州旧书摊上买的一本20世纪50年代中华书局出版的小书《帝王世纪辑存》。先写了一篇介绍这本书的文章投给了《平凉日报》，居然给发表了。刘老师在信中提到的正是此文。于是，我接着又写了这篇《皇甫谧的丧葬观》，再投给了《平凉日报》。大概过了十多天，就碰上了刘老师，于是告诉了他。他问有无底稿，我拿出底稿。他迅速看了个大概，便建议我应投给省社科院办的《甘肃社会科学》杂志。

我当时吃了一惊，不要说《甘肃社会科学》了，连《甘肃日报》都没敢想过。

刘老师说我太保守，像这样的文章他们肯定会用，皇甫谧是甘肃人，他的薄葬观不仅在古代极为少见，即使在今天也深具超前的现实意义。我见他的态度很坚定，也知道他在多家刊物上发文很多，有一定的经验，估计错不到哪里。但我已寄给了《平凉日报》，干脆再等等吧。万一不发，再寄《甘肃社会科学》也不迟。但刘老师坚持让我寄给《甘肃社会科学》，认为即使《平凉日报》发表了，也没多大意思。我认为他讲得很有道理，同意他的建议，这是我们晤面中令我印象最深的一个话题。

刘老师走后不久，我便把这篇文章重抄了一遍，寄给了《甘肃社会科学》。然而不巧的是，就在我刚寄出二三天后，《平凉日报》发表了我的那篇文章。原本二千多字，被删得不到一千五百字，随后还收到从邮局寄来的七元稿费。大概又过了一个星期，我又收到《甘肃社会科学》寄来的退稿信。拆开一看，除了我的原稿，还夹了一封简单的信函。大意为：收到你的来稿，我们看后认为很好，决定把它排在今年的最后一期上发表。但是没过几天，在《平凉日报》上看到了你同题文章。因此我们决定取消原来的计划，退回原稿。你今后如有较好的作品，欢迎继续为本刊投稿。信的左下角署名为：王步贵。我读完后心里很不是滋味。因为自己从来没有给省级刊物投过文章，以为自己远没达到这样的水平，盲目投稿只能自讨没趣。但这次是受了刘老师的鼓励才这样做的，没想竟落了个退稿的结局，心里自然很不好受。可是一看到王步贵这个名字，又是他亲笔写的这样委婉的退稿来信，又知道不是稿子不够水准，也不是人家不愿发表，而是自己犯了一稿二投的大忌，才弄出这样的结果，还能抱怨谁呢？而写这封信的人还认识，只是没见过。原来这位王编辑和刘老师一样，是平凉一中的语文老师。虽然没有给我上过课，但我还记得他。听说他后来考取了研究生，毕业后到了甘肃省社科院，当时正是《甘肃社会科学》杂志的编辑。想必他一定不认识我。可我还能大略记得他的样子：个子不高，微胖，肤色白净红润，好像是泾川人。能收到王老师的亲笔信，也是一种缘分。因为遭遇了退稿的打击，于是不再给任何刊物主动投稿。以为投稿发表没有多大意义，自己不属于专职的研究人员，又何必去自讨苦吃。但从王步贵老师的信中可以看出刘老师的判识是没错的。

从此以后，我和刘老师很少有见面的机会，但是对于他的情况大概还是了解的。我与他的大女儿刘有华经常见面。小女儿刘一巧从我校幼师班毕业后已在庆化公司幼儿园工作。我还能偶尔在《平凉日报》上看到刘老师的文章，例如关于杜甫与崆峒的长文。

我与刘老师之间的交往虽极为有限，且平淡如水，没料到后来我的儿子赵鲲竟与刘老师成了文字之交。说来也巧，赵鲲硕士毕业后任教于天水师院文史学院，同事中有一位叫郭治峰的庆阳人，是刘瑞明老师的学生，又是刘老师大儿子刘五平的中学同学。他对刘老师十分尊敬，每逢假期回庆阳老家总要专程去探望老师。于是就向刘老师介绍赵鲲，并告诉刘老师赵鲲是我的儿子。可是赵鲲与刘老师一直未曾谋得一面，因为刘老师来平凉五中与我晤面时，赵鲲还在上小学。

令人欣慰的是，在刘老师已过八十高龄之际，赵鲲终于与他见了一面，并且互赠了书。这次难得的晤面是在2015年8月暑假期间。赵鲲从天水回到平凉，他在庆阳的好友焦定军热情地邀请我们到庆阳游玩。我们在庆阳一共待了三天，主要由小焦带着我们会见几位朋友，并参观包括博物馆在内的书画、摄影、展会、工作室等。但有一项是不可或缺的，那便是一定要见刘老师一面。

2015年8月20日下午，经朋友帮助联系，我与赵鲲终于在陇东学院老校区家属院内一栋旧楼里见到了久违的刘老师。当时大约是下午七时。进屋一看，刘老师竟然还坐在桌边敲电脑。一位个年逾八旬的高龄老人不去散步，不看电视，还在电脑上写文章，真的让我等后辈顿生愧色。其实，这也正是学人的朴素本色。他对我们父子的突然到访颇感意外，但毕竟知根知底，用不了几句话，他的话匣子就关不住了，说东道西，娓娓不倦。

不知不觉间天色已晚，两个小时一闪而逝。考虑到刘老师年事已高，不宜长聊，便提告辞之意。他也不多挽留，只是再三叮嘱有机会常来。临别之时，他吩咐妻子取出他的文集，一看不禁让我大吃一惊——眼前的精装本《刘瑞明文史述林》(上下两册)比两块砖头还厚、还重。这时他找出钢笔要在扉页上题名。只见他用颤抖的手在扉页上写了“赵鲲学友留存。刘瑞明。二〇一五年八月十二”几个字。我原以为要题名赠我，因为我才是他的学生。没想到他却题赠给了我的儿子，并且是当着我的面。他为什么要这样做？我一时还不很明白。后来细想，刘老师的意图全在于学术的继承与发展，因为赵鲲毕竟在大学工作，而我只是一个退了休的中学教师。他更明白中学教师与大学教授在学术贡献上的差别，因此赠书给赵鲲是非常合乎情理的。

在这次会见刘老师的过程中，他的妻子虽然只是初见，却似乎早已相熟。想必他们的两个女儿经常提到我们，否则不会表现得这样热情。我发现师母比刘老师年轻一些，身体也更硬朗，对刘老师的关心与照料十分周到。否则他不可能在这样的高龄还能不停地从事如此繁重的学术研究工作。

关于刘老师的学术，我尚未认真地拜读他的大作，不具发言的资格。故可略而不谈，只谈此后他与赵鲲的一点交往。

2016年中秋，天水师范学院资深教授、著名敦煌学家张鸿勋先生仙逝于天水家中。张先生在世时与赵鲲交往颇深，因此赵鲲当即写了一篇怀悼张先生的文章。网络传播之后，不想很快被刘老师看到，随即来电向赵鲲借阅张先生给赵鲲赠送的一本《准谈风月》的小书。这是一本专谈性学的书，作者是上海交大教授、科技史家江晓原。张鸿勋先生虽专治敦煌学，但晚年对性学亦有佳趣。他在西安买了两本《准谈风月》，特意给赵鲲送了一本。赵鲲在文章里提及这件小事。刘老师看到后便提出借书的要求。后来我们得知刘老师花大力气研究《山海经》，他认为《山海经》实为性学奇书，因此缘故他才向赵鲲借书的。赵鲲接电之后第一时间便将《准谈风月》这本书转赠给了刘老师，他明白这本书对刘老师学术的意义。后来，刘老师还曾托郭治锋向赵鲲借过《李商隐研究资料汇编》，并请赵鲲将其代表性的论文和著作寄他一阅，看来他对赵鲲的学术工作也有兴趣。然而，令人遗憾万分的是，在赠书之事发生还不到一年，刘老师竟然撒手人寰，弃我们而去了。不过还有一事更需提及，就是在刘老师去世的两个月前，他托郭治峰把刚出版的两大册《山海经新注新论》转交到赵鲲手里。我在赵鲲的书柜里看到此书时，内心充满了无比的激动与感伤。一想到这样一位重量级的学者、我的老师、儿子赵鲲的学术之交已经永远离去的现实，禁不住一行热泪洒在了他的遗著之上。

写到这里，我觉得已无话可再说，尽管心中充满无法言说的崇敬之情，却也无法改变人终归要离世这一现实。暂且苟活的友人，唯愿牢记昔日的友情才是。

最后，再次向远逝的刘瑞明老师表达我这个晚辈无比深厚的敬意！

2018年初于平凉

（赵继成，中学退休教师。）

纪念刘瑞明教授三题

连登岗

刘瑞明(1934—2017),生前系庆阳师专(今陇东学院)教授,曾兼职西北师大文学院教授、安庆师范学院文学院教授,是甘肃省及至全国有较大影响的汉语言学专家。平生系心学问,刻苦钻研,奋力著述,著作等身。在语言学研究道路上勇敢探索,多所创获,为汉语言学术做出了巨大的贡献。他的科研行为带动了所在学校的科研;他的科研成果影响全省、波及全国,在一定程度促进了本省乃至全国的汉语言学研究。斯人已逝,而科研成果俱在,影响有逐渐扩大之势。值此"纪念刘瑞明先生逝世三周年学术研讨会"召开之际,作为刘瑞明教授十五年的同事、三十年的好友、学术旅途中的同道,我有责任有义务介绍刘瑞明教授学术的某些方面,以弘扬他的学术,作为对他的纪念。

一、刘瑞明教授的学术成果概要

我们纪念刘瑞明教授,主要是把他看作一位学者来纪念的,因此,首先得介绍他的学术成果。刘教授涉足学术很早,20世纪50年代中叶,读大学时就有论文与译著问世。教中学时,坚持不辍,陆续有科研成果问世。20世纪80年代调进大学后,科研始成井喷之势,而后一直高位运行,直至逝世。他的学术成果主要有这样一些:

(一)出版的论著

1.《古汉语语法常识》,甘肃人民出版社,1977年出版。

2.《冯梦龙民歌集三种注解》,中华书局,2005年出版。

3.《北京方言词谐音语理据研究》,中国言实出版社,2008年出版。

4.《性文化词语汇释》,百花洲文艺出版,2013年出版。

5.《刘瑞明文史述林》,甘肃人民出版社,2012年出版。

6.《陇上学人文存·刘瑞明卷》,甘肃人民出版社,2014年出版。

7.《山海经新注新论》,甘肃文化出版社,2016年出版。

8.《庆阳方言词典》，商务印书馆，2017年出版。

9.《古代汉语》，副主编，东北师范大学出版社，1989年出版。

(二)发表的论文

论文发表在《中国社会科学》《中国语文》《文学遗产》《文学评论》《文献》《辞书研究》《古汉语研究》《语文研究》《语言研究》《汉语学习》《汉字文化》《语言教学与研究》《敦煌研究》《敦煌学辑刊》《西域研究》《中国文化研究》《成都大学学报》《湖北大学学报》《四川大学学报》《天津师范大学学报》《西北师范大学学报》《河北师范大学学报》《华中师范大学学报》《福建师范大学学报》《新疆大学学报》《北京社会科学》《甘肃社会科学》《文史》《中华文史论丛》《中国俗文化研究》《古籍点校疑误汇录》《中华戏曲》《励耘学刊》等数十种刊物上。总计380余篇，这些论文大部分收入《刘瑞明文史述林》。

刘瑞明先生迄今出版学术专著8部，论文380余篇，总计逾800万字。单就数量而言，刘瑞明教授的学术成果在甘肃省语言学界首屈一指。

(三)论著的主要内容

以上论著，就目前的学科分类而言，其内容涉及词汇学、敦煌学、文学、民俗学、文献学等各个领域，在这些领域内，刘瑞明都取得了骄人的成绩。对此，马步升、伏俊琏、连登岗，特别是赵逵夫、周奉真、曾昭聪、方铭等学者已经从不同的角度、不同的学科进行了研究和介绍。下面将综合这些研究，参以己见，撮举其概要。

1. 语言学研究

(1)谐音造词法研究

发现并命名了"隐实示虚趣难词"的造词方法与词类，并用这个理论，解释了数以百计的词语的构造与语义，引起了学术界极大的关注，引发了对此类词语的讨论。

(2)泛义动词研究

析出了泛义动词这一词类，以"打、作、为、见、取"等词为例，详论泛义动词的性质、用法特点并辨析纠正了前人的误解。

(3)词法研究

提出虚词也可有词尾，且甚活跃的观点。如"自""复"，《中国语文》曾对此进行了专题讨论。对词尾"家"的功用与古今传承有详说，大大提前了其作为词尾的历史年代。指出"于""其"的垫音助词用法。

(4)方言研究

《庆阳方言词典》，商务印书馆2017年4月出版。《庆阳方言词典》是第一部解释庆阳方言的词典，也是全国一百多部方言词典中目前最早解释方言词语理据的词典，被商务印书馆作为重点图书推出。

2. 文献研究

发表了数十篇论文，出版了《冯梦龙民歌集三种注解》，对敦煌变文、王梵志诗、宋元俗文学、明代民歌，有大量的校注新见。方铭说："刘瑞明教授的敦煌学研究，主要重心在敦煌文献的整理方面，其中更多的是对前人校注成果的补充和完善。"

3. 古代文学研究

发表相关论文二十余篇，涉及的研究对象包括诗词解诂、小说评论、楚辞等篇章分析、词意辨析等。其中对王梵志的年代、敦煌文学中的词文、董永和田昆仑故事、冯唐故事的传承、古代民间性文学高明的艺术技巧，有独创的论述。

4. 民俗研究

刘瑞明的民俗研究，具有这样一些内容与特点。第一，地域性，研究介绍的多是关陇一带民俗。第二，用人类学观点解释民俗，如用原始生殖崇拜的观点阐释了古代雩祭的文化内涵及后世的传承隐现。第三，用唯物主义观点研究民俗，如提出了唾液神异话的民俗内容，总结出巫术把科学性认识转化为迷信的规律。以此规律对"七十三、八十四，阎王爷叫你商量事"等年忌民俗，做出了科学的解释。

5. 性文化语言研究

出版了《性文化词语汇释》一书，作者费时十年，收录有关我国古代性文化的3500余个词条，包括方言口语、文学词语、隐语等，反映其丰富性、系统性、文学性。每一词条从语言与文化两方面进行解说。探讨其隐蔽的理据，解释其文化内涵。出版了《山海经新注新论》，以谐音构词法理论为根据，把《山海经》中的词语解释为性词语的谐音词，把《山海经》定性为一部性文化著作。

以上成果的价值意义与得失，学者们多所论列(可参看连登岗《刘瑞明难题》)，此处不赘。

二、刘瑞明教授的语言学研究及其贡献

着眼于具体问题来谈论刘瑞明教授的学术得失，是必要的，因为这是最基础

的东西，舍此而在理论层面、宏观层面议论，其论就会成为空中楼阁。然而，仅仅局限于此，不足以充分评估刘瑞明科研的意义。笔者认为，刘教授科研的更大的价值表现在他对于重建中国语言研究道路的建树上。对此，笔者曾在《庆阳方言词典序》言及，但限于篇幅，未能展开。现于此文中略为申述。

（一）关于语言学研究的道路

这里所说的"语言学研究道路"，指的是语言学研究的途径。如同人类社会发展存在着不同的道路一样，语言学的研究也存在着不同的道路。自古以来中西方（印欧）的语言学道路就存在着很大的差异。一般来说，西方语言学研究重分析，重逻辑推理，汉语研究重综合，重实践感悟；西方的语言学重本体语言研究、重理论构建，而汉语语言学重语言应用研究、重实际语言问题的解决；在语言各要素中，西方语言学以语法为中心，而汉语语言学则以语义为中心。对于语言的性质与功用，中西方也存在很大差异：西方具有深厚的逻各斯情节，把语言看作思维唯一的物质载体，特别重视其社会交际功能，而中国则把语言看作思维的人为物质载体之一，特别重视其社会管理与文献传承功能。在实际应用中，古代中西方都曾把语言学作为工具用来解读文献，近代以来，索绪尔创立的普通语言学，从言语中抽象出了语言，把语言与它所承载的文献文化等内容剥离开来，把语言与语言中除语音之外的载体剥离开来，作为独立的对象来研究，而把此前以应用为目的语言学谥之为"语文学"。至此，语言学就作为独立的学科专以语言本体为对象，摒语言的书面载体与语言所承载的事物于其外，这种语言研究与中国传统的语言研究大相径庭。

中国的语言学本来走着自己的道路：以文字学、音韵学、训诂学为工具，以历史书面文献为材料，以解读历史书面文献为鹄；在研究思维方法上，西方重还原法，中国重整体论；西方重逻辑，中国重感悟。20世纪以来，深受西方影响，转而走西方现代的语言学之路：把语言学从它承载的文献中剥离出来，作为专门的学科，构建了以语音、语义（词汇）、语法为要素的语言学体系；在研究材料上重视当代活的语言材料。这样一来，中国的语言学实现了现代转型，补齐了自己的短板，因之获得了长足的进步，被誉为领先的科学。然而，有一利必有一弊，中国的语言学在实现了现代转型之后，深受全盘西化思潮的影响，未能处理好与传统语言学的衔接，失去了原有的一些优秀的东西。例如，训诂学就一度中断，文字学也曾被置于语言学附庸的地位，注释学失去了往昔的崇高地位。一些重要阵地、重要方法的丢弃，使语言学对于文献的解读失去了以往的犀利能力。由于过度重视理论方法、过度重视对语言形式的研究，轻视对实践的语言材料的解读研究，轻视语义研究，出现了形式化、概念化的倾向。由于过度偏向还原论，忽略整体论，研究对象区分越来越细，以致出现了繁琐化、碎片化的倾向。研究道路的更改与研究范式的改变，使语言研究某种程度上成为专为语言的研究，失去了解决相关社会问题的能力，从而成为自说自话的象牙之塔中的学术。更为严重的是，中国的一些语言学学者，特别是理论语言学家，失去自信，消减了创造性，研究跟着西方同行的屁股转。人家兴时索绪尔，他们就一迭声地喊索绪尔，人家兴时乔姆斯基，他们就搞乔姆斯基，人家搞洪堡特，他们就搞洪堡特，人家创立了认知语言学，他们马上去搞认知，等等。一些人尽力地在汉语中去发现一些"普世"的东西，去印证印欧语言学，补充印欧语言学，实际上把汉语学变成了印欧语言学的分支。

这种现象极不正常。固然，汉语、外语都是语言，既是语言，它们之间就必然有共同性，研究普通语言学没有什么错；而且西方语言学确也有过人之处，借西方语言学之石，攻中国语言之玉，也没什么错。然而，凡事要问究竟，要有度。说到底，语言学首先要解决实际生活中的语言问题（至于人们用某些语言理论来研究哲学、文学等，那是它的次生功能），汉语学首先要解决的是汉语生活的实际问题。而汉语作为个别语言，与英语、西班牙语、阿拉伯语、俄语等个别语言一样，都有它的特殊性。汉语研究首先要发现这种特殊性，研究这种特殊性，从而总结出汉语的规律，构建汉语的科学理论，在实践中用这种理论解决汉语生活的实际问题。可是，近代以来的中国语言学道路，存在着严重的西化倾向，相当严重地背离了自己原来的语言学道路，导致了语言研究中种种问题的出现，导致了中国语言学研究在近代长期落后于西方的尴尬局面。

对于这种现象，一些有识之士早就不满，试图扭转西化不归的偏颇道路，主张立足于中国语言生活实际，继承中国传统语言学中的优秀成分，吸取西方语言学中的科学成分，从而开创出能够很好解决汉语生活实际问题，具有自己特色的语言学之路。多年来，一些学者前赴后继地进行着这种努力。例如，20世纪80年代中国兴起的文化语言学，就是试图走出西方语言学单纯研究语言的范式，开创基于语言研究，进而对汉语的文化内涵、文化特征、文化功能进行研究的综合研究之路。20世纪90年代以来，出现了徐通锵、潘文国等人创建的"字本位理论"，试图在语法上突破印欧语言学的藩篱，构建自己的语法体系。进入21世纪，有的学者高扬恢复传统的大旗，试图用文字学、音韵学、训诂学所构成的古汉语言学体系，来取代用普通语言学理论构建起来的古代语言体系。此外，汉字研究继往开来，奋进不辍，独具特色。这些努力都取得了一定成效，然而，语言学西化历时日久，人多势众，积重难返，至今中国汉语研究特别是现代汉语研究仍受西方语言学的影响，语言学研究西方化、形式化、概念化、繁琐化、碎片化的现象仍旧存在。近年来，语言学界一些代表人士，忧心如焚，不停呐喊，号召中国语言学要"坚定地走自主创新之路"①，有的学者身体力行，"衰年变法"②，这些号召与行动，从宏观上看，就是要开创新的中国语言学研究之路。然而，问题并未得到根本性的解决。"革命尚未成功，同志仍需努力"，如果把刘瑞明教授的语言研究置于这样的背景之下进行考察，就会有新的发现。

（二）刘瑞明在中国汉语研究道路重建中的建树

刘瑞明教授的研究表面看来，横跨语言学、文学、文献学、民俗学、性文化学等众多学科领域，然而，他的研究中一以贯之的是语言学，他所追求的目标是探索一条语言学研究的新路，具体地说，就是要在应用语言学中开疆拓土。刘先生自言：

> 我的研究爱好虽然范围广泛，四向出击，打基础与核心仍然是语言学。语言文字是各种文化普遍的载体，凡是文字记载而又难解之处，都有语言学用武之地。人类对于足下地球的了解，远不如对遥远天空的了解，对自身语言、疾病与性别形成的了解远不如对客观世界的了解。我们对汉语语言与文化不解或误解的还还很多，汉语研究海阔天空，大有用武之地。
>
> 《中国语言学大辞典》："应用语言学：运用语言学的知识来解决其他科学领域的各种问题的语言学分支学科。狭义的应用语言学专门研究语言学在语言教学中的应用问题，如第一语言学和第二语言学的教学，特别是第二语言学的教学。广义的应用语言除研究语言学在语言教学中的应用外，还研究同科学技术有关的一切语言文字问题，如机器翻译、言语损伤治疗、信息传递和通讯联系、情报自动检索、文字的创制和修订、词典编纂、翻译、速记等。更广义的应用语言学把社会语言学和心理语言学等也包括在内。"
>
> 这些当然都是很对的，但也太笼统，机械呆板。打个简单的比方，小学的算术课，分别学了加减乘除，就是四则运算，都是先列好算式的纯计算。接着则是文字题，也叫应用题，要学生自己先列好算式再计

算。基础的文字学、语音学、语法学、修辞学，好比加减乘除，应用这些基础知识解决所有语文的疑难，都是语文学，也就是应用语言学即应用语文学。语言学的内容是有定的，因而相对是简单的，而应用语言学的内容则是无定的，因而相对是艰难的。我以为我们的语言论著，在有定的语言学范围内重复的多，而在无定的应用语言学即应用语文学范围内则开拓的少。③

这里，刘瑞明教授清楚地表述了他的学术研究路径和他的研究的学科属性：他的研究路径，不再是像西方近代的语言学那样，把自己禁锢在本体语言学之中，而是以语言学为基础、以语言学为工具，来贯通研究语言所承载的各种事物（人们把它们归纳入不同的学科）。以刘教授实际的研究成果而言，便包括本文第一部分所述刘教授的研究领域：语言学、文学、文献学、民俗学、性文化学等。这种研究正是对中国传统路径的回归，但不是简单的回归，而是否定之否定，在更高层次上的回归。作者不是无意识而是有意识的这样做，他的研究，不仅仅停留在实践中，而且上升为理论，这正是他的创新。

关于他的研究的学科属性，刘教授把它归入应用语言学——最广义的应用语言学，这是十分恰当的。就实际的研究内容而言，刘教授的研究领域远远超出了中国目前流行一般的应用学。后者包括：语言教学、语言规划、社会语言学和语言本体与本体语言学同现代科技的关系。而刘教授的应用语言学研究的领域则扩展到人文学科的诸多领域：文学、文献学、民俗学、性文化学等，这也是刘教授对于语言研究中国道路重建的贡献。

又，就研究的语言材料而言，刘瑞明主要研究的是民间通俗口语的语言，这一点与传统语言研究有所不同。传统语言学是以文人的文言的书面的语言为重点。虽然前人也不乏对民间通俗口语的研究，但刘瑞明对这种语言不仅进行描写性研究，而且进行解释性研究，并且有了新的发现，总结出了新的规律，例如他对于“隐实示虚趣难词”的研究。这又是刘瑞明对于重建中国汉语研究道路的贡献。

毋庸讳言，刘瑞明教授的一些新说新见，并非定论，有的的确错得厉害，例如其《山海经新注新论》中对于《山海经》中所谓“性隐语”的见解，基本上全错了，把《山海经》定性为“性文化”著作，也纯属误判。他的一些研究，在语言学界引起了争议，甚至是攻击，都是正常的，不足为奇。但是，我们认为，刘教授研究中存在的一些还需进一步探讨的问题，是发展中的问题，比那些只知追逐洋屁股的做法强多了。毋宁说,刘教授的某些研究,并不期待着对问题进行正确的彻底的解决,而是意在提出问题,发现语言学的“生长点”。他说:

生物学有“生长点”的术语,我以为也可以移用为指促进各种科学发展的关键性疑难问题。以语言学与应用语言学来说,某一领域的生长点是什么。基本上没有人点明。比如《诗经》的研究到现在,从总体或从具体诗篇来说,全面性的专著应该专门指出还未知的疑难都是什么。这样研究能引导大家于此致力。蒋礼鸿《敦煌变文字义通释》附录有《待质录》,随后就有不少响应而讨论的文章,果然解决了一些疑难。这是值得提倡的。如果语文各个领域都能把疑难未解与不完善的问题公之于众,就能引人研究而获解。④

有人说,在学术研究中,发现问题、提出问题比解决问题更为重要,此话虽然不无偏颇,但发现问题、提出问题,的确是研究的开端。

刘教授学术研究中的创新,著名学者赵逵夫在为《刘瑞明文史述林》所作之序中作了总体评价,现移录于后:

总的来说,刘瑞明先生的论文中多有新说、创说,不同于一般人的陈陈相因、综合他人之说以成文。当然,学术研究是无止境的,有很多问题要不断从各个方面探索,以期得到最佳答案。古代社会既已成为过去,留下了一些著述的古人既已死去不能复活,我们无从执书而问之,我们对于一些疑惑的解决,也就只有联系其他文献、联系社会文化知识来破解。仁者见仁,智者见智,看问题的角度不同,所依据的知识与社会经验不同,答案也会有不同,学者们也只有在相互比较中,以材料充分、论证严密、各方面无所抵触挂碍为是。收入集子中的刘先生的论文,反映了他几十年努力不懈的探索、思考,新见迭出,无论怎样,总是对一些问题的解决提供出新材料或新的思路,提供新的答案,这是可贵的。同时,其中不少论文的结论引据可靠的材料,逻辑推理严密,显然胜于前说,使人茅塞顿开。无论怎样,这套书的结集出版,是甘肃社会科学界的一件喜事,也会对全国学术界提供新的材料与讨论的话题,以进一步推动有关领域的研究和发展。⑤

三、刘瑞明教授学术研究的影响

刘瑞明教授在本地算不上名人。在庆阳地区无人不知熊有堂,而在陇东学院很少有人了解刘瑞明。然而,“鼓钟于宫,声闻于外。鹤鸣九皋,声闻于天”,在外面的学术界,刘瑞明却有着很大的影响。下面将用一些实事来说明。

(一)专题商讨或评介刘瑞明学术成果学术活动的论文与纪念文章

数十位学者撰文对刘瑞明教授的学术成果进行了研讨或推介。这些文章笔者阅读过的有(以发表时间为序):

1. 祝中熹《浅说偏义复词——与刘瑞明同志商榷》,《甘肃教育》1981年第11期。

2. 许宰宇《偏义复词和复词的偏义用法——兼谈刘瑞明、祝中熹二同志的分歧》,《甘肃教育》1982年第9期。

3. 马步升《契而不舍乐有所得——记语言学者、我校中文系副教授刘瑞明》,《庆阳师专报》1991年4月25日第2版。

4. 古吉(伏俊连)《刘瑞明教授与古汉语研究》,《社科纵横》1994年第3期。

5. 石华(连登岗)《科研结硕果笔耕老不辍》,《甘肃民进》1999年第2期。

6. 杨会永《再释“做……不着”——兼与刘瑞明先生商榷》,《徐州师范大学学报(哲学社会科学版)》1999年第2期。

7. 中国民主促进会庆阳师专支部(连登岗执笔)《刘瑞明科研成果目录汇编·前言》,2000年12月自印本。

8. 朱建颂《略论“趣难词”》,《辞书研究》2003年第4期。

9. 王志尧《“猫儿匿”词义释真——兼与刘瑞明先生商讨》,《甘肃高师学报》2003年第4期。

10. 高云海《洞幽烛微　独到卓绝——刘瑞明先生的民俗疑难探源研究》,《白城师范学院学报》2006年第1期。

11. 石汝杰《冯梦龙编〈山歌〉的校注问题》,刊于日本《海外事情研究》第31卷第1号(2006年9月),第111至128页。

12. 袁津琥《吴歌今有郑笺人——评〈冯梦龙民歌集三种注解〉》,《文汇读书周报》2006年9月15日。

13. 林革华《道人所未道发人所未发——刘瑞明先生的民俗疑难探源研究补论》,《白城师范学院学报》2007年第1期。

14. 荣耀祥《开卷有益·〈冯梦龙民歌集三种注解〉指谬三则》,香港《文汇报》2008年7月22日。

15. 曾昭聪《释语言品民俗赏文学——读《冯梦龙民歌集三种注解》,《书品》

2008年第1期。

16. 黄明明《明代民歌〈挂枝儿〉注解商兑》，载王云路主编《汉语史学报》第十一辑，上海教育出版社2011年。

17. 刘玉红、曾昭聪《方言词理据研究刍议——以刘瑞明先生的相关研究为例》，《辞书研究》2011年第6期。

18. 赵逵夫《刘瑞明文史述林·序》，载《刘瑞明文史述林》，甘肃人民出版社2012年11月。

19. 周奉真《刘瑞明文史述林·跋》，载《刘瑞明文史述林》，甘肃人民出版社2012年11月。

20. 蜗行（袁津琥）《怀念那个时代》，豆瓣APP2013年5月24日。

21. 连登岗《刘瑞明难题——兼致宁信度与哂未休》，豆丁网2013年10月13日。

22. 国威《老蚌一开珠一掬——评〈刘瑞明文史述林〉》，《中国俗文化研究》2013年12月31日。

23. 方铭《彰显汉语的独特韵致与智趣——读〈刘瑞明文史述林〉》，新浪博客2014年02月28日。

24. 马步升、徐治堂《深钻精研新论迭出——刘瑞明教授学术事迹评介》，《甘肃社会科学》2015年第1期。

25. 徐克瑜《传承学术薪火为往圣继绝学：沉痛悼念刘老师逝世》，《陇东学院报》2017年3月15日。

26. 连登岗《庆阳方言词典·序》，载刘瑞明《庆阳方言词典》，商务印书馆2017年4月。

27. 高大万《怀念恩师刘瑞明先生》，文粹读书，2017年6月15日。

28. 陈晓强、陈晓春《溯本清源通幽洞微——读〈庆阳方言词典〉有感》，《陇东学院学报》2018年第2期。

29. 方铭《厚积薄发触类旁通——读〈刘瑞明文史述林〉兼评刘瑞明的学术研究》，《图书与情报》2019年第5期。

30. 连登岗《刘瑞明教授的学术追求》，新浪博客2020年3月8日。

31. 郭头儿（郭治锋）《三年已过，还忆先生》，简书2020年4月10日。

32. 李致博《日下西山人影长——纪念我的老师刘瑞明先生》，2020年8月。

以上论文与纪念文章，或就某一部（类）著述，或就某一种现象，或就刘教授的生平，进行了评介、追忆，大致反映了学术界对刘教授学术成就的评介，这么多的文章专门撰写刘瑞明，足证他的影响远远超出了他工作生活过的地域。

（二）一些学者在书信中对刘瑞明学术活动及成果的评价

刘教授的研究在学术界引起关注，曾有数十位学者与刘教授书信往还，省内学者有：郭晋稀、赵逵夫、伏俊琏、张文轩、颜廷亮、刘公望、连登岗、刘敬林、郭治锋等；省外学者有：钱锺书、汤炳正、蒋绍愚、张永言、胡明扬、周一良、程毅中、詹伯慧、关德栋、江蓝生、蒋礼鸿、藏克和、黄德宽、张志毅、杨琳、刘丹青、张锡厚、张美兰、毛远新、蒋宗许、蒋宗福、王继如、周志锋、崔山佳、单正平、黄正建等。这些学者对于刘瑞明的科研及其成果，或首肯，或赞扬，或鼓励，或感佩，也有鸣不平者，姑撷部分内容如下。

1.2000年前学者书信中的评价

2000年以前，学者书信中对刘瑞明学术成果的评价，一般只是针对某一个具体问题，某一篇文章或者某一部分研究成果的评价；评价者也有一些年资与刘教授相若者或较浅者，但更多的是一些年长者。如1980年，钱锺书对刘瑞明就《宋诗选注》的建议及问题复信说："读书仔细，甚佩。"1981年，时任中国社会科学院副院长、著名语言学家江蓝生致刘瑞明信说："过去读过你几篇文章，觉得你是个专心学问并且是个学而有成的好同志。"1985年，屈原学会前会长、四川师大博导汤炳正致刘瑞明信说："驳三泽玲耳的稿子，写得很好。又为回击'屈原否定论'发出了一枚重型炮弹。素闻阁下对敦煌学很有研究。地处甘肃，近水楼台，望努力为之，当为此世界'显学'增加一生力军也。"1990年，著名语言学家、四川大学博导张永言致刘瑞明信说："多年来已从多种刊物读到您的许多著作，用功之勤，给人以极深印象，应当说这些论著都是对汉语史研究的很好贡献。""大作源源而来，足证治学精勤，无任感佩。评论项楚先生论著二文，用思深细，读书得间，是是非非，不苟异同，而辞旨谦挹，都无矜色，足见学者风度。"2000年著名语言学家、北大博导蒋绍愚致刘瑞明信说："《近代汉语隐实示虚趣难词》一文，拜读后获益良多。先生指出'隐实示虚'这种现象，极有见地。诚如先生所言，此现象类似于通假，但又自有特色，它在俚俗语词中较为常见，如果不了解这种现象，泥于字面，则词语之理据无以索解，一经点破，即可涣然冰释。"西南大学教授、著名碑刻学专家毛远新致刘瑞明信说："先生学识渊博，待人真诚；青灯白发，仍手(不)停批，时见大作问世，诚为后学之榜样。"时任四川绵阳师专教授蒋宗许致刘瑞明信说："先生大作我几乎都有复印件。多年来受先生大作启发良多。大作目光之锐敏，学养之弘深，我佩服之极，一心以为先生是某名牌大学教授，做梦也没想到先生竟暗投到师专这个层次，且又在庆阳，且居然还是副教授，真令人不敢相信。”⑥

2.2012年基于《刘瑞明文史述林》学者的评价

2012年《刘瑞明文史述林》出版后，一些学者收到此书，在复信中更是好评如潮。如蒋绍愚说：“先生治学不倦，著作等身，令人敬佩，今已将精要汇集成书出版，我定当认真研读。在此深表谢忱，并再申敬仰之意。”著名文字学家、中国文字学会会长、清华大学出土文献研究与保护中心常务副主任黄德宽说：“先生数十年孜孜以求，漫涉文史胜境，探获甚伙，令后学钦敬无已，皇皇大著足以垂范世人，泽被学林，激励后来也。”著名文字学家、世界汉字学会会长、华东师大终身教授、华东师大中国文字研究与应用中心主任臧克和说：“海外合作研究返沪，始奉展惠赐皇皇大作两钜册，旋置书房案头，与高邮《经义述闻》、钱公《管锥编》比列之。先生《述林》涉及文史哲经、语言文字，举凡义理辞章考据，通凑阐微，头头是道，非通人焉能如此？刘先生所述，不啻有功于语林，且于艺林、史林，亦当占地步据主席矣，会当时时玩索之。”著名词汇学专家、鲁东大学教授张志毅说：“集腋成裘，皇皇巨著，两大厚册。除了名家文集、全集外，当属您的巨著。您一生勤劳，笔耕不辍，令人赞佩！内中不乏精彩篇什，多有精到论断。宏论巨制，容慢慢品读，他日再呈心得。”中国民俗语言学会副会长、南开大学教授杨琳说：“惠赐大著收到，无任感谢！古有所谓三不朽，言居其一。先生勤于著述，治学广博，有此皇皇三百万言，可谓不朽之盛事，足以彪炳青史，晚生感佩不已。俟有余暇，当细加品读，以获教益。”语言学家、江苏大学教授、博导王继如说：“谢谢您寄下大著《文史述林》两厚册，皇皇之作，有如宝山，自当好好钻研。看序言，知先生经历，为之嗟叹。先生精通俄语，年轻时竟能以此补无米之炊，甚佩服。”蒋宗许说：“您赐赠的大作，前几天收到，令我赫然愧怍，先生的著作如此宏巨而渊通，岂是而今一般学人能望项背的，当天给研究生上课，专门把书拿到教室让学生翻了一通，让他们知道什么是学问，且学问不一定全在985、211。”研究员、博士生导师、《中国语文》主编、中国社会科学院语言研究所所长刘丹青说：“惠赐两巨册大著已经收到，勿念。难为先生如此厚爱，如此费心，后学不胜感激。先生著作等身，犹笔耕不已，是学界幸事，更令人感佩。”敦煌研究院研究员、文献研究所所长、甘肃敦煌学会副会长李正宇说：“先生辛勤耕耘，老而不辍，砥砺侪辈，嘉惠来学。大著收录所撰论文400许篇，精芒频闪，耀彩屡呈，令人契心肃敬！每与友人谈及先生，常叹庆阳一地，交通不便，资料稀缺，从事研究，多所窒碍！但报刊时见高论，令人钦佩不已！”北京师范大学社会管理研究院/社会学院人类学民俗学系主任、教授、博士生导师萧放说：“前辈学识广博，读来醒脑益智，特别是关于民间礼俗等文化现象，结合文献与民俗生活的解读，发人之未发，如回门的解释，是特别有意思的话题。还有关于社火的角色与小戏的关系，都让我不熟悉社火的人大长见识。我正月到陕西陇县看了社火表演，对您的解释特别有体会。谢谢您赐赠大作。我当认真拜读。”西华师范大学国学院院长、教授、上海大学中国古代文学专业博士生导师、四川省人文社会科学高水平研究团队“古代文学特色文献研究团队”负责人伏俊琏说：“巨著两大册收到了，感激之情难以言表。刚收到，只读了老师的前言，老师很小就有学术悟性，所以虽受到多方面的限制，依然取得了如此大的成就。”首都师范大学历史学院教授、博士生导师游自勇说：“皇皇两巨册，可见先生平日用功之勤，著述之丰富，当为后辈楷模。”中国社会科学院历史研究所研究员、博士生导师、隋唐宋辽金元史研究室主任黄正建说：“拜读序言等，知先生求学、研究之不易。拜读大作，知先生涉猎面极广，成果极多，特别是先生的勤奋刻苦，令人感佩。对照自己，虽然研究条件甚好，但庸庸碌碌，不求上进，真应向您好好学习。”浙江财经学院人文学院硕士生导师崔山佳说：“衷心感谢您寄上的大作。我真是佩服您！今后要好好拜读。今年我有一本专著要出版，是关于欧化语法现象的。到时寄您指正。”宁波大学人文与传媒学院教授、宁波大学宁波方言与文化研究中心主任、浙江省语言学会副会长周志锋说：“先生勤奋好学，勇于探索，成果丰硕，令我敬佩！”海南师范大学教授单正平说：“拜读老师巨著，钦佩无已。翻看蜥蜴一节，方知此名真来历。以后可置诸案头，随时学习！”绵阳师范学院文学与对外汉语学院教授袁津琥说：“大著《刘瑞明文史述林》两巨册收到，震撼！当拜读后，以介绍之！”

书信中的评价、赞誉固然难免人情的成分，然而，真实的评价自然寓于其中。评价者之众，评价之高，一般学者罕有能及，足见刘瑞明教授在学术界的分量。⑦

（三）他人著述引用及媒体报道

刘瑞明教授的一些论著常被同行专家所引用，其中被博士、硕士论文引证及列为参考文献的超过200篇；学术史著作《二十世纪的近代汉语研究》（袁宾等著，书海出版社，2001年）对刘教授的学术成果有过评介，书中《二十世纪近代汉语研究重要论著编年目录》收有刘先生文章目录30余篇；2013年5月8日，由刘瑞明著述、甘肃人民出版社编辑出版的《刘瑞明文史述林》文集在兰州举行首发式。随后，《甘肃日报》《中国青年报》《光明日报》《兰州晨报》《平凉日报》《中国社会科学在线》《求是理论网》《中国文艺网》《中国民进网》《中青网》《光明网》《新浪网》《网易》《凤凰网》和《全国哲学社会科学规划办公室》等多家媒体进行了报道。《刘瑞明文史述林》复被乐阅读等网站转载，从而进入普通网民的视野，其中的一些内容广被征引。

（四）刘瑞明教授所获得科研奖励

刘瑞明教授获得的科研奖励计有：

1. 省政府奖

1997年5月主持的“从‘所’字词义误增论词义研究方法”被甘肃省政府（甘肃省社会科学优秀成果评奖委员会）评为“甘肃省第五届社会科学兴陇奖”三等奖。

2. 省教育厅奖

（1）1990年7月主持的“敦煌语言文学的研究”被甘肃省教委评为“甘肃省高校1979—1989年度优秀社会科学成果奖”三等奖；

（2）1992年7月主持的“古汉语词义研究（系列论文）”被甘肃省教委评为“甘肃省高校1990—1991年度优秀社会科学成果奖”二等奖；

（3）1994年7月主持的“汉语泛义动词研究”被甘肃省教委评为“甘肃省高校1992—1993年度优秀社会科学成果奖”三等奖；

（4）1996年8月主持的“古代近代汉语词义研究”被甘肃省教委评为“甘肃省高校1994—1995年度社会科学成果奖”二等奖；

（5）1998年12月主持的“近代汉语词汇研究”被甘肃省教委评为“甘肃省高校1996—1997年度社会科学成果奖”三等奖；

（6）2000年12月主持的“近代汉语词汇多元研究”被甘肃省教育厅评为“甘肃省高校1998—1999年度社会科学成果奖”二等奖；

（7）2002年10月主持的“民俗探源研究”被甘肃省教育厅评为“甘肃省高校2000—2001年度社会科学成果奖”三等奖；

（8）2004年6月主持的“谐音造词法研究”被甘肃省教育厅评为“甘肃省高校2002—2003年度社会科学成果奖”一等奖。

3. 省民主促进会奖

2014年6月被中国民主促进会甘肃省委员会评为“民进甘肃省委员会三十年突出贡献奖”。

4. 学会奖、学报奖

(1)1993年12月完成的《项楚〈王梵志诗校注〉商兑和补遗》被甘肃省敦煌学会评为“1991—1993年度敦煌研究优秀论文奖”;

(2)1986年9月完成的《“生缘”试释》被甘肃省语言学会评为“甘肃省语言学科研成果奖”;

(3)1992—1994连续三年所撰写论文被湖北大学学报评为“优秀论文奖”。

5. 市委、市政府奖

(1)1993年11月编写的《古代汉语》被庆阳市地委宣传部评为“优秀图书特别奖”;

(2)2014年7月《刘瑞明文史述林》被庆阳市市委、市政府评为“庆阳市第二届社会科学优秀成果”一等奖。

综上所述,可知刘瑞明教授是一位创造了丰硕学术成果的、对重建中国汉语研究道路作出贡献的、在国内汉语言文字学界有着重大影响的学者。陇东学院在建校不太长的历史中,能出现这样一位杰出学者,是自己的荣幸。陇东学院举办“纪念刘瑞明先生逝世三周年学术研讨会”,邀集众多学者,纪念刘瑞明先生,进行学术研讨,不仅是对已逝者的缅怀,而且对于继承中华民族尊师重教的优良传统,对于学术界激清扬浊,恢复弘扬优良学风,对于陇东学院继承发展自己学术研究,都是具有重大意义的,谨致以诚挚的祝贺!

2020年8月29日

[注释]

①郭锡良主编的《中国语言学》发刊词称该刊的宗旨是:“以中国语言学的优秀传统为根,取世界语言学的精华而融合之,坚定地走自主创新之路,为繁荣中国语言学而奋斗。”

②2012年,在杭州举行的“中国训诂学会2013年学术年会”上,鲁国尧作了题为《衰年变法,学术更生》的报告,谓自己在70岁以后,进行学术研究路径创新,要走中国语言学研究之路,自名为“衰年变法”。

③刘瑞明《刘瑞明文史述林·自序》。

④刘瑞明《刘瑞明文史述林·自序》。

⑤赵逵夫《刘瑞明文史述林·序》,载《刘瑞明文史述林》,甘肃人民出版社,

2013年。

⑥以上书信内容摘自中国民主促进会庆阳师专支部委员会《刘瑞明科研成果目录》,2000年12月打印本。

⑦以上书信内容摘自《学者回复刘瑞明赠书书信集》。

[参考文献]

[1]刘瑞明.刘瑞明文史述林[M].兰州:甘肃人民出版社,2012.

[2]王力.中国语言学史[M].太原:山西人民出版社,1981.

[3]何九盈.中国古代语言文学史(增订本)[M].广州:广东教育出版社,1995.

[4]何九盈.中国现代语言学史[M].广州:广东教育出版社,1995.

[5]王建军.中西方语言学史之比较[M].黄山:黄山出版社,2003.

[6]中国民主促进会庆阳师专支部委员会.刘瑞明科研成果目录.2000年12月打印本。

[7]赵逵夫.刘瑞明文史述林·序[M].//刘瑞明.刘瑞明文史述林.兰州:甘肃人民出版社,2012.

[8]周奉真.刘瑞明文史述林·跋[M].//刘瑞明.刘瑞明文史述林.兰州:甘肃人民出版社,2012.

[9]连登岗.刘瑞明难题——兼致宁信度与哂未休.豆丁网2013年10月13日.

[10]马步升,徐治堂.深钻精研新论迭出——刘瑞明教授学术事迹评介[J].甘肃社会科学,2015(1).

[11]连登岗.庆阳方言词典·序[M].//载刘瑞明.庆阳方言词典.北京:商务印书馆,2017.

[12]方铭.厚积薄发触类旁通——读《刘瑞明文史述林》兼评刘瑞明的学术研究[J].图书与情报,2019(5).

(连登岗,南通大学文学院教授。)

《庆阳方言词典》体现了刘瑞明教授的学术追求

连登岗

一、前言

《庆阳方言词典》是刘瑞明、周奉真撰写的一部词典，商务印书馆于2017年4月出版。这是一部研究性词典，收录了庆阳方言中很有特色的方言词语，除了常规性的词典释义外，还对该地区方言中具有趣味性和疑难性的词语进行了深入挖掘和阐释，反映了庆阳人的生活情趣与语言创造的智慧。其释义对于最简单词采取以词释词的方法，而对于意义复杂的词或重要的方言特征词，则从本义到引申义，从词典义到文化义、理据义，都进行了详细阐释。

刘瑞明，1934年生于甘肃平凉，陇东学院中文系教授。从20世纪70年代后期起，先后在《中国社会科学》《中国语文》《文学遗产》《文学评论》《辞书研究》《文史》等刊物上发表语言、文学、民俗、文献等方面论文300余篇。已出版学术专著《古汉语语法常识》《冯梦龙民歌集三种注解》《北京方言词谐音语理据研究》《性文化词语汇释》《刘瑞明文史述林》《陇上学人文存·刘瑞明卷》《山海经新注新论》等。

周奉真，1962年生于甘肃环县，曾为教师、记者、编辑，现供职于文化部门，西北师范大学国学中心特聘研究员。已出版著作《中国古代韵文名句类编》《大学注译》《中庸注译》《真实与立场》《酸涩水浒》(与尚德琪合著)、《千家诗注》(与牛彦君合著)等。

刘瑞明是在全国具有较大影响、在甘肃具有代表性的汉语言学者，他学问渊博，著述众多，治学横跨语言学、文学、民俗学、敦煌学、文献学等诸多门类，然而，其根基是语言学，其学术追求是探索语言研究之路。《庆阳方言词典》很好地体现了这一特点。《庆阳方言词典》是刘教授的代表作之一，也是他生前拿到的自己最后一本出版著作。《庆阳方言词典》的正式出版时间是2017年4月，此前，样本已经送到刘教授手中，拿到这本书不久，刘教授就因病遽然弃世了。

刘教授本来身体极好，他60多岁时，到医院体检，各项指标都很正常，医生说他能活80岁，他听了很高兴。2016年8月，我去看他，看到他面色红润、精神矍铄、思维清晰、头脑灵活，谈起学问来还是那么兴致盎然、雄心勃勃。这年，他已经过了80岁，我想，他寿至期颐是不会有多大问题的，孰料才过了半年多一点儿，他就走了，是患癌症，发现时已到晚期。

我与刘教授相交三十年，我们不仅是同事同行，而且是至交好友，随时沟通，无话不谈。刘教授长我十七岁，论年龄、资历、学问都是我的老师辈，但是，刘教授谦虚，与我只论平辈。尽管如此，我还是以半师半友之礼来待他。我本来在庆阳师专工作，与刘教授同教古代汉语，又住在同一幢楼，往来甚为方便。后来我调往外地，但学术交流从未中断。《庆阳方言词典》写成后，刘教授命我作序，我自知学力不逮，难以胜任，本不当作，但形格势禁，又不能不作。序中我介绍了该词典的内容、特点与价值，此外，还介绍了刘教授学问的特色与他的学术追求。

这篇序写成不久，刘教授就去世了。如今，还记得刘瑞明教授的人不知有多少，然而，作为朋友、文友的我们，却不能不纪念他。刘教授是学者，人虽逝而学问犹在，纪念他最好的方式是推广他的学术。故此，截取《庆阳方言词典序》原稿的最后一部分（内容比出版的书中之序多一些），以为纪念。

2020年3月8日于济南

二、正文

古代有人把学人分为曲士和通人两类，曲士指学识囿于一隅的浅陋之人，而通人指学识渊博、贯通古今的人。曲士做学问一般着眼于局部，停留在经验层次，而通人则着眼于全局，注重理论探索。刘教授是通人，他编写这部《庆阳方言词典》，并不仅仅停留在庆阳方言层次，而是有着更高更大的学术追求，刘教授在其《庆阳方言词典自序》中坦陈心迹，撰写此书的缘由大致有三：

其一是响应王力先生生前的号召，开辟语言研究的新领地，创造语言学的新理论。王力先生生前多次号召中国的语言学作者“学习了语言学理论和欧美语言学家有关语言研究的著作，回过头来考虑我们的汉语研究，就能开辟许多新的园地，甚至可以产生新的理论。我希望同志们这样做。那就对我国的语文教育大有帮助，对我国的社会主义文化事业作出了贡献”。刘教授“曾经把王力先生这个号召具体化为《刘瑞明文史述林·词义论集》中的《县市普及化是方言辞书的主要方向》一文，倡议‘方言辞书县市普及化’”，现在他“以《研究性庆阳方言词典》来实践自己的倡言”。

其二是把群众的语言创造智慧还给群众。作者说:“我国方言中含有广博丰富的语言学学问。语言是世代群众集体创造的,但就像‘非遗’可以失传一样,现在的群众对方言里的学问早已经是‘司空见惯’,是‘久入芝兰之室而不闻其臭’。研究性的方言词典,上可以开阔和深入而发展世界的语言科学,下可以把群众的语言创造智慧还给群众。简言之,方言里大量的趣难词可以成为启蒙性而简易的语文教材。它们可以启发人对‘司空见惯’的现象另眼看待,形成‘每事问’的思辨性,而这是在一生中受益匪浅的。”

其三是纠正目前方言词典的通病,编写出高质量的方言词典。作者认为,目前的方言词典存在着三大通病:第一是方言词典所收方言,不全是方言。作者说:“方言词典的首要问题是确定怎样的词才是方言词,并由此决定收录与否。方言词典应该是纯粹的方言词典,而《现代汉语方言大词典》则是混杂大量普通话词语的。”第二是“我国所有方言词典都是描写性的,即只解释词义是什么,而不解释为什么”。第三是“不研究理据,也就不研究而不知道本字,就简单的标同音代替号,这是通病之三”。存在着这样一些通病,显然,目前的方言词典的质量不能说是高的。而作者认为:“汉语方言词典应该是研究性的。”“所以高质量的汉语方言词典应该是研究性的;此《庆阳方言词典》就是要实践而证明,是可以写成新型研究性的。编纂研究性的方言词典就能发现汉语方言是个大宝库,大有英雄用武之地。”“《论语·八佾》:‘子入太庙,每事问。’本词典就是要问而研究为什么是这样的词义,本字应该是什么?别的辞书是怎样解释的,是怎样的对与误?从而取长补短,从而纠正各方面的许多错误。”

由此可知,刘教授撰写《庆阳方言词典》不仅仅是为了研究庆阳方言,而是为了在语言学的研究和应用领域做出新的探索和创造。撰写《庆阳方言词典》并非这种努力的开始,而是刘教授学术研究一以贯之的继续。

刘教授是我国著名语言学家,1934年生于甘肃平凉,1958年西北师院中文系毕业。曾从事中学语文教学十多年。1981年调庆阳师专[①]任教,1987年晋升副教授,1992年晋升教授,1994年退休。多年来潜心学术,成果丰硕,迄今出版学术专著6部,发表论文300余篇,总计字数逾500万。著作有:《古汉语语法常识》,甘肃人民出版社,1977年出版。《冯梦龙民歌集三种注解》,中华书局,2005年出版。《北京方言词谐音语理据研究》,中国言实出版社,2008年出版。《性文化词语汇释》,百花洲文艺出版,2013年出版。《刘瑞明文史述林》,甘肃人民出版社,2012年出版。《陇上学人文存·刘瑞明卷》，甘肃人民出版社，2014年出版。论文发表在《中国社会科学》《中国语文》《文学遗产》《文学评论》《文献》《辞书研究》《古汉语研究》《语文研究》《语言研究》《汉语学习》《汉字文化》《语言教学与研究》《敦煌研究》《敦煌学辑刊》《西域研究》《中国文化研究》《成都大学学报》《湖北大学学报》《四川大学学报》《天津师范大学学报》《西北师范大学学报》《河北师范大学学报》《华中师范大学学报》《福建师范大学学报》《新疆大学学报》《北京社会科学》《甘肃社会科学》《文史》《中华文史论丛》《中国俗文化研究》《古籍点校疑误汇录》《中华戏曲》《励耘学刊》等刊物上。获甘肃省教委颁发高校社会科学优秀成果奖一等奖二次、二等奖三次、三等奖四次，甘肃省委省政府颁发甘肃省第五届社会科学"兴陇奖"三等奖。

刘教授的研究涉及语言学、敦煌学、文学、民俗学、文献学等各个领域，在学术界引起关注，曾有数十位著名学者与刘教授书信往还，研讨学术，如钱锺书、汤炳正、蒋绍愚、张永言、胡明扬、周一良、程毅中、詹伯慧、关德栋、郭晋稀、赵逵夫、伏俊琏、周志锋等。刘瑞明教授的一些论著常被同行专家所引用，其中被博士、硕士论文引证及列为参考文献的超过200篇；学术史著作《二十世纪的近代汉语研究》对刘教授的学术成果有过评介，书中《二十世纪近代汉语研究重要论著编年目录》收有刘先生文章目录30余篇；《光明日报》《中国青年报》《凤凰卫视》等大型新闻媒体对他的学术活动有过报道，多位学者撰文对刘瑞明教授的学术成果进行研讨或推介。

更为难能可贵的是，刘瑞明教授在研究具体问题的同时，还在探索着一条语言研究的新路。刘先生自言：

> 我的研究爱好虽然范围广泛，四向出击，打基础与核心仍然是语言学。语言文字是各种文化普遍的载体，凡是文字记载而又难解之处，都有语言学用武之地。人类对于足下地球的了解，远不如对遥远天空的了解，对自身语言、疾病与性别形成的了解远不如对客观世界的了解。我们对汉语语言与文化不解或误解的还还很多，汉语研究海阔天空，大有用武之地。

> 《中国语言学大辞典》："应用语言学：运用语言学的知识来解决其他科学领域的各种问题的语言学分支学科。狭义的应用语言学专门研究语言学在语言教学中的应用问题，如第一语言学和第二语言学的教学，特别是第二语言学的教学。广义的应用语言除研究语言学在语言

教学中的应用外，还研究同科学技术有关的一切语言文字问题，如机器翻译、言语损伤治疗、信息传递和通讯联系、情报自动检索、文字的创制和修订、词典编纂、翻译、速记等。更广义的应用语言学把社会语言学和心理语言学等也包括在内。”

这些当然都是很对的，但也太笼统，机械呆板。打个简单的比方，小学的算术课，分别学了加减乘除，就是四则运算，都是先列好算式的纯计算。接着则是文字题，也叫应用题，要学生自己先列好算式再计算。基础的文字学、语音学、语法学、修辞学，好比加减乘除，应用这些基础知识解决所有语文的疑难，都是语文学，也就是应用语言学即应用语文学。语言学的内容是有定的，因而相对是简单的，而应用语言学的内容则是无定的，因而相对是艰难的。我以为我们的语言论著，在有定的语言学范围内重复的多，而在无定的应用语言学即应用语文学范围内则开拓的少。

生物学有“生长点”的术语，我以为也可以移用为指促进各种科学发展的关键性疑难问题。以语言学与应用语言学来说，某一领域的生长点是什么。基本上没有人点明。比如《诗经》的研究到现在，从总体或从具体诗篇来说，全面性的专著应该专门指出还未知的疑难都是什么。这样研究能引导大家于此致力。蒋礼鸿《敦煌变文字义通释》附录有《待质录》，随后就有不少响应而讨论的文章，果然解决了一些疑难。这是值得提倡的。如果语文各个领域都能把疑难未解与不完善的问题公之于众，就能引人研究而获解。②

于此，我们可以看出刘瑞明教授学术研究的路数——他是用语言学把它的应用领域一以贯之的。于此，我们也可以看出刘瑞明教授学术研究的致力方向与志向——他的方向是语言学应用，他的志向是开拓语言学的疆域。应该说，他的志向是宏大的、适时的。本来，中国传统的语言学走的是实用的路子，以解决语言应用中的各种问题为鹄的，近代引进西方语言学以来，不仅鹦鹉学舌般的硬生生把语言区分为“语言”和“言语”，而且，邯郸学步般地把语法、形式之类的研究作为语言学的最高任务，反而把应用语言学置于次要的地位。这样，固然为汉语研究注入了新的血液，取得了许多新的成就，但把汉语一些传统的领域和方法抛弃了。更为严重的是，一些语言学家失去了自信，这种现象至今并没有得到彻底改变。近年来,一些有识之士在不停地呐喊,不断地努力,例如徐通锵的字本位理论[③],郭锡良教授语言学要"坚定地走自主创新之路"[④]的号召,鲁国尧的"衰年变法"[⑤],都是针对语言学研究西方化、形式化、概念化、繁琐化、碎片化、无用化的大潮所进行的努力。但语言学西化的积弊已久,积重难返,至今语言研究走自主创新之路并不顺畅。目前,汉语言研究的局势有点像被关在笼子中的老虎,尽管很威猛,却因被关而不得发力,更糟糕的是老虎也意识到自己处境的尴尬,也想突围,但就是找不到好的出口。在这种困境下,刘瑞明教授在语用学方面的探索应该是突围方向一个不错的选择。毋庸讳言,刘瑞明教授的一些新说新见,在语言学界还是引起了一些不同的看法。但是,我们认为,刘教授研究中存在的一些还需进一步探讨的问题,是发展中的问题。

语言研究,是刘教授毕生的事业。据刘教授自述,他幼时就对语言、对书籍感兴趣,开蒙后,对语文书如饥似渴地读,上高一时就自己开始了语言研究,写过《"落"字应是词尾》的文章。从高二开始,直到大学,坚持习写语言研究文章,有的曾获发表。大学毕业后,曾在中学任教二十多年,其间学术研究未曾少辍,1977年出版《古汉语语法常识》,此书曾获甘肃人民出版社图书二等奖,共出两版,印刷七次,后来又编入《中学生课外书架》和《青年之家》两套丛书再次出版。1981年,调入庆阳师专任教古汉语教学,学术研究进入高峰期,每年以发表约十篇的速度持续高产。1994年退休后,研究更加专注,继续以每年十多篇的速度发表论文,而且,还撰写出版了五部著作。今年,刘教授已经八十有二,仍然一如既往,孜孜矻矻,兀兀穷年,手不停编,笔耕不辍,不停地开疆拓土,不断地创新发展。孔夫子曰:"学之者不如好之者,好之者不如乐之者。"刘教授当之矣!诸葛孔明所言"志虑忠纯",吾见之矣,刘教授是也。钱锺书说过:"大抵学问是荒江野老屋中二三素心人商量培养之事,朝市之显必成俗学。"刘教授正是这样的素心人,他作的是真学问。

《庆阳方言词典》延续了刘教授的研究道路,体现了他的创造精神。著名学者赵逵夫为《刘瑞明文史述林》所作之序中对刘教授的学术研究作了总体评价,也适用于这部字典,现移录于后:

> 总的来说,刘瑞明先生的论文中多有新说、创说,不同于一般人的陈陈相因、综合他人之说以成文。当然,学术研究是无止境的,有很多问题要不断从各个方面探索,以期得到最佳答案。古代社会既已成为过去,留下了一些著述的古人既已死去不能复活,我们无从执书而问

之，我们对于一些疑惑的解决，也就只有联系其他文献、联系社会文化知识来破解。仁者见仁，智者见智，看问题的角度不同，所依据的知识与社会经验不同，答案也会有不同，学者们也只有在相互比较中，以材料充分、论证严密、各方面无所抵触挂碍为是。收入集子中的刘先生的论文，反映了他几十年努力不懈的探索、思考，新见迭出，无论怎样，总是对一些问题的解决提供出新材料或新的思路，提供新的答案，这是可贵的。同时，其中不少论文的结论引据可靠的材料，逻辑推理严密，显然胜于前说，使人茅塞顿开。无论怎样，这套书的结集出版，是甘肃社会科学界的一件喜事，也会对全国学术界提供新的材料与讨论的话题，以进一步推动有关领域的研究和发展。⑥

学术要发展就要创新，创新难免面临风险，“弄潮儿向涛头立，手把红旗旗不湿”，对于勇敢的开拓者，我们应该向他致以应有的敬意。

是为序。

2016年1月26日于南通

［注释］

①庆阳师专于2003年4月经教育部批准成立陇东学院，晋升为本科层次的普通高等学校。

②参见刘瑞明《刘瑞明文史述林•自序》。

③字本位理论，徐通锵创建于20世纪90年代。该理论是在理论语言学研究中，从汉语的实际出发，力求走汉语研究自主创新之路的一种学说。

④郭锡良主编的《中国语言学》发刊词称该刊的宗旨是：“以中国语言学的优秀传统为根，取世界语言学的精华而融合之，坚定地走自主创新之路，为繁荣中国语言学而奋斗。”

⑤2012年，在杭州举行的“中国训诂学会2013年学术年会”上，鲁国尧作了题为《衰年变法，学术更生》的报告，谓自己在70岁以后，进行学术研究路径创新，要走中国语言学研究之路，自名为“衰年变法”。

⑥赵逵夫《刘瑞明文史述林·序》，载《刘瑞明文史述林》，甘肃人民出版社，2012年。

（连登岗，南通大学文学院教授。）

日下西山人影长

——纪念我的老师刘瑞明先生

李致博

刘瑞明(1934—2017)教授,甘肃平凉人。1958年西北师范学院中文系(今西北师范大学文学院)毕业。生前在庆阳师专中文系(今陇东学院文学院)执教多年,弟子如云。他开了文学院学术研究之先河,同道称誉。以刘瑞明先生为代表的学术前辈们给陇东学院文学院建立了一座不朽的学术丰碑,桃李不言。他推动文学院走上了学术研究的巅峰。我无数次感叹文学院科研昔日的辉煌不再,前贤西去,后继乏力。2020年6月中旬,接到兰州交通大学武汉强教授发来《纪念刘瑞明先生逝世三周年学术研讨会的邀请函》,一团愁云萦绕心上。对于纪念刘瑞明先生,陇东学院文学院现任院长杨海波教授曾征求我的意见。我坚决支持、完全赞成,并提出了"唯学术"的原则。众所周知,纪念刘瑞明先生的学术研讨活动是刘先生得意门生、我们的学长周奉真首先发起的,连登岗教授、杨海波院长、武汉强教授、郭治锋教授与我等积极呼应,陇东学院、西北师范大学文学院鼎力主办才得以实现。目前在教育部主导高校学科、专业"双一流"工程和"双万"计划建设的形势下,西北师范大学与陇东学院合力举办纪念学术巨擘刘瑞明先生的活动,无疑具有重大现实意义。发愁的是,我虽然也是刘先生的学生,属过门弟子,也曾一度在庆阳师专中文系与刘先生作过同事,一直把刘先生当作长辈敬重。但是在刘先生所涉猎的诸多学术领域,我简直一窍不通。真正与刘先生在学术上属于同道、知音的学人,我熟悉的有赵逵夫、连登岗、周奉真、刘敬林、马步升、徐治堂、武汉强、郭治锋等专家教授。自己是以写作发表文学作品及文艺评论文章为志趣的业余作者,学业水平达不到对应高度,抵达不了刘先生的学识核心,窃忌惮班门弄斧之嫌,自认为没有什么发言权。遂向刘瑞明先生的儿子、陇东学院附中教师刘五平学弟找了刘先生出版的著作开始阅读。刘先生曾指导过我撰写《论通感和比喻的修辞关系》等论文,但术业志趣和专攻方向殊异,故与刘先生鲜有学术上的交流。这里只敢搔皮摸肤地写些感性认识,勉强缀句成文。

一、读“评”赏“序”，感佩刘先生学问之渊博

西北师范大学教授赵逵夫先生执笔为洋洋370万字的《刘瑞明文史述林》作序。该著作囊括了刘先生毕生研究的学术成果共八部论集。赵教授对刘先生十分崇敬，二人也是师兄弟关系，学弟对学长的学术研究充满景仰之情十分在理。赵教授有次来到陇东学院，唯一趋步去家里看望的学长是刘瑞明先生。竟置校长迎接于后，让我们感受到二人友谊深厚、文人相敬的魅力。此序，赵教授援引刘先生大量例证，如撇开孔子七十三去世、老子八十四去世一说，刘先生另有谐音一说，即“七十(失～减)三，八十(失～减)四(死)，阎王叫你商量事(四～死)”。对学长的学术研究予以充分肯定和赞赏，称道刘瑞明先生在学术上的贡献“令人瞩目”！庆阳地域与资源局限并未影响刘先生成为“一位有影响的学者”。赵教授盛赞，在汉语词汇学研究方面，刘先生采用“小题目，大文章”的写法，古今贯通，南北联系，敢于挑战权威观点和传统主张，揭示出隐实示虚、趣难等方言、口语造词法规律，理论上有发现，方法上有创新，取得了“突出的成就”。在敦煌学研究上，刘先生也“发人之所未发”，揭真纠误，“胜义”多多，“在该领域无人不知”。在民俗学方面，刘先生“新见迭出”，提供了解决问题的新材料、新思路和找到新答案的途径，“使人茅塞顿开”。赵逵夫教授的评价相当中肯，吾辈何揣陋见耶？

《庆阳方言词典》系刘瑞明先生与周奉真先生合著，连登岗教授作序，商务印书馆出版发行，这是出版界顶级规格。读序，翻阅词条，我又一次傻眼了。首先为刘先生的学术精湛喝彩，其次又被连教授高深独到的见解折服，愈发自知学功茶弱而不能望其项背。从《词典》里我们学到了平日会说不会写、写错了或写别了的方言词汇，查到精准含义。解决了本土人士对庆阳方言词汇的意义只可意会不可言传、含混不清或者似是而非的问题。作为庆阳方言口语工具书，《词典》将一团乱麻似的方言词汇开展了超量的语言调查、搜集整理、出典考证、旁征博引工作，最后触类旁通、科学分类，逐条归项，按笔画索引，查阅起来一目了然。连教授从特点、价值、学术追求等三个角度对《词典》进行了精辟的导读与推介。指出《词典》的特点是：一，收词以庆阳特有的方言词语为主；收语包括短语、俗语、谚语、顺口溜；收录具有研究价值的词语；收词不避俗，雅俗共赏；词语来源广泛，县志、方言论著、田野调查、耳闻所记、网络所见等应收尽收。二，释词从字

形、读音、喻义、来源、理据五方面着手，纠正讹误，探索理据；解字则从指出别字和记音字入手，探索并确定正字；析音则包含对庆阳方言中保留的古音、方言音和对音节之间的音变三个方面加以说明。三，释义则将庆阳方言特殊的、通用语所没有或者与普通话不一样的意义加以解释。四，对语源解释，厘清了究竟是古代典籍流传，还是当代民间创造，或者是外面传来的。廓清了庆阳方言与外乡方言及通用语之间的关系。五，对理据的注解，《词典》对词语的构成及其书写形式的根据进行了深入研究。至于对《词典》的价值与学术追求，连教授言之凿凿，宏论皇皇，单列成章，在此不赘。足见刘先生与周先生学功之深、费耗之巨、贡献之大，令人钦敬。

甘肃省作家协会第六届主席马步升先生与陇东学院文学院时任院长徐治堂教授合作，以《勤奋多产创新——刘瑞明科研评介》作标题，为《陇上学人文存·刘瑞明卷》撰写了前言。全面评述和推介了刘先生自1977年出版、累计发行量超过30万册的《古汉语语法常识》(与钱大群合著)以来的学术研究成果。指出刘先生研究领域涉及语言学、敦煌学、民俗学、古代文学等学科领域。论文大量发表于今天公认的社科最高级别的“C刊”上。已出版的专著有《冯梦龙民歌集三种注解》(上下册)、《北京方言词谐音语理据研究》(与刘敬林合著)、《性文化词语汇释》《刘瑞明文史述林》(上下册370万字)、《山海经新注新论》(上下册，90万字)。这还没完，有待出版书稿三部:《神话传说精怪详解词典》(90万字)、《古代爱情民歌性文化解读》(30万字)、《敦煌神秘文化研究》(30万字)。刘先生不负“勤奋”“多产”“创新”的美誉，著述丰硕，成果累累，着实令吾辈汗颜!

二、凭个人看法，给刘先生学术活动作简笔勾勒

(一)学术自觉与高度我们达不到

我比较了解，刘先生从事科研，以勤奋积累与深沉思考著称，找到了做学问的法门。从感而悟，以悟而理，如智慧之门洞开，灵光闪闪，大彻大悟，彻底入了渠，掌握了学术窍门。他没做过什么社科项目，不循规蹈矩，不囿于条条框框的限制，完全自觉自愿、自主而为。拟题即作，不推不拖，不懒不惰，并且大题大作，小题小作，无题不作。他引经据典，轻车熟路，拨云见日，手到擒来。他驾重就重，驾轻就轻，轻车熟路。刘先生驾驭学问犹如草原上的高手驯烈马，爬上去不掉下，直到驯化。他一头扎入学术研究的汪洋大海，完全能够以各种姿势自由畅泳，顺手捕获瀚海珍宝。做学问对于刘先生而言，不仅仅只是忍受了常人难以忍

受的苦累，而且更重要的是，他享受到了其他人享受不到的科研过程带来的精神愉悦！他研究，他快乐！他在他营造的学术氛围和独特天地里，轻轻踩出了一条通往成功的幽径，是一位把学问做大了的大专家，故人长寿。

（二）学术破禁的胆识我们不具备

有人戏言，已故著名作家贾治龙先生以其三部长篇小说《黑骚》《红骚》《野骚》开了宁州“骚文化”先河。与此相对应，刘瑞明先生以其55万字的著作《性文化词语汇释》和30万字的遗著《古代爱情民歌性文化解读》，可能开了“性文化”研究的先河。对于“性文化”一词，也许古书有之，小说《金瓶梅》的传世是最突出的例证。但是把性文化与语言学结合起来研究，刘先生应该是第一人。之前我从来没有见到过专著，也没有看到过类似的文章。在中国社会历史文化传统里，性文化不仅“少儿不宜”触碰，而且成人也不宜提及，开展研究谈何容易！无疑是一个学术禁区，属于讳莫如深的话题。俗常人常把性文化混同于性行为，自觉不自觉地与不太雅观的词语联系起来，加以忌讳。况且，性文化也与儒学观念和理学主张格格不入，“有伤风化”。而敢于把难堪的话题做成大课题，没有足够的学术胆识，恐怕只能望而却步。刘先生不仅大胆地把性文化与语言学结合研究，而且有二部专著传世。令我瞠目结舌，不得不服。

（三）学术贡献与学术精神礼赞

从庆阳师专中文系发展到陇东学院文学院，四十余年来，在教书育人和学术研究方面取得卓异成绩的几十位教授专家中，毋庸置疑，刘瑞明先生学术研究贡献最大、影响最广。他研究领域之广泛、学养之精深、态度之严谨、成果之丰硕，至今无人超越。据我所知，当年仅稿酬收入一项，刘先生基本能够维持一家人的生计用度。从这个侧面也映衬出刘先生学术研究的频次之繁、成功率与档次之高。

刘先生带动了文学院良好的学术研究风气的形成与兴盛。他以一丝不苟、勘误纠错的严谨态度，杜绝了望文生义的随意性，尤其是对那些故弄虚玄、混淆视听的文本予以揭穿喝止；他以开先河、敢为人先的学术勇气著述立说，彰显大家风范。特别是端正了后人对待学问“知其然而不其所以然”与“不求甚解”的肤浅态度。

（四）刘先生学术研究的主要形式

刘先生对前人留存的文卷进行“注解”和“汇释”，为后来者扫清了阅读、理解、思辨并达成通识的不少障碍。刘先生为什么毕生孜孜以求“注解”与“汇释”？我认为，一是读者有不懂与难解之忧必须加以排解；二是作者有错讹与遗漏之处需要修正与补白；三是古代书写有通假或笔误之嫌需正本清源；四是历代译释难免有牵强附会之说需剖根究底；五是古汉语里的字、音、义，前人除了创造，可能还存在生造的问题需要分析明辨。刘先生把上述种种疑惑作为义不容辞的责任和道义，潜心开展研究，正合“铁肩担道义，妙手著文章”的意境。

三、对刘瑞明先生的记忆片段

我在后官寨中学读高一时，语文老师周育才要求人人购买《古汉语语法常识》一书，认真自学以帮助我们提高古文翻译能力。今日翻开，扉页上仍有“李致博一九七九年购于南佐”字样。那时我们只知道书是“钱大群、刘明”编著，但不知道编著者是何许人也，想想离我们遥不可及。让我爱不释手的原因是书中对杜甫诗句“尔曹身与名俱灭，不废江河万古流”的通俗翻译——“你们落个身败名裂的下场，也改变不了长江黄河滚滚东流的趋势”。我对凝重不解的诗句一下子豁然开朗。我第一学历1985年毕业于庆阳师专中文系。上学时刘先生给干部专修科上《古代汉语》课，我在应届生班，错过了聆听的机会。入学不久，“刘明就我们系的刘瑞明老师”的消息在同学中盛传开来，庆阳师专也有名人！我们崇拜的学者就在眼前！这一下既加深了我们对老师的崇拜，又激发了我们对学校的热爱。

1985年底到1992年7月，我在庆阳师专中文系当系秘书，年终统计教师科研论文。刘先生最多，每年都有30篇左右的发表量。相比别的老师的发表量，刘先生的学术研究一枝独秀！那时还没有刊物级别的概念，只有公开刊物与内部刊物之分。刘先生每年有20篇以上的论文发表在《中国语文》《文史》《文献》《中国社会科学》《辞书研究》《文学评论》《文学遗产》《敦煌研究》和兰州大学、南京大学、中山大学、四川大学的学报社科版等公开刊物上。现在看，这都是国家级、核心级“C刊”啊！

所以，2014年4月我调回文学院工作后，在职工例会上反复强调：仅从科研数量与层次上看，过去一个刘瑞明教授胜过现在教授之和！不信？我们现在把多年发表的“C刊”文章累加起来，还超不过刘瑞明老师当年一年的刊布量。尽管我讲话证据充分、底气十足，我也知道有些同事听了不高兴，但是我还是忍不住在公开场合这样讲，不行就是不行，必须承认。如今陇东学院申报硕士学位学科建设点，困难主要在于博士数量不够、国家社科项目不够、项目经费不足、“C刊”文章不够。腾出时间和精力给其他老师把课上好就得了。但是，“假如”尽管是美好的，却是不成立也不存在的，这也是我们深切怀念刘先生的痛心之处。

刘先生是一位正直诚信的长者，为人处世做了好榜样。记得中文系一对青年教师夫妇在系办公室出售平价白糖，等到刘先生前来购买时，已被抢购一空。刘先生看文件柜上放了一小袋，不知是谁的，又找不到收款人，就先拿走了。未曾料想，放下白糖的老师下课后，死活找不见放在文件柜上的小袋白糖了。在场的同事一块帮着四处寻找，也没找到。于是大伙把怀疑的目光投向另一位教师的身上。幸亏刘先生及时还给了青年夫妇，假如他不认账，便没人知道真相。

20世纪90年代初，我想调到别的地方任职。刘先生得知消息，与其他老一辈恩师一道，对我的从政前途进行对比分析，语重心长地加以劝阻。幸亏我听从了刘先生的肺腑之言，否则，我就不可能以所谓作家的身份自由自在的生活了。我非常庆幸，在有生有为之年遇到了刘先生那一辈长者。

当年我在中文系多次晋升科级职务遇阻，挫败感让我暗自生叹。每次提拔干部，系里把我报上去，学校总是以“这小伙子工作能力虽强，但个性修养不够，锋芒毕露，宜继续锻炼”为由，再而三地搁置起来。事后听说是刘先生出面联合了多名老师多次去找学校领导。闻之，对刘先生愈加敬重！我只有一如既往、勤勤恳恳地为老师做好服务工作，以报答他们的知遇之恩。

如今斯人已去，遗著枕案。屋内书香缭绕，窗外云山苍苍。

刘先生的离世，是陇东学院文学院不可估量的损失。一座巍巍学术丰碑轰然倒塌了！再要重建起来，恐怕有待时日。追缅先贤，刘先生给我们留下的丰富的学术遗产，永远激励我们向前。

我一生景仰的老师刘瑞明先生永垂不朽！

2020年8月18日于陇东学院

（李致博，诗人、作家。）

我们这样为刘瑞明先生“过三年”

郭治锋

2020年3月7日，是我工作了18年的陇东学院中文系同事兼忘年交刘瑞明先生去世三周年的日子。因为一些原因，除了他的家人到墓地去祭扫以外，再无其他纪念活动。不过，我和几位刘先生生前的好友却并没有忘记这个日子，那几天，大家相互电话、短信、微信、邮件传递着有关先生的信息，表达着对他的追思与怀念。

一

刘瑞明先生是以卓越的科研成果而享誉学界并被熟知他的人们所津津乐道的，我们那几天交谈最多的也是他的那些成就，以及那种异乎寻常的学术精神。跟刘先生一个教研室同教古代汉语十几年，后来调到江苏南通师院（今南通大学）的连登岗教授曾经写过好几篇评述刘瑞明先生学术事迹的文章。其中，2013年9月在他的个人博客写的18800多字的《刘瑞明现象》就从多方面有过系统、全面的阐述。2017年4月，刘瑞明先生跟周奉真合著的《庆阳方言词典》由商务印书馆出版，该书的序也是连老师写的，文中连老师对刘先生的学术生活也有较多的介绍。我们电话后8日一早，连老师在这篇序言的基础上又加了1500字的“前言”，以“刘瑞明教授的学术追求”为题在他的新浪博客里重新发了出来。

刘先生去世时虚龄84岁，正应了那个他也曾经专门写文章研究过的“七十三、八十四……”的民间老话，所以也算是活到了天年。他去世前三四年间，有关方面出版了他的学术论集，既有2012年底甘肃人民出版社推出的370万字的《刘瑞明文史述林》，又有2014年5月甘肃人民出版社出版的30万字的《陇上学人文存•刘瑞明卷》，可以说是对他一生的学术成就做了个总结。所以到2017年初春溘然长逝，大多数人会觉得他不仅享了高寿而且也没有什么遗憾和牵挂，可以瞑目于九泉。但是，作为与刘先生相交三十多年的几位好朋友，我们都认为他走得仓促，为他没能完成与我们描绘过的研究与撰著计划而叹惋痛惜。尽管越到后来熟知他的人越少，尤其是他工作过的中文系新来的年轻教师估计好多都不认识他，但对于我们来说，他的逝世就是一个重大的损失。所以那些天我们的聊天，除了缅怀先生的生平、业绩与精神外，还自觉地承担起了一项使命，就是对他一生尤其是到了晚年还在孜孜矻矻追求不已的学术研究所取得的成果做进一步的搜集与归纳，试图获得一个最确切的数据，以期使包括我们在内的后来的人们对这位曾经令国内众多学术同行为之侧目和景仰的前辈硕儒有个更准确清晰的了解。因此，7—9日，我跟连登岗老师及一同工作过的刘敬林教授，还有目前在四川西华师范大学工作的伏俊琏教授等商议，想通过多种途径对刘先生的相关成果做进一步的寻找与梳理。

二

刘瑞明先生的学术成果，我知道得算是多且细的。1988年，我毕业后被分配到庆阳师专锻炼过一年，后又回到单位上班，正赶上学校举行建校10周年纪念活动，教务处（那时还没有科研处）编印了一个校庆十周年的教师科研成果目录。一共收录多少成果我忘了，但有一点印象很深刻，该册子中论文一项里面中文系的篇数占全校的一半，而中文系里面刘瑞明一个人的论文占了一半。也是从那时起，我对原来已经有所耳闻的刘老师的“厉害”有了真切的了解。

刘先生是1992年评的教授职称、1995年退休的。因为我参加工作不久就结识了他并逐渐成为好友，所以1998年我加入民进党后便介绍他也加入了这个组织。2000年12月底，我们在学校图书馆举办了为期三天的“刘瑞明教授学术成就展”。为办这个展览，我们对刘先生的学术成果进行了全面的收集和整理。其中，最引人注目的是论文一项，共219篇，不仅数量多，而且发表的范围也广，遍及全国各地。更让大家惊讶与佩服的还是论文发表杂志层次的高端：二百来篇文章，有三分之一发表在相关领域的权威期刊上，如《中国社会科学》《中国语文》《文学遗产》《文史》《文献》《古汉语研究》《敦煌研究》《辞书研究》等。这个展览，虽然筹备得很仓促，但还是收到了来自中国社科院文学研究所、甘肃省语言文字学会、甘肃省敦煌学会、兰州大学中文系、西北师大文学院、宁波大学文学院等有关方面著名学者如张锡厚、周志锋、刘公望、颜廷亮、张文轩、赵逵夫、伏俊琏等的贺词、贺信，他们或以单位名义或以个人名义对刘先生在语言学、民俗学、敦煌学界的贡献给予了充分的肯定。

此后多年，刘先生的论文发表继续保持强劲的势头，仅2003、2004两年，就在

《语文研究》《辞书研究》《敦煌研究》《中国语文》《文史知识》《中华文史论丛》《四川大学学报》《宁夏大学学报》《宁波大学学报》《福建师范大学学报》《孔孟月刊》《语文建设通讯》等20多种学术期刊发表论文33篇。2005年以后，在继续保持每年发表十篇左右论文的情况下，刘先生开始将主要精力放在了大部头的学术著作的撰述上。2005年8月，48万字的《冯梦龙民歌集三种注释》（上下两侧）在中华书局出版，开启了他个人专著撰述的第一页。从此，不断有新的著作完成并陆续出版。只是，这以后我调到了天水，虽然每次只要回庆阳大都还到刘先生家里坐坐，但毕竟走动少了。2011年以后，刘先生听力下降后跟他的交谈也不如从前。所以，尽管知道他写的书、出的书多，但究竟都是些啥书却并不十分清楚。2016年7月，刘先生的家搬到了陇东学院新校区新修的住宅区，8月底一天上午，我去他新家为他暖房时特别请他将已经出版、等待出版，以及正在撰写的所有著作给我列了个清单。

单子上一共列了14种。这些著作，除过我上高中时候就捧读过的与人合著的《古汉语语法常识》外，其余全是2005年以后出版和撰写的。一个退休十年、七十多岁的老人还以这样的力度写书、出书，不能不说是一个奇迹。后来对照发现，这个单子还是有遗漏的，比如后来出版的《庆阳方言词典》就没有写上，还有那本排入“陇上学人文丛”第三辑的2014年出版的《刘瑞明卷》竟然也没有。这套“陇上学人文丛”，由省委宣传部和省社科院负责编选，从2009年开始编辑出版，计划用10年时间完成，一共收录1949年以来甘肃人文社科领域“足以存当代而传后世”的杰出人物100位，并为他们出版专集。“陇上学人文丛”分期按“辑”出版，每辑10卷本。刘瑞明先生是截至当时30人中除省城以外唯一的入编者，这也表明他在甘肃学术界的重大影响力和崇高地位。

三

刘瑞明先生曾经一再跟我们讲，他搞研究写文章出书，全都是因为他没有别的兴趣就这么一个爱好。作为跟先生交往最多的几位朋友，我们知道这是真的。所以他的学术研究也就少了功利的搅扰，显得更为纯真和可贵。因此，他的研究成果越多，对促进学术繁荣做出的贡献就越大。作为先生的挚友，我们都热切地祝愿他能健康长寿。庆幸的是，他的身体状况一向很好，除过牙齿脱落比较早装了义齿和由于坐得太久腰椎间盘突出做过一次手术，以及80岁时听力下降之外，别的一切都好，尤其是老年人身上最常见的心脑血管疾病，他是一点都没有。这让周围的人们很是羡慕，因为他是一位不怎么锻炼身体的人。退休以后，除了偶尔从他住的一楼出门到院子里走走，其余时间除了吃饭睡觉似乎都是在书桌前度过，早年一把蘸水笔，后来一台电脑。这也使得那个广为传颂的“生命在于运动”的箴言在他这里显得尴尬。2016年10月4日，十五年前调到广东湛江师范学院的旧同事兼大学同学张文举教授回庆阳期间要去看望刘瑞明老师，约我一起去，同去的还有学校图书馆资料信息中心的程拯华老师。那天的访谈结束后，刘老师留我们并请文学院的徐克瑜、齐社祥两位教授一起到距离学校较近的育才东路的“味道小厨”吃饭。回家路上，我们聊起刘老师的身体状况，张文举说根据他从下午到晚上与刘老师近距离谈话的感受，先生“活过九十没问题”。这位多年没见过刘先生的老同事这句确凿的话，也给了我一颗定心丸，所以三个月后的春节期间，我也就没有到他的新家去看望。包括12月中旬到庆阳那次，虽然也去了陇东学院，但只是带领郭昭第院长及天水的两位专家访问了文学、历史两个学院，没有抽身到刘老师家去。那回，本来还应先生吩咐给他带来了赵鲲博士的两种资料，也只是委托了历史学院的马啸院长转递。总想着以后机会还多，哪里料到，才不到半年，先生就走了。

四

刘先生对学术爱得深沉和执着。从20世纪50年代读大学二年级给《光明日报》副刊“文学遗产”投稿就舒芜《李白诗选》的注释进行商榷并得到作者的复信开始，就步入了学术的殿堂；参加工作后尤其是从地质部门“归队到中学”(刘先生语)做了语文教师后，先生可以说是把教学之外的精力都献给了他所钟爱语言学，以及以此为基础所开拓的诸多领域的研究，因而取得了不菲的成就。由于刘先生的成果本来就多，加之他平日也不大注意收集，所以现在要准确地统计出他一生的学术成果并不容易。曾经也有几次整理和归结，但每次统计出的结果都不一致。比如关于已发表论文，2001年初举办“刘瑞明学术成就展”时搜集截至2000年底是219篇，但还是这个时段，2010年编撰《刘瑞明文史述林》重新盘点却有230篇，多出11篇。2017年刘先生去世前，刘五平又做了一次系统的整理，“发表论文”部分的目录中一共列出359篇。这是到目前对刘先生一生学术论文所获得的最新数据，但也只是已经发表过的论文中“可以查到的”，大家都认为一定还有散佚的；至于写成而没有寄出，以及寄出后杂志社没有刊用的，在刘五平那里也一时很难弄清楚。对于发表论文，刘先生一向坚持一个原则，就是绝不付费发论文。所以凡是索要版面费的，他一律拒绝。这就使得一些本来要发表的论文没能发表，一些本来能在较高级别刊物发表的论文换成了普通杂志，有些论文因此半路丢失或者“压了箱底”。不仅论文，他的著作或书稿也有同样的问题。如前所述，2016年8月刘先生亲自给我列的单子上就有两种缺漏了；同年10月，我跟张文举一起去刘先生家里那次，他谈过他的著述计划，其中打算要写的书和正在写的书，跟一个多月前给我列的那个单子也略有不同。经查2000年12月我们编印的《刘瑞明科研成果目录汇编》，发现其中“撰写出版专著及教材”部分中“拟出”“待出”的4种书，除中华书局2005年出版过的冯梦龙三种民歌集外，另外三种《古代名联评注》《人名写作与赏析》《说神道鬼话民俗》在2016年的单子上也没有。这些大部头著作的撰述和出版，是刘先生晚年主要精力之所在，但是到2017年元旦过后，先生因患病住院不得不搁笔，到底一共有多少种？已经完稿等待出版的几种？正在撰述的有几种、各写到了什么程度？这些都成了疑案。所以，2017年3月7日那天，我跟伏俊琏教授谈及此事，他就告诉我，一定要让刘先生的家人特别是刘五平将先生一生的成果尤其是晚期那些已经成稿尚未完稿的部分做个很好的整理，首先是编个目录出来。伏老师还建议，先生工作半生的陇东学院也可以专门立个项目，将刘先生的遗稿整理发表与出版。遵照伏教授的意见，接下来的几天，我跟刘五平进行了多次通话。庆幸的是，刘五平那里已经做过较多的工作，有了一个分门别类的统计，且部分原始资料也从先生的电脑中找到并集合了起来。他给我列的单子中，不仅有“基本情况”“发表论文”“科研获奖”这些以往我比较熟悉的项目，还有“未刊书稿情况”等具体目录，从中可以获知刘先生晚年都在“玩缠”些啥。如果有机缘，祝愿刘先生的这些遗稿能够昭明于学界，也祝愿他未竟的事业比如相关已经开始了的研究能够找到薪火相传的接力者。

刘先生生前挚友中，还有一位长期在新闻行业工作的周奉真那些天也以自己的方式表达着对先生的怀念。2017年3月9日，伏俊琏教授微信转来周奉真前天夜写成的一篇《〈刘瑞明先生逝世三周年追念〉并引》。篇幅不长，这里抄录如下：

先师刘瑞明先生，离世倏忽已三年。三年尘世，春来春去，人歌人哭，已足成追忆。可见人间风云，沧桑世事，感慨寄悲，不须百年！可堪深憾者，比年所遇殊奇，尴尬于身为心赘，心为形役，狼狈何极！以至于先生教诲，虽衷铭心记，念兹在兹，然弘道传法，则负愧莫名。诗曰：

先生逝去倏三年，苦忆音容抗疫天。

墓上应生新岁草，人间已换旧风烟。

奈何格义心如水，谁料移经海变田。

愧负当时传道意，惟余白发报师缘。

三年前的2017年3月，在陇东学院为刘先生举行的追悼会上，伏俊琏教授也从四川南充向甘肃庆阳发去过手书挽联：

三十年后学素仰先生品格硕学鸿儒漠漠陇头垂风范；

六十载著述探微经典谐声纵横文史茫茫巴蜀哭故人。

三年后的今天，我们还说那句话：刘瑞明先生千古！

(郭治锋，天水师范学院文学与文化传播学院副教授)

怀念刘瑞明先生

张文举

刘先生离开我们已经三年了。2017年得知他去世的消息，很是惊讶，怎么可能呢？2016年回老家专门去看望他，虽年事已高，但身体是那么好，只是有点耳背而已。我私下跟治锋说，刘老师高寿不成任何问题，你看他面色红润，思维灵敏，尤其思维灵敏这一点，许多老人都做不到。

我与刘先生的结缘，早在20世纪80年代中期。1987年大学毕业，分配到庆阳师专中文系工作，刘先生恰好在那里。整整十五年里，我们先是同事，后来他退休了，又成了朋友，我们学问也聊，柴米油盐家长里短也会说，虽不密切，但也算相互了解，是可以信任的朋友，直到2003年离开。此后的十几年里，见面也就2016年秋天的那一次，但彼此的消息还是时有耳闻，心里也很惦念。骤然听到他离世的消息，很是感慨和惋惜，才过去五个月啊，他应该还有未竟的工作，需要完成呢。生命无常，朝不知夕，信乎！

让我感到安慰的是，在他的晚年，我曾见过他一面，而且从中午至晚上，时间算充足，聊了许多。说是1987年初识，其实早在1980年前后，我上初三或高一时就认识他了。是通过一本书——《古汉语语法常识》，是父亲从县城新华书店买回来的，这方面的书，在那时可谓破天荒第一本了，记得反复阅览过，因为热爱古代汉语、古典文学，虽说不能全读懂，但十分珍视，没想到作者原来是身边的刘老师。记得快离开师专时，有天晚上去他家，他偶尔聊起这本书，我才恍然大悟，心下暗自佩服，在那荒芜的年月，只要有机会，他立马就行动了——他有准备啊！说起署名，先生说当时出版社因他的特殊身份，1977年第1版第1次印刷不给署名，署的是“平凉地区师范学校、平凉县第二中学合编，钱大群等执笔”。大概到1979年第2版第2次印刷时，作为第二作者，才署了假名“刘明”，第一作者是那位钱姓同事；真名迟至1980年第2版第3次印刷时始恢复。后来还得知，此书曾获甘肃人民出版社图书二等奖，共出两版，印刷7次30多万册，这在那时是一个不简单的销量。

当年在师专时，知道刘先生在《中国语文》上发表过多篇论文，觉得了不起；我曾经在他家里看到过钱锺书、舒芜、周一良、张永言、江蓝生、蒋绍愚、蒋礼鸿等著名学者与他的通信手迹，觉得是他水平的一个重要印证。但是，我还是没有真正了解他的实力，直到今天，拿到他已发表论文的统计数据，才有一个真切的了解。《中国语文》8篇，最后一篇是2004年，另外有《中国社会科学》(1986年)、《文学评论》(1983年)、《文学遗产》(1990、1995、2010年)，至于《敦煌研究》《敦煌学辑刊》《辞书研究》《古汉语研究》《语文研究》《俗语言研究》《西域研究》《文献》《文史》《北京社会科学》《中国文化研究》《湖北大学学报》《四川大学学报》等刊物，则是家常便饭。自1981年起，到2016年去世前，刘先生前后发表文章共计400余篇，500万字。上面的罗列，肯定能说明问题，那些在一流大学的语言学名流们，一生能在《中国语文》发表几篇呢？且不说在跨学科的其他一流刊物同时发表，而且不止一篇。但是，只看到这些顶级的刊物，还不足以了解刘先生的特点，粗粗浏览下来，天南地北都有他的足迹，单师专类学报就有：吉安、青海、汕头、阿坝、九江、固原、喀什、成都、白城、黔南、绵阳、宁波、渭南、淮北、柳州、龙岩、安庆、晋中、张掖、天水、庆阳等。更奇怪的是，投稿的范围并不限于所谓的学术刊物，如《崆峒》《龙门阵》《陇苗》《父母必读》《旅游》《北斗》《驼铃》《传奇百家》《阳关》《寻根》《中国老年》等。再看看论文题目所涉及的范围，虽说在语言学、敦煌学、民俗学的大领域里面，有大量高精尖的专业文章，比如关于古汉语词尾、关于泛义动词、关于趣难词等的发明讨论，关于敦煌文献的校订补正，关于词典编撰问题等。但他的许多选题却常常出人意料，能够就地取材，信手拈来，从日常生活民俗切入，发他人之未发，结论又耐人寻味，细思有据可信，特别是对巫文化(迷信)和性文化从语言学、民俗学的角度解读，真是奇思妙想，让人眼前一亮，佩服无比。如唾液、喷嚏、喜鹊、乌鸦、年忌、黄色、二流子、拍马屁、方便、爪哇国、猫儿匿、捉迷藏、两头蛇、三脚猫、乌鸡眼……

之所以先列举论文，是因为有人说，看一个人的学术水平，论文最可靠，内行看一两篇就一目了然矣。罗列那一串惹眼的刊物名，也不是说我们不知底细，在今天的学术生态之下，这一众刊物，还是能结结实实地说明问题的。刘先生已刊和未刊的著作，其质量和数量一样不简单。据知情人讲，刘先生的最后十多年，基本是集中精力于著作的撰写和出版了，论文只是副业。已出版的著作，除了前面提到的最早的《古汉语语法常识》(甘肃人民出版社，1977年)，还有《冯梦龙民歌集三种注解》(中华书局，2005年)、《刘瑞明文史述林》(甘肃人民出版社，2012

年)、《性文化词语汇释》(百花洲文艺出版社,2013年)、《山海经新注新论》(甘肃文化出版社,2016年)、《庆阳方言词典》(与周奉真合著,商务印书馆,2017年)。待出版的,据可靠信息来源,有《敦煌神秘文化研究》(30万字)、《崆峒山志》校注(14万字)、《原汁原味细嚼慢咽〈西游记〉》(30万字)、《西游记》校勘(12万字)、《穆天子传研究》(22万字)、《台湾趣难词详释》(28万字)、《神话传说志怪详解词典》(84万字,作者曾有言,此是其心血之作)、《性文化词语汇释》(增订本,由原稿55万字,增至78万字)等。

明眼人不难看出,刘先生的研究成果,首先是数量大,其次是质量高,再次是接地气,能雅亦能俗。质量问题,我是围观者,无由多说话;但数量问题可以一说,俗的问题也可一说。先说数量,三十六年的时间里,源源不断写出这么多,不是个容易的事,首先得有一个好的外部和内部条件。外部条件,一个是他在高校;另一个是他有一个安静和谐的家庭。记得在庆阳师专时,听一个佩服刘老师的老朋友感慨,刘老师的老伴人可贤惠了,把她老汉照顾得安安稳稳,大小事不用操心,安心写他的文章,每天早餐一瓶牛奶,保证营养,外面是是非非不闻不问,邻里关系融洽,这是实实在在爱她的老汉呢,你娃别胡思乱想了,向刘老师学习下,找个贤内助,做你的学问吧。我是多年后才明白这个道理的,我的蠢,刚好反衬出刘先生的聪慧来。说到这一点,不少人一辈子都不会明白的,所以一辈子蠢到"家"。许多想安稳过日子,特别是想做点事的人,在这方面,可能需要深长思之了。

内部条件与心态有关。在庆阳师专与刘先生相处的十五年里,总体感觉,他能够心如止水宠辱不惊,表面上好像也"打打闹闹"过,但了解他的人都知道他从不往心上去的,他有点闹着玩的意思。记得每周四下午的例会,他总是夹一本页边泛黄的旧书,坐在一个角落里,头不抬眼不眨地一页页翻着,全神贯注。起先不了解,以为是在读,后来才明白,他是在"做学问"——搜寻语言例证包括发现下一个新问题。神奇的是,例会中的要害处,他绝不会错过,该说话的时候,一语中的,说完又继续翻他的书了。这种定力来自哪里呢?除了外部条件,与他的天赋有关,看到他的学术的质与量,相信不会有人天真到以为那只是勤奋努力的结果。刘先生是属于有巨大天赋的人凡是熟悉刘老师的人都有目共睹,他的学术活动数十年如一日,日出而作日落而息,从他家窗外经过,都会看到他伏案工作的情景,不紧不慢,有条不紊;他做出来的活儿,也是举重若轻游刃有余的,就像他的字一样,永远是轻轻地一个个写过去,没有龙飞凤舞,也没有剑拔弩张。他是一个种田的农夫，按着季节播种，按着季节收获，一切顺理成章。但问题是，作为普通人，就算你坐得住，从春坐到夏坐到秋坐到冬，能坐出个什么东西来呢？天赋我们必须承认和敬服。

说到天赋，我只从个人的小小视角说几句，曾听到有人说刘老师有时琐碎，我回驳过一句，说这是你不了解，这恰好是他的过人之处。怎么说？在私下跟刘先生的接触中，无论是论学、论事，还是论人，他都能够不紧不慢条分缕析地娓娓道来，有时曲里拐弯说得非常细致，我个人是比较能习惯他的思路而且欣赏他的思路的，在他曲折有致的思维里，隐含着一种严密的逻辑分析能力，而这恰恰是我们许多人所严重缺乏的。记得跟他聊天时，他有提到对于理工科的兴趣和曾经所用的功夫，比如数学。大学毕业最初的四年间，他在平凉市地质局和工业局工作，他说在业务上自己颇能钻研，应付工作游刃有余。还有，他晚年的学术工作，电脑就用得很顺溜，这个工具给他助力不少呢，他这个年龄的人，许多人始终不会用电脑。再举一例，他写了许多敦煌学的论文，却从来没有去过敦煌；尤其是从20世纪90年代后期开始，他有许多篇关于方言方面的研究论文，涉及宁波、乌鲁木齐、武汉、东莞、福州、柳州、西宁、固原、银川、太原、西安、庆阳、台湾等。这些东南西北互不搭界的地方，大多数他都没有去过，真不知道他是怎么区分和研究这些个方言的?“生而知之”乎！

再说“俗”的问题。有了前面的述说，千万不要误以为刘先生不食人间烟火，是个清净“闲人”，这就整个错了。他的生活确实整齐有序，但他并不是心无二用，不问家事和世事。比如每天早中晚提三次开水就是他的固定功课；有几年校园里不平静，他一时兴起，也动作过一阵，甚至还挺热闹的。平日里，他时不时也会在马路上与张三李四拉上一阵家常，小道消息可能还不少，神神秘秘，大家觉得甚为亲和，当然有人可能会觉得刘瑞明原来也是个小市民啊。说起小市民，刘先生可能还真有那么一点。我们这些朋友对政治都很感兴趣，见面必聊，意见也基本一致，纵横捭阖，甚是激动，可是我们从来没有听他主动或被动聊到过这方面的话题，感觉他似乎不感兴趣。他真的没有看吗？或者与他年轻时的遭遇有关，抑或与他的心性有关。以今天的认知，我很能理解钱锺书、沈从文的“拘谨”，我们的激动其实可能与无聊关系较大，并没有自己想象得那么了不起。再比如他的文章和书稿，绝不会为了刊出而掏那个版面费的，他做学术，有个人能力和兴趣的支撑与引领，但也确实有投入和产出的比画，并不是纯而又纯的什么伟大追求，他是顺其自然，尽兴而为，功成不居。甚至说直白点，他的学术写作有滋养家庭的诉求，这从他的学术选题就可以看得出来，他是顾及卖点的，一个字都写不出来的清高的同僚们也许会有所訾议，其实这里恰好凸显着刘先生对于家人的责任和爱心，有什么好鄙薄的。那些大量发表在师专类学报上的论文，有些他明确讲是他珍视的文字，之所以明珠投“池”，很重要的一个原因是它们不收版面费，往往还给稿费。扯远点，他大约没有文章乃“经国之大业，不朽之盛事”的想法，至少他没有表达过这样的想法，他常常把发表文章的原刊物当废纸卖掉或丢掉，以致有人要收集整理他的成果时，从他跟前根本找不齐全。他说做学问只是个人爱好而已，就跟有人喜欢吃、有人喜欢喝一样，不要想有多了不起。初听这些稀奇可怪之论，觉得惊讶，但时日既久，自己有点悟性的话就会明白，这是大实话，里面有智慧在。孔夫子讲“知之者”“好之者”和“乐之者”，我想刘先生大约属于“乐之者”了，乐在其中乐此不疲乐而忘忧不知老之将至，他的站点很高，所以才能平常心看待，他是有智慧的人。我们时常私下感慨刘老师没有离开那个让大家厌烦的地方，说他应该去更大的地方，会有更大的作为，会得到更大的荣誉和尊重，记得我曾经为此问过他，他的答复是：不一定。终其一生，他没有离开陇东，他甚至很少外出参加学术会议，他就扎根在那里，辛勤耕耘，收获丰厚。他当初选择来庆阳师专是有养家的考量的，学术并不是凌虚高蹈的事情，它基于生活的稳固。儒家有所谓“尽性止命”之说，刘先生可谓是切身践行者。

不过我们还是为他感到遗憾，也许出去了会有不一样的眼界和作为，以他的才华，前景不可限量。然而，以当今的学术生态，他出去了可能更麻烦，会有无穷无尽的缠累，反倒没有了那些清净漫长的时日来做自己喜欢的事情，更不要说做出那么大的成就来，他没有什么好遗憾的。默默奉献刘先生能站成大树，已经非常了不起了。刘老师他懂得“默会知识”、敬畏“常识”，此之谓“知道”，所以他能“尽性止命”，而安之若素。

最让人扼腕叹息的，是他没有能培养自己的学术传人，没有学生——受业弟子。虽说我无由置喙他学术成就的质量和贡献，但其在外界的影响是有口皆碑的。记得2003年第一次到湛江师院见到中文系主任时，他第一句问到的就是刘瑞明先生。根据多年来的经验，语言学界乃至中国古典文史领域里，没有人不知道刘先生的。其实我们可以听听刘先生自己怎么看自己，他说过，他的汉语方言词谐音语理据研究，即趣难词的“隐实示虚，设难成趣”是创造发明，可与“因声求义”相比，依此理论，可解决百分之三十汉语词汇的语源问题，这是多大的学术自信呢。虽说他平常心看待自己的学术活动，但他深刻知道自己做了什么。刘先生筚路蓝缕开创为先，但问题是他后继乏人，在这样一个闭塞的地方，没有人传承他的衣钵，继续和发扬他身后的事业。他曾说过，做学问有三种境界：第一种，是养家糊口的勾当，著作等身是也；第二种，述而不作，踵武前贤传道授业解惑是也；第三种，高境界，比较神秘，不述亦不作，结缘而已，能得人传承心法，很好，没有也就顺其自然，因为一切都可遇不可求。我想，他应该培养几个博士出来。可是有时我又想，虽说大家都羡慕甚至崇拜他的成就，但刘先生自己到底怎么看待自己的研究呢，会不会有点庄子的虚无主义，他说自己只是第一层境界。还想起十多年前跟一个朋友私下提到的一个谬论来，可惜没有跟刘先生请教过，不知他如何看，敝帚自珍，兹录于此：

> 有人说中国文化的精华在孔孟儒家，还有人说在诸子百家、释氏禅宗等，不一而足。但我认为，我们的文化之魂在汉语、汉字和书法，翻检数千年的历史和典籍，总觉异常沉重和压抑，但有一天，当我一本本地翻阅二王、魏碑、颜柳欧赵、苏黄米蔡、徐渭、王铎、傅山等历代碑、帖时，忽然有了另外的发现：我看到了"自由"，和专制、压抑、扭曲甚至变态相对的自由！是那么地神采飞扬、气象万千的自由！我真正地被感动了，我觉得我们的文化与文明还有救！书法是中国传统中所有的文化与艺术手段里最具表达"个性"的形式。由书法，逆推到汉字、汉语，我恍然大悟：请想想，如果讲中国特色，汉语、汉字包括书法，才是我们真正的特色。它们其实是三位一体的，这个三位一体的存在，构成我们民族文化的深层根基。《圣经·创世纪》开篇记载上帝用语言创造了世界，又说他让人给万物命名，随后又讲述了巴别塔的寓言；到得《新约》，则言成肉身，等等，这一切难道仅仅是"神话"吗？《淮南子·本经训》记载："昔者仓颉作书，而天雨粟、鬼夜哭。"何以故？海德格尔、维特根斯坦都强调过语言作为家园和生活方式的根本意义。但是在今天，汉语堕落了，这其实是生活堕落、文明衰败的基本症候表现。翻一翻《尔雅》《说文解字》《康熙字典》，这其间隐藏着多少我们种族血脉和心魂的秘密，这些都有待于我们去发现和复活！

止于命，从他安排生病到去世这几个月的事务上，也可以看出来，刘先生是一个干脆利落的人，除极个别人如周先生外，其他人都不知道，他不要家人告诉。他心里在想什么呢？听说他在身体不适的前期一直喝中药，直到核磁共振发现真实情况，已经来不及了。

德不孤，必有邻。刘先生生前身后，都有许多的崇拜者和朋友。我只算一个普通朋友，之所以写这篇文字，主要是觉得他之于我，有知遇之恩，心下感激，无以表达。大约四五年前吧，有一年回老家，从一个老朋友处听到刘老师谈到我与学术的关系，说我算入门了，等等。这样的话自己听到当然受用，但也暗自惊讶，他怎么这么说，而且做那样的对比，我都没有想过。但细想想，他这么说应该有他的角度吧，主要是，离开这么多年了，他还惦记关注着我，心里很感动。惭愧的是，自己南来后，除了回归生活，娶妻生子，养家度日外，学术虽不能说置诸九霄云外，但也确实无从说起，现在时不时想着退休后看能做点什么，真是惭愧呐。他是热心肠，从学术乃至生活方面关注熟人朋友，我是多次见证过的，比如对他的老同学王老师，对年轻的同事齐老师、徐老师等。

心里面能单纯地有他人，自然会有心气相近的人，给你留出足够的空间的。比如我所知道的治锋就为刘老师做过许多事；还有周奉真先生，为出版刘老师的著作，精心筹划，用心至巨，有目共睹；还有伏俊琏教授，在刘老师著作的出版方面，也是尽心尽力。刘先生不仅在学术上有大的造就，在人生际遇上也应该十分欣慰了。行文至此，忽然想到与刘先生走得最近的两个人，治锋和周先生，他们都是环县的，还有全面总结刘先生学术贡献的方铭，精心撰写刘先生学术年谱的张玉冰，认真张罗刘先生纪念会议的武汉强，也是环县的。个人印象，环县的人非常淳朴。早年间读到卡夫卡的一段话，印象至深，那是另一种完全不同的文化空间里的思绪，我完全不了解的，“没有义人，连一个也没有”，包括自己，不是白璧微瑕，更不是白璧无瑕，愿以这段话，与过去及未来所有可能结缘先生的朋友包括陌生人分享：

> 我们像一群在森林中迷路的孩子一样感到孤独。你站在我面前，望着我，你知道我有什么痛苦，我也知道你的痛苦。如果我将跪在你面前，哭泣和诉说，那么你了解我比地狱还多，仿佛有人告诉你地狱又热又可怕。因此我们这些人应该彼此站在对方面前，那样尊敬，那样沉思，那样热爱，就像站在地狱门口一样。[①]

故土日远，故人日稀，秋风陇头，白杨萧萧。文末借周先生今年春天怀念恩师的诗句来收尾：

> 墓上应生新岁草，人间已换旧风烟。

2020年9月11日晚初稿，2020年9月26日定稿

［注释］

①卡夫卡、致奥斯卡·波拉克的信。转引自［英］罗纳德·海曼:《卡夫卡传》,作家出版社,1988年,第65页。

［说明］

文中内容基本是个人化的交往记忆,许多是感觉而已。涉及事实、著述方面的材料来自刘老师后人刘五平,想来应该是可靠的;其他细节,多为亲历,也有道听途说,一切以传神为要。文中极个别地方有涉及地方性掌故,局内人明白,局外者不知道亦无妨。纪念刘先生,希望能入乎其内,也能出乎其外,这大概也是刘先生所喜欢的,是所望也。

(张文举,湛江师范学院文学院教授。)

我不是个"好学生"

武国荣

1982年秋天，我在稀稀落落的秋雨中走进庆阳师专中文系学习。老师很多，其中刘瑞明老师给我们讲授深奥的古代汉语。上过中文系的人都知道，这门整整一个学年的课是主课，一般是由古代文学底子深厚的老师主讲，年轻老师就不敢上这台面。就当时的中文科师资力量来说，刘老师的实力雄厚。他在1978年之前，便已出版了古汉语专著，只不过他尚不能署名，只好以"刘明"这样尴尬的署名出书。这样的学术水平，绝对凤毛麟角，在全国屈指可数。《围城》作者钱锺书先生，古代文学领域翘楚、北京大学王力教授，著名作家丁玲女士，著名诗人臧克家等都与刘老师有书信往来，在学界被传为佳话。所以，初入大学，又投名师门下，已是荣耀。我却白白浪费了这样的佳机。

我从灵台农村出来，长期营养不良，身体状况不好。高考前阑尾炎发作，去医院做了手术，麻药半年后未完全消除，所以我每天感觉迷迷瞪瞪，精力不集中，上课打瞌睡，有时甚至打呼噜。人给人的第一感觉是很重要的，不好的印象不仅一时半刻改变不了，甚至终生难忘。我作为中文系82级乙班团支部书记，却没在刘老师跟前留下好印象，课堂回答问题没有我，课间拉闲话没有我，特别是毕业实习，刘老师带我所在的组在平凉五中实习，明明我是组长，他却让另外一个人写实习总结。嗨，刘老师，俺也是学生啊，俺的面子里子呢？

平凉是刘老师的老家，他的住处就在著名的柳湖东首。刘老师很好客，有一天他约我们全组实习生到他的小四合院做客，刘老师饭量大哎，他那个圆脸圆眼睛的姑娘压的机器长面，炒的韭菜。我看见刘老师挑一碗凉面拌了吃，再挑一碗拌了吃，吃得煞是舒坦。我们农村来的同学，见世面少，差不多第一次看见城市人真实的家，对一切充满好奇。我们挨个儿试着用院子里磕头机一样的铁摇把从井里汲水，刘老师那时笑得两排牙齿都露出来了。而后，我们前呼后拥，又到隔壁的柳湖，看左宗棠栽的柳树，耍柳湖的湖水。那时的120照相机很牛，偏巧江冠洲同学家里有，包括刘老师在内，大家都摆姿势，照了许多相。这一天，我多次偷窥刘老师对我的目光，并没有什么怪怪的。这种欢乐的记忆久久地印在了我脑海深处。

后来我留校工作，匆匆忙忙的刘老师，匆匆忙忙的我，有交集，但不是很多。后来我又去中文系担任书记，刘老师尚未退休。我一直关注刘老师的学术研究，他经常在诸如《辞书研究》这样的国家级刊物发表研究成果，论文多次被中国人民大学复印报刊资料转载。他发表论文从来不出版面费，从来不找后门上文章，更遑论做代写替写挂名写论文等糟糕透顶的事情了，许多都是国内顶尖级学者约稿。在他去世前后的短暂时间里，他享受到了一些殊荣，成为甘肃省社科奖获得者，西北师大赵逵夫教授对他的学术水平很是赞赏，他的新专著也由爱徒鼎力帮助得以出版。极其遗憾的是，一丝不苟的刘老师，珍惜每一页纸的刘老师，不知什么原因，把他积攒了五六十年的书稿原件、文章原件，以及与众多知名学者的书信，统统丢在了火堆，他执着地要付之一炬。要不是他的妻子杨师母不顾一切抓回了一沓又一沓。我们这些弟子就再也看不见他那一笔一画写出来的娟秀字迹及其他珍贵东西了。他拥有许多古书、现代书和民国以来的杂志。无论新家、老家，四壁前立着的，都是各式书柜和满满当当的书卷。在他所有的书卷中，字(词)典最多，使用率最高。往往一本翻坏了，坏的保存，再购新的。所以，那些厚厚的字(词)典，有封皮的，上面必是厚厚的一层油腻，缺了封面的，页纸犹如翻卷的细浪。很是遗憾，他的许多书籍被收废品的淘去了，变为纸浆。纸浆的价值，岂能和书相比呢？

刘老师有许多遗物很特别，时代特征很明显，他儿子刘五平不厌其烦地给我们拿(搬)出来观看。他使用圆珠笔，只买内芯，插在一小截竹筒里，仅露出来笔尖。竹节颇细，手指攒不牢实，他就绑一束布，加粗笔杆。钢笔无数，基本都不完整了，不是笔尖半面折掉，就是整个笔尖秃了，有的塑料硬壳破损，又用胶带纸粘着，看起来又是个完整的笔了。他还在使用木尺，使用放大镜，使用电子手表。他留有半盒粉笔，有长有短，长的较少，短的较多，指尖能捏住的也有十多个，却是白红蓝黄各色。庆阳师专初建时学校发的家具，像喷有“庆阳师专”字样的木质书柜、铁质书柜、三斗桌、写字台、开水壶、脸盆、脸盆架、单人铁床、木椅、软椅，他都在继续使用。这类老物件，在许多人眼里早已成了废品，或丢掉或送了亲戚，刘老师却当宝贝，四次搬家，四次执意留存。其中一把木椅，到他去世之前还在配合着书桌使用。椅面太坚硬，老人家屁股上没有多少肉了，坐起来不舒服，就缝了一个四四方方的棉花垫，以隔离屁股与硬板的摩擦。刘老师膝盖不好，起来、坐下，都需要外力支撑，木椅扶手上层的横栿，便是他的拐杖。坐一下，抓一下；起一次，抓一次，年年月月，横栿不堪，已折损半截。观看至此，不能不被刘老师的好学及坚强所打动。知识分子遨游在知识的海洋，譬之如鱼得水，虽然艰苦，但先生徜徉其中，自得其乐。他长年累月，甘于这种境况，不知人间有歌舞，不知人家起高楼，宴宾客。他这种作学问的形象，才像大学里的大学者大教授的形象。我去刘老师家拜访，正值学校40周年校庆筹备之时，回到办公楼，我这个校庆办主任郑重建议，辟一间教室，复原一个工作室，把刘老师所余书籍等搬进去。这一个工作室，是一个符号，通过刘瑞明（仅仅限于科研）展示文化形象。学校创立之初，艰难困苦、痴心科研、矢志不渝的老师，可以说是众多。刘瑞明工作室，不仅仅是展示，更重要的是教育青年一代静心苦读、潜心钻研，终成正果。大学的标志不单是大楼、大实验室，要有大师。大学要有文化，文化是由众多个元素构成。百花齐放才是春，百花芳香春满园。一个大学，遐迩闻名的，必定是出了一批又一批学者。没有大师的大学，是籍籍无名的；拥有或尊重大师的大学，是众望所归的大学。

刘老师对许多在学术方面很有成绩的学生很是关注，常常给人说道。老师慈祥，看学生的目光是一致的。1998年，长篇小说还不是很多的情况下，我的处女作《山丹丹》出版了，刘老师给予了很大的鼓励。之前我热衷写消息、写报道稿，却总是力不从心，他就让我多看、多思，然后再动笔，之后偶尔就有了专业层面的交流。他喜欢信封，喜欢稿纸，喜欢空白卡片，但凡他提出来，我就给他匀一点点。我知道他搞研究，缺这类东西。刘老师走后，我惊讶地看见了我送刘老师的纸质东西，不过都不是空白的了，上面有着密密麻麻的、工工整整的字。更让我感慨的是，刘老师去世前在病床上留下的论文提纲，字体已经歪斜，笔画不甚清晰，经过仔细辨认，却思想流畅，逻辑严密。中国古文字的魅力，竟然如此隽永，让我们的刘老师一生倾情，不舍得放弃。即使在蹒跚归去的路上，也心无旁骛，一如既往地研究着文字、书写着文字、发现着文字。

他是一颗燃烧的蜡烛。他的这种精神，一定能激励一些志存高远做学问的人。对此，我深信不疑。

2020年6月30日于西峰区

（武国荣，陇东学院研究员，作家。）

超世之才，坚忍不拔之志

——刘瑞明先生逝世三周年纪念

卢晓河

不觉间，尊敬的刘瑞明先生已经离开三年了。三年前先生追悼会上悲戚的景象还历历在目，先生的儿子小刘老师泪流满面地追忆着先生治学、著述的细节，无不让人敬佩、动容。刘先生每天灯下研读至深夜，东方未明，已伏案著述。这些场景不由让我想起几年前在校园偶遇刘先生的情形，看着他隆起的背，弯下的腰，我忍不住对他老人家说："刘老师，多出来走走，保重身体啊！"他微笑点头，缓缓离去，想起这些往事，不由叫人心酸难忘。

30年前，我大学毕业分配至庆阳师专中文系工作。初见刘先生，与之前想象中声名远播的大学者的形象有很大距离，面前是一位平易近人的长者，他一身中山装，一双黑布鞋，常常提着很多人早已不用了的陈旧的黑色人造革手提袋，上课时，装着他的课本教案；出差时，装着他的随身物品。这个形象是我初见刘先生的印象，也是几十年来刘先生的形象几乎没有多大改变，改变了的，是他渐渐隆起的背，慢慢弯下的腰。

我上班几年后，刘先生就退休了。和大多数退休老人的生活不同，先生退休之后，继续研究著述了二十几年，成果丰硕，令人惊叹！在他长达50多年的学术研究生涯中，开拓了多领域研究的新天地，在古汉语词义、汉语词缀和助词、敦煌文学作品校注、俗文学等方面进行了辛勤的探索，在《文史》《文学遗产》《中国语文》《辞书研究》《古汉语研究》《语言论丛》《敦煌研究》等国家权威期刊、核心期刊及其他学术期刊发表论文三百余篇，破解了诸多疑难的学术问题，提出了许多在学界影响甚大的独特观点，得到许多知名高校、科研机构学者的高度评价和赞许，并获得甘肃省教委颁发的高校社会科学优秀成果奖一等奖一次、二等奖三次、三等奖四次，获得甘肃省政府颁发的甘肃省社会科学"兴陇奖"三等奖。这些奖项是对先生多年来在社会科学研究多个领域获取的富有创新性成果的肯定和嘉奖。

2012年11月,刘先生的主要研究成果《刘瑞明文史述林》结集出版发行,是刘先生在古汉语、汉语方言、敦煌学、古籍校勘、中国古代文学等方面取得的丰硕成果的综合呈现,包括《谐音造词法论集》《词义论集》《泛义动词论集》《词缀论集》《汉语人名文化》《敦煌学论集》《文学论集》《说神道鬼话民俗》8卷,分上下两册,收录300多篇论文,约380多万字。其中大部分文章曾首发于国内社科类核心期刊。《刘瑞明文史述林》的结集出版,多家媒体、网站进行了报道,人民网评价:"该文集采用'小题目,大文章'的写法,避免了一般语言学论文的单调与枯燥,对汉语释义和辞书编纂具有重要参考价值,同时,对弘扬中华民族优秀传统文化也具有重大意义。"著名学者赵逵夫教授为《刘瑞明文史述林》作序,给予了高度评价:"总的说来,刘瑞明先生的论文中多有新说、创说,不同于一般人的陈陈相因、综合他人之说以成文。……刘先生的论文,反映了他几十年中努力不懈的探索、思考,新见迭出,无论怎样,总是对一些问题的解决提供出新材料或新的思路,提供新的答案,这是可贵的。同时,其中不少论文的结论引据可靠的材料,逻辑推理严密,显然胜于前说,使人茅塞顿开。"可见,刘先生的研究成果高于他人,在于勇于探索、求新、创新的特质。

刘先生的研究范围广泛,涉及多个领域,但以语言学为其基点,先生在《刘瑞明文史述林》自序里说:"我的研究爱好虽然范围广泛,四向出击,大基础与核心仍然是语言学。语言文字是各种文化普遍的载体,凡是文字记载而有难解之处,都有语言学用武之地。人类对于足下地球的了解,远不如对遥远天空的了解,对自身语言、疾病与性别形成的了解远不如对客观世界的了解。我们对汉语与汉语文化不解或误解的还有很多,汉语研究海阔天空,大有用武之地。"道出了先生学术研究的思想、方法,也对后来者具有重要的启示意义。《刘瑞明文史述林》结集出版发行,是先生几十年辛勤探索研究的结晶,是中国社科学界的喜事,是甘肃社会科学界的盛事,也是庆阳学术文化领域之幸事!先生提出的问题与材料会继续启发推进该领域的研究发展,其意义是长久的、深远的。

陇东学院的前身是庆阳师范专科学校,地处偏僻的庆阳,离省城兰州甚远,是普通的基层地方院校。无论地域,还是学校条件,与当下中国诸多名气甚高的大学相比,其学术研究资源都比较贫弱。而刘先生的许多成果就是在当年庆阳师专中文系任教期间完成的,他在学界的英名也是在此间树立的。身处陇东,科研工作各个方面的条件有限,最直接的困难是先生在研究中常常需要远赴兰州、西安、北京查阅资料,艰辛异常。而他自己也只是本科毕业,就职基层地方院校,单位的层次，亦使他难以成为硕导、博导，在科研工作中，欠缺科研经费的支撑，没有助手的帮助，仅凭一己之力，撰写发表了几百篇高水平的学术论文。诸如《文学遗产》《文学评论》《中国社会科学》《中国语文》等中国社会科学界的权威期刊发表了十几篇论文，这是很多学者穷其一生都很难达到的高峰。

先生这代人，早年工资不高，退休之后，更是微薄。他的很多成果都是在退休之后的二十几年里完成的，没有了单位的依托，欠缺科研经费的资助，科研成果的产出、认同皆有困难。可即使在如此境况下，刘先生依然作出了令人惊异、令人敬佩的成就，引起国内知名高校和研究机构学者的认可，数十位全国知名学者与刘教授书信往来，研讨学术、探讨问题。刘先生的学术水平和取得的丰硕成果，在全国社会科学界堪称一流，即使身处不知名的基层学校，即使受诸多客观条件的限制，他依然能够光耀一隅，影响巨大，实属不易。

对于刘先生在汉语、古代文学等多个研究领域取得的杰出成就，也许很多人都思考过一个问题：他的成果与所处的外部条件反差巨大。因为他身居基层偏僻之地，研究工作困难重重，为何能取得如此巨大之成果？也许有人认为是刘先生的天赋异质，确有道理，因为学问或许可由知识的积累而来，但智慧与创新必赖于天赋。也许有人以为是先生勤奋坚毅的为学态度和努力，亦有道理，因为先生夜以继日的研究工作终其一生。或许还有其他多层面的因素，但无论是他超凡的天赋，还是后天的努力；无论是时代机遇，还是"学在民间"，最核心、最重要的原因，一定是刘先生对汉语、中国文学及中国传统文化的热爱，对汉语言、文学美的境界探究的热忱，对学术研究"金石可镂"的钻研精神。苏轼曰："古之立大事者，不唯有超世之才，亦必有坚忍不拔之志。"借这句至理名言来概括刘先生的为学精神，很是中肯。

先生虽逝，精神长存！刘先生在多个领域取得的富有创新性的丰硕成果，会继续启发推进该领域的研究；他在学术研究的天地里积极探索求新的钻研精神，也会影响来者，引领后人，继续前行！

2020年9月

（卢晓河，陇东学院文学院教授。）

一位真正的学者

——追忆刘瑞明先生

张大琴

刘瑞明先生离开我们已经三年了，每每想起先生的音容笑貌，总感觉这一切不像是真的。想起先生住的四号楼一楼东头第一个窗口的灯光，宛若还在眼前。那个读书的侧影像灯塔，照亮了陇东学院，照亮了一届届学子的心。惜乎！现在只剩下老校区家属楼区。

我是1995年9月进入庆阳师专学习的，当时刘瑞明先生给我们教先秦文学。我至今还记得他给我们讲风伯雨师、讲嫦娥、讲《离骚》。还有一个故事讲浣纱人家润手的药后来在军队中发挥了大作用，其中蕴含的远见卓识多年之后我才略略有些明白。刘先生在课堂上也邀请对古汉语感兴趣的同学与他深度交流，我那时迷恋中古诗文，天天在背唐诗宋词，对语言学还没有兴趣，完成必要的学业作业后就没有再上心了。那时我还不知道《古汉语语法常识》一书背后的故事。我也有这本书(《古汉语语法常识》，甘肃人民出版社，1977年7月第1版，1979年6月第2版，1979年6月第2次印刷，印数：30001—180250，书号：9096.4，定价：0.45元，甘肃省新华书店发行，兰州新华印刷厂印刷)，这是我上初中时买的一本书，那时还不知道记下买书的时间，但我1978—1981年读初中，看版本时间，应该是在书二版印刷不久就买回来了。后来才知道书上署名的刘明就是教我们先秦文学的刘瑞明先生，而且知道了书背后的故事，不禁感慨万千。《古汉语语法常识》先后重印5次，发行130万册，算得上语言学界的一件盛事。此事值得一书再书。

2000年12月，中国民主促进会庆阳师专支部委员会为刘先生举办的学术成果展，陈列了刘先生二十年来的主要学术成果的实物，洋洋洒洒一屋子，当时震惊了许多人，当然也包括我。作为刘先生的授业弟子之一，之前我对刘先生的学术成就其实并不了解。按当时的统计，刘先生1981年从平凉二中调入庆阳师专，到2000年，刘先生在教学之余，潜心学海，奋力著述，在全国二十多个省的九十家期刊、学报上发表学术论文二百多篇，其中在《中国社会科学》《文史》《中国语文》《古汉语研究》《文学遗产》《辞书研究》《敦煌研究》《文献》等国家级权威性杂志刊登的就达三分之一。内容涉及语言学、词汇学、敦煌学、地方文史和中国文化等领域。二十年，二百多篇文章，几乎每年都拿出十几篇极有分量的学术论文。这样的学术潜力和学术魄力在学界是少见的，我惊叹之余更增加了对老师的敬佩和敬重。

我到西北师范大学学习之后就把兴趣转到了外国文学方向，回到庆阳师专任教也是教外国文学，与刘瑞明先生的联系也就越来越少，但心里的认同并没有变。2003年，我离开已经更名为陇东学院的庆阳师专，在这片土地上生活了十六年，当时心里是决绝的。但随着时间的推移，发现这一段时光怎么也不能从生命中抹去，十九岁进校，二十一岁毕业离开去西北师范大学学习，二十三岁又回来教书，直到三十七岁又离开。生命中最美好的一段时光是跟这一片土地、跟这一片土地上的人共同度过的。人过中年之后才慢慢读懂了普希金《假如生活欺骗了你》诗中那厚重的意味。连登刚教授《送别刘瑞明教授》云："潜伏空同驰誉后，北地又出刘先生。煌煌论文五百篇，耿耿青灯八十冬。兴犹未尽才未尽，神却有终寿已终。三十年来肺腑交，万里遥祭送君行。"退休二十多年，又增加了三百多篇论文，私下以为刘瑞明先生真是一位"学术人"，以学术为天职，以学术为生命，为学术贡献了自己一辈子的光和热。这样的人才若放在省城或北京必将大放异彩，可流落在陇东这样的小地方却不得不被埋没。汪曾祺先生在一篇文章中谈到高邮是个小地方，本乡本土的杰出人才不少，只因为地处偏僻而被埋没了。陇东何尝不是呢？以先生的成就，本该获得更多的荣誉与认可，但很多时候只是在少部分人眼中获得称许。作为一个纯粹的学术人，刘瑞明先生树立了一种标杆，刘先生的学术成果是货真价实独立完成的，没有秘书、助手，也没有获得项目资金帮助。刘先生一人独自耕耘，独自收获，靠一己之力洋洋洒洒完成这么多成果，令晚生后辈仰慕、追随。如果条件再好些，刘先生的成就也许更大。"兴犹未尽才未尽"是真正的知己之叹啊！

纪昀的《阅微草堂笔记》里有句话说："心心在一艺，其艺必工，心心在一职，其职必举。"真正内心强大的人都经得起世事打磨，耐得住人间寂寞。钱穆也说："古往今来有大成就者，诀窍无他，都是能人肯下笨劲。"《刘瑞明文史述林》三百七十多万字（甘肃人民出版社，2012年），只有耐得住寂寞，守得住清贫，淡泊名利、远离应酬的人才可能做出如此大的成就。《刘瑞明文史述林》的出版有赖校友周奉真的大力张罗和贾仲湖的经济资助，这是一件功德无量的事。那么多的国家资助项目，那么多的课题，却轮不到刘先生的头上，他的著作出版还要有赖于学生的资助。因为与刘先生接触有限，我相信刘先生在语言的海洋里探索时充满了求知的快乐，但我私下里也一直觉得刘先生是寂寞的，他的寂寞是学者的寂寞。“勤奋异常，破晓就伏案工作，从不闲逛，也不娱乐，甚至连电视也很少看。”在一般人看来这简直是苦行僧的生活，在刘先生来看，此中有真意，乐趣自在其中。鲁迅先生曾说，哪有什么天才，他是把别人喝咖啡的时间都用在了写作上，他吃的是草，挤出的是奶。有理想的人似乎注定要度过许多孤独与寂寞，古今中外，概莫能外。最终守住寂寞、守住理想的人却达到了一个高度。最终没有被那些环境所窒息的理想成了我们宝贵的精神财富。是金子总要发光，所谓的成功和奇迹，追根溯源，不过都是脚踏实地的努力。刘先生用自己的亲身实践证明了这条铁律，也成为我们后学勉励自己的一个榜样。凭借对学问的赤诚热爱，先生在调入庆阳师专后的四十年间笔耕不辍，取得了这么大的成绩。做这样的一个纪念活动很有必要，是给默默耕耘者的一个认可，也是给有志于此的后来者一个激励。

还想对刘瑞明先生的夫人杨女士表示感谢，因为有她这个贤内助，刘先生才得以心无旁骛，一心向学，有充裕的时间来从事自己喜欢的研究，也才能取得这样宏大的成就。先生八十三而终，算得上高寿，杨师母悉心照顾的功劳不可埋没。虽然我们都愿意刘先生再多活几年，把他的热和光再放射放射，但这样的寿命还是让人心里很安慰。谢谢杨师母！

（张大琴，兰州城市学院文史学院教授。）

师尊驾鹤去　学苑存遗珍

李利军

刘瑞明先生离开我们已经三年多了，但每次忆及先生和与先生有限的交往过程中的每一个细节，就像昨天刚发生过一样，先生的谆谆教诲，音容笑貌，总是萦绕脑际，常忆常新。

初知刘先生，还是在20世纪70年代末。随着高考制度的恢复，全民的求知热情像喷发的火山，多年被耽误，一旦在拨乱反正后获得追求自我发展的新机遇，人们就像饥不择食的饿汉，扑向知识的田园，恣意饕餮。清楚地记得，当时我和许多面临高考的人一样，为了恶补极其薄弱的古汉语知识，想方设法寻找这方面的学习资料，可惜，在那个书本和金钱一样缺少的年代，要得到一本这样的书，实在是一种奢望。好在一个偶然的机会，有个亲戚从平凉给我带回一本由甘肃人民出版社出版发行的《古汉语语法常识》，两人合著，刘先生就是作者之一。书虽然是薄薄的一册，但信息量极大，知识面宽泛，深入浅出，循循善诱，是掌握古汉语知识难得的好教材，对我个人而言，更是从中获益匪浅，为我学习古汉语知识打下了坚实的基础，不论是上平凉师范，还是参加工作后教书育人，这本书都一直陪伴着我，时不时总要拿出来翻一翻。后来知道，此书出版后广受读者欢迎，先后七次印刷，发行量达30多万册，这在甘肃的出版界并不多见。那时候出书和现在完全不能同日而语，书的作者会被当圣人一样顶礼膜拜，因此，刘瑞明先生的名字很神圣地刻在了我的脑海中。可能真的是缘分使然，对于这本书的两位作者，我凭借自己有限的想象力，只对刘先生做过多方面的猜想，包括他的容貌、气质、生活习惯等，在我的意识里，能把让人望而生畏的古汉语知识，举重若轻地进行解释，对初学者旁征博引加以引导，这样的人，肯定不苟言笑、深沉清高、威严古板，是异于常人的特别之人，是满腹经纶、无所不知的睿智的大学者，因而，内心深处涌出的是对他的敬仰。

1985年，我参加成人高考，被录取到庆阳师专中文系。教授我们古代汉语课程的讲师是刘瑞明老师，经多方打听，确定了他就是《古汉语语法常识》一书的作者，从平凉二中调入庆阳师专任教。能当面聆听偶像的教诲，我满心的激动和欣喜，对他的课也就上得分外专注。听他讲课是一种享受。他和许多老师最大的不同是，从不照本宣科人云亦云，倚仗丰富的知识，他把古汉语的语法、字义、词义、语句解释、典故出处、一则短文涉及的相关知识，都能恰到好处、驾轻就熟加以讲解，尤其是对诸如经史子集、《说文解字》一类古籍经典上涉及的知识，常常能凭借超强的记忆信手拈来予以引用讲解，把历史知识融入古汉语知识之中，使受教者获得全方位的教益。更为难能可贵的是，他多年浸淫于古汉语、社会学、人类学、敦煌学等多个领域，磨砺出了非凡的学术研究能力，这种能力不仅助益于他的教学，也有助于他对学生的训导。在课堂上，他常常由某个字词或语句，引导我们去展开多路径的分析思考，在已有说法和观点的基础上，形成别开生面的观点。他说学术研究要善于质疑、扬弃取舍，善于动脑筋，要养成不畏权威、不迷信大家、认理不认人的探索精神，盲目接受、机械照搬人家的东西，一味把前人的观点奉为圭臬，都不是科学的学术态度，要用批判的眼光去看待既成的东西，读书人要有自己独立的人格和气节，要将"胆、识、才"集于一身，要将做学问和做人有机地融为一体，学问才会体现出应有的价值。在教学生做学问的同时教做人，并且侧重强调读书人应保持独立人格和批判精神，不随波逐流，这也是他深受学生敬重的原委之一。刘先生做学问的一大特点是善于撰写学术论文，他在授课时也经常现身说法，从选题立意、架构布局到如何行文，从文风确立、斟字酌句到考据求证，事无巨细，为我们进行示范，所有这些，于我而言，影响巨大，成为我自己大半生从事文字工作严格遵从的范式。

成为他的学生，并且他的一个儿子是我的同桌，由此我便与刘先生接触的机会多了起来。课余时间向他讨教学问上的事，有时在周末去他家里看望他，时间长了，未谋面时猜想过的他身上大知识分子不苟言笑、威严古板种种品性倒不多见，虽然清高、执拗，但他生性乐观，和人交流时总是满脸温和，没有一点大学者的架子，说话时轻声细语，从不以势夺人，无论是学问上的道理，还是做人上的道理，大多都蕴含在他淡淡的叙说中，接受起来是真正的"润物细无声"的感觉。他衣着俭朴，随和，平易近人，待人态度和蔼，就像邻家一个善良的小老头，这让学生和他交流时感到轻松愉快，也是学生爱和他打交道的重要原因。当老师容易，但要当一个让学生有口皆碑的好老师难，尤其是要当一个让学生终生崇拜、永记心怀的人生导师式的好老师难上加难。刘先生就是这样一位令我们高山仰止的人生导师式的好老师！

作为一个平凉籍学者，刘先生有着非常深厚的故土情结，他写过许多与平凉有关的文字，在他的后半生，经常借回乡时与故交和学生相聚的机会，广泛了解平凉地方文化建设方面的情况，且总能提出标新立异的观点和建议，对需要帮助者，不厌其烦给予帮衬。《平凉地区志》总纂魏柏树先生编纂了《赵时春文集校注》一书，请时年已八十高龄的刘先生审读，先生慨然应允，花费一年多时间，从句读到注释，进行了仔细的订正校改，并且亲自为之作序，让魏柏树深为感动。可惜，刘先生倾注了大量心血的这部书稿，几经周折，近期才由天津古籍出版社出版，先生无缘看到了，这不能不说是一大遗憾。类似甘做幕后英雄、为人作嫁的事，对刘先生来说不是孤例，一个惜时如金的学者，耗费自己的精力，在学术上无私地帮助别人，这是先生做人的境界使然。

听过刘先生的课，拜读过先生的部分学术论文和专著，耳濡目染时间久了，我心目中形成了这样一种印象，即刘先生笔下的文字侧重理性的分析思考、逻辑思维，受学术性文风的要求限制，一板一眼、冷峻、硬直有余，形象思维、柔软度不足，长此以往，习惯成自然，先生也可能只能写多少有点学究味的学术文章了，这不能不算是一种缺憾。2011年，我参与为平凉市政协编辑大型文史资料丛书《百年平凉》，一个很偶然的机会，向刘先生约来了一篇稿子——《忆纸坊沟纸坊》，写的是他20世纪50年代在一个在平凉纸坊沟开纸坊的同学家里看到造纸的情形。文章只有短短的900字，但先生把造纸的用具、原料、工艺流程、纸张质量，以及纸坊沟地名的由来用寥寥数笔交代得一清二楚，文字的精练程度可与《核舟记》相媲美。更让我讶异的是，这篇文章，名为一篇文史资料，实则是一篇文字优美、意趣盎然的写景抒情散文，所写之景、所抒之情，都自然淡雅地融合在流畅的叙事文字中，没有刻意为之的一点痕迹，就是那些常写散文的高手，要写出这样的文字，未必是一件容易的事。由这篇文章，我看到了刘先生的另一面：心中也充溢着诗情与画意，也可以把文章写得柔软引人。先生不常写散文化的文章，或许是他觉得，比之学术性的论文，讲究情调和味道的散文可能分量还是有点轻吧？一个把学术研究视为生命中最为重要的组成部分的学者，应该追求的是大道、大境界，小情小调的文字，只可偶尔为之，不可投入太多的精力。假如我的推断成立，那么，由于刘先生自我的明确选择，在文学艺术领域少了些低吟浅唱、含情脉脉的文字，但在学术研究领域，却多了许多珍贵的学术成果，这些成果的价值，无论有多少前面提及的那种文字，都是无法与之相比肩的。

在学界，有个词叫“著作等身”，世间当得起这个词评价的人凤毛麟角，刘先生就是其中之一。根据有关资料，我粗略计算了一下，刘先生一生出版的大部头著作包括两部高校教材在内共10部，共计720多万字，在各级各类刊物发表学术论文400多篇，共计500多万字。我曾经下了很大决心去研读先生赐赠的《山海经新注新论》一书，翻过几页后，感觉分外吃力，由此我联想到，面对这些佶屈聱牙、深奥枯燥得如同天书一般的文字，先生是如何完成解释批注的？类似的这种治学的重荷，先生以羸弱之躯，是如何担负起来的？要寻找这些疑惑的答案，其实并不容易。一生完成1200多万字的写作量，并且时间集中在年事已高的下半生，多是用笔在稿纸上伏案劳作，眼睛高度近视、疾病缠身，这样高强度的劳作，已经不单纯需要大量的脑力支出，更需要超强的体力支出，没有非凡的毅力与决心，没有对学术研究抱以虔诚的信仰，没有淡泊名利献身学术的定力，很难设想会有如此丰硕的劳动成果、如此让人叹为观止的智慧的结晶问世。在巨量的数字面前，关于刘先生呕心沥血的劳作、治学那漫长过程的种种探寻，因果关系的求证都已经失去了人为赋予的意义，我们只需要记住一点就足够了：这个无法不让人尊敬的老人，半生沉浮，荣辱相伴，超然物外，寄情学术，身居斗室，眼观天下，以一己之力，为中华文化的园囿增添了一处独特的风景，为后来者留下了一笔丰厚的文化遗产，他的名字会与这些文化遗产一起，长存世间！

（李利军，平凉日报编辑。）

刘瑞明先生学术年谱

张玉冰

1952年,18岁

在平凉读高一,第一次在《甘肃日报》发表文章,收到20万元(相当于后来的20元)稿费,由此知道文章能变成钱,叫稿费。

1955年,21岁

在西北师范学院读大二,针对舒芜的《李白诗选》中的注释错误写了一篇商榷文章,投给《光明日报》的“文学遗产”副刊,得到舒芜的复信,认为“刘先生的意见很正确,将来《李白诗选》再版时采纳而说明”。

1956年,22岁

对《列宁传》中的列宁在喀山大学发动组织学潮一段做了二十多条语法注解,《ПЕРВЫЙБОРЬБА》发表在1956年4月8日的《俄语学习》上,得到50元稿费,买了一本《俄华大词典》,交了两个月伙食费。

1977年,43岁

在平凉二中任教。7月,《古汉语语法常识》(与人合著)由甘肃人民出版社出版,147千字。此书曾获甘肃人民出版社图书二等奖,共出2版,印刷7次,印数30多万册。后来又编入《中学生课外书架》和《青年之家》两套丛书,又再版2次。

1980年,46岁

调入庆阳师范专科学校工作。就《宋诗选注》向钱锺书先生写信请教并提建议。钱锺书先生回信:“瑞明同志,来书转到,读书仔细,甚佩。现将有关诸问题奉答在原件上,未识有当否。其他诸问题实因事冗,未深入作答,务乞鉴原。……”

1981年，47岁

《从定语的意义和作用论古代汉语定语的后置可确立》刊于《中学语文教学》1981年第2期。

《〈为了六十一个阶级弟兄〉的文理弊病》刊于《中学语文》1981年第5期。

《由“粪溉”简说“粪”》刊于《语言文学》1981年第5期。

《中学语文教材中的偏义复词》刊于《甘肃教育》1981年第6期。

《现代文教材中的古汉语材料的教学》刊于《教学参考资料》1981年第9期。

江蓝生先生来信说：“过去读过你几篇文章，觉得是个专心学问并且是个学而有成的同志。”

北京大学周一良先生来信：“接来信及大作，读后觉得持之有故，言之成理。《生缘》一篇似乎论证更充分些。”

1982年，48岁

《文言文的断词》刊于《语言文学》1982年第1期。

《“不共戴天”释义小议》刊于《辞书研究》1982年第5期。

1983年，49岁

《“明月别枝惊鹊”及其他》刊于《文学评论》1983年第1期。

《古代官署对联风俗和做官道德》刊于《龙门阵》1983年第1期。

《“八字”漫谈》刊于《辞书研究》1983年第5期。

1984年，50岁

《再说“弟子女”式后置定语》刊于《语文园地》1984年第1期。

《“有以”和“无以”是多义的同形异构体——与洪成玉同志商榷》刊于《语言教学与研究》1984年第1期。

《〈潜夫论笺校正〉评介》刊于《西北师范学院学报》1984年第3期。

《“尝”“既”“已”的准确翻译》刊于《中学语文教学》1984年第8期。

1985年，51岁

北京大学蒋绍愚先生来信：“我常在《中国语文》上读到大作，只是无缘相见，尊著《词尾“自”类说》一文，去年夏天《语文研究》曾寄我，征求我的意见，我认为尊作材料丰富，结论可信，并答复了。就我来说，我觉得你的两篇大作都是经过长期积累写的，而且都很有分量，其中也有一些可商榷之处，不揣浅陋，略陈管见，以求教益。”

1986年，52岁

《总提分说失误种种》刊于《语文园地》1986年第1期。

《一部有独到见解的屈赋专著——评汤炳正〈屈赋新谈〉》刊于《中国社会科学》1986年第2期。

《古汉语名词用作动词的译述》刊于《庆阳师专学报》1986年第2期。

《身长七尺、八尺及其他》刊于《中学语文教学》1986年第3期。

《“排门”与“排门夫”》刊于《汕头大学学报》1986年第3期。

《“生缘”试释》刊于《中国语文》1986年第4期。

《评法国戴密微关于王梵志年代的拟议》刊于《敦煌研究》1986年第4期。

《王梵志笔下贪官图》刊于《甘肃社会科学》1986年第6期。

《露柱·碌碡·卢都》刊于《文史》第二十七辑，1986年。

《“作息”词义置辩》刊于《中学语文教学》1986年第11期。

《表达要注意内外、来去、古今的区别》刊于《汉语学习》1986年第12期。

1987年，53岁

《王梵志诗歌宗旨探求——王梵志诗论之一》刊于《敦煌学辑刊》1987年第1期。

《助词“复”续说》刊于《语言研究》1987年第2期。

《中国语文》编辑部寄贺年信：“近几年来，您在语言研究等方面，取得了可喜的成绩。并积极为我们撰稿，热情支持我们的工作，特向您表示祝贺，并致以谢意。”

1988年，54岁

《垫音助词“其”及其研究之评论》原载于《青海师范大学学报》1988年第2期，中国人民大学复印报刊资料《语言文字学》1988年第9期转载。

《“于”的一种助词用法——〈佛经中“於”的一种特殊用法〉辨误》刊于《九江师专学院》1988年第3期。

《“家”是古汉语中历史悠久的词尾》原载于《天津师大学报》1988年第3期，中国人民大学复印报刊资料《语言文字学》1988年第9期转载。

《对美的童心之爱》刊于《文史知识》1988年第8期。

《词尾“家”的研究》刊于《阿坝师专学报》1988年11月。

北京大学周一良先生来信：“稿中胜义不少，如‘负特’当为‘负持’，‘无赖’之同‘无奈’，‘长生’之为‘常生’，以及‘鬼朴’‘连脑’等词之解释，皆以钦服。大稿着重体会原诗用意，尤见细心。‘天下恶风俗’解为冥婚，颇有见地。”

1989年，55岁

《王梵志年代新拟》原载于《敦煌研究》1989年第1期，中国人民大学复印报刊资料《中国古代、近代文学》1989年第8期转载。

《妙联组成东坡传》刊于《文史杂志》1989年第1期。

《论“落”应是词尾》刊于《庆阳师专学报》1989年第2期。

《敦煌抄卷〈百鸟名〉研究》刊于《敦煌学辑刊》1989年第2期。

《由“孰与”组成的句式应如何分析》刊于《青海师专学报》1989年第2期。

《朱自清关于青年学习古文的论述》刊于《语文学习》1989年第2期。

《新版〈辞源〉“婵娟”释义辨》刊于《汕头大学学报》1989年第3期。

《〈世说新语〉中的词尾“自”和“复”》刊于《中国语文》1989年第3期。

《词尾“自”类说》刊于《语文研究》1989年第4期。

《屈原是古往今来的第一位专业作家》刊于《社会科学纵谈》1989年第5期。

《“小”字的一个特殊义项》刊于《辞书研究》1989年第6期。

《〈敦煌唐人诗文选集(P2555)补录〉校勘刍议》刊于《文学遗产增刊》第十八辑，1989年。

《词语札记——“七青八黄”“三六九”》刊于《中国语文》1989年第4期。

《〈湘君〉〈湘夫人〉人物、情节、主题的驳议及新探》刊于《喀什师院学报》1989年第5期。

参加编写《敦煌文学》(甘肃人出版社，颜廷亮主编，1989年8月出版)，撰写《词文》一章。

参加全国高等师范专科学校《古代汉语》(东北师范大学出版社，1989年7月出版，全书498千字)教材编写，任副主编。

就《敦煌变文字义通释》写成商榷文章请蒋礼鸿先生指正。蒋礼鸿先生来信说:“极佩钻研之深。”“论‘张狂’‘一笙’均好。”

科研成果《王梵志诗词语研究》获得由甘肃省教委颁发的甘肃省高校1979—1989年度社会科学成果三等奖。

1990年,56岁

《斯24407号文书以“剧本”定性拟名之质疑》刊于《敦煌学辑刊》1990年第1期。

《〈敦煌变文字义通释〉补正五则》刊于《古汉语研究》1990年第1期。

《“猖狂”释义》刊于《湖北大学学报》1990年第2期。

《论“持”“迟”应是古汉语词尾(上)》原载于《北京社会科学》1990年第2期,中国人民大学复印报刊资料《语言文字学》1992年第10期转载。

《论“持”“迟”应是古汉语词尾(下)》原载于《北京社会科学》1990年第3期,中国人民大学复印报刊资料《语言文字学》1990年第10期转载。

《〈韩朋赋〉再补校》刊于《古籍整理》1990年第4期。

《对〈敦煌发现的董永变文浅谈〉的纠误》刊于《文学遗产》1990年第4期。

《“隔是”“格是”“个是”词义解释》刊于《辞书研究》1990年第6期。

四川大学张永言先生来信说:“多年来已从多种刊物读到您的许多著作。用功之勤,成果之丰,给人以极深印象,应当说这些论著都是对汉语史研究的很好贡献。”

10月,北京大学周一良先生来信说:“大作拜读一过,不少地方觉得颇有理据。如‘拒马’‘多生’的解释,‘文文莫莫’之释为‘冥冥莫莫’,‘觉更长’之不必改为‘天长’。‘往声’之为‘佳声’。《秋胡》篇引《刘子》释‘典诰’句,‘度周’与‘游鲁’对文,非人名。《叶静能》之‘清畅’当为‘清扬’,《孔子项托》篇之‘下’与‘家’通,《百鸟名》之鹘鹘师释为啄木鸟,‘念佛鸟’之释,等等,鄙意皆可纠相书之失。”

1991年,57岁

《项楚〈王梵志诗校注〉商兑与补遗》刊于《敦煌学辑刊》1991年第1期。

《数词误用种种》收录于《中国语文》丛书——《语文评改千例》,语文出版社,1991年。

《谈泛义动词的释义——兼评〈汉语大词典〉“作”字释义》刊于《辞书研究》1991年第3期。

《〈李陵变文〉补校》刊于《喀什师范学院学报》1991年第2期。

《古今汉语疑问比较句》刊于《固原师专学报》1991年第3期。

《从"周章""章皇"的训释论及词义研究方法》原载于《湖北大学学报》1991年第2期,中国人民大学复印报刊资料《语言文字学》1991年5月转载。

《论〈董永变文〉和田昆仑故事的传承关系——中印文学交融说议误》原载于《北京社会科学》1991年第4期,中国人民大学复印报刊资料《中国古代、近代文学研究》1992年5月转载。

《李白未曾游平凉》刊于《平凉报》1991年5月18日。

《所谓唐代两件戏剧资料辨析》刊于《中华戏曲》第十一辑,1991年。

科研成果《敦煌文学词语研究》获得由甘肃省教委颁发的甘肃省高校1990—1991年度社会科学成果奖三等奖。

1992年,58岁

《〈挂枝儿〉与〈山歌〉评价异议》刊于《传奇百家》1992年第1期。

《〈庐山远公话〉再补校》刊于《新疆文物》1992年第1期。

《论"打""作""为"的泛义动词的性质及使用特点》原载于《湖北大学学报》1992年第1期,中国人民大学复印报刊资料《语言文字学》1992年第4期转载。

《项楚〈王梵志诗校注〉商兑与补遗(续)》刊于《敦煌学辑刊》1992年第1、2期合刊。

《〈元曲释词〉第一册失误评述》刊于《甘肃教育学院学报》1992年第2期。

《〈元曲释词〉第二册失误评述》刊于《张掖师专学报》1992年第2期。

《王梵志诗歌与古代民俗》刊于《庆阳师专学报》1992年第2期。

《新释词义宜审慎》刊于《绵阳师专学报》1992年第3期。

《〈敦煌变文校注〉刍议》刊于《文教资料》1992年第3期。

《"队"字义项及书证辨误》刊于《辞书研究》1992年第5期。

《夸父的足迹》刊于《甘肃日报》1992年6月21日。

参加《中国古代文学史纲》(陕西人民教育出版社,1992年4月出版)教材编写,撰写《唐代小说》一章。

四川大学张永言先生来信说:"大作源源而来,足证治学精勤,无任钦佩。评论项楚著述二文,用思深细,读书得间,是是非非,不苟异同,而辞旨㧑谦,都无矜色,足见学者风度。"

10月，关德栋先生来信："很想写信请教，只因终日匆匆，未能如愿。苏州会上读你高论，委实受益匪浅。正是由于你论述的启发，我于年初应一家出版社之约，将那两本歌曲的旧选本稿，交给了他们，据说不就可出版，可惜来不及请你写篇序文。"

1993年，59岁

《和项楚先生讨论敦煌文学作品校注的问题》刊于《中国敦煌吐鲁番学会研究通讯》1993年第1期。

《〈乌鲁木齐杂诗〉诗意和评注辨析》刊于《西域研究》1993年第1期。

《董永籍贯歧说的原因——兼论民间文学和民俗的伴生同存》刊于《济宁教育学院》1993年第1期。

《"为报"是多种意义的同形异构体》原载于《贵州文史丛刊》1993年第1期，中国人民大学复印报刊资料《语言文字学》1993年第7期转载。

《项楚〈敦煌变文选注〉商补》刊于《社科纵横》1993年第2期。

《王梵志诗释词》刊于《固原师专学报》1993年第2期。

《项楚〈王梵志诗校注〉商兑与补遗(续2)》刊于《敦煌学辑刊》1993年第2期。

《〈元曲释词〉第三册失误零拾》刊于《古汉语研究》1993年第1期。

《〈乌鲁木齐杂诗〉诗意和评注辨析》刊于《西域研究》1993年第1期。

《论"见"的泛义动词性质及使用特点》刊于《庆阳师专学报》1993年第3期。

参编并撰写《关于敦煌文学作品的整理和普及》，刊于《敦煌文学概论》(颜廷亮主编)，甘肃人民出版社，1993年3月第1版。

《论"为"字的泛义语法结构及相关误解》刊于《湖北大学学报》1993年第6期。

科研成果《敦煌文学作品校注研究》获得由甘肃省教委颁发的甘肃省高校1992—1993年度社会科学成果三等奖。

1994年，60岁

《对"之""其"第一、二人称说的否定》刊于《成都师专学报》1994年第1期。

《〈宋元语言词典〉商补》刊于《庆阳师专学报》1994年第1期。

《元曲疑难词语辨义》刊于《古汉语研究》1994年第1期。

《对"之""其"第一、二人称说的否定(续)》刊于《成都师专学报》1994年第

3期。

《〈元曲释词〉第二册失误评述》刊于《古汉语研究》1994年第3期。

《再论关于泛义动词“为”的误解》刊于《庆阳师专学报》1994年第3期。

《〈马祖常诗注〉商补》刊于《西域研究》1994年第3期。

《〈叶静能诗〉新校补正》刊于《新疆文物》1994年第4期。

《评〈唐诗分类大词典〉》刊于《白城师专学报》1994年第4期。

《“不道”及“不辞”释义辨误》刊于《贵州文史丛刊》1994年第4期。

《从泛义动词讨论“见”字本不表示被动——兼及被动句有关问题》原载于《湖北大学学报》1994年第5期，中国人民大学复印报刊资料《语言文字学》1995年第1期转载。

《“从容”补义》刊于《文史》第三十八辑，1994年。

《“惆怅”“周章”词义辨误》刊于《文史》第三十八辑，1994年。

参加《先秦诗歌鉴赏辞典》(陕西人民教育出版社，1994年3月出版)编写，撰写《鸨羽》《丰年》《佹诗》《节南山》《越群臣祝》《祝越王词》等篇目的注释及赏析。

《〈金瓶梅〉辞书四种失误评述》刊于《武汉教育学院学报》1994年第4期。

《唐代丝绸路上的伦理道德习俗》刊于《阳关》1994年第5期。

《关于“自”的再讨论》刊于《中国语文》1994年第6期。

四川大学张永言先生来信说：“先生文思敏捷，辛勤笔耕，著述满架，琳琅盈目，令人感佩不已。”

5月，中央文史研究馆程毅中先生来信：“赐函及大作均已拜读。承示容肇祖先生所介绍的《张子房归山诗话》的资料，以前未曾寓目，深受教益。蒙为拙作补证，尤为感谢。尊见正与鄙意相合，洵为同声相应。以《诗话》为《慕道记》作他校，确有不少新见。”

1995年，61岁

《吐鲁番出土卜天寿抄〈三台词〉的校释与冯唐故事话本的传承》刊于《西域研究》1995年第1期。

《用陇东话解释“早”及其系列词》刊于《庆阳师专学报》1995年第3期。

《〈汉语大词典〉“为”字释义评议》刊于《固原师专学报》1995年第1期。

《古代雩祭的文化内涵是生殖崇拜》刊于《北京社会科学》1995年第1期。

《应当写好校记》刊于《文教资料》1995年第2期。

《元曲"早难道"辨义》刊于《甘肃教育学院学报》1995年第1期。

《从"所"字词义误增论词义研究方法》原载于《四川大学学报》1995年第3期，中国人民大学复印报刊资料《语言文字学》1995年第12期转载。

《"无赖"词义辨误及梳理》刊于《湖北大学学报》1995年第3期。

《论汉语人伦文化内涵的机制——详释"戴发含齿"系列词》刊于《青海师专学报》1995年第3期。

《〈元曲释词〉第四册失误评述》刊于《甘肃社会科学》1995年第3期。

《〈敦煌赋校注〉评介》刊于《敦煌研究》1995年第4期。

《"獐狂""周章""隔是"释义》刊于《文学遗产》1995年第3期。

《"所"字词义误增的否定清理》刊于《固原师专学报》1995年第4期。

《释"放二四""二四"》刊于《辞书研究》1995年第5期。

5月，胡明扬先生对《冯梦龙〈桂枝儿〉〈山歌〉释词》稿复信："稿子已经拜读，觉得你下了很大的功夫，是对拙文很好的补正。'石皮'指'破'，'重夕'指'多'，你解释得很对。你的很多解释都很有道理，我完全赞同。只有少数几个词，想提供进一步的意见，供参考。"

1996年，62岁

《"所"字词义误增的否定清理(续)》刊于《固原师专学报》1996年第1期。

《详释"铜斗儿、波吒、七代先灵"》刊于《庆阳师专学报》1996年第2期。

《论尊重维护中学语文教材的权威性——兼评〈高中文言文答疑释难〉》刊于《青海师专学报》1996年第2期，署名"文在中"。

《错误百出的语文教学参考书——〈初中文言文答疑释难指谬〉》刊于《绵阳师专学报》1996年第2期。

《百例"不争"辨确义》刊于《绵阳师专学报》1996年第3期。

《〈汉语大词典〉应如何精益求精——以"指"字词条为例》刊于《喀什师范学院学报》1996年第3期。

《"拔"字释义评述——兼论"拔"是词尾》刊于《辞书研究》1996年第4期。

《隐实示虚：论证方言俗语的奇巧修辞方法》原载于《青海师专学报》1996年第4期，中国人民大学复印报刊资料《语言文字学》1997年第2期转载。

《禅籍词语校释的再讨论》刊于日本禅籍俗语研究会《俗语言研究》第三辑，1996年6月。

《禅籍词语"待质录"释义》刊于日本禅籍俗语研究会《俗语言研究》第三辑，1996年6月。

科研成果《古代、近代汉语词义研究》获得由甘肃省教委颁发的甘肃省高校1994—1995年度优秀社会科学成果三等奖。

1997年，63岁

《从泛义动词讨论"取"并非动态助词》刊于《湖北大学学报》1997年第1期。

《词尾"自"和"复"的再讨论》刊于《绵阳师专学报》1997年第1期。

《〈宋元语言词典〉商补》刊于《白城师专学报》1997年第1期。

《〈金瓶梅〉词语校释》刊于《徐州大学学报》1997年第1期。

《小说方言词不规范面面观》刊于《庆阳师专学报》1997年第1期。

《乌鲁木齐方言难词理据小扎》刊于《新疆大学学报》1997年第1期。

《〈伍子胥变文〉校释补正》刊于《新疆文物》1997年第2期。

《试评〈苏州方言词典〉》刊于《辞书研究》1997年第2期。

《"做……不着"新释》刊于《古汉语研究》1997年第2期。

《评〈中国风俗大词典〉》刊于《辞书研究》1997年第4期。

《唐宋笔记词语小识》刊于《贵州大学学报》1997年第4期。

《宁波方言词汇面面观》刊于《宁波师范学院学报》1997年第4期。

《说老人的拗与不拗》刊于《中国老年》1997年第9期。

《〈全元散曲〉校释试议》刊于《文史》第四十四辑，1997年。

《敦煌求爱奇术揭秘》原载于《敦煌研究》1997年第1期，后进一步深入研究，并在此文基础上进行修改与补充，形成《敦煌求爱奇术源流研究》一文，收录于《刘瑞明文史述林》。

参加编写全国高等师范专科学校《古代汉语》教材，任副主编，全书498千字，东北师范大学出版社，1989年7月1日第1版，10月2日第2版。

论文《从"所"字词义误增论词义研究方法》(《四川大学学报》1995年第3期)获得甘肃省委、省政府授予的甘肃省第五届社会科学"兴陇奖"三等奖。

1998年，64岁

《不是"混蛋"动词，而是泛义动词》刊于《喀什师院学报》1998年第1期。

《〈王绩研究〉评述》刊于《敦煌研究》1998年第1期。

《“铺眉苫眼”系列词的内部形式》刊于《固原师专学报》1998年第2期。

《吐鲁番出土〈随葬衣物疏〉杂释》刊于《西域研究》1998年第2期。

《说“老”与“知老”》刊于《中国老年》1998年第2期。

《变文艺术影响后世一例》刊于《敦煌研究》1998年第2期。

《“自”词尾说否定之再否定》刊于《绵阳师专学报》1998年第2期。

《方言俗语中容易误当成比喻的谐音造词》刊于《修辞学习》1998年第4期。

《“自”非词尾说驳议》刊于《中国语文》1998年第4期。

《对〈敦煌曲子词百首译注〉讹误的辨析》刊于《甘肃社会科学》1998年第4期。

《武汉方言词理据欣赏及讨论》刊于《华中师范学院学报》1998年第5期。

11月，中央文史研究馆的程毅中先生来信说：“惠函及大作均已拜读。从《三台词》找到《老冯唐》故事渊源，足证此话本亦早有所本。拙文仅从武成庙从祀名单探讨产生于宋代，然冯唐故事则还可向前推溯。惟原件文字错误过甚，校‘良妻解梦’为‘郎署解画’，似尚须寻求佐证，惟终不失为一种解释也。承指点‘闻’字当用‘趁’义，确得通解。此词当为唐宋习语。深受教益，无任感谢。”

科研成果《近代汉语词汇研究》获得由甘肃省教育厅颁发的甘肃省高校1996—1997年度社会科学优秀成果二等奖。

1999年，65岁

《〈孔子与子羽对语杂抄〉与〈孔子项托相问书〉综合研究》刊于《新疆文物》1999年第2期。

《为〈敦煌文献语言辞典〉进一言》刊于《辞书研究》1999年第2期。

《方言自感动词“V人”式综述》刊于《汉字文化》1999年第3期。

《乌鲁木齐方言词汇讨论》刊于《新疆大学学报》1999年第3期。

《词语的系列性与〈汉语大词典〉的失误》刊于《四川大学学报》1999年第4期。

《论隐实示虚的辞趣》刊于《宁夏大学学报》1999年第4期。

《禅家“不辞向汝道”与不立文字——“不辞”释义再辨》刊于《文史》第四十七辑，1999年。

《〈张子房慕道记〉的校勘及时代讨论》刊于《文教资料》1999年第4期。

《评〈中国秘语行话词典〉》刊于《辞书研究》1999年第4期。

《吐鲁番出土文书释词》刊于《西域研究》1999年第4期。

《读〈宋元明市语汇释〉》刊于《贵州大学学报》1999年第6期。

2000年,66岁

《〈王昭君变文〉再校议》刊于《敦煌学辑刊》2000年第1期。

《也谈〈公莫舞〉的研究》刊于《西北师范大学学报》2000年第1期。

《隐实示虚,设难成趣:汉语特殊造词方法》刊于《白城师专学报》2000年第2期。

《从"偏义复词"新说"虚义趣连"》刊于《喀什师院学报》2000年第3期。

《"七十三、八十四,阎王叫你商量事"揭秘——"年忌"说从科学到迷信的转化》刊于《寻根》2000年第4期。

《民俗对唾液的神异化探源——释宋定伯唾鬼》刊于《北京社会科学》2000年第4期。

《疑问句尾"为"字实是泛义动词》刊于《内蒙古师大学报》2000年第6期。

《鞋与古今民俗》刊于《文史知识》2000年第12期。

《显前贤幽绩,彰后学宏业》刊于《郭晋稀纪念文集》与连登岗合撰,2000年。

暨南大学教授詹伯慧先生赐复:"大作旁征博引,追根溯源,论证至详。所述内容,已大大超出东莞词汇范围,似可直接以立论标题,或将原题用作附题:以东莞方言词汇为例。"

科研成果《近代汉语词汇多元研究》获得由甘肃省教育厅颁发的甘肃省高校1998—1999年度社会科学优秀成果二等奖。

2001年,67岁

《〈孔子项托相问书〉再校议》刊于《敦煌学辑刊》2001年第1期。

《喜鹊民俗纵横谈》刊于《寻根》2001年第1期。

《汉语大字典的功臣——《大字典论稿》评介》刊于《辞书研究》2001年第3期。

《"禫"与"覃"的音义形梳理辨析》刊于《甘肃高师学报》2001年第4期。

《晋语前缀"日"的几个问题》刊于《语文研究》2001年第4期。

《集遗珠以汇诗海,复原貌而现万象——评〈敦煌诗集残卷辑考〉》刊于《敦煌研究》2001年第4期。

《乌鸦民俗的三大源流》刊于《寻根》2001年第6期。

《丰都"鬼城"形成中的文化内涵》刊于《四川大学学报》2001年第6期。

2002年,68岁

《〈庐山远公话〉校注商补》刊于《敦煌学辑刊》2002年第1期。

《〈汉将王陵变〉与〈捉季布传文〉再补校注》刊于《敦煌学辑刊》2002年第2期。

《“爪哇国”“哈尔滨”“东京”辨假》刊于《汉字文化》2002年第2期。

《“龙门阵”等称名的妙趣》刊于《绵阳师范学院学报》2002年第2期。

《民间秘密语理据试析》刊于《语言教学与研究》2002年第2期。

《“马”与“狗”的谐音隐实示虚趣难词》刊于《宁夏大学学报》2002年第2期。

《〈公莫舞〉剧本定性研究评述》刊于《中国文化研究》2002年第3期。

《所谓聊斋小曲中的蒲松龄作品》刊于《蒲松龄研究》2002年第3期。

《汉语方言的隐实示虚趣难词说——以东莞方言为例》刊于《辞书研究》2002年第3期。

《隐实示虚,设难成趣:汉语特殊造词方法(续)——以哈尔滨方言论证》刊于《北华大学学报》2002年3期。

《成都方言的隐实示虚谐音趣难词》刊于《成都大学学报》2002年第4期。

《粤语趣难词释例》刊于《语言研究》2002年第4期。

《“猫儿匿”的妙趣——兼辨绝非外来词》刊于《甘肃高师学报》2002年第6期。

《释“消息子”及其系列词语》刊于日本《中国语研究》2002年总第44号。

科研成果《民俗探源研究》获得由甘肃省教育厅颁发的甘肃省高校2000—2001年度社会科学优秀成果三等奖。

2003年,69岁

《灶神神话研究补说》刊于《四川大学学报》2003年第1期。

《谈〈中国性科学百科全书〉的国别性》刊于《辞书研究》2003年第1期。

《例说西部语言资源的开发研究》刊于《渭南师范学院学报》2003年第1期。

《福州方言隐实示虚趣难词》刊于《福建师范大学学报》2003年第1期。

《西宁方言的隐实示虚趣难词》刊于《固原师专学报》2003年第1期。

《捉迷藏方言趣难称名汇释——论证谐音趣难造词法》刊于《陇东学院学报》2003年第1期。

《柳州方言隐实示虚趣难词》刊于《柳州师专学报》2003年第1期。

《近代汉语及方言趣难词“兔子”辨释》刊于《成都大学学报》2003年第3期。

《口边“饿死纹”是怎样编造出来的》刊于《科学无神论》2003年第3期。

《〈易混易错词语辨析〉评介》刊于《语文研究》2003年第3期。

《从通假看〈汉语大词典〉的修订——以“佯”字系列词为例》刊于《陇东学院学报》2003年第3期。

《含假“罗汉”“观音”的趣难系列词》刊于《语言科学》2003年第4期。

《敦煌文学艺术性先驱作用例说》刊于《敦煌研究》2003年第4期。

《关于我国西瓜栽培史的续说》刊于《文史杂志》2003年第5期。

《关于“唯女子与小人为难养也”——民间文学对此的翻案》刊于台湾《孔孟月刊》2003年第9期。

《民俗对胎儿性别的测断》刊于《文史知识》2003年第7期。

《近代汉语隐实示虚趣难词》刊于北京师范大学《语言》第四卷，2003年。

《艾儒略对汉语的贡献点滴谈》刊于《语文建设通讯》2003年第74期。

2004年，70岁

《方言中含假“猫”的谐音趣难词——兼答王志尧对“猫儿匿”新释的反驳》刊于《甘肃高师学报》2004年第1期。

《〈汉语方言大词典〉五评》刊于《宁夏大学学报》2004年第1期。

《方言俗语词中的数字谐音趣假》刊于《成都大学学报》2004年第2期。

《俗谚解说两题》刊于《中国语文》2004年第2期。

《关于“趣难词”的答辩》刊于《陇东学院学报》2004年第3期。

《元剧校释评说》刊于《淮北煤炭师范学院学报》2004年第3期。

《婚姻的“六合”等是怎么推算出来的》刊于《科学无神论网》2004年3月1日。

《柳州方言隐实示虚趣难词续说》刊于《柳州师专学报》2004年第4期。

《〈现代汉语词典〉谐音趣难词例说》刊于《汉语学习》2004年第5期。

《“蛊”的多元文化研究——志怪文学的解读模式》原载于《四川大学学报》2004年第6期，中国人民大学复印报刊资料《中国古代、近代文学研究》2005年第3期转载。

《〈汉语大词典〉例证及出处的错误》刊于《语文建设通讯》2004年第78期。

《“圣人异相”考释》刊于《中华文史论丛》第七十七辑，2004年。

《“身体发肤，不敢毁伤”的文化阐微》刊于台湾《孔孟月刊》2004年第10期。

《宁波方言谐音趣难词例说》刊于《宁波大学学报》2004年第5期。

科研成果《汉语谐音造词法研究》获得由甘肃省教育厅颁发的甘肃省高校

2002—2004年度社会科学优秀成果一等奖，得到了学术界的高度肯定。

蒋绍愚先生又给刘瑞明先生写信：《近代汉语隐实示虚趣难词》一文，拜读后获益良多。先生指出“隐实示虚”这种现象极有见地，诚如先生所言，此类现象似于通假，但又各有特色，它在俚语中较为常见，如不了解这些现象，泥于字面，则词语之理据无以索解，一经点破，即可涣然冰释，文中所举“鸡”“兔”“鸨儿”“放二四”“大四八”诸条都很有说服力。

5月，被西北师范大学聘为兼职教授。

2005年，71岁

《谐音造字法研究是提高辞书质量的一大途径》刊于《辞书研究》2005年第1期。

《柳州方言隐语解码试探》刊于《柳州师专学报》2005年第2期。

《固原方言的隐实示虚趣难词》刊于《固原师专学报》2005年第2期。

《中外民俗对喷嚏的趣说》刊于《文史杂志》2005年第2期。

《属“羊”的为什么“命苦”》刊于《陇东学院学报》2005年第2期。

《柳州方言隐语解码试探》刊于《柳州师专学报》2005年第2期。

《方言趣难词再辨释》刊于《成都大学学报》2005年第2期。

《生动而传神的“操过司令台前”》刊于《语文建设通讯》第80期，2005年3月。

《“虎”字谐音隐实示虚趣难词历时共地研究》被《吴语研究·第三届国际吴方言学术研讨会论文集》收录，2005年4月。

《以“黄色”指淫秽内容并非“舶来”》刊于《文史杂志》2005年第6期。

《婚礼中“避煞”民俗探析——兼论处女红禁忌始源》刊于《四川大学学报》2005年第6期。

《至诚的学术感情独到的研究业绩——评敦煌学专家张鸿勋教授的〈敦煌俗文学研究〉一书》刊于《天水师院学报》2005年第4期。

《详释“两头蛇、三脚猫、乌鸡眼”等系列词语》刊于四川大学《中国俗文化研究》第三辑，2005年。

《冯梦龙民歌集三种注解》由中华书局出版，2005年8月。全书488千字。资料丰富，见解独特。

2006年，72岁

《论〈增补幸云曲〉》刊于《蒲松龄研究》2006年第1期。

《俗语考源二题》刊于《绵阳师范学院学报》2006年第1期。

《详释"铜斗儿家私""泼天也似家私"系列词》刊于《青海师专学报》2006年第2期。

《象棋里的语文知识》刊于《文史杂志》2006年第5期。

《释元剧"邦老"》刊于《古汉语研究》2006年第2期。

《武汉方言的谐音隐实示虚趣难词》刊于《陇东学院学报》2006年第2期。

《继承前路，引领方向——简评〈古汉语神祀类同义词研究〉》刊于《龙岩学院学报》2006年第2期。

《近代汉语词尾"生"源流详说》刊于《励耘学刊》第二辑，2006年。

《确释"坟羊"及其系列词语》刊于《宁夏大学学报》2006年第2期。

《四川〈十八扯〉民谣的两点研究》刊于《成都大学学报》2006年第2期。

《柳州话百子隐语解读》刊于《柳州师专学报》2006年第3期。

《也说复合词的深层结构和表层结构及其理据性》刊于《陇东学院学报》2006年第4期。

《〈现代汉语词典〉收载方言词宜交代方言属地》刊于《语文建设通讯》2006年，第83期。

《〈经传释词〉"不""丕"助词说辨误》刊于《励耘学刊》第三辑，2006年。

《敦煌文书"不"字讹误规律对古籍校勘的借鉴》刊于《古籍研究》2006年卷下。

6月，被安庆师范学院聘为兼职教授。

2007年，73岁

《详释方言与元曲"娘"字的系列谐音趣难词》刊于《青海师专学报》2007年第1期。

《柳州暗码理据探讨》刊于《柳州师专学报》2007年第1期。

《"自"字连续误增新义的清理否定——词尾"自"的深化研究》刊于《励耘学刊》2007年第2辑。

《测字也是迷信》刊于《陇东学院学报》2007年第3期。

《关于敦煌文书〈推九曜行年容厄法〉等写本研究之异议》刊于《敦煌研究》2007年第3期。

《乌鲁木齐方言隐实示虚趣难词分析》刊于《乌鲁木齐成人教育学院学报》2007年第3期。

《西宁方言同音代替字及理据合宜字》刊于《青海师专学报》2007年第3期。

《电脑技术与汉语谐音》刊于《文史杂志》2007年第3期。

《银川方言谐音趣难词解读》刊于《宁夏师范学院学报》2007年第4期。

《帛书〈五十二病方〉"人病马不痫"考证——癫痫病方言谐音趣难名称系列》刊于《中医文献杂志》2007年第4期。

《续谈〈现代汉语词典〉方言词条的宜改进之处》刊于《语文建设通讯》2007年,第86期。

《"鬑鬑"稀发义实误》刊于《辞书研究》2007年第5期。

《方言"拍马屁"词语家族及研究失误》刊于《安庆师范学院学报》2007年第5期。

《苏州谐音趣难词例说》刊于《常熟理工学院学报》2007年第11期。

《"鲍老"是木偶戏的趣难名称》刊于《戏曲文献》第七十四辑,2007年。

《太原方言的隐实示虚趣难词》刊于《晋中学院学报》2007年第5期。

2008年,74岁

《对蜥蜴100个称名的语言学研究》刊于《青海师专学报》2008年第1期。

《甘肃陇东纸牌"花花"的情趣哲理》刊于《陇东学院学报》2008年第1期。

《谐音是研究疑难词语的金钥匙——以猿猴志怪词语的解读为例》刊于《励耘学刊·语言卷》第一辑,2008年。

《柳宗元被贬后的心态与疾病》刊于《柳州师专学报》2008年第2期。

《西安方言的隐实示虚趣难词》刊于《陕西教育学院学报》2008年第2期。

《新嫁娘"回门"婚俗的奥秘》刊于《百科知识》2008年第3期。

《柳州方言词语中的同音代替字及理据合宜字》刊于《柳州师专学报》2008年第4期。

《〈汉语大词典〉第一卷失误指正》刊于《陇东学院学报》2008年第4期。

《香港话"人蛇"的词源及理据》刊于《辞书研究》2008年第5期。

《房中术对生儿育女的谬说》刊于《百科知识》2008年第12期。

《生儿育女的民俗说法》刊于《百科知识》2008年第23期

12月,与刘敬林合著的《北京方言词谐音语理据研究》由中国言实出版社出版,全书235千字。

2009年,75岁

《〈汉语大词典〉第二卷失误指正》刊于《陇东学院学报》2009年第1期。

《〈汉语大词典〉第三卷失误指正》刊于《陇东学院学报》2009年第1期。

《"死诸葛能走生仲达"的传承关系——民间文学对巫术的趣仿》刊于《成都大学学报》2009年第1期。

《〈红楼梦〉语言的谐音艺术性》刊于《中文》2009年第7卷第1期。

《"方便"词义梳理及辨误》刊于《青海师专学报》2009年第1期。

《古代生儿育女的民间趣谈》刊于《寻根》2009年第1期。

《缠脚始源讨论的述评》刊于《青海师专学报》2009年第4期。

《"杜撰"的"杜"字公案始末记》刊于《中文》2009年第7卷第3期。

《薄弱的性文化词语研究亟待加强》刊于《励耘学刊·语言卷》第一辑,2009年。

2010年,76岁

《柳宗元〈河间传〉不是伪作》刊于《柳州师专学报》2010年第1期。

《〈愈膏肓疾赋〉不是伪作》刊于《文学遗产》2010年第2期。

《蒲松龄对志怪狐狸精的扬弃》刊于《励耘学刊·语言卷》第一辑,2010年。

《孙悟空是我国猿猴志怪文学的升华》刊于《安庆师范学院学报》2010年第2期。

《六朝乐府"风人体"对后世方言的影响——以南京方言为例》刊于《青海民族大学学报》2010年第4期。

《方言趣难词误人又悟人》刊于《中国俗文化研究》第五辑,2010年。

《谐音趣难词"百鸡宴"——"鸡"的历时共地谐音研究》刊于《励耘学刊·语言卷》第二辑,2010年。

《〈金瓶梅〉校释补正》刊于《青海师专学报》2010年第1期。

2011年,77岁

《汉语数词趣味修辞》刊于《青海民族大学学报》2011年第2期。

《古代蜀地蚕桑经济及蚕桑神话考辨》刊于《成都大学学报》2011年第2期。

《词义研究失误的类型与识别——以〈明清吴语词典〉为例》刊于《汉字文化》2011年第2期。

2012年,78岁

《〈下女夫词〉的古代婚姻文化蕴涵》刊于台湾《敦煌学》第二十九辑,2012年。与《〈下女夫词〉再校释》合为《〈下女夫词〉再校释与古代婚姻文化蕴涵》一文。

《词义研究失误的类型与识别——以〈明清吴语词典为例〉》刊于《汉字文化》2012年第2期。

11月,《刘瑞明文史述林》由甘肃人民出版社出版。本书收集文章413篇,计370余万字。网罗细致,篇幅宏富,比较完整地展现了刘教授一生主要的学术成果。

2013年,79岁

《性文化词语汇释》由百花洲文艺出版社出版,550千字,2013年1月。

《"比目鱼"类系列趣难词底蕴的阐释》刊于《励耘学刊·语言卷》第一辑,2013年。

《蒲松龄优秀性文学例说》刊于《蒲松龄研究》2013年第2期。

《〈山海经〉内容的假与真——从书名与篇名、山与海辨析》刊于《丝绸之路》2013年第10期。

《敦煌相面术的文化解读》刊于《敦煌学》第三十辑,2013年。

5月8日,陇东学院和平凉市委宣传部在兰州举行"陇东学院刘瑞明教授《刘瑞明文史述林》首发式暨学术成就座谈会"。

2014年,80岁

《〈增补幸云曲〉校释》刊于《蒲松龄研究》2014年第1期。

《陇上学人文存·刘瑞明卷》由甘肃人民出版社出版,307千字,2014年5月。

《关于平凉旅游业的建议》刊于《晚情》2014年第52期。

《要提高收录与解释性文化词语的质量》收录于《汉语大词典》修订论集(一),上海辞书出版社,2014年10月第1版。

2015年,81岁

《方言词语谐音理据研究——以〈明清吴语词典〉为例》刊于《励耘学刊·语言卷》第一辑,2015年。

《"二"字难住了语言学家》刊于《中文》2015年第2期。

《“小李”和“二流子”系列词的词义理据》刊于《汉字文化》2015年第3期。

《〈汉语大词典〉含“风”字词语失误指正》刊于《陇东学院学报》2015年第5期。

《誉评〈中华经典小说注释系列·西游记〉》刊于《书品》2016年第1期。

2016年,82岁

《〈伍子胥变文〉的药名散文新校释》刊于《敦煌研究》2016年第4期。

《〈汉语大词典〉第三卷修订建议》刊于《陇东学院学报》2016年第6期。

6月,《山海经新注新论》由甘肃文化出版社出版,全书1090千字。

2017年,83岁

2月,与周奉真合著的《庆阳方言词典》由商务印书馆出版,全书190千字。

(张玉冰,兰州市外国语学校教师。)

附录

国内著名学者对刘瑞明的鼓励、提携

1980年刘瑞明就《宋诗选注》向钱锺书先生写信请教并提建议。钱锺书先生回信说:“读书仔细,甚佩。”

1981年,江蓝生先生来信说:“过去读过你几篇文章,觉得是个专心学问并且是个学而有成的同志。”

1985年蒋绍愚先生来信:“我常在《中国语文》上读到大作,只是无缘相见。尊著《词尾“自”类说》一文,去年夏天《语文研究》曾寄我,征求我的意见,我认为尊作材料丰富,结论可信,并答复了。就我来说,我觉得你的两篇大作都是经过长期积累写的,而且都很有分量,其中也有一些可商榷之处,不揣浅陋,略陈管见,以求教益。”

2004年又信:“《近代汉语隐实示虚趣难词》一文,拜读后获益良多。先生指出‘隐实示虚这种现象,极有见地。诚如先生所言,此类现象似于通假,但又自有特色,它在俚语中较为常见,如不了解这些现象,泥于字面,则词语之理据无以索解,一经点破,即可涣然冰释。文中所举‘鸡’‘兔’‘鸨儿’‘放二四’‘大四八’诸条都很有说服力。”

1989年,刘瑞明就《敦煌变文字义通释》写成商榷文章请蒋礼鸿先生指正。蒋礼鸿先生来信说:“极佩钻研之深。”“论‘张狂’‘一筀’均好。”

1987年《中国语文》编辑部寄贺年信:“近几年来,您在语言研究等方面,取得了可喜的成绩。并积极为我们撰稿,热情支持我们的工作,特向您表示祝贺,并致以谢意。”

1990年10月,四川大学张永言先生来信说:“多年来已从多种刊物读到您的许多著作。用功之勤,成果之丰,给人以极深印象,应当说这些论著都是对汉语史研究的很好贡献。”

1992年信说：“大作源源而来，足证治学精勤，无任钦佩。评论项楚著述二文，用思深细，读书得间，是是非非，不苟异同，而辞旨抝谦，都无矜色，具见学者风度。”

1994年信：“先生文思敏捷，辛勤笔耕，著述满架。琳琅盈目，令人感佩不已。”

1995年5月胡明扬先生对冯梦龙《挂枝儿》《山歌》释词稿复信：“稿子拜读一过，觉得你如此下了很大的功夫，是对拙文很好的补证。‘石皮’，指‘破’，‘重夕’指‘多’，你解释得很对。你的很多解释都很有道理，我完全赞同。只有少数几个词想提供进一步的意见，供参考。”

1992年10月关德栋先生信：“很想写信请教，只因终日匆匆，未能如愿。苏州会上读你高论，委实受益匪浅。正是由于你论述的启发，我于年初应一家出版社之约，将那两本歌曲的旧选本稿，交给了他们，据说不久可出版，可惜来不及请你写篇序文。”

1981年北京大学周一良先生信：“接来信及大作，读后觉得持之有故，言之成理。《生缘》一篇似乎论证更充分些。”

1988年信：“稿中胜义不少，如‘负特’当为‘负持’，‘无’之同‘无奈’，‘长生’之为‘常生’，以及‘鬼朴’‘连脑’等词之解释，皆以钦服。大稿着重体会原诗用意，尤见细心。‘天下恶风俗’解为冥婚，颇有见地。”

1990年10月信：“大作拜读一过，不少地方觉得颇有理据。如‘拒马’‘多生’的解释，‘文文莫莫’之释为‘冥冥莫莫’，‘觉更长’之不必改为‘天长’，‘往声’之为‘佳声’。《秋胡》篇引《刘子》释‘典诰’句，‘度周’与‘游鲁’对文，非人名。《叶静能》之‘清畅’当为‘清扬’，《孔子相托》篇之‘下’与‘家’通，《百鸟名》之鹄鹄师释为啄木鸟，‘念佛鸟’之释，等等，鄙意皆可纠项书之失。”

1994年5月程毅中先生信：“赐函及大作均已拜读。承示容肇祖先生所介绍的《张子房归山诗话》的资料，以前未曾寓目，深受教益。蒙为拙作补证，尤为感谢。尊见正与鄙意相合，洵为同声相应。以《诗话》为《慕道记》作他校，确有不少新见。”

1998年11月信:“惠函及大作均已拜读。从《三台词》找到《老冯唐》故事渊源,足证此话本亦早有所本。拙文仅从武成庙从祀名单探讨产生于宋代,然冯唐故事则还可向前推溯。惟原件文字错误过甚,校‘良妻解梦’为‘郎署解画’,似尚须寻求佐证,惟终不失为一种解释也。承指点‘闻’字当用‘趁’义,确得通解。此词当为唐宋习语。深受教益,无任感谢。”

2000年2月詹伯慧先生赐复:“大作旁征博引,追根溯源,论证至详。所述内容,已大大超出东莞词汇范围,似可直接以立论标题,或将原题用作附题:以东莞方言词汇为例。”

刘瑞明教授科研成果展览的贺信

2000年1月5日，中国民主促进会甘肃庆阳师专支部在庆阳师专举办刘瑞明教授科研成果展览，收到许多贺信。

中国社会科学院文学研究所张锡厚研究员贺信

甘肃庆阳师专：

欣悉贵校将于校庆之际，举办刘瑞明教授科研成果展览，谨表示热烈的祝贺，并祝圆满成功！

刘瑞明教授是全国知名的语言学家、民俗学家、敦煌文学家，在教学任务十分繁重的情况下，不辞辛苦，焚膏继晷，长期坚持科学研究，并取得桃李满天下和科研结硕果的非凡成就。特别是在科学研究方面，以其广博的学识、深厚的功力和锲而不舍的精神，在语言文字学、民俗社会学、敦煌语言文学方面，先后发表一系列具有广泛影响的学术论文，提出一些发人深思的学术创见，纠正某些混淆视听的模糊认识和观点。这种无私无畏、科学严谨的学风，为学界树立了良好的风范，值得发扬光大。热切希望刘瑞明教授在有生之年取得更加辉煌灿烂的业绩。

中国社会科学院文学研究所研究员博士生导师张锡厚

2000年12月16日

甘肃省语言文字学会贺信

民进庆阳师专支部并刘瑞明先生：

欣闻刘瑞明先生学术成果展示会召开在即，谨表贺忱。

刘瑞明先生是我省著名语言学家。他一直奉献教育事业，并孜孜以求，精研学术，在汉语音韵、文字、训诂诸方面研究中均取得了突出的成就，论著颇丰，学术等身。刘瑞明先生学术成果展示会的召开亦是我省语言学界的一件幸事。

谨祝展示会圆满成功，并向热心举办这次展示会的民进庆阳师专支部致意。

甘肃省语言文字学会秘书处

2000年12月15日

甘肃省敦煌学会贺信

民进庆阳师专支部郭治锋先生：

欣闻贵支部与贵校协同举办“刘瑞明先生学术成果展”，特表示热烈的祝贺！

刘瑞明先生是中国敦煌吐鲁番学会会员并该会语言文学研究会理事，又是甘肃省敦煌学会会员和理事。多年来，刘瑞明先生在敦煌学，尤其在敦煌语言文学研究中，成果迭出，为敦煌语言文学研究事业做出了重要贡献，并因此受到同行们尊敬和称赞。在“刘瑞明先生学术成果展”举办之际，我谨代表中国敦煌吐鲁番学会语言文学研究会和甘肃敦煌学会，并以我个人名义，向刘瑞明先生致以热烈的祝贺，并祝刘瑞明先生身体健康，阖家安泰！

甘肃省敦煌吐鲁番学会语言文学研究会副会长兼秘书长

甘肃省敦煌学会常务副会长颜廷亮

2000年11月3日

甘肃敦煌研究院张先堂贺信

刘先生：

您多年致力于语言学、文学、民俗学、敦煌学研究，硕果累累，望重学林，嘉惠后学。后学曾多次在学术会议中亲聆先生教言，对先生之道德学问素所敬仰。近日由敦煌返兰，始收贵校民进支部之信，欣悉贵校为先生举办“学术成果展”，此举实可谓对学界弘扬勤勉学风，对先生大慰平生之盛事。后学谨表迟到的祝贺，并祝先生千禧吉祥，福寿安康！

后学张先堂拜

2000年12月29日

兰州大学中文系主任张文轩教授贺信

刘瑞明教授尊鉴：

欣悉近日举办先生学术成果展览暨研讨活动，敝系本欲派人与会聆教，因期末事冗，惜难如愿，文轩谨此代表全系师生书函颂贺，遥祝活动圆满成功。

先生立身陇东，资料信息甚受格限，然数十年青灯笔耕，探隐发微于音声、文字、语法、文学，创获殊多，文布四方，名闻海内，非直增盛荣于贵校，实乃添异彩于吾省学界。古人谓“山不在高，有仙则名。水不在深，有龙则灵。”诚非虚语也。

专此谨祷先生贵体康泰，并望时赐雅教于敝系。

兰州大学中文系主任张文轩拜上

2000年12月12日

西北师范大学文学院院长赵逵夫贺信

瑞明先生大鉴：

欣悉今年贵校校庆之际，学校有关方面将举办您的科研成果展览。先生执教陇东数十年，殷勤教诲，桃李芬芳，又夜以继日，笔耕不辍，在古代汉语、敦煌语言文学等领域不断钻研，发表了一系列有分量的学术论文，为学界瞩目。二十年来，庆阳师专中文系学术空气活跃，成果丰硕，形成了良好的风气，同您的带头示范作用不无关系。您身处庆阳，而在全国学术界产生了大的影响，只此，对于倡导风气，树立人们不断钻研的精神和增强科学研究的信心，也是有相当大的作用。语云：“桃李不言，下自成蹊。”岂虚言哉！

当此庆阳师专校庆之际，衷心祝贺您在学术上取得的突出成就，预祝展览成功，并在推动贵系、贵校科研活动方面取得预期的良好效果，也祝您和贵校在科研方面取得更大的成绩！

西北师大文学院赵逵夫

2000年12月17日

西北师范大学中文系系主任伏俊琏贺信

庆阳师专中文系刘瑞明先生：

得知将举办“刘瑞明教授学术成果展览”，我认为这是一件非常好也非常必要的事情：大学之所以名叫大学，我想主要是由于它有大学者、大学问在其中。

数十年来，先生在种种困难之中，在图书资料、学术信息均难尽人意的情况下，潜心学问，笔耕不辍，在语言文字学、敦煌学、民俗学等学术领域，发表了数十篇高质量的学术论著，解决了一系列学术难题，受到国内外同行的关注和好评，产生了广泛的学术反响，因而也确立了先生在学术界的地位：先生不仅是我省汉语言文字学界首屈当指的专家，而且是国内有影响的学者。先生的学术成就，大大提高了庆阳师专在国内的知名度，为我省学术界做出了应有的贡献。

先生发表的有关敦煌学的论著，我大都拜读了。觉其精凿之处，不一而足。先生的文章，一个一个地解决问题；每一个问题，都是对敦煌学科大厦的建构贡献了高质量的砖瓦。纳须弥入黍米芥子，寓义理于考据文章。饫饮大义，裨益宏多。这样的学术研究，最富有生命力。且立意必经深入思考，引证必标出处，雷同一定删汰。这种学风对矫正当前比较浮躁、轻率，甚至于剽窃、抄袭的恶劣学风有很大好处。

琐事缠身，不能前来观赏先生学术成果，领略先生的学术风范，深为遗憾。谨遥致祝贺，并表区区乡望之心。

时近冬至，酷寒即到，请多保重！

西北师范大学文学院教授中文系系主任

晚伏俊琏敬上

2000年12月17日

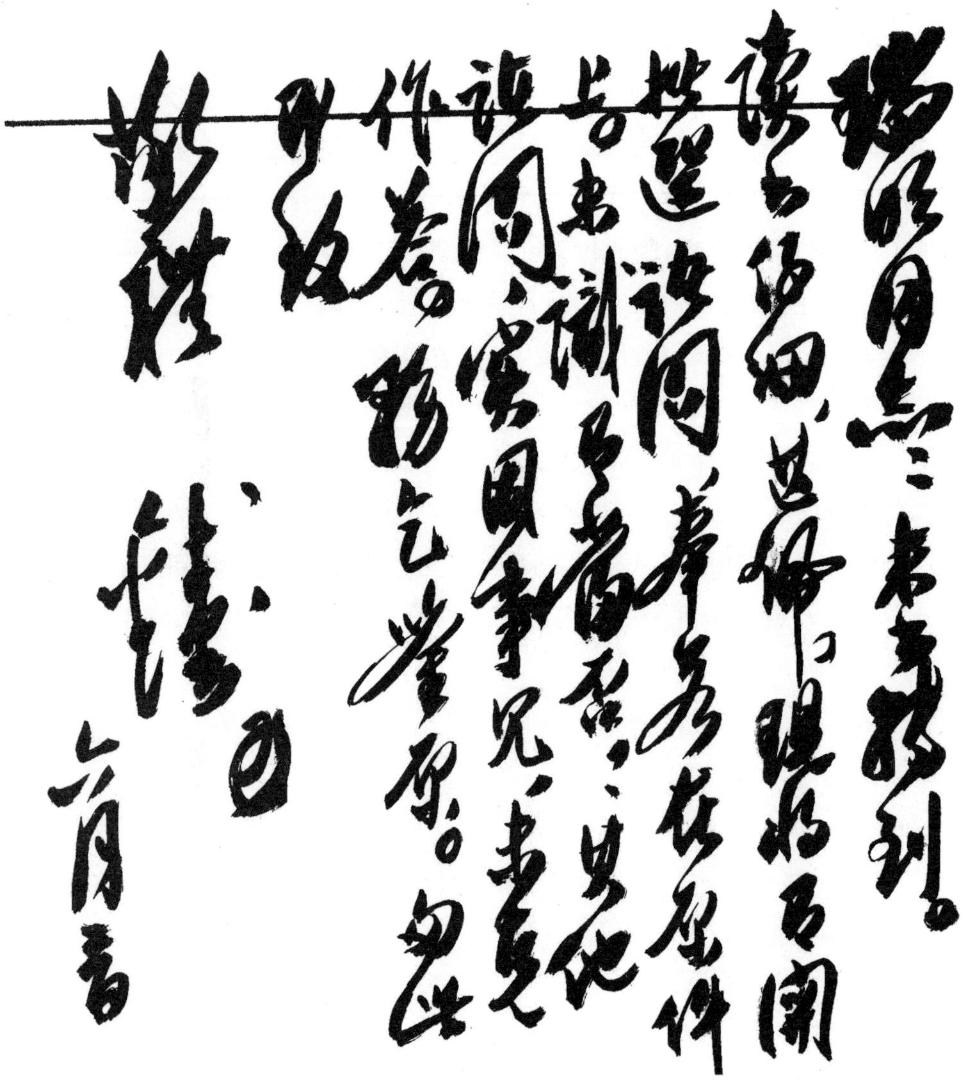

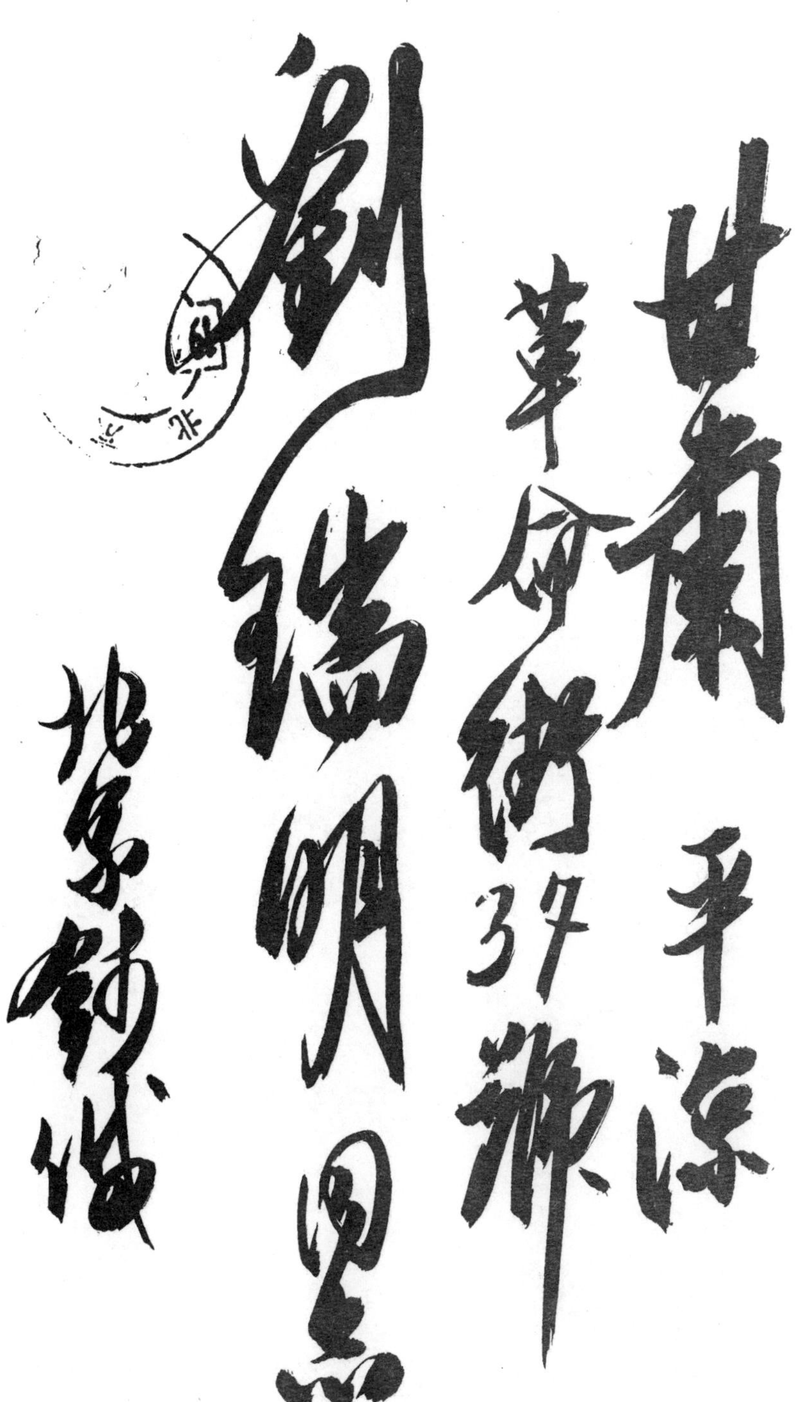
甘肃
平凉
革命街37号
刘瑞明
北京

甘肃省文字改革领导小组

民进庆阳师专支部郭治锋先生：

欣闻贵支部将与贵校协同举办《刘瑞明先生学术成果展》，特表示热烈的祝贺！

刘瑞明先生是中国敦煌吐鲁番学会会员并该会语言文字研究会理事，又是甘肃敦煌学学会会员和理事。多年来，刘瑞明先生在敦煌学，尤其是敦煌语言文字研究中，勤奋刻苦，成果迭出，为敦煌语言文字研究事业的发展做出了重要贡献，受到国内外同行的尊敬和称赞。在"刘瑞明先生学术成果展"举办之际，我谨代表中国敦煌吐鲁番

甘肃省文字改革领导小组

香港语言文字研究会和甘肃敦煌学学会，并以我个人名义向刘瑞明先生表示热烈的祝贺，并祝刘瑞明先生身体健康，创作丰收！

中国敦煌吐鲁番学会语言文字
研究会副会长兼秘书长　颜廷亮

甘肃敦煌学学会常务副会长　2000.11.3.

（甘肃敦煌学学会章）

2000.11.3

兰州商学院

民进庆阳师专支部并刘瑞明先生：

欣闻刘瑞明先生学术成果展示会召开在即，谨表贺忱！

刘瑞明先生是我省著名语言学家，他一生奉献教育事业，并孜孜以求，精研学术，在汉语音韵、文字、训诂诸方面研究中取得突出成就，论著颇丰，学术等身。刘瑞明先生成果展示会的召开亦是我省语言学界的一件幸事。

谨祝展示会圆满成功，并向热心举办这次展示会的民进庆阳师专支部致意！

甘肃省语言文字学会秘书处

2000年十二月十五日

20×15＝300　　第　页

装订线

劉瑞明教授尊鑒　欣悉近日举
办先生學術成果展覧暨研討活
动敞系本欲派人与会聆教因期
末事冗惜难於歙文軒謹此代表
全系师生书函致贺遥祝活動圓
滿成功先生立身隴東資料信息
甚受局限然數十年青燈筆耕探
隐發微于音聲文字語法文學创
獲殊多文布四方名聞海内非直

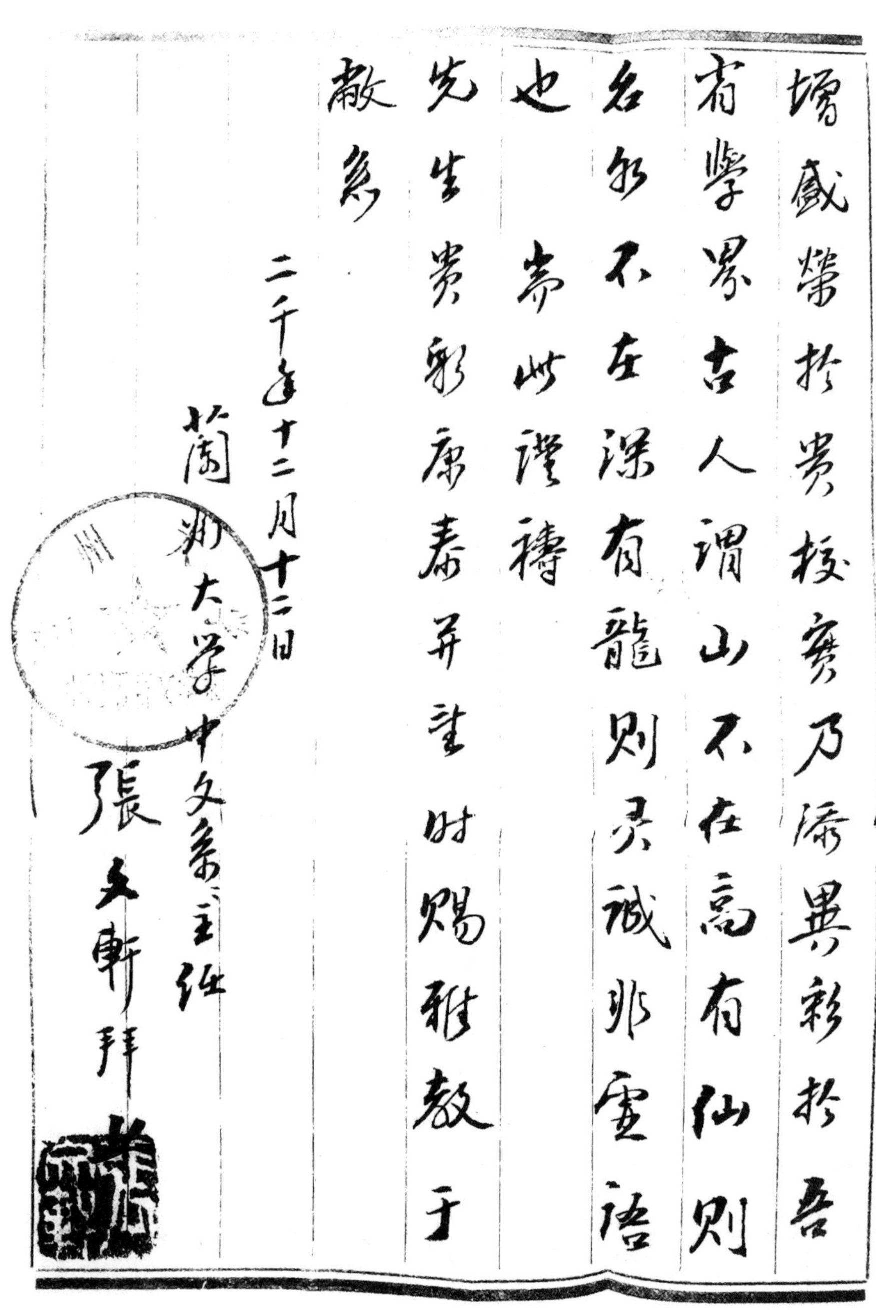

增盛榮於贵校寔乃添異彩於吾省學界古人謂山不在高有仙則名水不在深有龍則灵誠非虚語也

专此謹禱

先生贵體康泰并望时賜雅教于敝系

二千年十二月十二日

蘭州大学中文系主任

張文軒拜

中国社会科学院文学研究所

治锋同志：

您好！

得悉贵系民进支部将为刘晓明教授举办科研成果展览，十分高兴，谨致贺信，表示热烈的祝贺。请您鉴收，若有不妥之处，敬请赐正。

专此

即颂

教祺！

张锡厚 2000.12.6.

中国社会科学院文学研究所

欣悉贵校将于校庆之际，举办刘瑞明教授科研成果展览，谨表示热烈的祝贺，并祝圆满成功！

刘瑞明教授是我国著名的语言学家、民俗学家、敦煌文学家，在教学任务十分繁重的情况下，不辞辛劳，焚膏继晷，长期坚持科学研究，并取得桃李满天下和科研硕果的非凡成就。特别是在科学研究方面，以其广博的学识、深厚的功力和锲而不舍的精神，在语言文字学、民俗社会学、敦煌语言文学方面，先后发表一系列具有广泛影响的学术论文，提出一些发人深思的学术创见，纠正某些混淆视听的模糊认识和观点。这种无私无畏、科学严谨的学风，为学界树立良好的风范，值得发扬光大。热切希望刘瑞明教授在有生之年取得更加辉煌灿烂的业绩。

中国社会科学院
文学研究所研究员、张锡厚
博士生指导老师、
2[illegible]6

西北師範大學
中国语言文学系

瑞明先生大鉴：

欣闻今年贵校校庆之际，学校有关方面将举办您的科研成果展览。先生执教陇东数十年，殷勤敬业，桃李芬芳，又夜以继日，笔耕不辍，在古代汉语、敦煌语言文学等领域不断钻研，发表了一系列很有份量的学术论文，为学界所瞩目。二十年来，庆阳师专中文系学术研究之活跃，成果丰硕，形成了良好的学术风气，同您的带头

西北師範大學

中国语言文学系

与示范作用不无关系。您身处庆阳，而在全国学术界产生了大的影响，因此，对于端正学风，鼓舞人们不断钻研的精神和增强科学研究的信心，也是有相当大的作用的。语云："桃李不言，下自成蹊。"岂虚言哉！

当此庆阳师专校庆之际，衷心祝贺您在学术上取得的突出成就，预祝展览成功，并在推动贵系、贵校科研活动方面取得预期的良好效果，也

西北師範大學

中国语言文学系

祝您和贵校在科研方面取得更大的成绩！

西北师大文学院

赵逵夫

2000.12.17.

庆阳师专中文系刘瑞明先生

得知将举办“刘瑞明教授学术成果展览”，我认为这是一件非常好也非常必要的事情：大学之所以名叫大学，我想主要是由于它有大学者、大学问在其中。

数十年来，先生在种种困难之中，在图书资料、学术信息均难尽人意的情况下，潜心学问，笔耕不辍，在语言文字学、敦煌学、民俗学等学术领域，发表了数十篇高质量的学术论著，解决了一系列学术难题，受到国内外同行的赞许和好评，产生了广泛的学术反响，因而也确立了先生在学术界的地位：先生不仅我省汉语言文字学界首屈当指的专家，而且是国内有影响的学者。先生的学术成就，大大提高了庆阳师专在国内的知名度，为我省学术界做出了应有的贡献。

先生发表的有关敦煌学的论著，我大都拜读了。觉其精凿之处，不一而足。先生的文章，一个一个地解决问题；每一个问题，都是对敦煌学学科大厦的建构贡献了高质量的砖瓦。纳须弥入黍米芥子，寓义理于考据文章。饫饮大义，裨益宏多。这样的学术研究，最富有生命力。且立意必经深入思考，引证必标出处，雷同一定删汰。这种学风对矫正当前比较浮躁、轻率，甚至于剽窃、抄袭的恶劣学风有很大好处。

琐事缠身，不能前来观赏先生学术成果，领略先生的学术风范，深为遗憾。谨遥致祝贺，并表区区乡望之心。

时近冬至，酷寒即到，请多保重！

西北师范大学文学院教授、中文系主任

晚 伏俊琏 敬上

2000.12.17

刘先生：

您多年致力于语言学、文学、民俗学、敦煌学研究，硕果累累，望重学林，嘉惠后学。后学曾多次在学术会议中拜聆先生教言，对先生之道德学问素所仰敬。近日由敦煌回兰，始收贵校民进支部之信，欣悉贵校为先生举办"学术成果展"，此举实可谓对学界弘扬勤勉学风、对先生大展平生之盛事，后学谨表迟到的祝贺，并祝先生

千禧吉祥，福寿安康！

后学：张先堂

2000.12.29

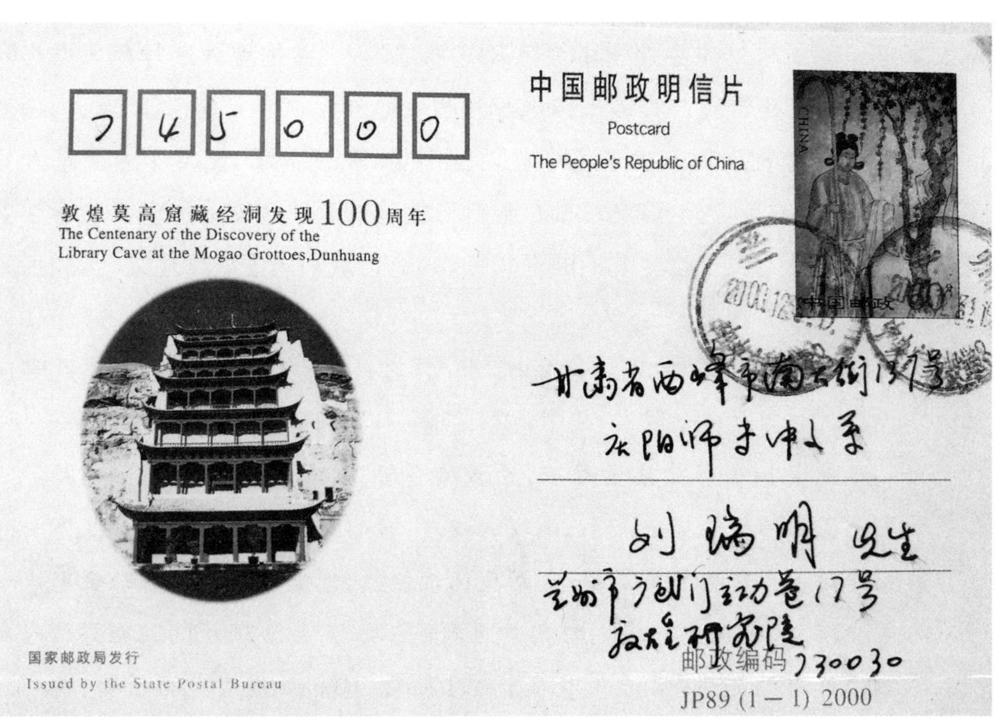

后　记

2020年9月8日，西北师范大学文学院与陇东学院文学院共同举办了“纪念刘瑞明教授逝世三周年学术研讨会”。作为主办方之一，我们觉得这是一件“告慰往者、昭示来者”的有益之事——所谓“告慰往者”，是对刘先生学术成就、学术贡献的总结与评价；所谓“昭示来者”，则是对他学术精神、学术信念的继承与发扬。

刘瑞明教授是我国著名的文史学者，在语言学、文字学、敦煌学、中国古代文学、民俗学等多方面都取得了丰硕的研究成果，也有着很高的学术声誉。刘先生是西北师范大学中文系的杰出校友，又是陇东学院的资深教授，因此，由我们两家共同举办本次研讨会，一方面纪念他的学术成就，另一方面也彰显两所学校和刘先生的情谊，更具有特别的意义。

会后，根据刘先生的高足周奉真先生的提议，我们将会议论文结集出版，俾使大家进一步了解刘先生的学术贡献及其为学为人，并体现西北师范大学与陇东学院中文学科的传统。具体工作由我和西北师范大学中文系主任王延模副教授负责——他是北京师范大学王宁教授的高足，在语言学、文字学方面基础扎实，造诣颇深，本书的数十篇文章都是他精心校改的。兰州交通大学人文学院副院长武汉强教授完成了论文前期的汇集工作，他也是刘先生的学生之一，先后为论文集付出了很多劳动。

本书编成，大家都很欣慰。而我在“公义”之外，还有些“私谊”，也借此略作呈说。我在研讨会上有个发言，其中特别说道：

> 刘先生1934年出生于平凉，是我的乡贤，我非常骄傲。他1958年毕业于西北师范学院中文系，是我的校友，我非常自豪。我从研究生开始就读刘先生的相关论著，一直到现在读他的《文史述林》；他还给我有两通书信，指导我古代戏剧的相关问题；我做《潜夫论》的研究，也拜读了他评价彭铎先生《潜夫论笺校正》的宏文，刘先生更是我的师长，所以，我也非常荣幸。然而，我却与先生缘悭一面，终究未能得见，我更是

非常遗憾。所以，我今天在这里能代表诸多晚辈后学表达对刘先生的尊崇与怀念，固然是机缘所致，同时也是使命所在。刘先生倘若泉下有知，也一定会很欣慰的。

这里所说的“指导我古代戏剧的相关问题”，主要是指关于《公莫舞》研究的学术批评，我和刘先生都撰有相关的批评文章，刘先生因此专门写信给我表示鼓励。至于《潜夫论》的研究，则是我应中华书局“中华经典名著全本全注全译丛书”之约，做的《潜夫论》译注，刘先生评介彭铎先生《潜夫论笺校正》的文章，我也是认真学习了的。我想，这种“私谊”，其实就是刘先生精神灌溉、泽被后学的生动写照。广而言之，一个人在读书治学中所感念的除了那些对我们耳提面命，与我们朝夕相处声气接闻的老师之外，还有一些是我们一生都不曾谋面甚至时代相隔的前辈学者，我们在阅读那些优秀学者的著作中，通过文字去认识他们、感知他们，与他们精神相交，“想见其为人”！这也是要特别感念的！

薪尽也，不知其火传也。刘瑞明先生的学问事业就是在这样的薪火相传中得以弘扬。“先生之著述，或有时而不彰；先生之学说，或有时而可商”，唯其执着于学术之精神信念，则是实实在在激励后学不断努力的。

感谢伏俊琏老师为本书作序，对刘先生的学术人生作了高屋建瓴的评价；感谢中华书局编审徐俊先生题写书名，为本书增辉良多。

马世年

2022年7月26日